四書集編（下）

〔宋〕真德秀 撰
陳静 點校

海峽出版發行集團
THE STRAITS PUBLISHING & DISTRIBUTING GROUP
福建人民出版社

論語集編卷第六

先進第十一

此篇多評弟子賢否。凡二十五章。胡氏曰：「此篇記閔子騫言行者四，而其一直稱閔子，疑閔氏門人所記也。」

子曰：「先進於禮樂，野人也；後進於禮樂，君子也。先進、後進，猶言前輩、後輩。野人謂郊外之民。君子，謂賢士大夫也。程子曰：「先進於禮樂，文質得宜，今反謂之質樸，而以爲野人。後進之於禮樂，文過其質，今反謂之彬彬，而以爲君子。蓋周末文勝，故時人之言如此，不自知其過於文也。」**如用之，則吾從先進。」**用之，謂用禮樂。孔子既述時人之言，又自言其如此，蓋欲損過以就中也。○聖人窮而在下，禮樂固是從周。若達而在上，須更損益。○南軒曰：「文勝而過質，則於禮樂之實反有害，故聖人思反本，而有從先進之言。」程子曰：「若用於時，救文之弊，則吾從先進。小過之義也。」或曰：「然則從周之説奈何？」「蓋文莫備於周，大體固當從周，而其末流文勝之弊，則不可以不正也。從先進與從周，故各有義耳。」

子曰：「從我於陳蔡者，皆不及門也。」從，去聲。○孔子嘗厄於陳蔡之間，弟子多從之者，此時皆不在門。故孔子思之，蓋不忘其相從於患難之中也。**德行：顏淵、閔子騫、冉伯牛、仲弓。言語：宰我、子貢。政事：冉有、季路。文學：子游、子夏。**行，去聲。○弟子因孔子之言，記此十人，而并目其所長，分爲四科。孔子教人各因其材，於此可見。○程子曰：「四科乃從夫子於陳蔡者爾，門人之賢者固不止此，曾子傳道而不與焉，故知十哲世俗論也。」○又曰：「孔子教人各因其材，有以言論入者，有以德行入者。」○或問：「四科之目，何也？」曰：「德行者，潛心體道，默契於爲國治民之事者也。文學者，學於詩書禮樂之文，而能言其意者也。蓋夫子教人，使各因其所長以入於道，然其序則必以德行爲先。誠以躬行云云，其卒莫之能反者，則以其自暴自棄而已。」

子曰：「回也非助我者也，於吾言無所不説。」説，音悦。○助我，若子夏之起予，因疑問而有以相長也。顏子於聖人之言，默識心通，無所疑問。故夫子云然，其辭若有憾焉，其實乃深喜之。○胡氏曰：「夫子之於回，豈真以助我望之？蓋聖人之謙德，又以深贊顏氏云爾。」

子曰：「孝哉閔子騫！人不閒於其父母昆弟之言。」閒，去聲。○胡氏曰：「父母兄弟稱其孝友，人皆信之無異辭者。蓋孝友之實，有以積於中而著於外，故夫子歎而美之。」○韓詩外傳：「子騫蚤喪母，父娶後妻，生三子，疾惡子騫，以蘆花衣之。父察知之，欲逐後母，子騫啓曰：『母在一子寒，母去三子單。』父善之而止。母悔改之，後至均平，遂成慈母。」○以上言事難事之親。曾閔以孝並稱於聖門。曾子之父皙亦幾難事者也，鋤瓜誤傷而撻以大杖，蓋可見矣。而曾子援琴而鼓，惟恐傷親之心也。斯其所以爲孝歟？然孔子「小杖則受，大杖則走」之言，尤人子所當知也。伯奇亦類此，韓文公履霜操曰：「兒罪當笞，逐兒何爲。」蓋得伯奇之心者。張子西銘曰：「勇於從而順令者，伯奇也。」其指尤深。爲人子者不幸而事難事之親，則於大舜、曾、閔、伯奇之事，可不勉而師之乎？

南容三復白圭，孔子以其兄之子妻之。三、妻，並去聲。○詩大雅抑之篇曰：「白圭之玷，尚可磨也。斯言之玷，不可爲也。」南容一日三復此言，事見家語，蓋深有意於謹言也。此邦有道所以不廢，邦無道可以免禍，故孔子以兄子妻之。○范氏曰：「言者行之表，行者言之實，未有易其言而能謹於行者。南容欲謹其言如此，則必能謹其行矣。」

季康子問：「弟子孰爲好學？」孔子對曰：「有顏回者好學，不幸短命死矣！今也則亡。」好，去聲。○范氏曰：「哀公、康子問同而對有詳略者，臣之告君，不可不盡；若康子者，必待其能問乃告之，此教誨之道也。」

顏淵死，顏路請子之車以爲之椁。顏路，淵之父，名無繇。少孔子六歲，孔子始教而受學焉。椁，外棺也。請爲椁，欲賣車以買椁也。**子曰：「才不才，亦各言其子也。鯉也死，有棺而無椁，吾不徒行以爲之椁。以吾從大夫之後，不可徒行也。」**鯉，孔子之子伯魚也，先孔子卒。言鯉之才雖不及顏淵，然已與顏路以父視之，則皆子也。孔子時已致仕，尚從大夫之列，言後，謙辭。○胡氏曰：「孔子遇舊館人之喪，嘗脱驂以賻之矣。今乃不許顏路之請，何邪？葬可以無椁，驂可以脱而復求，大夫不可以徒行，命車不可以與人而鬻諸市也。且爲所識窮乏者得我，而勉强以副其意，豈誠心與直道哉？或者以爲君子行禮，視吾之有無而已。夫君子之用財，視義之可否，豈獨視有無而已哉？」

顏淵死。子曰：「噫！天喪予！天喪予！」喪，去聲。○噫，傷痛聲。悼道無傳，若天喪己也。

顏淵死，子哭之慟。從者曰：「子慟矣。」從，去聲。○慟，哀過也。**曰：「有慟乎？**哀傷之至，不自知也。**非夫人之爲慟而誰爲？」**夫，音扶。爲，去聲。○夫人，謂顏淵。言其死可惜，哭之宜慟，非他人之比也。○胡氏曰：「痛惜之至，施當其可，皆情性之正也。」○史記：「回年二十九，髮盡白，蚤死。孔子哭之曰：『自我有回，門人益親。』」

顏淵死，門人欲厚葬之，子曰：「不可。」喪具稱家之有無，貧而厚葬，不循禮也，故夫子止之。**門人厚葬之。**蓋顏路聽之。**子曰：「回也視予猶父也，予不得視猶子也。非我也，夫二三子也。」**歎不得如葬鯉之得宜，以責門人也。

季路問事鬼神。子曰：「未能事人，焉能事鬼？」「敢問死。」曰：「未知生，焉知

死？」焉，於虔反。○問事鬼神，蓋求所以奉祭祀之意。而死者人之所必有，不可不知，皆切問也。然非誠敬足以事人，則必不能事神；非原始而知所以生，則必不能反終而知所以死。蓋幽明始終，初無二理，但學之有序，不可躐等，故夫子告之如此。○程子曰：「晝夜者，死生之道也。知生之道，則知死之道；盡事人之道，則盡事鬼之道。死生人鬼，一而二，二而一者也。或言夫子不告子路，不知此乃所以深告之也。」○朱子又曰：「事君親盡誠敬之心，即移此心以事鬼神，則『祭如在，祭神如神在』。人受天所賦，自然完具，無欠闕，須是得這道理無欠闕，到那死時，乃是生理已盡，亦安於分而無愧。」又曰：「事人事鬼，以心言；知生知死，以理言。」又曰：「事人須是誠敬，事鬼亦要如此。事人，如『出則事公卿，入則事父兄』，事其所當事者。事鬼亦然，苟非其鬼而事之，則謟矣。」○問云云。曰：「若曰氣聚則生，氣散則死，纔説破，人便都理會得。然須知道人生有多少道理，自稟五常之性以來，所以『父子有親，君臣有義』，須至一一盡得這生底道理，則死底道理皆可知矣。張子所謂『存，吾順事；没，吾寧也』。」又曰：「鬼神自是難理會底，且就日用緊切處做工夫，將來自有見處。」

閔子侍側，誾誾如也；子路，行行如也；冉有、子貢，侃侃如也。子樂。誾、侃，音義見前篇。行，胡浪反。樂，音洛。○行行，剛强之貌。子樂者，樂得英材而教育之。**「若由也，不得其死然。」**尹氏曰：「子路剛强，有不得其死之理，故因以戒之。其後子路卒死於衛孔悝之難。」洪氏曰：「漢書引此句，上有『曰』字。」或云：「上文『樂』字，即『曰』字之誤。」○或問：「誾誾、侃侃，於前篇之訓，其已通乎？」曰：「誾誾者，外和內剛，德氣深厚，所謂和悅而諍者也。侃侃，則和順不足，而剛直稍外見矣。前篇之訓，樂故侃侃；直而果，故行行。有諸中形於外，莫掩也。」○案鄉黨注引許氏說文：「侃侃，剛直也；誾誾，和悅而諍。」或問：「二字之訓不同，說文爲得，何也？」曰：「太史公稱魯道之衰，『洙泗之閒[一]，齗齗如也』，亦作『誾誾』。說者以爲諍讓之意，而昔人亦有侃侃正色之語。蓋以音義求之，亦宜如此。說文之訓，所以爲得也。誾誾之爲中正，亦有未盡。衎衎而樂，自作『衎』，不作『侃』也。後漢書云：『誾誾衎衎，得禮之容。寢默抑心，非朝廷福。』其意亦以争辨剛直爲是而有此言也。『侃』字誤作『衎』爾。」○朱張二先生「誾」「侃」之訓不同，更當詳玩。○南軒曰：「孔悝被劫，子路死之，誠不可以不死，謂之不得其死，不可也。然其從孔悝，則有爲之死之理，始擇之不善也，則不幾不得其死乎？若比干則可謂得其死者矣。然則求生以害仁者，謂之不得其生可也。子路雖不得其死，而與是類固不可以同日而語矣。」○案史記仲由傳：「初，衛靈公有寵姬曰南子。靈公太子蒯聵得過南子，懼誅出奔。及靈公卒，而欲立公子郢，郢不肯，曰：『亡人太子之子輒在。』於是衛立輒爲君，是爲出公。出公立

[一] 閒，原作「間」，乾隆本、同治本同，據薈要本、四庫本改。

十二年，其父蒯聵不得入。子路爲衛大夫孔悝之邑宰。蒯聵乃與孔悝作亂，謀入孔悝家，遂與其徒襲攻出公[二]，奔魯，而蒯聵入立，是爲莊公。方孔悝作亂，子路在外，聞之而馳往。遇子羔出衛城門，謂子路曰：『出公去矣，而門已閉，子可還矣，毋輕受其禍。』子路曰：『食其食者不避其難。』子羔卒去。有使者入城，城門開，子路隨而入。造蒯聵，蒯聵與孔悝登臺。子路曰：『君焉用孔悝？請得而殺之。』蒯聵弗聽。於是子路欲燔臺，蒯聵懼，乃下石乞、壺黶攻子路，擊斷子路之纓。子路曰：『君子死而冠不免。』遂結纓而死。孔子聞衛亂，曰：『嗟乎，由死矣！』已而果死。」○問：「由之死，疑其甚不明於大義。豈有子之拒父如是之逆而可以仕之乎？」朱子曰：「然。仲由之死，誠未爲至當。然其誤不在致死之時，乃在於委質之始。」○又曰：「子路只見下一截，不見上一截。孔悝之事，他知是食焉不避其難，而不知食出公之食爲不當也。東坡嘗論及此矣。」問：「是初仕衛時便不是否？」曰：「然。」○問：「子路之死是否？」曰：「非是。輒如何主，豈可仕也？孔悝亦自是箇不好底人，子路但見得可仕於大夫，而不知輒之國非可仕之國。」問：「孔門弟子多仕於列國大夫，是何如？」曰：「當時仕進只有此一門，舍此無從可仕，所以顏閔寧不仕耳。」○孔悝之難，未爲不是，只是當時仕孔悝時錯了，至此不得其死。衛君不正，冉有、子貢便能疑而問，知有

[二] 史記重「出公」二字。

思量，便不去仕他。若子路粗率，全不信聖人説話。「必也正名」，亦是教子路不要仕衛，他便説夫子之迂云云。

魯人爲長府。長府，藏名。藏貨財曰府。爲，蓋改作之。**閔子騫曰：「仍舊貫，如之何？何必改作？」**仍，因也。貫，事也。王氏曰：「改作，勞民傷財，在於得已，則不如仍舊貫之善。」**子曰：「夫人不言，言必有中。」**夫，音扶。中，去聲。○言不妄發，發必當理，唯有德者能之。○南軒曰：「貨財之府無故改爲，得無示人以崇利聚斂之意乎？」○案：閔子言行見於論語惟四章，合而觀之，凡其躬至孝之行，辭不義之禄，氣和而正言，謹而確。此其所以亞於顔淵，與曾子並稱也歟？

子曰：「由之瑟奚爲於丘之門？」程子曰：「言其聲之不和，與己不同也。」家語云：「子路鼓瑟，有北鄙殺伐之聲。」蓋其氣質剛勇，而不足於中和，故其發於聲者如此。**門人不敬子路。子曰：「由也升堂矣，未入於室也。」**門人以夫子之言，遂不敬子路，故夫子以升堂、入室喻入道之次第，言子路之學已造乎正大高明之域，特未深入精微之奥耳，未可以一事之失而遽忽之也。○南軒曰：「以瑟爲言，蓋瑟之聲音，象其中之所存也。子路之氣稟偏於剛，雖其學之所至，氣質不爲不變，然於其所偏，終有化之未能盡者，在聖人之門爲有未和也。斯言所以警子路而進之。門人聞此，遂有不敬子路之意，蓋未知子路之所至，與夫聖人發言之意也，故復從而開曉之。夫自得其門而入以至於升堂，其爲次序淺深亦已多矣，其於用力亦可謂至矣，獨未極夫閫奧之地耳。由室而言，在堂者則爲未至，所當勉以進也。由宮牆之外而望其升堂者，則不亦有閒乎？聖人斯言，非特以發明子路，亦所以使門人知學之有序也。」

子貢問：「師與商也孰賢？」子曰：「師也過，商也不及。」子張才高意廣，而好爲苟難，故常過中。子夏篤信謹守，而規模狹隘，故常不及。**曰：「然則師愈與？」**與，平聲。○愈，猶勝也。**子曰：「過猶不及。」**道以中庸爲至。賢智之過，雖若勝於愚不肖之不及，然其失中則一也。○尹氏曰：「中庸之爲德也，其至矣乎！夫過與不及均也，差之豪氂，繆以千里。故聖人之教，抑其過，引其不及，歸於中道而已。」○或問：「楊墨之學出於師商，信乎？」曰：「胡氏論之當矣。其言曰：『楊朱，即莊周所謂楊子居者，與老聃同時。墨翟又在楊朱之前，宗師大禹，而晏嬰學之者也。以爲出於二子者，則其考之不詳甚矣。』」○愚案：賢者之過，愚不肖之不及，夫子蓋泛言之，非指子夏而言也。○南軒曰：「子張高明，故常開擴；子夏敦篤，故常收斂。開擴則未免有過，收斂則未免有不及。然二子之過不及甚微，特未得其中而已。夫子謂猶不及，過與不及未得其中則均也。今以論語所載二子言行觀之，其所爲過與不及，亦可得而見矣。」○案下章「求退，故進之；由兼人，故退之」，朱子以爲一進一退，所以約之於義理之中，而使無過不及之患，亦是。

季氏富於周公，而求也爲之聚斂而附益之。爲，去聲。○周公以王室至親，有大功，位家宰，其富宜矣。季氏以諸侯之卿，而富過之，非攘奪其君，刻剥其民，何以得此？冉有爲季氏宰，又爲之急賦稅以益富。**子曰：「非吾徒也。小子鳴鼓而攻之，可也。」**非吾徒，絶之也。小子鳴鼓而攻之，使門人聲其罪以責之也。聖人之惡黨惡而害民也如此。然師嚴而友親，故已絶之，而猶使門人正之，又見其愛人之無已也。○范氏曰：「冉有以政事之才，施於季氏，故爲不善至於如此，由其心術不明，不能反求諸身，而以仕爲急故也。」○或問：「冉求學於夫子，於門弟中亦可謂明達者，今乃爲季氏聚斂，何邪？」曰：「冉求之失，不待於聚斂而後見，自其仕於季氏則已失之矣。蓋當是之時，逹官重任皆爲公族之世官，其下則尺地一民，皆非國君之有，士惟不仕則已，仕則未有不仕於大夫者也。冉求豈亦習於衰世之風，而不自知其爲非與？然使之仕於季氏，而能勸之黜其强僭而忠於公室，則庶乎小貞之吉矣。今乃反爲之聚斂，使權臣愈强而公室愈不振，故孔子云云。蓋不自知其學之未至，而從仕爲士之常職，是以漸靡而至於此耳。」曰：「然則夫子曷爲不於其仕季氏焉責之也？」曰：「聖人以不仕爲無義，而猶望之爲小貞之吉也。」○南軒曰：「此哀公十年用田賦之事也，冉有時爲季氏宰。考左氏之國語，蓋嘗以此事訪於夫子，而卒莫之救。私門益以封殖，則公室益以削弱，此求之所以得罪於聖門爲深也。原求所以至此，蓋不能如閔子見幾而作，因循陵遲而不自知也。有志於學者亦鑒諸。」

柴也愚，柴，孔子弟子，姓高，字子羔。愚者，知不足而厚有餘。家語記其「足不履影，啓蟄不殺，方長不折。執親之喪，泣血三年，未嘗見齒。避難而行，不徑不竇」，可以見其爲人矣。

〇檀弓記其二事。一曰：季子皋葬其妻，犯人之禾。申詳以告，曰：「請庚之。」子羔曰：「孟氏不以是罪予，朋友不以是棄予，以我爲邑長於斯也。買道而葬，後難繼也。」鄭氏曰：「恃寵虐民，非也。」其二曰：成人有其兄死而不爲衰者，聞子皋將爲成宰，遂爲衰。由前則未可謂知爲政之理，由後則有言之化焉。豈其學力之進有月異而歲不同者邪？**參也魯**，魯，鈍也。程子曰：「參也竟以魯得之。」又曰：「曾子之學，誠篤而已。聖門學者，聰明才辨，不爲不多，而卒傳其道，乃質魯之人爾。故學以誠實爲貴也。」尹氏曰：「曾子之才魯，故其學也確，所以能深造乎道也。」**師也辟**，辟，婢亦反。〇辟，便辟也，謂習於容止，少誠實也。**由也喭**。喭，五旦反。〇喭，粗俗也。傳稱喭者，謂俗論也。〇楊氏曰：「四者性之偏，語之使知自勵也。」吳氏曰：「此章之首，脱『子曰』二字。或疑下章『子曰』當在此章之首，而通爲一章。」〇胡氏曰：「曾子在孔門，當時以爲魯，學道宜難於他人。然子思之中庸，聖學所賴以傳者也，考其淵源，乃自曾子。由此觀之，聰明才智未必不害道，而剛毅木訥信乎於仁爲近矣。」〇南軒曰：「曾子之魯，其爲學篤實，故卒能深造於道。」〇此章乃聖人目曾子之辭，然必在「曰唯」之前，無疑也。

子曰：「回也其庶乎，屢空。庶，近也，言近道也。屢空，數至空匱也。不以貧窶動心而求富，故屢至於空匱也。言其近道，又能安貧也。**賜不受命，而貨殖焉，億則屢中。」**中，去聲。〇命，謂天命。貨殖，貨財生殖也。億，意度也。言子貢不如顔子之安貧樂道，然其才識之明，亦能料事而多中也。程子曰：「子貢之貨殖，非若後人之豐財，但此心未忘耳。然此亦子貢少時事，至聞性與天道，則不爲此矣。」○范氏曰：「屢空者，簞食瓢飲屢絶而不改其樂也。天下之物，豈有可動其中者哉？貧富在天，而子貢以貨殖爲心，則不能安受天命矣。其言而多中者，億而已，非窮理樂天者也。夫子嘗曰：『賜不幸言而中，是使賜多言也。』聖人之不貴言也如是。」○或問屢空之說。曰：「空爲匱乏[一]，其說舊矣。何晏始以爲虚中受道，蓋出老莊之說，非聖人本意也。胡氏亦論之曰：『以屢空爲虚中受道，聖人之言未嘗如是之僻而晦也。屢而有閒，是頻復矣。方其不空之時，與庸人亦奚遠哉？』此得之矣。且下文以子貢貨殖方之，尤見舊說之不易也。」

子張問善人之道。子曰：「不踐迹，亦不入於室。」善人，質美而未學者也。程子曰：「踐迹，如言循途守轍。善人雖不必踐舊迹而自不爲惡，然亦不能入聖人之室也。」○張子曰：「善人欲仁而未志於學者也。欲仁，故雖不踐成法，亦不蹈於惡，有諸己也。由不學，故無自而入聖人之室也。」○或謂：「善人者未能有諸己乎？」南軒曰：「不能有之，則安得善？然所謂有諸己者，蓋亦有淺深，善人謂其不能有諸己則不可，然謂其盡夫有諸己之道，則亦未也。」

子曰：「論篤是與，君子者乎？色莊者乎？」與，如字。○言但以其言論篤實而與之，

[一] 乏，原作「今」，各本同，據宋福州學官刻元修本西山讀書記甲集二十七改。

則未知其爲君子者乎？爲色莊者乎？言不可以言貌取人也。

子路問：「聞斯行諸？」子曰：「有父兄在，如之何其聞斯行之？」冉有問：「聞斯行諸？」子曰：「聞斯行之。」公西華曰：「由也問『聞斯行諸』，子曰『有父兄在』；求也問『聞斯行諸』，子曰『聞斯行之』。赤也惑，敢問。」子曰：「求也退，故進之；由也兼人，故退之。」兼人，謂勝人也。張敬夫曰：「聞義固當勇爲，然有父兄在，則有不可得而專者。若不稟命而行，則反傷於義矣。子路有聞，未之能行，唯恐有聞。則於所當爲，不患其不能爲矣，特恐爲之之意或過，而於所當稟命者有闕耳。若冉求之資稟失之弱，不患其不稟命也，患其於所當爲者逡巡畏縮，而爲之不勇耳。聖人一進之，一退之，所以約之於義理之中，而使之無過不及之患也。」

子畏於匡，顔淵後。子曰：「吾以女爲死矣。」曰：「子在，回何敢死？」女，音汝。○後，謂相失在後。何敢死，謂不赴鬭而必死也。胡氏曰：「先王之制，民生於三，事之如一。惟其所在，則致死焉。況顔淵之於孔子，恩義兼盡，又非他人之爲師弟子者而已。即孔子不幸而遇難，回必捐生以赴之矣。捐生以赴之，幸而不死，則必上告天子，下告方伯，請討以復讎，不但已也。夫子而在，則回何爲而不愛其死，以犯匡人之鋒乎？」○或問：「顔回親在，不得爲夫子死者，如何？」曰：「胡氏曰：『程子嘗言之矣。閭巷之人，辭親遠適，則同患難有相死之理，況弟子之於師乎？當預行而先斷，不可臨事而始謀也。』」

季子然問：「仲由、冉求可謂大臣與？」與，平聲。○子然，季氏子弟。自多其家得臣二子，故問之。**子曰：「吾以子爲異之問，曾由與求之問。**異，非常也。曾，猶乃也。輕二子以抑季然也。**所謂大臣者，以道事君，不可則止。**以道事君者，不從君之欲。不可則止者，必行己之志。○南軒曰：「大臣不枉道以徇人，其不合則有去而已。由、求爲季氏之臣，坐觀其失而不能去，豈尸禄備數而已，故曰具臣。『然則從之者與』，季子意其不能止，則當無不從也。方是時，季氏無君之心已著矣，謂『弑父與君，亦不從』者，非惟言由、求所長，抑可使之聞而懼也。或曰：『此何必由、求而後能之？』曾不知順從之臣，其始也惟利害之是徇而已，履霜堅冰之不戒，馴習蹉跌，以至於從人而弑君父者多矣。如荀彧、劉穆之之徒，其始從曹操、劉裕之時，亦豈遽欲弑父與君哉？惟其漸浸順長，而勢卒至此耳。」○衍義曰：「道者，正理也。大臣以正理事君，君之所行有不合正理者，必規之拂之，不苟從也。道有不合則去之，不苟留也。或謂：『不合則去，毋乃非事君之意乎？』曰：『此所以爲愛君也。君臣之交以道合，非利之也。道不合不去，則有苟焉徇利之志，是使君輕視其臣，謂可以利籠絡之也。君而輕視其臣，何所不至？惟大臣者能以道爲去就，則足以起其君畏敬之心，敬畏之心存而後能適道。愚故謂不合而去，乃所以爲愛君也。』」**今由與求也，可謂具臣矣。」**具臣，謂備臣數而已。**曰：「然則從之者與？」**與，平聲。○意二子既非大臣，則從季氏之所爲而已。**子曰：「弑父與君，亦不從也。」**言二子雖不足於大臣之道，然君臣之義則聞之熟矣，弑逆大故必不從之。蓋深許二子以死難不可奪之節，而又以陰折季氏不臣之心也。○尹氏曰：「季氏專權僭竊，二子仕其家而不能正也，知其不可而不能止也，可謂具臣矣。是時季氏已有無君之心，故自多其得人，意其可使從己也。故曰『弑父與君，亦不從也』，其庶乎二子可免矣。」

子路使子羔爲費宰。子路爲季氏宰而舉之也。**子曰：「賊夫人之子。」**夫，音扶，下同。○賊，害也。言子羔質美而未學，遽使治民，適以害之。**子路曰：「有民人焉，有社稷焉，何必讀書然後爲學？」**言治民、事神皆所以爲學。**子曰：「是故惡夫佞者。」**惡，去聲。○治民、事神，固學者事，然必學之已成，然後可仕以行其學。若初未嘗學，而使之即仕以爲學，其不至於慢神而虐民者幾希矣。子路之言，非其本意，但理屈辭窮，而取辨於口以禦人耳。故夫子不斥其非，而特惡其佞也。○范氏曰：「古者學而後入政，未聞以政學者也。蓋道之本在於修身，而後及於治人，其説具於方册。讀而知之，然後能行。何可以不讀書也？子路乃欲使子羔以政爲學，失先後本末之序矣。不知其過，而以口給禦人，故夫子惡其佞也。」○南軒曰：「子羔學未充而遽使爲宰，其本不立，而置於事物酬酢之地，將反戕賊其心矣。夫民人、社稷固無非學，而學固不獨在書籍之閒。然學必貴於讀書者，以夫多識前言往行，古之人所以蓄德者實有賴乎是。德立於己，而後可以言無適而非學也。至於上聖生知之流，宜莫待乎讀書矣，而夫子每以好古爲言，蓋聖雖生知，而亦必由是以成之也。如子路之言，將使學者以聰明爲可恃，而無復敦篤潛泳之功，其甚至於廢古而任意，爲弊有不可勝言者，故夫子責之之深也。」○案：范氏引「學而後入政」云云，出左氏傳。鄭子皮欲使尹何爲邑，子産曰：「少，未知可否。」子皮曰：「使夫往而學焉。」子産曰：「不可，子有美錦，不使人學製焉。大官大邑，身之所庇也，而使學者製焉，其爲美錦不亦多乎？僑聞學而後入政，未聞以政學也。若果行此，必有所害。譬如田獵，射御貫，則能獲禽；若未能登車射御，則敗績壓覆是懼，何暇思獲？」子皮曰：「善哉。」子産之言與此章頗類，故附焉。

子路、曾皙、冉有、公西華侍坐。坐，財卧反。○皙，曾參父，名點。子曰：「以吾一日長乎爾，毋吾以也。長，上聲。○言我雖年少長於女，然女勿以我長而難言。蓋誘之盡言，以觀其志，而聖人和氣謙德，於此亦可見矣。居則曰『不吾知也』，如或知爾，則何以哉？」言女平居，則言人不知我，如或有人知女，則女將何以爲用也？子路率爾而對曰：「千乘之國，攝乎大國之閒，加之以師旅，因之以饑饉，由也爲之，比及三年，可使有勇，且知方也。」夫子哂之。乘，去聲。饑，音機。饉，音僅。比，必二反，下同。哂，詩忍反。○率爾，輕遽之貌。方，向也，謂向義也。民向義，則能親其上，死其長矣。哂，微笑也。「求，爾何如？」對曰：「方六七十，如五六十，求也爲之，比及三年，可使足民。如其禮樂，以侯君子。」「赤，爾何如？」對曰：「非曰能之，願學焉。宗廟之事，如會同，端章甫，願爲小相焉。」相，去聲。○宗廟之事，謂祭祀。諸侯時見曰會，衆覜曰同。端，玄端服。章甫，禮冠。相，贊君之禮者。「點，爾何如？」鼓瑟希，鏗爾，舍瑟而作，對曰：「異乎三子者之撰。」子曰：「何傷乎？亦各言其志也。」曰：「莫春者，春服既成，冠者五六人，童子六七人，浴乎沂，風乎舞雩，詠而歸。」夫子喟然歎曰：「吾與點也！」鏗，苦耕反。舍，上聲。撰，士免反。莫、冠，並去聲。沂，魚依反。雩，音于。○曾點之學，蓋有以見夫人欲盡處，天理流行，隨處充滿，無少欠闕，故其動静之際，從容如此。而其言志，則又不過即其所居之位，樂其日用之常，初無舍己爲人之意。而其胷次悠然，直與天地萬物上下同流、各得其所之妙，隱然自見於言外。視三子之規規於事爲之末者，其氣象不侔矣，故夫子歎息而深許之。三子者出，曾皙後。曾皙曰：「夫三子者之言何如？」子曰：「亦各言其志也已矣。」夫，音扶。曰：「夫子何哂由也？」曰：「爲國以禮，其言不讓，是故哂之。」「唯求則非邦也與？」「安見方六七十如五六十而非邦也者？」「唯赤則非邦也與？」「宗廟、會同，非諸侯而何？赤也爲之小，孰能爲之大？」程子曰：「古之學者，優柔厭飫，有先後之序。如子路、冉有、公西赤言志如此，夫子許之，亦以此自是實事。後之學者好高，如人游心千里之外，然自身却只在此。」又曰：「孔子與點，蓋與聖人之志同，便是堯舜氣象也。誠異三子者之撰，特行有不掩焉爾，此所謂狂也。子路等所見者小，子路只爲不達爲國以禮道理，是以哂之；若達，却便是這氣象也。」又曰：「三子皆欲得國而治之，故孔子不取。曾點，狂者也，未必能爲聖人之事，而能知夫子之志。故曰『浴乎沂，風乎舞雩，詠而歸』，言樂而得其所也。孔子之志，在於『老者安之，朋友信之，少者懷之』，使萬物莫不遂其性。曾點知之，故孔子喟然歎曰『吾與點也』。」又曰：「曾點、漆雕開已見大意。」○集義謝氏論佛學之失，曰：「爲他不窮天理，只將拈匙把筋日用底便承當做大事，任意縱横將來作用，便是差處，便是私處。」問：「作用何故是私？」曰：「把來作用做弄，便是做兩般看，當了是將此事横在肚裏，一如子路、冉有相似，便被他曾點將冷眼看，他只管獨對春風吟詠，肚裏渾没些能解，豈不快活？」又問：「堯舜湯武做底事業，豈不是作用？」曰：「他做底事業只是與天理合一，幾曾做作横在肚裏？他見做出許多掀天動地蓋世底功業，如太空中一點露相似，他做把甚麼？」又引呂氏詩云：「函丈從容問且酬，展才無不志諸侯。可憐曾點惟鳴瑟，獨對春風詠不休。」謝氏之説，集注不取，今附此。○或問：「夫子何以與點也？」曰：「方三子之競言所志也，點獨鼓瑟於其閒，漠然若無所聞者。及夫子問之，然後瑟音少閒，乃徐舍瑟而起對焉，而悠然遜避，若終不肯見所爲者。及夫子慰而安之，然後不得已而發其言焉。而其志之所存，又未嘗少出其位，蓋澹然若將終身焉者，此夫子所以與之也。」曰：「何以言其與天地萬物各得其所也？」曰：「夫莫春之日，生物暢茂之時也。春服既成，人體和適之候也。冠者五六人，童子六七人，長少有序而和也。沂上、舞雩，魯國之勝處也。既浴而風，又詠而歸，樂而得其所也。

大以所居之位而言，其樂止於一身，然以其心論之，則固藹然天地生萬物之心，聖人對時育物之事也，夫又安有物我内外之閒哉？程子以爲與聖人之志同，便是堯舜氣象，正謂此耳。」或曰：「曾晳胷中無一豪能事，列子御風之事近之，其説然乎？」曰：「聖賢之心所以異於佛老者，正以無意必固我之累，而所謂天地生物之心、對時育物之事者，未始一息而停也。若但曰曠然無所倚著，而不察乎此，則亦何以異於虚無寂滅之學，而豈聖人之事哉？」○曾點之志，如鳳皇翔於千仞之上，故曰異乎三子者之撰。○只看他「鼓瑟希，鏗爾，舍瑟而作」，從容優裕，悠然自得處，無不是這箇道理。○人之一身便是天地，只緣人欲隔了，自看此理意思不見，曾點却超然看破這意思。○曾點於道見其遠者大者，而視其近與小者皆不足爲，故其言超然無一豪作爲之意，惟欲樂其所樂以終身焉耳。○先生令門人説曾點之志，門人以爲只是樂其性分而已，日用閒見得天理流行，纔著一豪私意去安排。便不得。曰：「不是不要著私意去安排。這道理自是天生自然，私意自著不得，更待誰去安排？與聖人安老、懷少、信友朋底意思相似。惟曾點見得到這裏，聖人便做得到這裏。」○人只見説曾點狂，看夫子特與云云之意，須是大段高。緣他資質明敏，洞然自得見斯道之體，看天下甚麽事能動得他？他大綱如莊子。明道先生亦稱莊子云：「有大底意思。」又云：「莊生形容道體，儘有好處。」曾點見得大意，然裹面工夫却疎略。明道亦云：「莊子無禮無本。」○問：「曾點浴沂氣象，與顏子樂底意思相近否？」曰：「顏子恬静，無許多事。曾點是自恁地説，顏子是孔子稱他樂，他不曾自説樂。」○問：「『吾與點』處，程子謂『便是堯舜氣象』，如何？」曰：「曾點却只是見得，未必能做堯舜事。看其見到處，直有堯舜氣象。如莊子亦見得堯舜分曉，或問『天王之用心何如』，便説得『天德而出寧，日月照而四時行，若晝夜之有經，雲行而雨施』，以是知他見得堯舜氣象出。曾晳見識儘高，見得此理洞然，只是未曾下得工夫。點參父子正相反。以點如此高明，參却魯鈍，一向低頭推將去，直到一貫，方始透徹。是時見識方到曾點地位，然而規模氣象又別。」○此一段唯上蔡見分曉。三子只就事上見得此道理，曾點只去自己心性上見得箇本原道理。使曾點做三子事，未必做得，然曾點見處，雖堯舜事業亦不過如此爲之而已。○諸子皆有安排期必之意，曾點只以平日所樂處言之。○曾點見得道理大，所以堯舜事業優爲之，視三子規規於事爲之末，固有閒矣。是他見得聖人氣象如此，雖超然事物之外，而實不離乎事物之中，是箇無事無爲底道理，却做有事有爲底事業，此所謂大本、所謂忠、所謂一者是也。點操得柄欛，據著原頭，諸子則從支流上做工夫。諸子底小，他底大。○曾點言志云云，蓋其見道分明，無所係累，從容和樂，欲與萬物各得其所之意，莫不藹然見於辭氣之閒。明道謂「與聖人之志同，便是堯舜氣象」者，直指此而言之也。○嚴時亨問：「『曾點』一章，夫子既語以『居則曰不吾知也，如或知爾，則何以哉』，正是使之盡言，一旦進用，何以自見。及三子自述其才之所能堪，志之所欲爲，夫子皆不許之，而獨與曾點。看來三子所言皆是實事，曾點雖答言志之問，實未嘗言其志之所欲爲，有似逍遥物外，不屑當世之務者。而聖人與此不與彼，何也？嘗因是而思之。學與爲治，本來只是一統事，他日之所用，不外乎今日之所存，三子却分作兩截看。如治軍旅、治財賦、治禮樂，與凡天下之事，皆學者所當理會，無一件是少得底。然須先理會自家身心，使自得無欲，常常神清氣定，涵養直到清明在躬、志氣如神，則天下無不可爲之事，程子所謂『不得以天下事物撓己，己立然後自能了當得天下事物』者是矣。夫子嘗因孟武伯之問而言由可使治賦，求可使爲宰，赤可與賓客言，固已深知其才之所能辦，而獨不許其仁。夫仁者，體無不具，用無不該，豈但止於一才一藝而已？使三子不自安於所已能，孜孜惟求仁是務，而好之、樂之，則何暇規規於事爲之末？緣他有這能，縱横在胷中，常恐無以自見，故必欲得國而治之，一旦夫子之問有以觸其機，即各述所能。凡聖門平日所與講切自身受用處，全不之及，將爲學、爲治作兩截看了，所以氣象不宏，事業不能到得至處。如曾點浴沂風雩，自得其樂，却與夫子『飯疏食，飲水，樂在其中』、顏子『陋巷簞瓢，不改其樂』襟懷相似。大抵士之未用，須知舉天下之物不足以易吾天理自然之安，方是本分學者。曾點言志，乃是『素其位而行，不願乎其外，無入而不自得』者，故程子以爲樂而得其所也。孟子謂：『廣土衆民，君子欲之，所樂不存焉。中天下而立，定四海之民，君子樂之，所性不存焉。君子所性，雖大行不加焉，雖窮居不損焉，分定故也。』孟子所謂『所性』，即孔子、顏子、曾點之『所樂』，顏子惟所樂如此，故夫子以四代禮樂許之。浴沂風雩，識者所以知堯舜事業，曾點優爲之也。如子路食於孔悝，求也爲季氏聚斂，後來成就止於如此，只爲他不知平日所養，便是建功立業之本，未到無入不自得處。夫子之不與，其有以知之矣。所見如此，不背馳否？」朱子答曰：「此段説得極有本末，學者立志，要當如此。然其用力却有次第，已爲希遜言之矣。」○案：先生答歐陽希遜云：「學者當循下學上達之序，若一向求曾晳見解，未有不流於釋老者也。」○南軒曰：「三子之對，非偶然而言，蓋體察其力之所至而言其實也。言三年而可使如此者，其先後條貫素定於胸中，而知其然也。向使用力不素，驟聞聖人之問，非茫乎無所措，則泛然肆其説矣。至於曾晳則又異乎是，其鼓瑟舍瑟之閒，已可見其從容不迫之意矣。言莫春之時，與數子浴沂風雩，吟詠而歸，蓋其中心和樂，無所係累，油然欲與萬物各得其所。玩味辭氣，温乎如春陽之無不被也，故程子以爲此即是堯舜氣象，而亦夫子老安少懷之意也。晳之志若此，非其見道之明，涵泳有素，其能然乎？然而未免於行有不掩焉，則以其於顔氏工夫有所未盡耳。」○黄氏曰：「觀夫子『逝如斯』之言，『欲無言』之意，是亦歎曾點之意也。」又曰：「夫子以是與點矣，獨不以是教人，何也？」曰：「夫子未嘗不以是教門人也。誨之以務内，語之以求仁，無非使之存此心之天理也。」又曰：「晳之不免爲狂，何也？」曰：「天下之理固根於人心，亦未嘗不形見於事物。爲學之方固當存養其德性，而亦不可不省察乎實行。夫是以精粗不遺而表裏相應，内外交養而動静如一，然後可以爲聖學之極功。點之質甚高，志甚大，然深厚沈潛醇實中正之意有未足，則見高而遺卑，見大而略小，此所以不及乎顔曾也。」

顔淵第十二 凡二十四章。

顔淵問仁。子曰：「克己復禮爲仁。一日克己復禮，天下歸仁焉。爲仁由己，而由

人乎哉？」仁者，本心之全德。克，勝也。己，謂身之私欲也。復，反也。禮者，天理之節文也。爲仁者，所以全其心之德也。蓋心之全德，莫非天理，而亦不能不壞於人欲。故爲仁者必有以勝私欲而復於禮，則事皆天理，而本心之德復全於我矣。歸，猶與也。又言一日克己復禮，則天下之人皆與其仁，極言其效之甚速而至大也。又言爲仁由己，而非他人所能預，又見其機之在我而無難也。日日克之，不以爲難，則私欲浄盡，天理流行，而仁不可勝用矣。程子曰：「非禮處便是私意，既是私意，如何得仁？須是克盡己私，皆歸於禮，方始是仁。」又曰：「克己復禮，則事事皆仁，故曰天下歸仁。」謝氏曰：「克己須從性偏難克處克將去。」**顏淵曰：「請問其目。」子曰：「非禮勿視，非禮勿聽，非禮勿言，非禮勿動。」顏淵曰：「回雖不敏，請事斯語矣。」**目，條件也。顏淵聞夫子之言，則於天理人欲之際，已判然矣，故不復有所疑問，而直請其條目也。非禮者，己之私也。勿者，禁止之辭。是人心之所以爲主，而勝私復禮之機也。私勝，則動容周旋無不中禮，而日用之間，莫非天理之流行矣。事，如「事事」之「事」。請事斯語，顏子默識其理，又自知其力有以勝之，故直以爲己任而不疑也。○程子曰：「顏淵問克己復禮之目，子曰：『非禮勿視，非禮勿聽，非禮勿言，非禮勿動。』四者身之用也，由乎中而應乎外，制於外所以養其中也。顏淵事斯語，所以進於聖人。後之學聖人者，宜服膺而勿失也。因箴以自警。」其視箴曰：「心兮本虛，應物無迹。操之有要，視爲之則。蔽交於前，其中則遷。制之於外，以安其內。克己復禮，久而誠矣。」其聽箴曰：「人有秉彝，本乎天性。知誘物化，遂亡其正。卓彼先覺，知止有定。閑邪存誠，非禮勿聽。」其言箴曰：「人心之動，因言以宣。發禁躁妄，内斯静專。矧是樞機，興戎出好。吉凶榮辱，惟其所召。傷易則誕，傷煩則支。己肆物忤，出悖來違。非法不道，欽哉訓辭。」其動箴曰：「哲人知幾，誠之於思。志士勵行，守之於爲。順理則裕，從欲惟危。造次克念，戰兢自持。習與性成，聖賢同歸。」愚案：此章問答，乃傳授心法切要之言。非至明不能察其幾，非至健不能致其決。故惟顔子得聞之，而凡學者亦不可不勉也。程子之箴，發明親切，學者尤宜深玩。○或問：「顔淵問仁，而夫子告之以此，何也？」曰：「人受天地之中以生，而仁義禮智之性具於其心。仁雖專主於愛，而實爲心體之全德；禮則專主於敬，而實天理之節文也。然人有是身，則耳目口體之閒，不能無私欲之累，以違於禮而害夫仁，則自其一身莫適爲主，而事物之閒顛倒錯繆，蓋無所不至矣。此聖門之學所以汲汲於求仁，而顔子之問，夫子特以克己復禮告之，蓋欲其克去有己之私欲，而復於天理之本然，則夫本心之全德將不離乎此而無不盡也。然人特患於不爲耳，誠能一旦用力於此，則本心之全德在我，而天理之至善無不由是而出，天下雖大，亦孰有不求其仁者乎？然己者，人欲之私也；禮者，天理之公也。一心之中，二者不容並立，而其相去之閒，不能以豪髮，出乎此則入乎彼，出乎彼則入乎此矣。是其克與不克，復與不復，如手反復，如臂屈伸，誠欲爲之，其機固亦在我而已，夫豈他人之所得與哉？顔子之質，幾於聖人，故其問仁，夫子告之，獨爲要切而詳盡耳。」曰：「然則顔子請問其目，而夫子告以四勿之云，何也？」曰：「顔子聞夫子克己復禮之言，蓋已洞然默識仁之爲體矣。然夫子所謂克己復禮者，必有條目而後可以從事於其閒也，故復問以審之，而夫子以此告之也。蓋禮爲天理之節文，而其用無所不在。以身而言，則視聽言動四者，足以該之矣。四者之閒，由粗而精，由小而大，所當爲者皆禮也，所不當爲者皆非禮也。禮即天之理也，非禮則己之私也，於是四者謹而察之，知其非禮，而勿以止焉，則是克己之私，而復於禮矣。且非禮而勿視聽者，防其自外入而動於内者也；非禮而勿言動者，謹其自内出而接於外者也。内外交進，爲仁之功不遺餘力矣。顏子於是請事斯語而力行之，所以三月不違，而卒進於聖人之域也。然熟味聖言，以求顏子之所用力，其機特在勿與不勿之閒而已。自是而反則爲天理，自是而流則爲人欲，自是而克念則爲聖，自是而罔念則爲狂。特豪忽之閒耳，學者可不謹其所擇哉？顏子平生只是受用『克己復禮』四箇字。」○顏子克己，如紅爐上一點雪。○克己，如誓不與賊俱生。「克伐怨欲不行」，如「薄伐玁狁，至于太原」，逐出境而已。○或曰：「克己，是勝己之私之謂克否？」曰：「然。」○或問：「克己之私有三：氣稟、物欲、人我是也。不知那箇是夫子所指者？」曰：「三者皆在裏。然非禮而視聽言動，則耳目口體之欲較多。」○又問：「克者，勝也。不如以『克』訓『治』較穩。」先生曰：「『治』字緩，只減得一二分也是治。」○聖人所以下箇「克」字，譬如相殺相似，定要克勝了方住。○禮是自家本有底，所以説箇「復」，不是待克了，己方去復禮。克得那一分人欲去，便復得這一分天理來；克那二分己私去，便復得二分禮來。○問：「克己復禮，疑要克己後便已是仁，不知其禮還又是一事工夫否？」曰：「己與禮對立。克去己後，必復於禮，然後爲仁。若克去己私便無一事，則克之後，須落空去也。如坐當如尸，立如齊，此禮也；坐如箕踞，立如跛倚，此己私也。克去己私，則不容箕踞而跛倚，然必如尸如齋，方合禮。」○問：「克齋記云：『克己者，所以復禮，非克己之外，別有所謂復禮之功。』如何？」先生曰：「便是當初説得太快了。明道先生謂『克己則私心去，自能復禮』，便是實了。」問：「一日克己復禮，如何天下便歸仁？」曰：「若真能一日克己復禮，則天下有歸仁之理。這處亦如『在家無怨，在邦無怨』意思。『在家無怨』，一家歸其仁；『在邦無怨』，一邦歸其仁。告仲弓者，止於邦家。顏子則以其極者告之。」○問：「所以謂之禮而不謂之理者，莫是禮便有準則，有著實處否？」先生曰：「只説理恐虚了。這箇禮是那天理節文，教人有準則處。」又曰：「惟其使此『禮』字，便有檢束之意，若只説天理，便泛了。」又曰：「所以頓著這『禮』字時，便有規矩準繩可見，故非禮勿視。説文謂『勿』字似旗脚[二]。此旗一麾，三軍盡退，工夫只在『勿』上。才見非禮來，則以『勿』字禁止之；才禁止，便克去；才克去，便能復禮。」○問：「非禮勿視聽言動，看來都在視上。」先生曰：「所以不可行者，却無復禮一段事。既克己，若不復禮，如何得？」○問：「聖人言仁處，如『克己復禮』一句，最是得仁之全體。」「何嘗見有半體仁，但『克己復禮』一句，猶親切。」○問：「集注謂天下皆與其仁，後却載伊川語謂『事事皆仁』，恰似兩般，如何？」曰：「惟其『事事皆仁』，所以『天下歸

[二] 謂勿，原脱，各本同，據宋福州學官刻元修本西山讀書記甲集六補。

仁』。」○問事事皆仁。曰：「人能克己，則日間所行事皆無私意而合天理耳。」○問：「謝氏說：『克己，須從性偏難克處克將去。』此性是氣質之性否？」曰：「然。然亦無難易。凡氣質之偏處，皆須從頭克去。」○問：「程子謂『制之於外以安其內』，却似與『克伐怨欲不行』底相似。」先生曰：「克己工夫，其初如何便會自然也，須禁制始得。到養得熟後，便私意漸漸消磨去。今人須要簡易處做，却不知若不自難處入，如何到得易處？」○問：「視聽之間，或明知其不當視而自接乎目，明知其不當聽而自接乎耳，奈何？」曰：「視與見不同，聽與聞不同。如非禮之色自過目，自家不可有要視之之心；非禮之聲自過耳，自家不可有要聽之之心。然這處是難，古人於此亦有以禦之，如云『姦聲亂色，不留聰明；淫樂慝禮，不接心術』。」○動箴云云。曰：「思是動於內，爲是動於外。蓋思於內不可不誠，爲於外不可不守。然專誠於思而不守於爲，不可；專守於爲而不誠於思，亦不可。」○思是動之微，爲是動之著。○克己復禮爲仁，是做得這工夫到這地位便是仁。上蔡却說知仁、識仁，終有病。○問：「或問中論克己銘之非，如何？」曰：「『克己』之『克』，未是對人物言。呂與叔遂謂『己既不立，物相並觀』，則雖天下之大，莫不在吾仁之中，說得來恁地大，故人皆喜其快，殊不知未是如此。」曰：「克己復禮與下文克己之目全不干涉，此只似自修之事，未道視外面在。」先生曰：「須是恁地思之，且道視聽言動，干人甚事？」○問「天下歸仁」。先生曰：「克己復禮則事事皆是，天下之人聞之、見之，莫不皆與其爲仁也。」又曰：「有幾處被前輩說得來大，今收拾不得。謂如『君子所過者化』，本只言君子所居而人自化；『所存者神』，本只言所存主處便神妙。橫渠却云『性性爲能存神，物物爲能過化』，上蔡便道『惟其所存者神，是以所過者化』，此等言語，人皆爛熟，以爲必須如此説，才不如此説，便不快意矣。」○游定夫以「克己復禮」與佛理一般，只存想此道理而已。若只想像言克復，則與下截非禮勿視四句有何干涉？○克齋記曰：「性情之德無所不備，而一言足以盡其妙，曰仁而已。所以求仁者蓋亦多術，而一言足以舉其要，曰克己復禮而已。蓋仁也者，天地生物之心，而人之所得以爲心者也。惟其得夫天地生物之心以爲心，是以未發之前，四德具焉，曰仁義禮智，而仁無不統；已發之際，四端著焉，曰惻隱、羞惡、辭讓、是非，而惻隱之心無所不通。此仁之體用，所以涵育渾全，周流貫徹，專一心之妙而爲衆善之長也。然人有是身，則耳目鼻口四肢之欲或不能無害夫仁，而不仁者則其所以滅天理、窮人欲者，將無所不至。此君子之學所以汲汲於求仁，而求仁之要，亦曰務其去所以害仁者而已。蓋非禮而視，人欲之害仁也；非禮而聽，人欲之害仁也；非禮而言且動焉，人欲之害仁也。知人欲之所以害仁者在是，於是乎有以拔其本、塞其原，克之克之而又克之，以至於一旦豁然欲盡而理純，則其胷中之所存者，豈不粹然天地生物之心，而藹乎其若春陽之温哉？默而成之，固無一理之不具，而無一物之不該也；感而通焉，則無事不得於理，而無物之不被其愛矣。」又曰：「克復之云，雖若各爲一事，其實天理人欲相爲消長，故克己者，乃所以復禮，而非克己之外別有復禮之功也。」○南軒曰：「克盡己私，一由於禮，斯爲仁矣。禮者，天則之不可踰也，其本在於篤敬，而發於三千三百之目，皆禮也。『克己復禮』者，此言克己之至也。『天下歸仁』者，無一物之不體，無一事之不該也。」○愚案：集注以「天下歸仁」爲「天下之人皆與其仁」，學者蓋多疑之。若克齋記所云「默而成之，固無一理之不具，而無一物之不該；感而通焉，則無事之不得於理，而無物之不被其愛」，爲得體用之全；「克之又克之」一句，亦不若「一旦豁然」之云爲得聖言之本指，更詳之。

仲弓問仁。子曰：「出門如見大賓，使民如承大祭。己所不欲，勿施於人。在邦無怨，在家無怨。」仲弓曰：「雍雖不敏，請事斯語矣。」敬以持己，恕以及物，則私意無所容，而心德全矣。内外無怨，亦以其效言之，使以自考也。○程子曰：「孔子言仁，只說『出門如見大賓，使民如承大祭』。看其氣象，便須心廣體胖，動容周旋中禮。唯謹獨，便是守之之法。」或問：「出門、使民之時，如此可也；未出門、使民之時，如之何？」曰：「此『儼若思』時也，有諸中而後見於外。觀其出門、使民之時，其敬如此，則前乎此者，敬可知矣。非因出門、使民，然後有此敬也。」愚案：克己復禮，乾道也；主敬行恕，坤道也。顔冉之學，其高下淺深，於此可見。然學者誠能從事於敬恕之閒而有得焉，亦將無己之可克矣。○集義曰：「大賓、大祭，只是敬也，才不敬，便私慾萬端，害於仁。」○游氏曰：「出門如見大賓，則無時而不敬；使民如承大祭，則無事而不敬。」○朱子敬恕齋銘曰：「出門如賓，承事如祭。以是存心，其敢失墜。己所不欲，勿施於人。以是行之，與物爲春。胡世之人，恣己窮物。惟己所便，謂彼奚卹。孰能反是，斂焉厥躬。于羹于牆，仲尼子弓。内順于家，外同于邦。無小無大，罔時怨恫。爲仁之功，曰此其極。

敬哉恕哉，永永無斁。」○南軒曰：「『出門』云云，蓋平日之涵養一於敬，故其出門、使民之際，皆是心也。『己所』云云，恕者爲仁之方也。凡人有欲，不得則怨，若夫平易公正，欲不存焉，則己無所怨於人。和平之效，人亦何所怨於己哉？故曰云云。」○案：無怨之義，二先生所指不同。朱説前見。南軒謂人己俱無所怨，其味猶長。此章兼言敬恕。○孔門論敬具前數條外，其他所論，如「道千乘之國，必曰敬事而信」，「爲禮不敬」則與「臨喪不哀」並言之，稱子産曰「其行己也恭，其事上也敬」，至若不言敬而實於敬者，又不與焉。故朱子曰：「敬乃聖門之綱領。」詎不信夫？

司馬牛問仁。司馬牛，孔子弟子，名犂，向魋之弟。**子曰：「仁者其言也訒。」**訒，音刃。○訒，忍也，難也。仁者心存而不放，故其言若有所忍而不易發，蓋其德之一端也。夫子以牛多言而躁，故告之以此。使其於此而謹之，則所以爲仁之方，不外是矣。**曰：「其言也訒，斯謂之仁矣乎？」子曰：「爲之難，言之得無訒乎？」**牛意仁道至大，不但如夫子之所言，故夫子又告之以此。蓋心常存，故事不苟，事不苟，故其言自有不得而易者，非强閉之而不出也。楊氏曰：「觀此及下章再問之語，牛之易其言可知。」○程子曰：「雖爲司馬牛多言故及此，然聖人之言，亦止此爲是。」愚謂：牛之爲人如此，若不告之以其病之所切，而泛以爲仁之大概語之，則以彼之躁，必不能深思以去其病，而終無自以入德矣，故其告之如此。蓋聖人之言，雖有高下大小之不同，然其切於學者之身，而皆爲入德之要，則又初不異也。讀者其致思焉。○只看説話容易底人，便是心放了。不仁者不識痛痒，得説便説，如人夢寐中語。○謹言語，不妄發，即求仁之端。○仁者之言自然訒。學仁者當謹言語，以操持此心。○南軒曰：「人之易其言也，以其未知用力也，知用力則言敢易乎哉？故仁者之言必訒。」

司馬牛問君子。子曰：「君子不憂不懼。」向魋作亂，牛常憂懼，故夫子告之以此。**曰：「不憂不懼，斯謂之君子矣乎？」子曰：「内省不疚，夫何憂何懼？」**夫，音扶。○牛之再問，猶前章之意，故復告之以此。疚，病也。言由其平日所爲無愧於心，故能内省不疚，而自無憂懼，未可遽以爲易而忽之也。○晁氏曰：「不憂不懼，由乎德全而無疵。故無入而不自得，非實有憂懼而强排遣之也。」○南軒曰：「聖人之所謂不憂不懼者，以其内自省察，無所愧病，故得其樂而物莫之攖也。能進於是，非君子乎？曾子之守約，蓋此也。使司馬牛而知所從事，則勉之於己，不然，徒膠擾於憂懼之域，何益哉？」

司馬牛憂曰：「人皆有兄弟，我獨亡。」牛有兄弟而云然者，憂其爲亂而將死也。**子夏曰：「商聞之矣：**蓋聞之夫子。**『死生有命，富貴在天。』**命稟於有生之初，非今所能移；天莫之爲而爲，非我所能必，但當順受而已。○富貴在天，非我所與，如有爲之主宰然。○南軒曰：「知死生之有命，則當受其正而已；知富貴之在天，則當行吾義而已。」○集義張子曰：「論死生則曰有命，以言其氣也；語富貴則曰在天，以言其理也。」**君子敬而無失，與人恭而有禮。四海**

之内，皆兄弟也。君子何患乎無兄弟也？」既安於命，又當修其在己者。故又言苟能持己以敬而不閒斷，接人以恭而有節文，則天下之人皆愛敬之，如兄弟矣。蓋子夏欲以寬牛之憂，故爲是不得已之辭，讀者不以辭害意可也。○胡氏曰：「子夏『四海皆兄弟』之言，特以廣司馬牛之意，意圓而語滯者也，惟聖人則無此病矣。且子夏知此而以哭子喪明，則以蔽於愛而昧於理，是以不能踐其言爾。」○程子曰：「敬是持己，恭是接人。與人恭而有禮，言接人當如此也。近世淺薄，以相驩狎爲相與，以無圭角爲相親愛，如此者安能久？須是恭敬，君臣朋友，皆當以敬爲主也。」○案：朱子曰：「敬者，恭之主乎中者也；恭者，敬之發於外者也。自學者言，則恭不如敬之力；自成德言，則敬不若恭之安。」○敬字硬，恭字軟。愚謂：敬字有堅强意，恭字有柔巽意。○因言恭敬二字如忠信，或云敬主於中，恭發於外。先生曰：「凡言發於外比似主於中者較大，蓋必充積盛滿而後發於外。然主於中者，却是本，不可不知也。」

子張問明。子曰：「浸潤之譖，膚受之愬，不行焉，可謂明也已矣；浸潤之譖，膚受之愬，不行焉，可謂遠也已矣。」譖，莊蔭反。愬，蘇路反。○浸潤，如水之浸灌滋潤，漸漬而不驟也。譖，毁人之行也。膚受，謂肌膚所受，利害切身，如易所謂「剥牀以膚，切近災」者也。愬，愬己之冤也。毁人者漸漬而不驟，則聽者不覺其入，而信之深矣；愬冤者急迫而切身，則聽者不及致詳，而發之暴矣。二者難察而能察之，則可見其心之明，而不蔽於近矣。此亦必因子張之失而告之，故其辭繁而不殺，以致丁寧之意云。○楊氏曰：「驟而語之，與利害不切於身者，不行焉，有不待明者能之也。故浸潤之譖，膚受之愬不行，然後謂之明，而又謂之遠，遠則明之至也。書曰：『視遠惟明。』」

子貢問政。子曰：「足食，足兵，民信之矣。」言倉廩實而武備修，然後教化行，而民信於我，不離叛也。**子貢曰：「必不得已而去，於斯三者何先？」曰：「去兵。」**去，上聲，下同。○言食足而信孚，則無兵而守固矣。**子貢曰：「必不得已而去，於斯二者何先？」曰：「去食。自古皆有死，民無信不立。」**民無食必死，然死者人之所必不免。無信則雖生而無以自立，不若死之爲安。故寧死而不失信於民，使民亦寧死而不失信於我也。○程子曰：「孔門弟子善問，直窮到底，如此章者，非子貢不能問，非聖人不能答也。」愚謂：以人情而言，則兵食足而後吾之信可以孚於民；以民德而言，則信本人之所固有，非兵食所得而先也。是以爲政者，當身率其民而以死守之，不以危急而可棄也。

棘子成曰：「君子質而已矣，何以文爲？」棘子成，衛大夫。疾時人文勝，故爲此言。**子貢曰：「惜乎！夫子之説，君子也；駟不及舌。**言子成之言，乃君子之意。然言出於舌，則駟馬不能追之，又惜其失言也。**文猶質也，質猶文也。虎豹之鞟猶犬羊之鞟。」**鞟，其郭反。○鞟，皮去毛者也。言文質等耳，不可相無。若必盡去其文而獨存其質，則君子小人無以辨矣。夫棘子成矯當時之弊，固失之過；而子貢矯子成之弊，又無本末輕重之差，胥失之矣。○或問：

「棘子成之言，與夫子答林放之問何異？而子貢非之若是邪？」曰：「夫子之言，權衡審密，而辭氣和平，蓋未始以文爲盡非也。若子成則辭氣矯激，而取舍過中矣，其流之弊，將至於棄禮蔑德，如西晉君子之爲者，故子貢惜其言而力正之也。」曰：「何以言子貢之言有病也？」曰：「子成之説偏矣，而子貢於文質之閒，又一視之而無本末輕重緩急之差焉，則子貢矯子成之失而過中者也。立言之難如此，非聖人孰能無所偏倚而常適其平也哉？」

哀公問於有若曰：「年饑，用不足，如之何？」稱有若者，君臣之辭。用，謂國用。公意蓋欲加賦以足用也。**有若對曰：「盍徹乎？」**徹，通也，均也。周制，一夫受田百畝，而與同溝共井之人通力合作，計畝均收。大率民得其九，公取其一，故謂之徹。魯自宣公税畝，又逐畝什取其一，則爲什而取二矣。故有若請但專行徹法，欲公節用以厚民也。**曰：「二，吾猶不足，如之何其徹也？」**二，即所謂什二也。公以有若不諭其旨，故言此以示加賦之意。**對曰：「百姓足，君孰與不足？百姓不足，君孰與足？」**民富，則君不至獨貧；民貧，則君不能獨富。有若深言君民一體之意，以止公之厚斂，爲人上者所宜深念也。○楊氏曰：「仁政必自經界始。經界正，而後井地均，穀禄平，而軍國之須皆量是以爲出焉。故一徹而百度舉矣，上下寧憂不足乎？以二猶不足而教之徹，疑若迂矣。然什一，天下之中正。多則桀，寡則貉，不可改也。後世不究其本而惟末之圖，故征斂無藝，費出無經，而上下困矣。又惡知盍徹之當務而不爲迂乎？」

子張問崇德、辨惑。子曰：「主忠信，徙義，崇德也。主忠信，則本立。徙義，則日新。**愛之欲其生，惡之欲其死，既欲其生，又欲其死，是惑也。」**惡，去聲。○愛惡，人之常情也。然人之生死有命，非可得而欲也。以愛惡而欲其生死，則惑矣。既欲其生，又欲其死，則惑之甚也。**「誠不以富，亦祇以異。」**此詩小雅我行其野之辭也。舊説夫子引之，以明欲其生死者不能使之生死。如此詩所言，不足以致富而適足以取異也。程子曰：「此錯簡，當在第十六篇『齊景公有馬千駟』之上。因此下文亦有齊景公字而誤也。」○楊氏曰：「『堂堂乎張也，難與並爲仁矣。』則非誠善補過不蔽於私者，故告之如此。」○或問：「崇德、辨惑何以有是目，而子張、樊遲皆以爲問？」曰：「胡氏以爲或古有是言，或當世有是名，聖人標而出之，使諸弟子隨其所欲知，思其所未達，以爲入道之門户也。其説得之矣。」曰：「『主忠信，徙義』之所以爲崇德，何也？」曰：「主忠信，則其徙義也有本而可據；能徙義，則其主忠信也有用而日新。内外本末，交相培養，此德之所以日積而益高也。」曰：「『愛之欲其生，惡之欲其死，既欲其生，又欲其死』，所以爲惑者，何也？」曰：「溺於愛惡之私，而以彼之生死定分爲可以隨己之所欲；又不能自定，而一生一死交戰於胷中，虛用其力於所不能爲之地，而實無所損益於彼也，可不謂之惑乎？」○南軒曰：「崇德、辨惑，修身之切務也。以忠信爲主，而見義則徙焉，則本立而日新，德之所以崇也；不主忠信，則無徙義之實，不能徙義，則所主亦有時而失其理矣。二者蓋相須也。」○愚案：欲生欲死，必有所爲而言，所以箴子張之失也。

齊景公問政於孔子。齊景公，名杵臼。魯昭公末年，孔子適齊。**孔子對曰：「君君，臣臣，父父，子子。」**此人道之大經，政事之根本也。是時景公失政，而大夫陳氏厚施於國。景公又多内嬖，而不立太子。其君臣父子之閒，皆失其道，故夫子告之以此。**公曰：「善哉！信如君不君，臣不臣，父不父，子不子，雖有粟，吾得而食諸？」**景公善孔子之言而不能用，其後果以繼嗣不定，啓陳氏弑君篡國之禍。○楊氏曰：「君之所以君，臣之所以臣，父之所以父，子之所以子，是必有道矣。景公知善夫子之言，而不知反求其所以然，蓋悦而不繹者，齊之所以卒於亂也。」

子曰：「片言可以折獄者，其由也與？」折，之舌反。與，平聲。○片言，半言。折，斷也。子路忠信明決，故言出而人信服之，不待其辭之畢也。**子路無宿諾。**宿，留也，猶「宿怨」之「宿」。急於踐言，不留其諾也。記者因夫子之言而記此，以見子路之所以取信於人者，由其養之有素也。○尹氏曰：「小邾射以句繹奔魯，曰：『使季路要我，吾無盟矣。』千乘之國，不信其盟，而信子路之一言，其見信於人可知矣。一言而折獄者，信在言前，人自信之故也。不留諾，所以全其信也。」

子曰：「聽訟，吾猶人也，必也使無訟乎！」范氏曰：「聽訟者，治其末，塞其流也。正其本，清其源，則無訟矣。」○楊氏曰：「子路片言可以折獄，而不知以禮遜爲國，則未能使民無訟者也。故又記孔子之言，以見聖人不以聽訟爲難，而以使民無訟爲貴。」

子張問政。子曰：「居之無倦，行之以忠。」居，謂存諸心。無倦，則始終如一。行，謂發於事。以忠，則表裏如一。○程子曰：「子張少仁。無誠心愛民，則必倦而不盡心，故告之以此。」

子曰：「博學於文，約之以禮，亦可以弗畔矣夫。」重出。

子曰：「君子成人之美，不成人之惡。小人反是。」成者，誘掖獎勸以成其事也。君子小人，所存既有厚薄之殊，而其所好又有善惡之異。故其用心不同如此。○南軒曰：「君子充其忠愛之心，於人之美，其樂之如在己也。從而扶持之，又從而勸相之，惟欲其美之成也；於人之惡，則從而正救之，正救之不可，則哀矜之，惟恐其惡之成也。若小人則以刻薄爲心，幸人之有過，而疾人之勝己。非徒坐視其入於惡，又從而擠之；非徒欲其美之不成，又從而毀之。君子小人之操存，未嘗不相反也。」

季康子問政於孔子。孔子對曰：「政者，正也。子帥以正，孰敢不正？」范氏曰：「未有己不正而能正人者。」○胡氏曰：「魯自中葉，政由大夫，家臣效尤，據邑背畔，不正甚矣。故孔子以是告之，欲康子以正自克，而改三家之政。惜乎康子之溺於利欲而不能也。」

季康子患盜，問於孔子。孔子對曰：「苟子之不欲，雖賞之不竊。」言子不貪欲，則雖賞民使之爲盜，民亦知恥而不竊。○胡氏曰：「季氏竊柄，康子奪嫡，民之爲盜，固其所也。盍亦反其本邪？孔子以不欲啓之，其旨深矣。」奪嫡事，見春秋傳。

季康子問政於孔子，曰：「如殺無道，以就有道，何如？」孔子對曰：「子爲政，焉用殺？子欲善，而民善矣。君子之德風，小人之德草。草上之風，必偃。」焉，於虔反。○爲政者，民所視傚，何以殺爲？欲善則民善矣。上，一作「尚」，加也。偃，仆也。○尹氏曰：「殺之爲言，豈爲人上之語哉？以身教者從，以言教者訟，而況於殺乎？」

子張問：「士何如斯可謂之達矣？」達者，德孚於人而行無不得之謂。**子曰：「何哉爾所謂達者？」**子張務外，夫子蓋已知其發問之意，故反詰之，將以發其病而藥之也。**子張對曰：「在邦必聞，在家必聞。」**言名譽著聞也。**子曰：「是聞也，非達也。**聞與達相似而不同，乃誠僞之所以分，學者不可不審也。故夫子既明辨之，下文又詳言之。**夫達也者，質直而好義，察言而觀色，慮以下人。在邦必達，在家必達。**夫，音扶，下同。好、下，皆去聲。○內主忠信而所行合宜，審於接物而卑以自牧，皆自修於內，不求人知之事。然德修於己而人信之，則所行自無窒礙矣。**夫聞也者，色取仁而行違，居之不疑。在邦必聞，在家必聞。」**行，去聲。○善其顏色以取於仁，而行實背之，又自以爲是而無所忌憚。此不務實而專務求名者，故虛譽雖隆而實德則病矣。○程子曰：「學者須是務實，不要近名。有意近名，大本已失，更學何事？

爲名而學，則是僞也。今之學者，大抵爲名。爲名與爲利，雖清濁不同，然其利心則一也。」尹氏曰：「子張之學，病在乎不務實。故孔子告之，皆篤實之事，充乎内而發乎外者也。」○聞只是求聞於人，達却有實，有實方能達。○色取仁而行違，正是指子張病痛處。○問「察言而觀色」。曰：「此是實要做工夫。察人之言，觀人之色，乃是要驗吾之言是與不是。今有人自任己意説將去，更不看人之意是信受他，是不信受他。如此，則只是自高，更不能謙下於人，實去做工夫。大抵人之爲學，須自低下做將去，才自高了，便不濟事。這一項都是詳細收斂工夫。如色取仁，居之不疑，只是粗謾將去。」○此章大意，一箇是名，一箇是實。○呂氏謂：「德乎於人者，必達；矯行求名者，必聞。此説却好。」○質與直是兩件，質是樸實，直是無偏曲。○南軒曰：「聖人論達，蓋爲己篤實工夫。若有求聞之意，則其心外馳矣。色取仁者，其色則有取於仁，其行則違，如内交、要譽、惡其聲之類，一豪萌於中，皆所謂行違也。雖然，使其有所不安於心，則庶乎可使之反者。惟其居之不疑，則終爲不仁而已矣。」○又曰：「聞與達異，聞謂人知之，達謂道行於家邦也。」

樊遲從遊於舞雩之下，曰：「敢問崇德、脩慝、辨惑。」慝，吐得反。○胡氏曰：「慝之字從心從匿，蓋惡之匿於心者。脩者，治而去之。」**子曰：「善哉問！**善其切於爲己。**先事後得，非崇德與？攻其惡，無攻人之惡，非脩慝與？一朝之忿，忘其身，以及其親，非惑與？」**與，平聲。○先事後得，猶言先難後獲也。爲所當爲而不計其功，則德日積而不自知矣。

專於治己而不責人，則己之惡無所匿矣。知一朝之忿爲甚微，而禍及其親爲甚大，則有以辨惑而懲其忿矣。樊遲麤鄙近利，故告之以此，三者皆所以救其失也。○范氏曰：「先事後得，上義而下利也。人惟有利欲之心，故德不崇。惟不自省己過而知人之過，故慝不脩。感物而易動者莫如忿，忘其身以及其親，惑之甚者也。惑之甚者必起於細微，能辨之於早，則不至於大惑矣。故懲忿所以辨惑也。」○南軒曰：「先其所事而不計其得，此德所以崇也。若先有求得之心，反傷於德矣。」○愚案：范氏以利欲爲得，與先難後獲異，而集注兼取之，蓋並存兩説也。

樊遲問仁，子曰「愛人」；問知，子曰「知人」。上「知」字，去聲，下同。○愛人，仁之施。知人，知之務。**樊遲未達，**曾氏曰：「遲之意，蓋以愛欲其周，而知有所擇，故疑二者之相悖爾。」**子曰：「舉直錯諸枉，能使枉者直。」**舉直錯枉者，知也。使枉者直，則仁矣。如此，則二者不惟不相悖，而反相爲用矣。**樊遲退，見子夏，曰：「鄉也吾見於夫子而問知，子曰『舉直錯諸枉，能使枉者直』，何謂也？」**鄉，去聲。見，賢遍反。○遲以夫子之言，專爲知者之事，又未達所以能使枉者直之理。**子夏曰：「富哉言乎！**歎其所包者廣，不止言知。**舜有天下，選於衆，舉皋陶，不仁者遠矣；湯有天下，選於衆，舉伊尹，不仁者遠矣。」**選，息戀反。陶，音遥。遠，如字。○伊尹，湯之相也。不仁者遠，言人皆化而爲仁，不見有不仁者，若其遠去爾，所謂使枉者直也。子夏蓋有以知夫子之兼仁知而言矣。○程子曰：「聖人之語，因人而變化。雖若有淺近者，而其包含無所不盡，觀於此章可見矣。非若他人之言，語近則遺遠，語遠則不知近也。」尹氏曰：「學者之問也，不獨欲聞其說，又必欲知其方；不獨欲知其方，又必欲爲其事。如樊遲之問仁、知也，夫子告之盡矣。樊遲未達，故又問焉，而猶未知其何以爲之也。及退而問諸子夏，然後有以知之。使其未喻，則必將復問矣。既問於師，又辨諸友，當時學者之務實也如是。」○愛人、知人，自相爲用。若不論枉與直，一例去愛他，便不得；大抵爲先知了，方能愛其所當愛。只此兩句，自包上下，此所以爲聖人之言。○愛人、知人，是仁智之用，聖人何故但以仁知之用告樊遲，却不告之以仁知之體？蓋尋這用，便可以知其體，蓋用即是體中流出也。○問云云。曰：「尋常說仁智，一箇是慈愛，一箇是辨別，各自向一路。惟是『舉直錯諸枉，能使枉者直』，方見得仁智合一處，仁裏面有智，智裏面有仁。」○南軒曰：「原人之性，其愛之理乃仁也，知之理乃智也。仁者視萬物猶一體，而況人與我同類乎？故仁者必愛人。然則愛人果可以盡仁乎？以愛人而可以盡仁則不可，而其所以愛人者，乃仁之所存也。至於問知而諭以知人者，亦猶是爾。」

子貢問友。子曰：「忠告而善道之，不可則止，無自辱焉。」告，工毒反。道，去聲。○友所以輔仁，故盡其心以告之，善其說以道之。然以義合者也，故不可則止。若以數而見疏，則自辱矣。○或問云云。曰：「善道云者，心平氣和，理明意盡，或從容深厚，或親切簡當，使聞者不期而樂於聽從之謂也。」

曾子曰：「君子以文會友，以友輔仁。」講學以會友，則道益明；取善以輔仁，則德日進。

○南軒曰：「朋友講習與夫懾以威儀，莫非文也。爲仁固由己，而亦資朋友輔成之。輔之者，左右翼助之意。蓋非惟切磋之益，其從容浹洽，相觀而善，所輔多矣。」

論語集編卷第六

論語集編卷第七

子路第十三　凡十三章。

子路問政。子曰：「先之，勞之。」蘇氏曰：「凡民之行，以身先之，則不令而行；凡民之事，以身勞之，則雖勤不怨。」**請益。曰：「無倦。」**無，古本作「毋」。○吳氏曰：「勇者喜於有爲而不能持久，故以此告之。」○程子曰：「子路問政，孔子既告之矣，及請益，則曰『無倦』而已。未嘗復有所告，姑使之深思也。」

仲弓爲季氏宰，問政。子曰：「先有司，赦小過，舉賢才。」有司，衆職也。宰兼衆職，然事必先之於彼，而後考其成功，則己不勞而事畢舉矣。過，失誤也。大者於事或有所害，不得不懲；小者赦之，則刑不濫而人心悅矣。賢，有德者。才，有能者。舉而用之，則有司皆得其人而政益修矣。**曰：「焉知賢才而舉之？」曰：「舉爾所知。爾所不知，人其舍諸？」**仲弓慮無以盡知一時之賢才，故孔子告之以此。程子曰：「人各親其親，然後不獨親其親。仲弓曰『焉知賢才而舉之』，子曰『舉爾所知，爾所不知，人其舍諸』，便見仲弓與聖人用心之大小。推此義，則一心可以興邦，一心可以喪邦，只在公私之間爾。」○范氏曰：「不先有司，則君行臣職矣；不赦小過，則下無全人矣；不舉賢才，則百職廢矣。失此三者，不可以爲季氏宰，况天下乎？」

子路曰：「衛君待子而爲政，子將奚先？」衛君，謂出公輒也。是時魯哀公之十年，孔子自楚反乎衛。**子曰：「必也正名乎！」**是時出公不父其父而禰其祖，名實紊矣，故夫子以正名爲先。謝氏曰：「正名雖爲衛君而言，然爲政之道，皆當以此爲先。」**子路曰：「有是哉，子之迂也！奚其正？」**迂，謂遠於事情，言非今日之急務也。**子曰：「野哉由也！君子於其所不知，蓋闕如也。**野，謂鄙俗。責其不能闕疑，而率爾妄對也。**名不正，則言不順；言不順，則事不成；**楊氏曰：「名不當其實，則言不順；言不順，則無以考實而事不成。」**事不成，則禮樂不興；禮樂不興，則刑罰不中；刑罰不中，則民無所措手足。**中，去聲。○范氏曰：「事得其序之謂禮，物得其和之謂樂。事不成則無序而不和，故禮樂不興；禮樂不興，則施之政事皆失其道，故刑罰不中。」**故君子名之必可言也，言之必可行也。君子於其言，無所苟而已矣。」**程子曰：「名實相須。一事苟，則其餘皆苟矣。」○胡氏曰：「衛世子蒯聵恥其母南子之淫亂，欲殺之不果而出奔。靈公欲立公子郢，郢辭。公卒，夫人立之，又辭。乃立蒯聵之子輒，以拒蒯聵。夫蒯聵欲殺母，得罪於父，而輒據國以拒父，皆無父之人也，其不可有國也明矣。夫子爲政，而以正名爲先。必將具其事之本末，告諸天王，請於方伯，命公子郢而立之。則人倫正，天理得，名正言順而事成矣。夫子告之之詳如此，而子路終不喻也。故事輒不去，卒死其難。徒知食焉不避其難之爲義，而不知食輒之食爲非義也。」

樊遲請學稼，子曰：「吾不如老農。」請學爲圃，子曰：「吾不如老圃。」種五穀曰稼，種蔬菜曰圃。**樊遲出。子曰：「小人哉，樊須也！**小人，謂細民，孟子所謂小人之事者也。**上好禮，則民莫敢不敬；上好義，則民莫敢不服；上好信，則民莫敢不用情。夫如是，則四方之民襁負其子而至矣，焉用稼？」**好，去聲。夫，音扶。○禮、義、信，大人之事也。好義，則事合宜。情，誠實也。敬、服、用情，蓋各以其類而應也。襁，織縷爲之，以約小兒於背者。○楊氏曰：「樊須遊聖人之門，而問稼圃，志則陋矣，辭而闢之可也。待其出而後言其非，何也？蓋於其問也，自謂農圃之不如，則拒之者至矣。須之學疑不及此，而不能問；不能以三隅反矣，故不復。及其既出，則懼其終不喻也，求老農老圃而學焉，則其失愈遠矣。故復言之，使知前所言者意有在也。」○南軒曰：「小人云者，爲其所見者小人之事耳。夫上之所好，下之所從也。上好禮則篤於恭讓，故民視之而莫不尊敬焉；上好義則動而得其宜，故民心爲之厭服焉；上好信則誠意交孚，故民亦用其情而無敢欺焉。感應之機，固不遠也。蓋好德者，人之公心，視遲之欲下從農圃之事以得民者，其亦遠矣。」

子曰：「誦詩三百，授之以政，不達；使於四方，不能專對；雖多，亦奚以爲？」

使，去聲。○專，獨也。詩本人情，該物理，可以驗風俗之盛衰，見政治之得失。其言温厚和平，長於風諭。故誦之者，必達於政而能言也。○程子曰：「窮經將以致用也。世之誦詩者，果能從政而專對乎？然則其所學者，章句之末耳，此學者之大患也。」○集義程子曰：「今人不會讀書。如『誦詩三百』云云，須是未讀詩時，『授之以政，不達；使於四方，不能專對』；既讀詩時，便達於政，能專對四方，始是讀詩。未讀周南、召南時，一似面牆，到讀後便不面牆，方是有驗。大抵讀書，只此便是法。」

子曰：「其身正，不令而行；其身不正，雖令不從。」

子曰：「魯衛之政，兄弟也。」魯，周公之後。衛，康叔之後。本兄弟之國，而是時衰亂，政亦相似，故孔子歎之。

子謂衛公子荆，「善居室。始有，曰『苟合矣』；少有，曰『苟完矣』；富有，曰『苟美矣』」。公子荆，衛大夫。苟，聊且粗略之意。合，聚也。完，備也。言其循序而有節，不以欲速盡美累其心。○楊氏曰：「務爲全美，則累物而驕吝之心生。公子荆皆曰苟而已，則不以外物爲心，其欲易足故也。」○或問八章之説。曰：「胡氏之説爲備。胡氏曰：『自合進而完，自完進而美，非善乎其事，不猶彌光於前，而公子荆知此非所存心者，直謂之苟且而已。既見其不以殖産自能，又見其不以多財自累，富而無驕，滿而弗溢，非賢而能之乎？此可爲居室之法。』」

子適衛，冉有僕。僕，御車也。**子曰：「庶矣哉！」**庶，衆也。**冉有曰：「既庶矣，又何加焉？」曰：「富之。」**庶而不富，則民生不遂，故制田里、薄賦斂以富之。**曰：「既富矣，又何加焉？」曰：「教之。」**富而不教，則近於禽獸。故必立學校，明禮義以教之。○胡氏曰：「天生斯民，立之司牧，而寄以三事。然自三代之後，能舉此職者，百無一二。漢之文明，唐之太宗，亦云庶且富矣，西京之教無聞焉。明帝尊師重傅，臨雍拜老，宗戚子弟莫不受學；唐太宗大召名儒，增廣生員，教亦至矣，然而未知所以教也。三代之教，天子公卿躬行於上，言行政事皆可師法，彼二君者其能然乎？」

子曰：「苟有用我者，朞月而已可也，三年有成。」朞月，謂周一歲之月也。可者，僅辭，言綱紀布也。有成，治功成也。○尹氏曰：「孔子歎當時莫能用己也，故云然。」愚案史記，此蓋爲衛靈公不能用而發。

子曰：「『善人爲邦百年，亦可以勝殘去殺矣。』誠哉是言也！」勝，平聲。去，上聲。○爲邦百年，言相繼而久也。勝殘，化殘暴之人，使不爲惡也。去殺，謂民化於善，可以不用刑殺也。蓋古有是言，而夫子稱之。程子曰：「漢自高惠，至於文景，黎民醇厚，幾致刑措，庶乎其近之矣。」○尹氏曰：「勝殘去殺，不爲惡而已，善人之功如是。若夫聖人，則不待百年，其化亦不止此。」

子曰：「如有王者，必世而後仁。」三十年爲一世。仁，謂教化浹洽也。○程子曰：「所謂仁者，風移俗易，民歸於仁，天下變化之時，此非積久，何以能致？其曰必世，理則然也。欲民皆仁，非必世不可。」○又曰：「所謂仁者，以天理流行，融液洞徹，而無一物之不體也。舉一世而言，固無一人之不然；即一人而言，又無一事之不然。求之詩書，惟成康之世庶足以當之。」○南軒曰：「使民皆由於仁，非仁心涵養之深，仁政薰陶之久，莫能然也。」

子曰：「苟正其身矣，於從政乎何有？不能正其身，如正人何？」

冉有退朝。子曰：「何晏也？」對曰：「有政。」子曰：「其事也。如有政，雖不吾以，吾其與聞之。」朝，音潮。與，去聲。○冉有時爲季氏宰。朝，季氏之私朝也。晏，晚也。政，國政。事，家事。以，用也。禮，大夫雖不治事，猶得與聞國政。是時季氏專魯，其於國政，蓋有不與同列議於公朝，而獨與家臣謀於私室者。故夫子爲不知者而言，此必季氏之家事耳。若是國政，我嘗爲大夫，雖不見用，猶當與聞。今既不聞，則是非國政也。語意與魏徵獻陵之對略相似。其所以正名分，抑季氏，而教冉有之意深矣。

定公問：「一言而可以興邦，有諸？」孔子對曰：「言不可以若是其幾也。幾，期也。詩曰：「如幾如式。」言一言之閒，未可以如此而必期其效。**人之言曰：『爲君難，爲臣不易。』**易，去聲。○當時有此言也。**如知爲君之難也，不幾乎一言而興邦乎？」**因此言而知爲君之難，則必戰戰兢兢，臨深履薄，而無一事之敢忽。然則此言也，豈不可以必期於興邦乎？爲定公言，故不及臣也。曰：「一言而喪邦，有諸？」孔子對曰：「言不可以若是其幾也。人之言曰：『予無樂乎爲君，唯其言而莫予違也。』喪，去聲，下同。樂，音洛。○言他無所樂，唯樂此耳。如其善而莫之違也，不亦善乎？如不善而莫之違也，不幾乎一言而喪邦乎？」范氏曰：「言不善而莫之違，則忠言不至於耳。君日驕而臣日諂，未有不喪邦者也。」○謝氏曰：「知爲君之難，則必敬謹以持之。唯其言而莫予違，則讒諂面諛之人至矣。邦未必遽興喪也，而興喪之源分於此。然苟非識微之君子，何足以知之？」

葉公問政。音義並見第七篇。子曰：「近者說，遠者來。」說，音悅。○被其澤則悅，聞其風則來。然必近者悅，而後遠者來也。

子夏爲莒父宰，問政。子曰：「無欲速，無見小利。欲速，則不達；見小利，則大事不成。」父，音甫。○莒父，魯邑名。欲事之速成，則急遽無序，而反不達；見小者之爲利，則所就者小，而所失者大矣。○程子曰：「子張問政，子曰：『居之無倦，行之以忠。』子夏問政，子曰：『無欲速，無見小利。』子張常過高而未仁，子夏之病常在近小，故各以切己之事告之。」

葉公語孔子曰：「吾黨有直躬者，其父攘羊，而子證之。」語，去聲。○直躬，身而行者。有因而盜曰攘。孔子曰：「吾黨之直者異於是。父爲子隱，子爲父隱，直在其中矣。」

爲，去聲。○父子相隱，天理人情之至也。故不求爲直，而直在其中。○謝氏曰：「順理則直。父不爲子隱，子不爲父隱，於理順邪？瞽瞍殺人，舜竊負而逃，遵海濱而處。當是時，愛親之心勝，其於直不直，何暇計哉？」

樊遲問仁。子曰：「居處恭，執事敬，與人忠。雖之夷狄，不可棄也。」聖門教人，多以數語能使人自存其心，如「居處恭」之類是也。纔恭，則心自不放。恭主容，敬主事。恭見乎外，敬主乎中。之夷狄不可棄，勉其固守而勿失也。○黄氏曰：「此章言極平易，學者欲體仁，以此思之可也。居處，指幽獨而言，未有事者也。執事，指應事而言，未涉乎人者也。與人，指接物而言，則涉乎人矣。能恭敬而忠，則天理常存，而人慾不萌，又能無適而不然，則流行而無所間斷。仁之爲道，孰外於此。」○胡氏曰：「樊遲問仁者三，此最先，『先難』次之，『愛人』其最後乎？」

子貢問曰：「何如斯可謂之士矣？」子曰：「行己有恥，使於四方，不辱君命，可謂士矣。」使，去聲。○此其志有所不爲，而其材足以有爲者也。子貢能言，故以使事告之。蓋爲使之難，不獨貴於能言而已。**曰：「敢問其次。」曰：「宗族稱孝焉，鄉黨稱弟焉。」**弟，去聲。○此本立而材不足者，故爲其次。**曰：「敢問其次。」曰：「言必信，行必果，硜硜然小人哉，抑亦可以爲次矣。」**行，去聲。硜，苦耕反。○果，必行也。硜，小石之堅確者。小人，言其識量之淺狹也。此其本末皆無足觀，然亦不害其爲自守也，故聖人猶有取焉，下此則市井之人，不復可爲士矣。曰：「今之從政者何如？」子曰：「噫！斗筲之人，何足算也。」筲，所交反。算，亦作「筭」，悉亂反。○今之從政者，蓋如魯三家之屬。噫，心不平聲。斗，量名，容十升。筲，竹器，容斗二升。斗筲之人，言鄙細也。算，數也。子貢之問每下，故夫子以是警之。○程子曰：「子貢之意，蓋欲爲皎皎之行，聞於人者。夫子告之，皆篤實自得之事。」○晁氏曰：「尊義於己，不窮於外，士之上也；僅能有義於己，而未能不窮於外，士之次也。孝弟稱於宗族鄉黨，特行己有恥之事。」○或問：「行己有恥，爲使不辱，亦何足爲高，而夫子以爲士之上，何邪？」曰：「是二者泛而觀之，雖若僅免於羞辱，然嘗反諸身而度之，則能充其實者，正不易得。程子所謂篤實自得者，正謂此也。」曰：「硜硜小人，而亦可以爲士，何也？」曰：「彼其識量雖淺，而非惡也，至其所守，雖規規於信果之小節，然與夫誕謾苟賤之人，則不可同年而語矣。此與不得中行而取狂狷同意，故下章言之。」

子曰：「不得中行而與之，必也狂狷乎！狂者進取，狷者有所不爲也。」狷，音絹。○行，道也。狂者，志極高而行不掩。狷者，知未及而守有餘。蓋聖人本欲得中道之人而教之，然既不可得，而徒得謹厚之人，則未必能自振拔而有爲也。故不若得此狂狷之人，猶可因其志節，而激厲裁抑之以進於道，非與其終於此而已也。○孟子曰：「孔子豈不欲中道哉？不可必得，故思其次也。如琴張、曾皙、牧皮者，孔子之所謂狂也。其志嘐嘐然，曰：『古之人！古之人！』夷考其行而不掩焉者也。狂者又不可得，欲得不屑不潔之士而與之，是狷也，是又其次也。」○南軒曰：

「中行謂中道上行。狂者所見高明，而行有未及乎其見；猖者所守堅確，而見有未得乎其理。不得中行，則斯二者亦可以與之進而裁之於中也。蓋狂者力行以踐之，則其見不差；猖者致知以明之，則其守不失，其中可得矣。」

子曰：「南人有言曰：『人而無恒，不可以作巫醫。』善夫！」恒，胡登反。夫，音扶。○南人，南國之人。恒，常久也。巫，所以交鬼神。醫，所以寄死生。故雖賤役，而尤不可以無常，孔子稱其言而善之。**「不恒其德，或承之羞。」**此易恒卦九三爻辭。承，進也。**子曰：「不占而已矣。」**復加「子曰」，以別易文也。其義未詳。楊氏曰：「君子於易苟玩其占，則知無常之取羞矣。其爲無常也，蓋亦不占而已矣。」意亦略通。

子曰：「君子和而不同，小人同而不和。」和者，無乖戾之心。同者，有阿比之意。○尹氏曰：「君子尚義，故有不同；小人尚利，安得而和？」○或問云云。曰：「諸説皆祖晏子之意。然晏子之言，乃就事而言，而此章之意，則直指君子小人之情狀而言，似不可引以爲證也。若此所論君子之和者，乃以其同寅協恭，而無乖争忌克之意；其不同者，乃以其守正循理，而無阿黨朋比之風。若小人則反是焉。此二者外雖相似，而内實相反，乃君子小人情狀之隱微，自古及今如出一轍，非聖人不能究極而發明之也。且以本朝諸公論之，韓、富、范公上前議論不同，或至失色，而本未嘗失和氣；王、吕、章、曾、蔡氏父子，同惡相濟，而其隙也無所不至焉，亦足以驗聖言之不可易也。如此説，則君子之心，無可否同異之私[二]，而惟欲必歸於是。若晏子之説，則是必於立異，然後可以爲和而不同也，是非矯枉過直之論哉？然其爲齊景公、梁邱據而發，則切中其病耳。」

子貢問曰：「鄉人皆好之，何如？」子曰：「未可也。」「鄉人皆惡之，何如？」子曰：「未可也。不如鄉人之善者好之，其不善者惡之。」好、惡，並去聲。○一鄉之人，宜有公論矣，然其閒亦各以類自爲好惡也。故善者好之而惡者不惡，則必其有苟合之行；惡者惡之而善者不好，則必其無可好之實。

子曰：「君子易事而難説也：説之不以道，不説也；及其使人也，器之。小人難事而易説也：説之雖不以道，説也；及其使人也，求備焉。」易，去聲。説，音悦。○器之，謂隨其材器而使之也。君子之心公而恕，小人之心私而刻。天理人欲之閒，每相反而已矣。○南軒曰：「易事者，平恕之心；難説者，正大之情。」

子曰：「君子泰而不驕，小人驕而不泰。」君子循理，故安舒而不矜肆；小人逞欲，故反是。○南軒曰：「泰者，心廣而體胖；驕者，意盈而氣盛。曰驕則何由泰，泰則奚驕之有？然而能不驕矣，而未之泰者，則亦有之，蓋雖能制其私，而涵養未至，未免拘迫也。」

[二] 私，原作「和」，各本同，據宋福州學官刻元修本西山讀書記甲三十二改。

子曰：「剛毅木訥，近仁。」程子曰：「木者，質樸。訥者，遲鈍。四者，質之近乎仁者也。」楊氏曰：「剛毅則不屈於物欲，木訥則不至於外馳，故近仁。」○朱氏跋蘇氏剛説曰：「剛之所以近仁，爲其不詘於欲而能有以全其本心之德，不待見於治人然後可知也。」

子路問曰：「何如斯可謂之士矣？」子曰：「切切、偲偲、怡怡如也，可謂士矣。朋友切切、偲偲，兄弟怡怡。」胡氏曰：「切切，懇到也。偲偲，詳勉也。怡怡，和悦也。皆子路所不足，故告之。又恐其混於所施，則兄弟有賊恩之禍，朋友有善柔之損，故又別而言之。」

子曰：「善人教民七年，亦可以即戎矣。」教民者，教之孝悌忠信之行，務農講武之法。即，就也。戎，兵也。民知親其上，死其長，故可以即戎。○程子曰：「七年云者，聖人度其時可矣。如云朞月、三年、百年、一世、大國五年、小國七年之類，皆當思其作爲如何乃有益。」

子曰：「以不教民戰，是謂棄之。」以，用也。言用不教之民以戰，必有敗亡之禍，是棄其民也。

憲問第十四

胡氏曰：「此篇疑原憲所記。」凡四十七章。

憲問恥。子曰：「邦有道，穀；邦無道，穀，恥也。」憲，原思名。穀，禄也。邦有道不能有爲，邦無道不能獨善，而但知食禄，皆可恥也。憲之狷介，其於「邦無道，穀」之可恥，固知之矣；至於「邦有道，穀」之可恥則未必知也。故夫子因其問而并言之，以廣其志，使知所以自勉，而進於有爲也。

「克伐怨欲不行焉，可以爲仁矣？」子曰：「可以爲難矣，仁則吾不知也。」此原憲以其所能而問也。克，好勝。伐，自矜。怨，忿恨。欲，貪欲。有是四者而能制之，使不得行，可謂難矣。仁則天理渾然，自無四者之累，不行不足以言之也。○程子曰：「人而無克伐怨欲，惟仁者能之。有之而能制其情，使不行，斯亦難能也，謂之仁則未也。此聖人開示之深，惜乎憲之不能再問也。」或曰：「四者不行，固不得爲仁矣。然亦豈非所謂克己之事、求仁之方乎？」曰：「克去己私以復乎禮，則私欲不留，而天理之本然者得矣。若但制而不行，則是未有拔去病根之意，而容其潛藏隱伏於胷中也。豈克己求仁之謂哉？學者察於二者之閒，則其所以求仁之功，益親切而無滲漏矣。」○或問：「程子以爲聖人開示之深，而原憲不能再問。使憲也再問，夫子告之宜奈何？」曰：「聖人未發之旨，夫孰能測之？然以程子之意而言，則四者之不行，亦制其末而不行於外爾，若其本則固著之於心而不能去也。譬之木焉，不去其根，則萌蘖之生，自不能已，制而不行，日力亦不給矣。且雖或能制之，終身不見於外，而其鬱屈不平之意反鬭進於胷中，則夫所謂仁者，亦且殫殘蔽害而不能以自存矣。必也絕其萌芽，蹷其根本，不使少有豪髮留於心念之閒，則於仁也，其庶幾乎。嗚呼，非程子之學之至，何足以及此！然以爲學者苟不能深省而力行之，則亦徒爲無當之大言而已，故雖發之，而有所不敢盡其言者，其旨深矣。」○問：「『克伐』與『克復』不同。」先生曰：「只是箇出入意。『克己』是入來勝己，『克伐』是出去勝人。」問：「『克伐怨欲不行』，如何？」曰：「此譬如停賊在家，豈不爲害？若便趕將出去，則禍根絶矣。今人非特不能克去此害，却有與他打做一片者。」○問：「學者用工，且能於此不行亦可。」先生曰：「須是克己，涵養以敬，於其方萌即絶之。若止於『克伐怨欲不行』，只是遏得住，一旦決裂，較大可憂。」○克己者是從根源上一刀兩斷，便斬絶了，更不復萌；『不行』底只是禁制他不要出來，他那欲爲之心未嘗忘。○問：「原憲是合下見得如此已足，還是氣昏力弱，没奈何？」曰：「是他從來把這箇做好，只要得不行便了，所以學者須要窮理。緣他見得道理未盡，便把這箇做仁。較之世人沈迷私欲，他一切不行，已是多少好。惟是聖道廣大，只恁地不濟事，須著進向上去，將克伐怨欲都無，始得。若藏蓄在這裏，只是故病。」○南軒曰：「克伐怨欲不行，可謂能制其私欲矣，然克伐怨欲之根猶在也。若夫仁者之心，則四者之病無自而萌焉。故制之於流，未若澄之於源。欲進於是，其惟克己乎？」○原憲問：「克伐怨欲不行，可以爲仁矣？」子曰：「可以爲難矣，仁則吾不知也。」克伐怨欲四者，皆私意也。原憲但欲制之而不行，便以爲仁，夫子所以不許之。若克己，則奮然決去之辭，而非抑遏不行之謂。如去惡木，不但翦其枝條，必發掘其本根。非顔子大勇，聖人肯輕許之哉？衍義

子曰：「士而懷居，不足以爲士矣。」居，謂意所便安處也。○南軒曰：「懷居者，志不立，其何以爲士乎？」○愚案：懷居與小人懷土之義同。

子曰：「邦有道，危言危行；邦無道，危行言孫。」行、孫，並去聲。○危，高峻也。孫，卑順也。尹氏曰：「君子之持身不可變也，至於言則有時而不敢盡，以避禍也。然則爲國者使士言孫，豈不殆哉？」○洪氏曰：「危非矯激也，直道而已；孫非阿諛也，遠害而已。」○吴氏曰：「言孫者，亦非失其正也，特少致其委曲，如夫子之對陽貨耳。」

子曰：「有德者必有言，有言者不必有德；仁者必有勇，勇者不必有仁。」有德者，和順積中，英華發外。能言者，或便佞口給而已。仁者，心無私累，見義必爲。勇者，或血氣之强而已。○尹氏曰：「有德者必有言，徒能言者未必有德也。仁者志必勇，徒能勇者未必有仁也。」

南宫适問於孔子曰：「羿善射，奡盪舟，俱不得其死然；禹稷躬稼，而有天下。」夫子不答，南宫适出。子曰：「君子哉若人！尚德哉若人！」适，古活反。羿，音詣。奡，五報反。盪，土浪反。○南宫适，即南容也。羿，有窮之君，善射，滅夏后相而篡其位。其臣寒浞又殺羿而代之。奡，春秋傳作澆，浞之子也。力能陸地行舟，後爲夏后少康所誅。禹平水土暨稷播種，身親稼穡之事。禹受舜禪而有天下，稷之後至周武王亦有天下。适之意蓋以羿奡比當世之有權力者，而以禹稷比孔子也，故孔子不答。然适之言如此，可謂君子之人，而有尚德之心矣，不可以不與，故俟其出而贊美之。

子曰：「君子而不仁者有矣夫，未有小人而仁者也。」夫，音扶。○謝氏曰：「君子志於仁矣，然豪忽之間，心不在焉，則未免爲不仁也。」○南軒曰：「斯須之閒，心不在焉，則爲不仁，是故君子戰兢固持而惟恐失之也。若小人則戕賊陷溺，雖秉彝之端不容盡泯，而亦不能以自達也。」

子曰：「愛之，能勿勞乎？忠焉，能勿誨乎？」蘇氏曰：「愛而勿勞，禽犢之愛也；忠而勿誨，婦寺之忠也。愛而知勞之，則其爲愛也深矣；忠而知誨之，則其爲忠也大矣。」

子曰：「爲命，裨諶草創之，世叔討論之，行人子羽脩飾之，東里子產潤色之。」裨，婢之反。諶，時林反。○裨諶以下四人，皆鄭大夫。草，略也。創，造也。謂造爲草藁也。世叔，游吉也，春秋傳作子太叔。討，尋究也。論，講議也。行人，掌使之官。子羽，公孫揮也。脩飾，謂增損之。東里，地名，子產所居也。潤色，謂加以文采也。鄭國之爲辭命，必更此四賢之手而成，詳審精密，各盡所長。是以應對諸侯，鮮有敗事。孔子言此，蓋善之也。

或問子產，子曰：「惠人也。」子產之政，不專於寬，然其心則一以愛人爲主。故孔子以爲惠人，蓋舉其重而言也。**問子西，曰：「彼哉，彼哉。」**子西，楚公子申，能遜楚國，立昭王，而改紀其政，亦賢大夫也。然不能革其僭王之號。昭王欲用孔子，又沮止之。其後卒召白公以致禍亂，則其爲人可知矣。彼哉者，外之之辭。**問管仲，曰：「人也，奪伯氏駢邑三百，飯疏食，沒齒無怨言。」**人也，猶言此人也。伯氏，齊大夫。駢邑，地名。齒，年也。蓋桓公奪伯氏之邑以與管仲，伯氏自知己罪，而心服管仲之功，故窮約以終身而無怨言。荀卿所謂「與之書社三百，而富人莫之敢拒」者，即此事也。○或問：「管仲、子産孰優？」曰：「管仲之德，不勝其才；子産之才，不勝其德。然於聖人之學，則概乎其未有聞也。」○或問十章之説。曰：「胡氏之説爲詳。胡氏曰：『鄭，小國也，介乎晉楚。子産爲政，黜汰侈，崇恭儉，作封洫，鑄刑書，惜幣争承，皆以豐財足用，禁姦保民。其用法雖深，爲政雖嚴，而卒歸於愛，是故夫子以惠人蔽之。及其卒也，聞之出涕，而曰「古之遺愛也」。然孟子以爲惠而不知爲政，禮記以爲能食民而不知教者，蓋先王之政之教，子産誠有所未及也。』諸家皆不論子西爲何人，獨吴氏爲能考之。吴氏曰：『當時有三子西：鄭駟夏，楚宜申、公子申也。駟夏未嘗當國，無大可稱，宜申謀亂被誅，相去又遠，宜皆所不論者。獨公子申與孔子同時，又讓國。昭王欲用孔子，而子西止之，其後又召白公，以致楚亂，則其爲人可知矣。』」○問：「管仲人也，范楊皆以爲盡人道，如何？」曰：「恐未然。古注謂，猶詩言所謂『伊人』，莊子所謂『之人』也。若作盡人道説，除管仲是真箇人，他人便不是人。管仲也未盡得人道在。」○愚案：古注、范楊之説皆似未安，意「人」字之上猶有一字，若子産「惠人」之類，而逸之歟？

子曰：「貧而無怨難，富而無驕易。」易，去聲。○處貧難，處富易，人之常情。然人當勉其難，而不可忽其易也。

子曰：「孟公綽爲趙魏老則優，不可以爲滕薛大夫。」公綽，魯大夫。趙、魏，晉卿之家。老，家臣之長。大家勢重，而無諸侯之事；家老望尊，而無官守之責。優，有餘也。滕、薛，二國名。大夫，任國政者。滕薛國小政繁，大夫位高責重。然則公綽蓋廉靜寡欲，而短於才者也。○楊氏曰：「知之弗豫，枉其才而用之，則爲棄人矣，此君子所以患不知人也。言此，則孔子之用人可知矣。」○南軒曰：「老者，行義爲人所尊之稱。趙魏老號爲家事治者，公綽之不欲，其德可取也，故以爲趙魏老則優。若夫滕薛，則小國也，大夫之職煩勞，意者以綽之才有所不足，故不可爲耳。大抵用人之方，貴在處之得其當而已。」○黃氏曰：「君子不器，則無施而不可也；未至於不器，則各有所長而不能相通。世之議論人物者，但見其長厚，則曰此賢也，然賢而不能任事，則亦未足爲全德。夫子之於公綽云云，其言可謂公且平矣。」

子路問成人。子曰：「若臧武仲之知，公綽之不欲，卞莊子之勇，冉求之藝，文之以禮樂，亦可以爲成人矣。」知，去聲。○成人，猶言全人。武仲，魯大夫，名紇。莊子，魯卞邑大夫。言兼此四子之長，則知足以窮理，廉足以養心，勇足以力行，藝足以泛應，而又節之以禮，和之以樂，使德成於内，而文見乎外，則材全德備，渾然不見一善成名之迹，中正和樂，粹然無復偏倚駁雜之蔽，而其爲人也亦成矣。然亦之爲言，非其至者，蓋就子路之所可及而語之也。若論其至，則非聖人之盡人道，不足以語此。**曰：「『今之成人』者何必然？見利思義，見危授命，久要不忘平生之言，亦可以爲成人矣。」**復加「曰」字者，既答而復言也。授命，言不愛其生，持以與人也。久要，舊約也。平生，平日也。有是忠信之實，則雖其才知禮樂有所未備，亦可以爲成人之次也。○程子曰：「知之明，信之篤，行之果，天下之達德也。若孔子所謂成人，亦不出此三者。武仲，知也；公綽，仁也；卞莊子，勇也；冉求，藝也。須是合此四人之能，文之以禮樂，亦可以爲成人矣。然而論其大成，則不止於此。若今之成人，有忠信而不及於禮樂，則又其次者也。」又曰：「臧武仲之知，非正也，若文之以禮樂，則無不正矣。」又曰：「語成人之名，非聖人孰能之？孟子曰：『惟聖人然後可以踐形。』如此方可以稱成人之名。」胡氏曰：「『今之成人』以下，乃子路之言。蓋不復聞斯行之之勇，而有終身誦之之固矣。未詳是否。」○或問四子之事。曰：「武仲則春秋傳詳矣。孟公綽他無所見，而前章所稱，亦可以得其爲人。卞莊子事見新序，曰：『莊子養母，戰而三北。及母死，齊伐魯，莊子赴鬭，三獲甲首以獻，曰「此塞三北」。遂赴齊師，殺十人而死[二]。』冉求之藝，則夫子固嘗稱之矣。」曰：「必兼四子之長，而又必文之以禮樂，然後可以爲成人，何也？」曰：「四子各有所長，而不能相兼，又無禮樂以文之，故知者至於要君，勇者至於輕死，藝者至於聚斂，而不欲者又或不能於小國之大夫也，亦難以爲成人矣。故孔子言必兼此四人之能，而又文之以禮樂，則集其所長，去其所短，而後可以爲成人矣。洪氏以爲特以四人爲言者，四人皆魯人，而莊子與子路皆卞人，冉求又朋友也，舉其近而易知者。胡氏以爲言卞莊子，蓋以況

[二] 十，原作「千」，各本同，據宋福州學官刻元修本西山讀書記甲集三十一改。

子路耳，言有是一能而不能兼衆之長與成於禮樂焉，則亦不足爲成人矣，恐亦有此意也。」曰：「『今之成人』以下，或以爲子路之言，何如？」曰：「未可知也，然姑存之，以備參考可也。胡氏曰：『此子路之所已能也。夫子方進子路於成人之域，豈又取其已能者而重奬之哉？蓋子路晚節末路，不復聞斯行之之勇，而有終身誦之之固，是以自名其善而爲此辭，與未見其止者異矣。』」○「文之以禮樂」，此一句最重。上面四人所長，且把做箇樣素子，唯「文之以禮樂」始得。○南軒曰：「『文之以禮樂』，道問學之事也。又言其次者，聖人所以引而進也。『見利思義』，無苟得也；『見危授命』，無苟避也；『久要不忘』，不食其言也。是雖未有過人之才，而亦篤實忠信之士也。故在今日亦可爲成人，此亦思狂狷之意。」

子問公叔文子於公明賈曰：「信乎夫子不言、不笑、不取乎？」公叔文子，衛大夫公孫枝也。公明，姓；賈，名，亦衛人。文子爲人，其詳不可知，然必廉静之士，故當時以三者稱之。**公明賈對曰：「以告者過也。夫子時然後言，人不厭其言；樂然後笑，人不厭其笑；義然後取，人不厭其取。」子曰：「其然，豈其然乎？」**厭者，苦其多而惡之之辭。事適其可，則人不厭，而不覺其有是矣。是以稱之或過，而以爲不言、不笑、不取也。然此言也，非禮義充溢於中，得時措之宜者不能。文子雖賢，疑未及此，但君子與人爲善，不欲正言其非也。故曰「其然，豈其然乎」，蓋疑之也。○或問：「公叔文子得不言不笑不取之名，而公明賈以爲時然後言笑取，何也？」曰：「蘇氏曰：『凡事之因物而中理者，人不知其有是也。飲食未嘗無五味也，而人不知者，以其適宜而中度也。飲食而知其有五味，必其過者也。此文子得不言不笑不取之名也。』而公明賈以是稱之也。」「夫子疑之，何也？」曰：「吴氏曰：『文子請享靈公也，史鰌曰：「子富君貧，禍必及矣。」觀此，則文子之言豈能皆當，而其取豈能皆善乎？』」○南軒曰：「公叔文子，意者簡默厚重之士，故人稱之如此。聖人質之於其門人，將以察其然也。公明賈之言善矣，然非文子之所及也，蓋如所言，非和順積中、發而中節者莫能。不直謂不然，而爲之疑辭曰『其然，豈其然乎』，聖人之辭氣，含洪忠厚如此。」

子曰：「臧武仲以防求爲後於魯，雖曰不要君，吾不信也。」要，平聲。○防，地名，武仲所封邑也。要，有挾而求也。武仲得罪奔邾，自邾如防，使請立後而避邑，以示若不得請，則將據邑以叛，是要君也。○范氏曰：「要君者無上，罪之大者也。武仲之邑，受之於君。得罪出奔，則立後在君，非己所得專也。而據邑以請，由其好智而不好學也。」楊氏曰：「武仲卑辭請後，其跡非要君者，而意實要之。夫子之言，亦春秋誅意之法也。」○南軒曰：「尹氏云：『據邑以請，非要君而何？不知義者，將以武仲之存先祀爲賢也，故夫子正之。』」

子曰：「晉文公譎而不正，齊桓公正而不譎。」譎，古穴反。○晉文公，名重耳。齊桓公，名小白。譎，詭也。二公皆諸侯盟主，攘夷狄以尊周室者也。雖其以力假仁，心皆不正，然桓公伐楚，仗義執言，不由詭道，猶爲彼善於此。文公則伐衛以致楚，而陰謀以取勝，其譎甚矣。二公他事亦多類此，故夫子言此以發其隱。○晉文用兵，便是戰國孫吴氣習。○南軒曰：「詳觀召陵討罪之舉，城濮怒楚之戰，則可見矣。二君皆以功利爲心，爲三王之罪人則同，然就其中行事之迹，又有譎正之異。」

子路曰：「桓公殺公子糾，召忽死之，管仲不死。」曰：「未仁乎？」糾，居黝反。召，音邵。○案春秋傳，齊襄公無道，鮑叔牙奉公子小白奔莒。及無知弑襄公，管夷吾、召忽奉公子糾奔魯，魯人納之。未克，而小白入，是爲桓公。使魯殺子糾而請管召，召忽死之，管仲請囚。鮑叔牙言於桓公以爲相。子路疑管仲忘君事讎，忍心害理，不得爲仁也。**子曰：「桓公九合諸侯，不以兵車，管仲之力也。如其仁，如其仁！」**九，春秋傳作「糾」，督也，古字通用。不以兵車，言不假威力也。如其仁，言誰如其仁者，又再言以深許之。蓋管仲雖未得爲仁人，而其利澤及人，則有仁之功矣。○或問管仲不死之說。曰：「程子至矣，但以薄昭之言，證桓公之爲兄，則荀卿嘗謂桓公殺兄以爭國，而其言固出於薄昭之前矣，蓋未可以證其必然。但以公穀春秋所書之文爲據，而参以此章之言，斷之可也。蓋聖人之於人，有功則稱其功，有罪則數其罪，不以功掩罪，亦不以罪掩功。今於管仲，但稱其功，不言其罪，則可見不死之無害於義，而桓公、子糾之長少，亦從以明矣。又況匹夫匹婦之爲諒者，正指召忽之於子糾，猶石乞於白公耳。至於程子又謂『若使管仲所事者正而不死其難，則後雖有大功，聖人豈復稱之』，愚恐記之失也。蓋曰不與其事桓公則可，曰不稱其功則不可，記者豈因彼言以爲此而遂失之也與？」曰：「管仲生死之事，非決於一時之義耳。程子又謂：『若使管仲不死而無功，則是貪生惜死，而不若匹夫匹婦之爲諒。』未免於先功而後義。且管仲又何以自必其後之有功邪？」曰：「召忽之失，在於輔子糾以爭國，而不在於死；管仲之得，在於九合之功，而不在於不死。後功固不可期，而其在我者固可必。但其得就此功，而免於匹夫匹婦之諒，則亦幸而已矣。後之君子，有不幸而處此者，苟自度其無管仲之才，是殆不若爲召忽之不失其正也。此又程子言外之意，讀者不可以不察也。范氏以九合爲仁之大，以死節爲義之小，是謀利計功之言，其害理甚矣。若聖人之心，果出於此，則行一不義、殺一不辜而得天下，亦何憚而不爲之乎？謝氏以管仲於子糾，君臣之義未正，故可以不死，亦非也。夫仲之可以不死者，正以小白兄而子糾弟耳。若使糾兄而當立，則齊國之士，君臣之義，無所逃矣，如管仲策名委質，親北面而君之，安得幸其未得入國而死，乃託於君臣之義未正，而不死其難哉？以忽死爲傷勇，仲之不死爲徙義，而夫子予仲之不死，恐亦非聖人之意也。夫子特以忽之功無足稱，而其死不爲過，管仲之不死亦未害義，而其功有足褒耳，固非予仲之生而貶忽之死也。」○問：「管仲之心既已不仁，何以有仁者之功？」曰：「如漢高祖、唐太宗未可謂之仁人，然秦隋殘虐之極，二君一旦出而平定天下，拯救生民，豈非仁者之功邪？管仲之功，亦猶是也。」○南軒曰：「夫子所以稱管仲者，仁之功也。問其仁而獨稱仁之功，則其淺深亦可知矣。其告子貢亦然。若二子問管仲仁乎，則所以告之者異矣。聖人答問抑揚之意，學者當味之。」○愚案：「如其仁！如其仁！」朱子以爲誰如其仁，或者以爲，夫子之意蓋謂如其九合不以兵車之事，是亦仁也，蓋指此一事而許其仁。此説近矣。

子貢曰：「管仲非仁者與？桓公殺公子糾，不能死，又相之。」與，平聲。相，去聲。○子貢意不死猶可，相之則已甚矣。**子曰：「管仲相桓公，霸諸侯，一匡天下，民到于今受其賜。微管仲，吾其被髮左衽矣。**被，皮寄反。衽，而審反。○霸，與伯同，長也。匡，正也。尊周室，攘夷狄，皆所以正天下也。微，無也。衽，衣衿也。被髮左衽，夷狄之俗也。**豈若匹夫匹婦之爲諒也，自經於溝瀆而莫之知也？」**諒，小信也。經，縊也。莫之知，人不知也。後漢書引此文，「莫」字上有「人」字。○程子曰：「桓公，兄也。子糾，弟也。仲私於所事，輔之以爭國，非義也。桓公殺之雖過，而糾之死實當。仲始與之同謀，遂與之同死，可也；知輔之爭爲不義，將自免以圖後功，亦可也。故聖人不責其死而稱其功。若使桓弟而糾兄，管仲所輔者正，桓奪其國而殺之，則管仲之與桓，不可同世之讎矣。若計其後功而與其事桓，聖人之言，無乃害義之甚，啓萬世反覆不忠之亂乎？如唐之王珪、魏徵，不死建成之難，而從太宗，可謂害於義矣。後雖有功，何足贖哉？」愚謂：管仲有功而無罪，故聖人獨稱其功；王魏先有罪而後有功，則不以相掩可也。

公叔文子之臣大夫僎，與文子同升諸公。僎，士免反。○臣，家臣。公，公朝。謂薦之與己同進爲公朝之臣也。**子聞之，曰：「可以爲文矣。」**文者，順理而成章之謂。謚法亦有所謂「錫民爵位曰文」者。○洪氏曰：「家臣之賤而引之使與己並，有三善焉：知人，一也；忘己，二也；事君，三也。」○南軒曰：「志在上賢而無媢嫉之心，以斯一善其諡以文可也。」

子言衛靈公之無道也，康子曰：「夫如是，奚而不喪？」夫，音扶。喪，去聲。喪，失位也。**孔子曰：「仲叔圉治賓客，祝鮀治宗廟，王孫賈治軍旅。夫如是，奚其喪？」**仲叔圉，即孔文子也。三人皆衛臣，雖未必賢，而其才可用。靈公用之，又各當其才。○尹氏曰：「衛靈公之無道宜喪也，而能用此三人，猶足以保其國，而況有道之君，能用天下之賢才者乎？詩曰：『無競維人，四方其訓之。』」○南軒曰：「以衛靈公無道，然所用得其才，猶足以無喪。雖然，但能維持使之勿喪而已。若身正於上而用得其人，則孰禦焉？」

子曰：「其言之不怍，則爲之也難。」大言不慚，則無必爲之志，而不自度其能否矣。欲踐其言，豈不難哉？○南軒曰：「易其言者，實必不至。若聽其言而不怍，則知其爲之也難矣。故古者言之不出，恥躬之不逮，而仁者之言必訒也。」

陳成子弑簡公。成子，齊大夫，名恒。簡公，齊君，名壬。事在春秋哀公十四年。**孔子沐浴而朝，告於哀公曰：「陳恒弑其君，請討之。」**朝，音潮。○是時孔子致仕居魯，沐浴齊戒以告君，重其事而不敢忽也。臣弑其君，人倫之大變，天理所不容，人人得而誅之，況鄰國乎？故夫子雖已告老，而猶請哀公討之。**公曰：「告夫三子。」**夫，音扶，下「告夫」同。○三子，三家也。時政在三家，哀公不得自專，故使孔子告之。**孔子曰：「以吾從大夫之後，不敢不告**

也。君曰『告夫三子』者[二]。」孔子出而自言如此。意謂弑君之賊，法所必討；大夫謀國，義所當告。君乃不能自命三子而使我告之也。**之三子告，不可。孔子曰：「以吾從大夫之後，不敢不告也。」**以君命往告，而三子魯之强臣，素有無君之心，實與陳氏聲勢相倚，故沮其謀。而夫子復以此應之，其所以警之者深矣。○程子曰：「左氏記孔子之言曰：『陳恒弑其君，民之不予者半。以魯之衆，加齊之半，可克也。』此非孔子之言。誠若此言，是以力不以義也。若孔子之志，必將正名其罪，上告天子，下告方伯，而率與國以討之。至於所以勝齊者，孔子之餘事也，豈計魯人之衆寡哉？當是時，天下之亂極矣，因是足以正之，周室其復興乎？魯之君臣，終不從之，可勝惜哉！」胡氏曰：「春秋之法，弑君之賊，人人得而討之。仲尼此舉，先發後聞可也。」

子路問事君。子曰：「勿欺也，而犯之。」犯，謂犯顔諫争。○范氏曰：「犯非子路之所難也，而以不欺爲難。故夫子教以先勿欺而後犯也。」○南軒曰：「盡誠而不欺，犯顔而納忠，事君之義，大要盡是矣。然勿欺其本也。勿欺矣，則誠信充積，一不得已，有時而犯之，則有以感動也。以子路之剛强，懼其果於犯也，故告之以勿欺爲主。」○黄氏曰：「僞言不直，謂之欺；直言無隱，謂之犯。欺與犯正相反。夫子之告子路乃是一戒一勸，兩面平説之辭。若反覆以觀，則能勿欺而不

[二] 君，原作「公」，乾隆本、同治本同，據薈要本、四庫本、宋當塗郡齋本論語集注卷七改。

能犯，則未免有回護之失；能犯矣而不能勿欺，則未免有矯飾之病。此又不可以不戒也。」

子曰：「君子上達，小人下達。」君子反天理，故日進乎高明；小人狥人欲，故日究乎汙下。○案張子曰：「上達反天理，下達狥人欲。」朱子之説本此。○南軒曰：「上達反本，下達趨末，皆云達者，如喻義喻利同言喻。」

子曰：「古之學者爲己，今之學者爲人。」爲，去聲。○謝氏曰：「君子無不反求諸己，小人反是，此君子小人所以分也。」○楊氏曰：「君子雖不病人之不己知，然亦反諸己而已；小人求諸人，故違道干譽，無所不至。二者文不相蒙而意實相足，亦記言者之意。」○此章在病人不己知與疾没世名不稱之次，故楊氏云云。朱子有曰：「程子曰：『爲己，欲得之於己也；爲人，欲見知於人也。』○程子曰：『古之學者爲己，其終至於成物；今之學者爲人，其終至於喪己。』朱子曰：『聖賢論學者用心得失之際，其説多矣，然未有如此言之切而要者。於此明辨而日省之，則庶乎其不昧於所從矣。」○若不爲己，看做甚事都只是爲別人，雖做得好，亦不關己。○問。曰：「這須要自看，如一日之間小事大事，只是道我合當做，便如此做，這便是無所爲。且如讀書，只是自家合如此讀，合如此理會身己，才説要人知，便是有所爲。」○大學或問云：「大抵以學者而視天下之事，以爲己事之當然而爲之，雖甲兵金穀、籩豆有司之事，皆爲己也；以其可以求知於世而爲之，則雖割股廬墓、弊車羸馬，亦爲人耳。善乎張子敬夫之言曰：『爲己，無所爲而然也。』此其語意之深切，蓋有前賢所未發者云云。」○學古齋箴：「相古先民，學以爲己。今也不然，爲人而已。爲己之學，先成其身。君臣之義，父子之仁。聚辨居行，無怠無忽。至足之餘，澤及萬物。爲人之學，燁然春華。誦數是力，纂組是夸。結駟懷金，煌煌煒煒。世俗之榮，君子之鄙。惟是二者，其端則微。眇緜弗察，胡趣其歸。」

蘧伯玉使人於孔子。使，去聲，下同。○蘧伯玉，衛大夫，名瑗。孔子居衛，嘗主於其家，既而反魯，故伯玉使人來也。**孔子與之坐而問焉，曰：「夫子何爲？」對曰：「夫子欲寡其過而未能也。」使者出。子曰：「使乎，使乎！」**與之坐，敬其主以及其使也。夫子，指伯玉也。言其但欲寡過而猶未能，則其省身克己常若不及之意可見矣。使者之言愈自卑約，而其主之賢益彰，亦可謂深知君子之心，而善於辭令者矣。故夫子再言「使乎」以重美之。案莊周稱「伯玉行年五十而知四十九年之非」，又曰「伯玉行年六十而六十化」。蓋其進德之功，老而不倦，是以踐履篤實，光輝宣著。不唯使者知之，而夫子亦信之也。○或問二十六章之説。曰：「蘧伯玉使者之言極有味，學者所宜熟玩而深省焉。胡氏説亦可觀也。胡氏曰：『未能寡過，乃伯玉心事，而使者知之。雖伯玉克己日新之業著見於外，而使者亦可謂知德而能言矣。』」○南軒曰：「夫欲寡過而未能，非篤於進德修業者莫知此味也，則伯玉之賢可知。」

子曰：「不在其位，不謀其政。」重出。

曾子曰：「君子思不出其位。」此艮卦之象辭也。曾子蓋嘗稱之，記者因上章之語而類記之也。○范氏曰：「物各止其所，而天下之理得矣。故君子所思不出其位，而君臣、上下、大小皆得其職也。」

子曰：「君子恥其言而過其行。」行，去聲。○恥者，不敢盡之意。過者，欲有餘之辭。

子曰：「君子道者三，我無能焉：仁者不憂，知者不惑，勇者不懼。」知，去聲。○自責以勉人也。**子貢曰：「夫子自道也。」**道，言也。自道，猶云謙辭。○尹氏曰：「成德以仁爲先，進學以知爲先。故夫子之言，其序有不同者以此。」○王彥霖問：「心，一也。有曰云云，何也？」程子曰：「此只是名其德耳，其理一也。得此道而不憂者，仁之事也；因其不憂，故曰此仁也；智、勇亦然。凡名其德，千百皆然，但此三者，達道之大者也。」○仁者不憂，知者不惑，勇者不懼，德之序也；知者不惑，仁者不憂，勇者不懼，學之序也。知以知之，仁以守之，勇以行之。

子貢方人。子曰：「賜也賢乎哉？夫我則不暇。」夫，音扶。○方，比也。乎哉，疑辭。比方人物而較其短長，雖窮理之事，然專務爲此，則心馳於外，而所以自治者疎矣。故褒之而疑其辭，復自貶以深抑之。○謝氏曰：「聖人責人，辭不迫切而意已獨至如此。」○南軒曰：「擬議人之優劣，非知者其能之乎？故亦可謂之賢。而曰『夫我則不暇』，求之他人，不若篤其在己也。聖人抑揚之閒，所以長善救失者，宜深味也。」以上皆聖人稱許之辭，然所以勉其不及者，亦甚至矣。

子曰：「不患人之不己知，患其不能也。」凡章指同而文不異者，一言而重出也；文小異者，屢言而各出也。此章凡四見，而文皆有異，則聖人於此一事，蓋屢言之，其丁寧之意亦可見矣。

子曰：「不逆詐，不億不信。抑亦先覺者，是賢乎。」逆，未至而迎之也。億，未見而意之也。詐，謂人欺己。不信，謂人疑己。抑，反語辭。言雖不逆不億，而於人之情僞，自然先覺，乃爲賢也。○楊氏曰：「君子一於誠而已，然未有誠而不明者。故雖不逆詐、不億不信，而常先覺也。若夫不逆不億而卒爲小人所罔焉，斯亦不足觀也已。」

微生畝謂孔子曰：「丘，何爲是栖栖者與？無乃爲佞乎？」與，平聲。○微生，姓；畝，名也。畝名呼夫子而辭甚倨，蓋有齒德而隱者。栖栖，依依也。爲佞，言其務爲口給以悦人也。**孔子曰：「非敢爲佞也，疾固也。」**疾，惡也。固，執一而不通也。聖人之於達尊，禮恭而言直如此，其警之亦深矣。

子曰：「驥不稱其力，稱其德也。」驥，善馬之名。德，謂調良也。○尹氏曰：「驥雖有力，其稱在德。人有才而無德，則亦奚足尚哉？」○或問：「才受乎天，德係乎習，乃重才而輕德者，何也？」曰：「人受天地之中以生，是德也固已根於其性之所有，特人不能皆生知而安行，故賴學以成之耳，非因學而後有也，豈可以其係乎習而不受乎天哉？若以氣稟而言，則才之與德，皆有自然勉强之差，又不得專以才爲天賦，德爲人爲也。司馬公論智伯，以金與竹爲才，以鎔範矯揉爲德，其失正與此同。至於蘇氏之言，又以才難强而德易勉，其失之端不過如此，而其末流遂至於貴才而賤德，則其失益甚，而其爲天下後世之禍也益深矣。」○南軒曰：「驥之得稱，爲其德，不爲其力也，而況於君子乎？豈不以尚德爲貴乎？苟無其德，雖曰有才，其得謂之君子乎？」○又南宮适曰：「禹稷躬稼，而有天下；羿善射，奡盪舟，皆不得其死然。」夫子不答，南宮适出。子曰：「君子哉若人！尚德哉若人！」亦與此章同指云。

或曰：「以德報怨，何如？」或人所稱，今見老子書。德，謂恩惠也。**子曰：「何以報德？**言於其所怨，既以德報之矣；則人之有德於我者，又將何以報之乎？**以直報怨，以德報德。」**於其所怨者，愛憎取舍，一以至公而無私，所謂直也。於其所德者，則必以德報之，不可忘也。○或人之言，可謂厚矣。然以聖人之言觀之，則見其出於有意之私，而怨德之報皆不得其平也。必如夫子之言，然後二者之報各得其所。然怨有不讎，而德無不報，則又未嘗不厚也。此章之言，明白簡約，而其指意曲折反復，如造化之簡易易知，而微妙無窮，學者所宜詳玩也。

子曰：「莫我知也夫！」夫，音扶。○夫子自歎，以發子貢之問也。**子貢曰：「何爲其莫知子也？」子曰：「不怨天，不尤人，下學而上達。知我者其天乎！」**不得於天而不怨天，不合於人而不尤人。但知下學而自然上達。此但自言其反己自修，循序漸進耳，無以甚異於人而致其知也。然深味其語意，則見其中自有人不及知而天獨知之之妙。蓋在孔門，唯子貢之智幾足以及此，故特語以發之。惜乎其猶有所未達也。○程子曰：「不怨天，不尤人，在理當如此。」又曰：「下學上達，意在言表。」又曰：「學者須守下學上達之語，乃學之要。蓋凡下學人事，便是上達天理。然習而不察，則亦不能以上達矣。」○朱子語録：「下學者，事也；上達者，理也。理只在事中。若真能盡得下學之事，則上達之理便在此。」○釋氏只說上達，更不理會下學。然既無下學，如何上達？○問：「聖人亦有下學否？」曰：「聖人雖是生知，何嘗不學？如『入大廟，每事問』『吾十有五而志于學』，便是學也。」○一物之中，皆具一理。就那物中見得箇理，便是上達，如「大而化之之謂聖，聖而不可知之謂神」。然亦不離乎人倫日用之中，但人不能盡所謂學者。果能學，安有不達者？○下學是立脚只在這裏，上達是見識自然超詣。到得上達，便只是這下學，原不相離。○或問云云。曰：「學者學夫人之事，形而下者也；而其事之理，則固天之理也，形而上者也。」○釋曰：「窮通榮辱，天也；用舍予奪，人也。常人之情，不得其所欲則怨天尤人，蓋揚己之善而歸過於天人也。下學者，所學日用常行之事也；上達者，道德性命之理也。常人之情，置事於淺近，索理於渺茫，是以惑人之耳目而以爲能，此所以人知之也。聖人渾然天理，窮通榮辱，用舍予奪，皆理之不能無者，順而受之，又何怨尤之有？人事之中，便是天理，又何必舍人事而求之於渺茫哉？如是則慊然若不見其所長者，然天理流行，而聖人與之無閒如此，所以人不知而天知之也。」

公伯寮愬子路於季孫，子服景伯以告，曰：「夫子固有惑志於公伯寮，吾力猶能肆諸市朝。」朝，音潮。○公伯寮，魯人。子服氏，景謚，伯字，魯大夫子服何也。夫子，指季孫。

言其有疑於寮之言也。肆，陳尸也。言欲誅寮。**子曰：「道之將行也與？命也。道之將廢也與？命也。公伯寮其如命何？」**與，平聲。○謝氏曰：「雖寮之愬行，亦命也。其實寮無如之何。」愚謂：言此以曉景伯，安子路，而警伯寮耳。聖人於利害之際，則不待決於命而後泰然也。○或問：「公伯寮學於孔子，而所爲若是，何也？」曰：「胡氏以爲寮非孔子之弟子，特季氏之黨耳。若遊於孔門，則豈至於陷其朋友哉？」曰：「子路非王佐之才，家臣非師相之任，其爲用舍無足言矣。而孔子以道之興廢係焉，何也？」曰：「此墮三都、出藏甲之時也，道之興廢，固於是乎在耳。」曰：「或以命爲天理，何也？」曰：「命者，天理流行、付與萬物之謂也。然其形而上者謂之理，形而下者謂之氣。自其理之體而言之，則元亨利貞之德，具於一時而萬古不易；自其氣之運而言，則消息盈虛之變，如循環之無端而不可窮也。萬物受命於天以生，而得其理之體，故仁義禮智之體，根於心而爲性。其既生也，則隨其氣之運，故廢興厚薄之變，唯所命而莫逃。此章之所謂命，蓋指氣之所運爲言，以天理釋之，則於二者之分，亦不察矣。」○南軒曰：「莫之致而至者，命也。道之興廢，一斷以命，公伯寮何所預於其閒哉？不曰己，而直曰道之將行與廢，較之孟子予不遇魯侯之命，亦可以見聖賢氣象之分。」

子曰：「賢者辟世，辟，去聲，下同。○天下無道而隱，若伯夷、太公是也。**其次辟地，**去亂國，適治邦。**其次辟色，**禮貌衰而去。**其次辟言。」**有違言而後去也。○程子曰：四者雖以大小次弟言之，然非有優劣也，所遇不同爾。○黄氏曰：「四者固非有優劣，然賢者之處世，豈不能超然高舉，見幾而作，乃至發見於言色而後辟之邪？」曰：「出處之義自非一端，隨其所居之位而量其所處之宜可也。衛靈公顧蜚鴈則辟色矣，問陳則辟言矣，豈夫子於此爲劣乎？此所以不可以優劣言也。」

子曰：「作者七人矣。」李氏曰：「作，起也。言起而隱去者，今七人矣。不可知其誰何。必求其人以實之，則鑿矣。」

子路宿於石門。晨門曰：「奚自？」子路曰：「自孔氏。」曰：「是知其不可而爲之者與？」與，平聲。○石門，地名。晨門，掌晨啓門，蓋賢人隱於抱關者也。自，從也，問其何所從來也。胡氏曰：「晨門知世之不可而不爲，故以是譏孔子。然不知聖人之視天下，無不可爲之時也。」○黄氏曰：「晨門見己而不見聖人，故以是爲言。然無孔子之聖，則寧爲晨門而自處於抱關擊柝也。其言聖人則非，而自處其身則是，亦可謂賢也已。」○南軒曰：「聖人非不知道之不可行，而皇皇於斯世者，天地生物之心也。彼雖知世之不可以爲，而未知道之不可以已。」

子擊磬於衛。有荷蕢而過孔氏之門者，曰：「有心哉，擊磬乎！」荷，去聲。○磬，樂器。荷，擔也。蕢，草器也。此荷蕢者，亦隱士也。聖人之心未嘗忘天下，此人聞其磬聲而知之，則亦非常人矣。**既而曰：「鄙哉，硜硜乎！莫己知也，斯已而已矣。深則厲，淺則揭。」**

硜，苦耕反。「莫己」之「己」，音記，餘音以。揭，起例反。○硜硜，石聲，亦專確之意。以衣涉水曰厲，攝衣涉水曰揭。此兩句，衛風匏有苦葉之詩也。譏孔子人不知己而不止，不能適淺深之宜。**子曰：「果哉！末之難矣。」**果哉，歎其果於忘世也。末，無也。聖人心同天地，視天下猶一家，中國猶一人，不能一日忘也。故聞荷蕢之言，而歎其果於忘世。且言人之出處，若但如此，則亦無所難矣。○南軒：「難作去聲，謂其言之果無得與辨論矣。」

子張曰：「書云：『高宗諒陰，三年不言。』何謂也？」高宗，商王武丁也。諒陰，天子居喪之名，未詳其義。**子曰：「何必高宗，古之人皆然。君薨，百官總己以聽於冢宰三年。」**言君薨，則諸侯亦然。總己，謂總攝己職。冢宰，太宰也。百官聽於冢宰，故君得以三年不言也。○胡氏曰：「位有貴賤，而生於父母無以異者。故三年之喪，自天子達於庶人。子張非疑此也，殆以爲人君三年不言，則臣下無所稟令，禍亂或由以起也。孔子告以聽於冢宰，則禍亂非所憂矣。」

子曰：「上好禮，則民易使也。」好、易，皆去聲。○謝氏曰：「禮達而分定，故民易使。」

子路問君子。子曰：「脩己以敬。」曰：「如斯而已乎？」曰：「脩己以安人。」曰：「如斯而已乎？」曰：「脩己以安百姓。脩己以安百姓，堯舜其猶病諸。」脩己以敬，夫子之言至矣盡矣。而子路少之，故再以其充積之盛，自然及物者告之，無他道也。○程子曰：

「君子脩己以安百姓，篤恭而天下平。唯上下一於恭敬，則天地自位，萬物自育，氣無不和，而四靈畢至矣。此體信達順之道，聰明睿知皆由是出，以此事天饗帝。」○致堂胡氏曰：「可願莫如善，敬立則百善從；宜遠莫如邪，敬立則百邪息。故敬也者，存心之要法，檢身之切務也。『欲持敬者奈何？』曰：『君子有言，主一之謂敬，無適之謂一。如執大圭，如奉槃水，如震霆之在上也，淵谷之在下也，師保之在前也，鬼神之在左右也，是則持敬之道。』」○問：「聰明睿知，皆由此出，莫是自敬出否？」朱子曰：「心常恭敬，則常光明。」○問程子云云。曰：「敬則自是聰明。人之所以不聰不明者，止緣身心惰嫚，便昏塞了。敬則虛靜，自然通達。」因問：「周子云『靜虛則明，明則通』，是此意否？」曰：「意亦相似。」○又問云云。曰：「聰明睿智如何不由敬出？且以一國之君觀之。此心才不虛靜，則姦聲佞辭雜進而不察，何以爲聰？冶容亂色交蔽而不辨，何以爲明？睿智皆出於心。心既無主，則應事接物，何由思慮得宜？所以此心常要肅然虛明，然後物不能惑。」○南軒曰：「修己之道不越乎敬，敬之道盡，則所爲修己者亦無不盡，而所以安人安百姓者，皆在其中矣。蓋一於篤敬，則推之家以及於天下者，皆其理也。極其至也，天地位焉，萬物育焉，兆民雖衆，其有不得其所安者乎？是則『修己以敬』一語，理無不盡者。」

原壤夷俟。子曰：「幼而不孫弟，長而無述焉，老而不死，是爲賊。」以杖叩其脛。

孫、弟，並去聲。長，上聲。叩，音口。脛，其定反。○原壤，孔子之故人。母死而歌，蓋老氏之流，自放於禮法之外者。夷，蹲踞也。俟，待也。言見孔子來而蹲踞以待之也。述，猶稱也。賊者，害人之名。以其自幼至長，無一善狀，而久生於世，徒足以敗常亂俗，則是賊而已矣。脛，足骨也。孔子既責之，而因以所曳之杖，微擊其脛，若使勿蹲踞然。

闕黨童子將命。或問之曰：「益者與？」與，平聲。○闕黨，黨名。童子，未冠者之稱。將命，謂傳賓主之言。或人疑此童子學有進益，故孔子使之傳命以寵異之也。**子曰：「吾見其居於位也，見其與先生並行也。非求益者也，欲速成者也。」**禮，童子當隅坐隨行。孔子言吾見此童子不循此禮，非能求益，但欲速成爾。故使之給使令之役，觀少長之序，習揖遜之容。蓋所以抑而教之，非寵而異之也。○南軒曰：「夫子之意，以爲童子當爲童子之事而已。童子坐則隅，不敢居於位也；行則左右，不敢與先生並行也。今居位而並行，是不安乎童子之所爲，而自進於成人之列，有躐等之意，無自卑之心，焉能以求益乎？故以爲欲速成者而已。如物之生，循其序而生理達焉，若欲速成，則反害其生矣。故聖門之學，先之以洒埽應對進退之事，所以長愛敬之端而防傲惰之萌，使之循循而有進也，其可忽諸？」

論語集編卷第七

論語集編卷第八

衛靈公第十五 凡四十一章。

衛靈公問陳於孔子。孔子對曰：「俎豆之事，則嘗聞之矣；軍旅之事，未之學也。」明日遂行。陳，去聲。○陳，謂軍師行伍之列。俎豆，禮器。尹氏曰：「衛靈公，無道之君也，復有志於戰伐之事，故答以未學而去之。」**在陳絕糧，從者病，莫能興。**從，去聲。○孔子去衛適陳。興，起也。**子路慍見，曰：「君子亦有窮乎？」子曰：「君子固窮，小人窮斯濫矣。」**見，賢遍反。○何氏曰：「濫，溢也。言君子固有窮時，不若小人窮則放溢爲非。」程子曰：「固窮者，固守其窮。」亦通。○愚謂：聖人當行而行，無所顧慮。處困而亨，無所怨悔，於此可見，學者宜深味之。○案史記：「楚使人聘孔子。陳蔡大夫謀曰：『孔子用於楚，則陳蔡大夫危矣。』於是乃相與發徒役圍孔子於野。不得行，絕糧。從者病，莫能興。孔子講誦絃歌不衰。子路慍見，曰：『君子亦有窮乎？』孔子曰：『君子固窮，小人窮斯濫矣。』孔子知弟子有慍心，乃召子路而問曰：『詩云：「匪兕匪虎，率彼曠野。」吾道非邪？吾何爲於此？』子路曰：『意者吾未仁邪？人之不我信也。意者吾未智邪？人之不吾行也。』孔子曰：『有是乎。由，使仁者而必信，安有伯夷、叔齊？使智者而必行，安有王子比干？』子路出，子貢入見，曰：『夫子之道至大也，故天下莫能容夫子，盍少貶焉？』孔子曰：『賜，良農能稼而不能爲穡，良工能巧而不能爲順。君子能修其道，綱而紀之，條而理之，而不能爲容。今爾不修爾道而求爲容，賜，而志不遠矣。』子貢出，顏淵入見，曰：『夫子之道大，故天下莫能容。雖然，夫子推而行之，不容何病，不容然後見君子。夫道之不修，是吾醜也。夫道既已大修而不用，有國者之醜也。不容何病，不容然後見君子。』孔子欣然而笑曰：『有是哉顏氏之子！使爾多財，吾爲爾宰。』於是使子貢至楚。楚昭王興師迎孔子，然後得免。」○或問：「衛靈公問陳，而夫子遽行，何也？」曰：「爲國以禮，戰陳之事，非人君所宜問也。況靈公無道，夫子固知之矣，特以其禮際之善，庶幾可與言者，是以往來於衛，爲日最久，而所以啓告之者，亦已詳矣。乃於孔子之言，一無所入，至是而猶問陳焉，則其志可知矣，故對以未學而去之。然不但曰未學而已，猶且以俎豆之事告之，則夫子之去，蓋亦未有必然之意。使靈公於此有以發悟於心而改事焉，則夫子之行，孰謂其不可留哉？故史記又云：『明日與孔子，見蜚鴈，仰視之，色不在孔子，孔子遂行。』則是孔子之行，又以禮際之不善而決，不專於問陳一事也。夫子既行，而靈公卒，衛國大亂。俎豆之對，其旨遠哉！」○南軒曰：「夫自春秋之時言之，諸國以强弱爲勝負，軍旅之事宜所先，而俎豆之事疑若不急者矣。曾不知國之所以爲國者，以夫天叙天秩實維持之也。爲國者志存乎典禮，則孝順和睦之風興，協力一心，事君親上，其强孰禦焉？不然，三綱淪廢，人有離心，國誰與立？軍旅雖精，果何所用哉？」

子曰：「賜也，女以予爲多學而識之者與？」女，音汝。識，音志。與，平聲，下同。○子貢之學，多而能識矣。夫子欲其知所本也，故問以發之。**對曰：「然。非與？」**方信而忽疑，蓋其積學功至，而亦將有得也。**曰：「非也。予一以貫之。」**說見第四篇。然彼以行言，此以知言也。○謝氏曰：「聖人之道大矣，人不能徧觀而盡識，宜其以爲多學而識之也。然聖人豈務博者哉？如天之於衆形，非物物刻而雕之也。故曰：『予一以貫之。』『德輶如毛，毛猶有倫。上天之載，無聲無臭，至矣！』」尹氏曰：「孔子之於曾子，不待其問而直告之以此，曾子復深諭之曰『唯』。若子貢，先發其疑而後告之，而子貢終亦不能如曾子之『唯』也。二子所學之淺深，於此可見。」愚案：夫子之於子貢，屢有以發之，而他人不與焉。則顔曾以下，諸子所學之淺深，又可見矣。○說見前「曾子忠恕」章。

子曰：「由，知德者鮮矣。」鮮，上聲。○由，呼子路之名而告之也。德，謂義理之得於心者。非己有之，不能知其意味之實也。○自第一章至此，疑皆是一時之言。此章蓋爲慍見發也。○南軒曰：「知德者鮮，以其踐履之未至，故不能真知其味。夫子以此告子路，使之勉進於德而不以聰明强力爲可恃也。」

子曰：「無爲而治者，其舜也與？夫何爲哉？恭己正南面而已矣。」與，平聲。夫，音扶。○無爲而治者，聖人德盛而民化，不待其有所作爲也。獨稱舜者，紹堯之後，而又得人以任衆職，故尤不見其有爲之迹也。恭己者，聖人敬德之容。既無所爲，則人之所見如此而已。

子張問行。猶問達之意也。**子曰：「言忠信，行篤敬，雖蠻貊之邦行矣；言不忠信，行不篤敬，雖州里行乎哉？**「行篤」「行不」之「行」，去聲。貊，亡百反。○子張意在得行於外，故夫子反於身而言之，猶答干祿問達之意也。篤，厚也。蠻，南蠻。貊，北狄。二千五百家爲州。**立，則見其參於前也；在輿，則見其倚於衡也。夫然後行。」**參，七南反。夫，音扶。○其者，指忠信篤敬而言。參，讀如「毋往參焉」之「參」，言與我相參也。衡，軛也。言其於忠信篤敬念念不忘，隨其所在，常若有見，雖欲頃刻離之而不可得。然後一言一行，自然不離於忠信篤敬，而蠻貊可行也。**子張書諸紳。**紳，大帶之垂者。書之，欲其不忘也。○程子曰：「學要鞭辟近裏，著己而已。博學而篤志，切問而近思；言忠信，行篤敬；立則見其參於前，在輿則見其倚於衡。只此是學。質美者明得盡，查滓便渾化，却與天地同體。其次惟莊敬以持養之，及其至則一也。」○參前倚衡，今人多錯說了，故每流於釋氏。先聖言此，只是說言必忠信，行必篤敬，念念不忘，到處常若見如此兩事，不離心目之間耳。如言見堯於羹牆，豈是以我之心還見一心，則爲一物而在身外邪？○篤者有重厚深沈之意。○南軒曰：「篤敬者，敦篤於敬也。言忠信，則言有物。行篤敬，則行有常。以是而行，何往不可？故雖蠻貊亦可行也。若夫言不忠信，行不篤敬，則妄而已，故雖州里亦不可行。參前倚衡，使之常存乎忠信篤敬也。存之不素，而欲遽保之於將發之時，難矣。此子張所以書紳而不敢忘也。」○衍義曰：「子張問行者，欲行其道於天下也。孔子則曰，言苟忠信，行苟篤敬，雖蠻貊可以行；如言不忠信，行不篤敬，雖鄉里亦不可行。忠信合而言之，即誠也。篤敬者，誠於敬也。蓋地無遠近，同此一理；人無華夏，同此一心。未有誠信而人不心服者也，未有不誠不敬而能使人心服者也。故言之與行，必誠必敬，無一念之舍，無一息之違，立則見其參於前，在輿則見其倚於衡，涵養操存之熟，心與理一，故其形見如此。若是，將何往而不行乎？」

子曰：「直哉史魚！邦有道，如矢；邦無道，如矢。史，官名。魚，衛大夫，名鰌。如矢，言直也。史魚自以不能進賢退不肖，既死猶以尸諫，故夫子稱其直。事見家語。**君子哉蘧伯玉！邦有道，則仕；邦無道，則可卷而懷之。」**伯玉出處，合於聖人之道，故曰君子。卷，收也。懷，藏也。如於孫林父、甯殖放弒之謀，不對而出，亦其事也。○楊氏曰：「史魚之直，未盡君子之道。若蘧伯玉，然後可免亂世。若史魚之如矢，則雖欲卷而懷之，有不可得也。」○或問尸諫之説。曰：「據家語，衛靈公不用蘧伯玉而任彌子瑕，史魚諫不從。將卒，命其子曰：『吾生不能正君，死無以成禮，宜置尸牖下。』其子從之。靈公弔而問焉，子以父言告，公曰：『是寡人之過也。』遂命殯於客位，而進伯玉退子瑕。此其説也。有以伯玉得其明哲保身之道而史魚所不及者，非也。伯玉所以如此，蓋其德性深厚，循理而行，自然中節，初非規規然務爲緘默，而預爲可以卷懷之計，初非專爲明哲保身之計也。君子出處，一於義而已，非有計較利害之心也。然一不適節，而失於矯訐之道，則在己固爲未合於義，且雖曰愛君，而或反陷其君以殺臣之罪，其所以不敢過於爲直，亦非專爲保身計也。」○南軒曰：「史魚可以謂之直而已，然能伸而不能屈，未盡君子之道；若蘧伯之可卷而懷，則能因時而屈伸矣，故謂之君子。然此於用則行舍則藏者，則猶有卷懷之意，未及乎潛龍之隱也。」

子曰：「可與言而不與之言，失人；不可與言而與之言，失言。知者不失人，亦不失言。」知，去聲。

子曰：「志士仁人，無求生以害仁，有殺身以成仁。」志士，有志之士。仁人，則成德之人也。理當死而求生，則於其心有不安矣，是害其心之德也。當死而死，則心安而德全矣。○程子曰：「實理得之於心自別。實理者，實見得是，實見得非也。古人有捐軀隕命者，若不實見得，惡能如此？須是實見得生不重於義，生不安於死也。故有殺身以成仁者，只是成就一箇是而已。」○或問殺身成仁之説。曰：「仁者，心之德，而有理具焉。一有不合於理，則心不能安，而害其仁矣。順此理而不違，則身雖可殺，而此心之全，此理之正，浩然充塞天地之閒，夫孰得而亡之哉？」曰：「其謂殺身成仁而不曰義，何也？」曰：「仁義體一而用殊，故君子之於事，有以仁決者，有以義決者。以仁決者，此章之言是也。以義決者，孟子論『欲有甚於生，惡有甚於死』是也。蓋仁人不以所惡傷所好之禮，義士不以所賤易於所貴之宜。」○仁者，吾心之正理。志士仁人，無求生以害仁，有殺身以成仁。須知道求生害仁時，雖以無道得生，却是抉破了我心中之全理。殺身成仁時，吾身雖死，却得此理全。○學問只要仁裏見得分明，便從上面做去。如殺身成仁，不是自家計較要仁成方死，只是見得生爲不安，死爲安，便自殺身。旁人見得便説能成仁。此旁人之有言，非我之心要如此。所謂「經德不回，非以干禄；哭死而哀，非爲生也」。若有一豪爲人之心，便不是了。○南軒曰：「仁人於理之當然，如飢食渴飲也。志士謂志於仁者，亦能擇而處之矣。」○朱子曰：「志士仁人，所以不求生以害仁者，乃其心中自有打不過處，不忍就彼以害此，且非爲恐虧其所以生者而後殺身以成仁也。所謂成仁者，亦但以遂其良心之所安而已，非欲全其所以生而後爲之也。此弊中常有一種意思，不以仁義忠孝爲吾心之不能已者，而以爲畏天命、謹天職，欲全其所以生者而後爲之，則是本心之外别有一念，計及此等利害重輕而後爲之也。誠使真能舍生取義，亦出於計較之私，而無慤實自盡之意矣。大率全所以生等説[二]，自他人旁觀者言之，以爲我能如此則可，若挾是以爲善，則已不妥帖，況自言之，豈不益可笑乎？」○案：朱子此段，係答南軒殺身成仁之義。

子貢問爲仁。子曰：「工欲善其事，必先利其器。居是邦也，事其大夫之賢者，友

[二] 所以生，原作「有似箇」，各本同，據宋刻晦庵先生文集卷三十一與張敬夫論癸巳論語説改。

其士之仁者。」賢以事言，仁以德言。夫子嘗謂子貢悦不若己者，故以是告之。欲其有所嚴憚切磋以成其德也。○程子曰：「子貢問爲仁，非問仁也，故孔子告之以爲仁之資而已。」○事賢友仁，便是要琢磨勉厲以至於仁，如欲克己而未能克己，欲復禮而未能復禮，須要相勸勉乃爲有益。○南軒曰：「器利則事善，若所事與所友泛而不知擇，則其亡焉者不自知矣。」

顔淵問爲邦。顔子王佐之才，故問治天下之道。曰爲邦者，謙辭。**子曰：「行夏之時，**夏時，謂斗柄初昏建寅之月爲歲首也。天開於子，地闢於丑，人生於寅，故斗柄建此三辰之月，皆可以爲歲首。而三代迭用之，夏以寅爲人正，商以丑爲地正，周以子爲天正也。然時以作事，則歲月自當以人爲紀。故孔子嘗曰「吾得夏時焉」，而説者以爲謂夏小正之屬。蓋取其時之正與其令之善，而於此又以告顔子也。**乘殷之輅，**輅，音路，亦作路。○商輅，木輅也。輅者，大車之名。古者以木爲車而已，至商而有輅之名，蓋始異其制也。周人飾以金玉，則過侈而易敗，不若商輅之樸素渾堅而等威已辨，爲質而得其中也。**服周之冕，**周冕有五，祭服之冠也。冠上有覆，前後有旒。黄帝以來，蓋已有之，而制度儀等，至周始備。然其爲物小，而加於衆體之上，故雖華而不爲靡，雖費而不及奢。夫子取之，蓋亦以爲文而得其中也。**樂則韶舞。**取其盡善盡美。**放鄭聲，遠佞人。鄭聲淫，佞人殆。」**遠，去聲。○放，謂禁絶之。鄭聲，鄭國之音。佞人，卑諂辨給之人。殆，危也。○程子曰：「問政多矣，惟顔淵告之以此。蓋三代之制，皆因時損益，及其久也，不能無弊。周衰，聖人不作，故孔子斟酌先王之禮，立萬世常行之道，發此以爲之兆爾。由是求之，則餘皆可考也。」張子曰：「禮樂，治之法也。放鄭聲，遠佞人，法外意也。一日不謹，則法壞矣。虞夏君臣更相飭戒，意蓋如此。」又曰：「法立而能守，則德可久，業可大。鄭聲、佞人，能使人喪其所守，故放遠之。」尹氏曰：「此所謂百王不易之大法。孔子之作春秋，蓋此意也。孔顏雖不得行之於時，然其爲治之法，可得而見矣。」○或問：「商周之改正朔，何以不如夏之得其正也？」曰：「陽氣雖始於黄鍾，而其月爲建子，然猶潛於地中，而未有以見其生物之功也。歷丑轉寅，三陽始備，於是叶風乃至，盛德在木，而春氣應焉。古之聖人，以是爲生物之始，改歲之端，蓋以人之所共見者言之，未有知其所由始也。至於商周，始以征伐有天下，於是更其正朔，定爲一代之制，以新天下之耳目，而有三統之説。然以言乎統，則改歲之義不明，而凡四時五行之序，皆不得其中正，此孔子所以論考三王之制，而行夏之時也。」曰：「周輅爲過侈，何也？」曰：「夫輅者，身之所乘，足之所履，其爲用也賤矣；運行振動，任重致遠，其爲物也勞矣；且一器而工聚焉，則其爲費也廣矣。賤用而貴飾之，則不稱物；勞而華飾之，則易壞；費廣而又增費之，則傷財。周輅之所以爲過侈歟。」曰：「周冕之不爲侈，奈何？」曰：「加之首，則體嚴而用約；詳其制，則等下而分明，此周冕所以雖文而不爲過也。夏商之制，雖不可考，然意其必有未備者矣。」○問程子云云。曰：「非但言準則也，謂以此四者爲準則，餘可推也。」○屏山劉氏曰：「顏氏終日如愚，論語所載惟發二問，一爲仁，一爲邦。夫子答之，皆極天理人事之大者。天理謂克己復禮、全一性之天也；人事謂行夏時、乘商輅、服周冕、樂韶舞也。原易之用，内焉惟窮理盡性，外焉惟開物成務。顔子盡之，雖無諸子之著撰，謂之通易可也。」○此章蓋聖人許顔子以王佐之事業。○又家語魯定公問於顔回曰：「子亦聞東野畢之善爲御乎？」對曰：「善則善矣，然其馬將必佚。」三日，馬佚。公召回，曰：「吾子奚以知之？」回曰：「以政知之。昔者帝舜巧於使民，造父巧於使馬，舜不窮其民力，造父不窮其馬力，是以舜無佚民，造父無佚馬。今東野畢之御也，升馬執轡，容體正矣；步驟馳騁，朝禮畢矣；歷險致遠，馬力盡矣。然猶求馬不已，以此知之。」公曰：「善！吾子之言，其義大矣。願進乎？」曰：「臣聞之，鳥窮則啄，獸窮則攫，人窮則詐，馬窮則佚。自古及今，未有窮其下而無危者也。」公説，以告孔子。孔子曰：「夫其所以爲顔回者，此之類也，豈足多哉？」○案：顔子在陋巷，而於帝王經世之事無所不講，此學者所當法也。

子曰：「人無遠慮，必有近憂。」蘇氏曰：「人之所履者，容足之外，皆爲無用之地，而不可廢也。故慮不在千里之外，則患在几席之下矣。」

子曰：「已矣乎！吾未見好德如好色者也。」好，去聲。○已矣乎，歎其終不得而見也。

子曰：「臧文仲其竊位者與？知柳下惠之賢，而不與立也。」「者與」之「與」，平聲。○竊位，言不稱其位而有愧於心，如盜得而陰據之也。柳下惠，魯大夫展獲，字禽，食邑柳下，謚曰惠。與立，謂與之並立於朝。范氏曰：「臧文仲爲政於魯，若不知賢，是不明也；知而不舉，是蔽賢也。不明之罪小，蔽賢之罪大。故孔子以爲不仁，又以爲竊位。」○案：論語所論人物，如管仲、晏平仲、臧文仲、令尹子文、陳文子、季文子、甯武子、子桑伯子、史魚、柳下惠，各已見篇，今不重出。而春秋褒貶又當考焉，非此所能盡也。學者觀聖人論人之得失，皆當反而觀己之得失，然後爲有補云。

子曰：「躬自厚而薄責於人，則遠怨矣。」遠，去聲。○責己厚，故身益修；責人薄，故人易從，所以人不得而怨之。○南軒曰：「厚者，敦篤也。躬則自厚，而責望於人則薄，其所處豈不有餘裕乎？然則何怨之有？孟子所謂發而不中，不怨勝己者，反求諸己而已。小人不篤之己而責於人者深，未嘗須臾得其平也。」○韓子曰：「古之君子責己重以周，待人輕以約。」蓋本於此。全篇皆可取，今不録。○程子曰：「聖人責己感處多，責人應處少。」又曰：「責上責下而中自恕己，豈可任職分？」○張子曰：「責己者，當知無天下國家皆非之理，故學至於不尤人，學之至也。」○又吴諸葛恪與陸遜書曰：「自漢末以來，中國士大夫如許子將輩，所以更相謗訕，或至爲禍，原其本起，非爲大讎，惟坐克己不能盡如禮，而責人專以正義。夫己不如禮，則人不服；責人以正義，則人不堪。内不服其行，外不堪其責，則不得不相怨。相怨一生，則小人得容其閒。小人得容其閒，則三至之言、浸潤之譖紛錯交至，雖至明至親者處之，猶難以自定，況已爲隙且未能明者乎？是故張陳至於血刃，蕭朱不終其好，本由於此而已。」恪之爲人無足云者，而其言不可廢。又恪雖能言，終以多怨致禍。可見知之非艱，而行之惟艱。皆足爲世戒，故附於此。○已上皆言責己。又聖賢所論，有所謂檢身者，成湯「檢身若不及」是也。有所謂反身者，易曰：「威如之吉，反身之謂也。」

又曰：「君子以反身修德。」中庸曰：「射有似乎君子，失諸正鵠，反求諸其身。」孟子曰：「行有不得，則反求諸己。」又曰：「有人於此，待我以橫逆，則君子必自反也。」又曰「反身而誠，樂莫大焉」是也。有所謂正身者，孔子曰：「苟正其身矣，如正人何？」有所謂正己者，中庸曰：「正己而不求於人，則無怨。」孟子曰「大人正己而物正」是也。有所謂克己者，孔子之告顏子，又楚靈王不能自克，以及乾谿之難，孔子曰：「克己復禮，仁也。」楊氏曰「勝己之私之謂克」是也。有所謂敬身者，曾子曰「身也父母之遺體，可不敬乎」是也。又所謂誠身者，中庸「不明乎善，不誠乎身」是也。此數者其言雖異，要其爲修身則一。

子曰：「不曰『如之何如之何』者，吾末如之何也已矣。」如之何如之何者，熟思而審處之辭也。不如是而妄行，雖聖人亦無如之何矣。

子曰：「羣居終日，言不及義，好行小慧，難矣哉！」好，去聲。○小慧，私智也。言不及義，則放辟邪侈之心滋。好行小慧，則行險僥倖之機熟。難矣哉者，言其無以入德，而將有患害也。

子曰：「君子義以爲質，禮以行之，孫以出之，信以成之。君子哉！」孫，去聲。○義者制事之本，故以爲質幹。而行之必有節文，出之必以退孫，成之必在誠實，乃君子之道也。○程子曰：「義以爲質，如質幹然。禮行此，孫出此，信成此。此四句只是一事，以義爲本。」又曰：「敬以直內，則義以方外。義以爲質，則禮以行之，孫以出之，信以成之。」○「義以爲質」，是制義先決其當否了。其閒節文次第須要皆具，是「禮以行之」。然徒知其節文，而不能「孫以出之」，則亦不可。且如人知尊卑之分，須當讓他。然讓之之時，辭氣或不婉順，便是不能「孫以出之」。「信以成之」者，是終始誠實以成此一事，即非是「孫以出之」之後方「信以成之」也。○義只是合宜。義有剛決意思，然不可直撞去，禮有節文度數，故用「禮以行之」。「孫以出之」，是用和爲貴。義本不和，用「禮以行之」，已自和。然禮又嚴，故「孫以出之」，便從容不迫。信是樸實頭做，無信則義禮孫皆是偏。○問：「孔子之對陽貨，孟子之不與王驩言，是全得此理否？」曰：「然。」○南軒曰：「義以方外，是義爲用也，而此章則以義爲體。蓋物則森然具於秉彝之內，此義之所以爲體也。必有是體，而後品節生焉，彼禮所以行此者也。其行之也以遜順，則和而不失，故孫所以出此者也。義爲體，禮與孫爲用，而信者又所以成終者也。至於『信以成之』，則義行乎事事物物之中，而其體無不具矣。」

子曰：「君子病無能焉，不病人之不己知也。」南軒曰：「病無能者，病夫履行之無其實。」

子曰：「君子疾没世而名不稱焉。」范氏曰：「君子學以爲己，不求人知。然没世而名不稱焉，則無爲善之實可知矣。」○有其實則有是名，名者，所以命其實。終其身而無實之可名，君子疾者，非謂求名於人也。

子曰：「君子求諸己，小人求諸人。」謝氏曰：「君子無不反求諸己，小人反是。此君子小人所以分也。」○楊氏曰：「君子雖不病人之不己知，然亦疾没世而名不稱。雖疾没世而名不稱，然所以求者，亦反諸己而已。小人求諸人，故違道干譽，無所不至。三者文不相蒙，而義實相足，亦記言者之意。」○衍義曰：「君子自責而不責人，故求諸己；小人責人而不責己，故求諸人。」

子曰：「君子矜而不争，羣而不黨。」莊以持己曰矜，然無乖戾之心，故不争。和以處衆曰羣，然無阿比之意，故不黨。○南軒曰：「矜莊以自持，則易以不和而失於争；羣居而相與，則易以有比而失於黨。君子非與人異也，處己嚴而不失其和，故矜而不争；君子非與人同也，待物平而不失其公，故羣而不黨。惟敬者爲能處此而弗失也。」

子曰：「君子不以言舉人，不以人廢言。」南軒曰：「以言舉人，則行不踐者進矣，此固不可也。然而雖使小人言之而善，亦不害其爲善言也，以人廢之則善言棄矣。故君子云云，公心無蔽也。」

子貢問曰：「有一言而可以終身行之者乎？」子曰：「其恕乎！己所不欲，勿施於人。」推己及物，其施不窮，故可以終身行之。○尹氏曰：「學貴於知要。子貢之問，可謂知要矣。孔子告以求仁之方也，推而極之，雖聖人之無我，不出乎此。終身行之，不亦宜乎？」○問言恕不及忠。曰：「分言忠恕，有忠而後恕。獨言恕，則忠在其中。若不能恕，則其無忠可知。恕是忠之發處，若無忠，做恕不出。」

子曰：「吾之於人也，誰毁誰譽？如有所譽者，其有所試矣。譽，平聲。○毁者，稱人之惡而損其真。譽者，揚人之善而過其實。夫子無是也。然或有所譽者，則必嘗有以試之，而知其將然矣。聖人善善之速而無所苟如此。若其惡惡，則已緩矣。是以雖有以前知其惡，而終無所毁也。**斯民也，三代之所以直道而行也。**」斯民者，今此之人也。三代，夏、商、周也。直道，無私曲也。言吾之所以無所毁譽者，蓋以此民，即三代之時所以善其善、惡其惡而無所私曲之民，故我今亦不得而枉其是非之實也。○尹氏曰：「孔子之於人也，豈有意於毁譽之哉？其所以譽之者，蓋試而知其善故也。斯民也，三代之所以直道而行，豈得容私於其閒哉？」

子曰：「吾猶及史之闕文也，有馬者借人乘之。今亡已夫！」夫，音扶。○楊氏曰：「史闕文、馬借人，此二事孔子猶及見之。今亡已夫，悼時之益偷也。」愚謂：此必有爲而言。蓋雖細故，而時變之大者可知矣。○胡氏曰：「此章義疑，不可强解。」

子曰：「巧言亂德，小不忍則亂大謀。」巧言，變亂是非，聽之使人喪其所守。小不忍，如婦人之仁、匹夫之勇皆是。○蓋婦人之仁，不能忍其愛；匹夫之勇，不能忍其暴：其爲不忍一也。

子曰：「衆惡之，必察焉；衆好之，必察焉。」好、惡，皆去聲。○楊氏曰：「惟仁者能好惡人。衆好惡之而不察，則或蔽於私矣。」○衍義：「好善惡惡雖人性之本然[二]，而違道之譽、求

[二] 好善惡惡，原作「好惡善惡」，各本同，據宋開慶元年湯漢等福州刊本大學衍義卷十五乙。

全之毁，亦世之所有，故不可以不察也。匡章之不孝，人所共稱也，而孟子則曰：『此父子責善之過，實非不孝也。』仲子之廉，亦人所共稱也，而孟子則加以避兄離母之罪，曰：『此烏能廉哉？』是是非非之大致若黑白之子，然而其似是而非，似非而是者，則常人之所易惑也。不有聖賢原情於疑似之中，考實於曖昧之際，烏能適其當乎？」

子曰：「人能弘道，非道弘人。」弘，廓而大之也。人外無道，道外無人。然人心有覺，而道體無爲，故人能大其道，道不能大其人也。○張子曰：「心能盡性，人能弘道也；性不知檢其心，非道弘人也。」

子曰：「過而不改，是謂過矣。」過而能改，則復於無過。惟不改則其過遂成，而將不及改矣。

子曰：「吾嘗終日不食終夜不寢以思，句。**無益，**句。**不如學也。」**此爲思而不學者言之。蓋勞心以必求，不如遜志而自得也。李氏曰：「夫子非思而不學者，特垂語以教人爾。」○南軒曰：「學原於思，思固所以爲學也。然思至於忘寢與食，而不以學濟之，則亦爲無益也。以思而不學則無益耳，聖人固不爲無益之思也，即己而言，所以教也。」○案：論語一書，凡教者皆修身治人之道，無非學也。

子曰：「君子謀道不謀食。耕也，餒在其中矣；學也，禄在其中矣。君子憂道不憂

貧。」餒，奴罪反。○耕所以謀食，而未必得食；學所以謀道，而祿在其中。然其學也，憂不得乎道而已；非爲憂貧之故，而欲爲是以得祿也。○尹氏曰：「君子治其本而不卹其末，豈以在外者爲憂樂哉？」

子曰：「知及之，仁不能守之，雖得之，必失之。知，去聲。○知足以知此理，而私欲間之，則無以有之於身矣。**知及之，仁能守之，不莊以涖之，則民不敬。**涖，臨也。謂臨民也。知此理而無私欲以間之，則所知者在我而不失矣。然猶有不莊者，蓋氣習之偏，或有厚於內而不嚴於外者，是以民不見其可畏而慢易之。下句放此。**知及之，仁能守之，莊以涖之，動之不以禮，未善也。」**動之，謂動民也，猶曰鼓舞而作興之云爾。禮，謂義理之節文。學至於仁，則善有諸己而大本立矣。涖之不莊，動之不以禮，乃其氣稟學問之小疵，然亦非盡善之道也。故夫子歷言之，使知德愈全則責愈備，不可以爲小節而忽之也。○問：「『克己復禮爲仁』，便是極了。今卻又有『莊以涖之』與『動之以禮』底工夫，如何？」曰：「人自有此心純粹，更不去失，而於接物應事時，少些莊嚴底意思，自不足以使人敬，此便是未善處。」問：「此是要本末工夫兼備否？」曰：「固是。但先有『知及之，仁能守之』做箇根本了，卻方好去檢點其餘，便無處無事不善。若根本不立，又有何可檢點處？」○問知及仁守。曰：「此是説講學。『莊以涖之』以後是説爲政。」○南軒曰：「知及乎此，而仁不能守此，則未能保之於己也。仁能守之，則在己者實矣，又須莊以涖之，而後內外相成而無弊。而又欲動之以禮，然後爲盡善。動之以禮者，以禮教民風動之也。此雖言爲政之道至此而後善，然所以成己，亦一而已。」

子曰：「君子不可小知，而可大受也；小人不可大受，而可小知也。」此言觀人之法。知，我知之也。受，彼所受也。蓋君子於細事未必可觀，而材德足以任重；小人雖器量淺狹，而未必無一長可取。○吴氏曰：「方舜之耕稼時，視之猶人也，一旦受堯之天下，若素有之。小人有立談之閒其才可知者，至委以國，則未不敗。」○南軒曰：「君子所存者大，故不可以小者測知，而可以當其大者；小人局於狹小，其長易見，故不可以任大而可以小知之。大受，如學者之學聖人，有爲者之當大任也。」○衍義曰：「君子所有者大，故不可以小事測知，而可以與大事；小人局於狹小，而其長易見，故不可以任大，而可以小知。」

子曰：「民之於仁也，甚於水火。水火，吾見蹈而死者矣，未見蹈仁而死者也。」民之於水火，所賴以生，不可一日無。其於仁也亦然。但水火外物，而仁在己。無水火不過害人之身，而不仁則失其心。是仁有甚於水火，而尤不可以一日無也。況水火或有時而殺人，仁則未嘗殺人，亦何憚而不爲哉？李氏曰：「此夫子勉人爲仁之語。」下章放此。

子曰：「當仁不讓於師。」當仁，以仁爲己任也。雖師亦無所遜，言當勇往而必爲也。蓋仁者，人所自有而自爲之，非有争也，何遜之有？○程子曰：「爲仁在己，無所與遜。若善名在外，則不可不遜。」○所謂不遜者，猶程子所謂「不可將第一等事讓與他人做」者，其事則謂顏子曰

「舜何人也？有爲者亦若是」而已。大抵此與上章皆勉人爲仁之語，然上章爲凡民都不知仁，而憚於爲仁者發；此章爲學者粗知仁之爲美，而不知勇於有爲者發，各有所當云。

子曰：「君子貞而不諒。」貞，正而固也。諒，則不擇是非而必於信。○或問貞諒之别。曰：「處義既精，不期固而自固者，貞也。不擇邪正，惟知必信而不易者，諒也。」○南軒曰：「貞者，貞於義也；諒者，執於小信也。貞於義則信在其中，若但執其小信而於義有蔽，則失其正而反害於信矣。蓋貞於義者，公理所存；而執小信者，私意之守而已。」

子曰：「事君，敬其事而後其食。」後，與「後獲」之「後」同。食，禄也。君子之仕也，有官守者修其職，有言責者盡其忠。皆以敬吾之事而已，不可先有求禄之心也。

子曰：「有教無類。」人性皆善，而其類有善惡之殊者，氣習之染也。故君子有教，則人皆可以復於善，而不當復論其類之惡矣。

子曰：「道不同，不相爲謀。」爲，去聲。○不同，如善惡邪正之異。

子曰：「辭達而已矣。」辭，取達意而止，不以富麗爲工。

師冕見，及階，子曰：「階也。」及席，子曰：「席也。」皆坐，子告之曰：「某在斯，某在斯。」見，賢遍反。○師，樂師，瞽者。冕，名。再言某在斯，歷舉在坐之人以詔之。

師冕出。子張問曰：「與師言之道與？」與，平聲。○聖門學者，於夫子之一言一動，無不存心省察如此。**子曰：「然。固相師之道也。」**相，去聲。○相，助也。古者瞽必有相，其道如此。蓋聖人於此，非作意而爲之，但盡其道而已。○尹氏曰：「聖人處己爲人，其心一致，無不盡其誠故也。有志於學者，求聖人之心，於斯亦可見矣。」范氏曰：「聖人不侮鰥寡，不虐無告，可見於此。推之天下，無一物不得其所矣。」○或問卒章之說。曰：「張敬夫推之尤詳。曰：『道無往而不存，聖人之動静語默，無往而非道，蓋各止於其所而已。師冕之見，及階則告之階，及席則告之席，既坐則歷告之以在坐者[二]，蓋待瞽者之道當然耳。子張竊窺而有問焉，夫子以爲固相師之道，辭則近而意無不盡矣。事事物物，莫不有其道，蓋所當然者，天之所爲也。夫以一日之閒，起居則有起居之道，飲食則有飲食之道，見是人則有待是人之道，遇是事則有處是事之道，不可須臾離也。一失所宜，則廢是道矣。是故君子戰兢自持，顛沛必於是，惟懼其失之也。夫惟天下之至誠，一以貫之，道之所在，如影隨形，蓋無往而非是也。』」○謝先生爲朱震子發説論語，首舉「子見齊衰者、冕衣裳者與瞽者，見之，雖少必作，過之必趨」。又舉：「師冕見，及階，子曰：『階也。』及席，子曰：『席也。』皆坐，子曰：『某在斯，某在斯。』」子張問曰：『與師言之道與？』曰：『固相師之道也。』」夫聖人之道，無微顯、無内外，由灑埽、應對、進退而上達天德、天道，本末一以貫之。一

[二] 歷告之，原作「告之歷」，各本同，據宋福州學官刻元修本西山讀書記甲集三十一乙。

部論語，只恁地看。

季氏第十六

洪氏曰：「此篇或以爲齊論。」凡十四章。

季氏將伐顓臾。顓，音專。臾，音俞。○顓臾，國名，魯附庸也。**冉有、季路見於孔子曰：「季氏將有事於顓臾。」**見，賢遍反。○案左傳、史記，二子仕季氏不同時。此云爾者，疑子路嘗從孔子自衛反魯，再仕季氏，不久而復之衛也。**孔子曰：「求，無乃爾是過與？**與，平聲。○冉求爲季氏聚斂，尤用事，故夫子獨責之。**夫顓臾，昔者先王以爲東蒙主，且在邦域之中矣，是社稷之臣也。何以伐爲？」**夫，音扶。○東蒙，山名。先王封顓臾於此山之下，使主其祭，在魯地七百里之中。社稷，猶云公家。是時四分魯國，季氏取其二，孟孫、叔孫各有其一。獨附庸之國尚爲公臣，季氏又欲取以自益。故孔子言顓臾乃先王封國，則不可伐；在邦域之中，則不必伐；是社稷之臣，則非季氏所當伐也。此事理之至當，不易之定體，而一言盡其曲折如此，非聖人不能也。**冉有曰：「夫子欲之，吾二臣者皆不欲也。」**夫子，指季孫。冉有實與謀，以孔子非之，故歸咎於季氏。**孔子曰：「求，周任有言曰：『陳力就列，不能者止。』危而不持，顛而不扶，則將焉用彼相矣？**任，平聲。焉，於虔反。相，去聲，下同。○周任，古之良史。陳，布也。列，位也。相，瞽者之相也。言二子不欲則當諫，諫而不聽，則當去也。**且爾言過矣。虎兕出於柙，龜玉毁於櫝中，是誰之過與？」**兕，徐履反。柙，户甲反。櫝，音獨。與，平聲。○兕，野牛也。柙，檻也。櫝，匱也。言在柙而逸，在櫝而毁，典守者不得辭其過。明二子居其位而不去，則季氏之惡，已不得不任其責也。**冉有曰：「今夫顓臾，固而近於費，今不取，後世必爲子孫憂。」**夫，音扶。○固，謂城郭完固。費，季氏之私邑。此則冉求之飾辭，然亦可見其實與季氏之謀矣。**孔子曰：「求，君子疾夫舍曰欲之，而必爲之辭。**夫，音扶。舍，上聲。○欲之，謂貪其利。**丘也聞有國有家者，不患寡而患不均，不患貧而患不安。蓋均無貧，和無寡，安無傾。**寡，謂民少。貧，謂財乏。均，謂各得其分。安，謂上下相安。季氏之欲取顓臾，患寡與貧耳。然是時季氏據國，而魯公無民，則不均矣。君弱臣强，互生嫌隙，則不安矣。均則不患於貧而和，和則不患於寡而安，安則不相疑忌而無傾覆之患。**夫如是，故遠人不服，則脩文德以來之。既來之，則安之。**夫，音扶。○内治脩，然後遠人服。有不服，則脩德以來之，亦不當勤兵於遠。**今由與求也，相夫子，遠人不服而不能來也，邦分崩離析而不能守也。**子路雖不與謀，而素不能輔之以義，亦不得爲無罪，故并責之。遠人，謂顓臾。分崩離析，謂四分公室，家臣屢叛。**而謀動干戈於邦内。吾恐季孫之憂，不在顓臾，而在蕭牆之内也。」**干，盾也。戈，戟也。蕭牆，屏也。言不均不和，内變將作。其後哀公果欲以越伐魯而去季氏。○謝氏曰：「當是時，三家强，公室弱，冉求又欲伐顓臾以附益之。夫子所以深罪之，爲其瘠魯以肥三家也。」洪氏曰：「二子仕於季氏，凡季氏所欲爲，必以告於夫子。則因夫子之言而救止者，宜亦多矣。伐顓臾之事，不見於經傳，其以夫子之言而止也與？」○或問首章之説。曰：「蘇氏所推兩條，考之尤密。蘇氏曰：『舊説以蕭牆之憂爲陽虎之難，以吾考之，定公五年，陽虎始專季氏，囚桓子，至九年，欲殺桓子，不克而出奔齊。前此者，季氏之所爲，惟虎之聽，非二子之罪也。定公五年，孔子年四十有七，冉有少孔子二十有九歲，蓋十八而已，未能相季氏也。定公十二年，子路爲季氏宰，哀公十一年，冉求爲季氏宰，皆見於春秋，則伐顓臾非陽虎出奔之前，其在季康子之世歟？哀公七年，季康子伐邾，以召吴寇，故曰「遠人不服而不能來也」。十五年，公孫宿以成叛，故曰「邦分崩離析而不能守也」。公患三桓之侈也，而欲以越去之，故曰「吾恐季孫之憂，不在顓臾，而在蕭牆之内也」。』但蕭牆之禍亦本泛言，非預知哀公以越伐魯之事也。」曰：「然則所謂『均無貧，和無寡，安無傾』者，奈何？」曰：「是時季氏據魯之半，而公室無尺地一民之勢，不均甚矣。是時四分魯國，季氏取其二，而二家各有其一。不均，則臣疑其君，而以貧爲憂矣。憂貧而求富不已，則君疑其臣，而至於不和矣。不和，則臣益自疑，而常懼於衆少矣。憂寡而求衆愈甚，則君益疑之，而至於不安矣。以臣亢君而不安，至此，則雖欲長保其祭祀而無傾危之患，其可得哉？必也痛自貶損，以復於諸侯千乘、大夫百乘之制，則均而不患於貧矣；君臣輯睦則和，而不患於寡矣；子孫長久，世守職業，則安而不至於傾矣。此在當時，蓋有難顯言者，故夫子微辭以告之，語雖略而意則詳也。」○通釋曰：「三家之罪在於四分公室而私有之，此其好名犯分之大惡也。若以此而加之罪，則不可仕明矣。馴習既久，以爲當然，故孔門亦有仕於其家者。仕於其家則不復知有魯矣，冉有之言曰『固而近於費，今不取，後世必爲子孫憂』，則但知爲季氏之邑，而子孫者，爲季氏子孫謀也，豈復知有魯哉？其於夫子『社稷之臣』之語，蓋懵然莫覺也。夫子『不均』『不安』之語，又專魯以發之，其旨切矣。以求由之賢，蔽於習俗，安於豢養，尚不復知義理之正，況下此者乎？此君子所以貴窮理也。」○南軒曰：「季氏，卿也，而上僭其君，其下觀之，亦將不奪不厭，是徒以顓臾爲子孫憂，而不知禍之起於蕭牆，蓋有理之必然者矣。冉有但知爲宰者當任其家事，而昧於幾微，暗於遠大如此，則爲具臣而已矣。」○愚案：孔子與門弟子言，未有若此之反覆詳悉者，亦以其不可故邪？○案左傳，齊師伐魯，求以武城人三百爲己徒卒，逆齊師于郊。求用矛以帥衆，遂入齊師，獲甲首八十。齊人宵遁。杜氏曰：「仲尼之徒皆忠於魯國。」

孔子曰：「天下有道，則禮樂征伐自天子出；天下無道，則禮樂征伐自諸侯出。自諸侯出，蓋十世希不失矣；自大夫出，五世希不失矣；陪臣執國命，三世希不失矣。先王之制，諸侯不得變禮樂，專征伐。陪臣，家臣也。逆理愈甚，則其失之愈速。大約世數，不過如此。天下有道，則政不在大夫。言不得專政。天下有道，則庶人不議。」上無失政，則下無私議。非箝其口使不敢言也。○此章通論天下之勢。

孔子曰：「祿之去公室，五世矣；政逮於大夫，四世矣；故夫三桓之子孫，微矣。」

夫，音扶。○魯自文公薨，公子遂殺子赤，立宣公，而君失其政，歷成襄昭定，凡五公。逮，及也。自季武子始專國政，歷悼平桓子，凡四世，而爲家臣陽虎所執。三桓，三家，皆桓公之後。此以前章之説推之，而知其當然也。○此章專論魯事，疑與前章皆定公時語。蘇氏曰：「禮樂征伐自諸侯出，宜諸侯之强也，而魯以失政。政逮於大夫，宜大夫之强也，而三桓以微。何也？强生於安，安生於上下之分定。今諸侯大夫皆陵其上，則無以令其下矣。故皆不久而失之也。」○衍義曰：「是時季氏以大夫而專魯國之政，陽虎以家臣而專季氏之政，孔子之言，蓋傷之也。天無二日，國無二王，尊無二上，天下之事，惟天子得專之。故天下有道，則禮樂征伐自天子出，而諸侯不能干焉；天下無道，則天子不能有其柄而諸侯得以竊之矣。諸侯猶不可專，況大夫乎？大夫猶不可專，況家臣乎？春秋之世，齊晉秦楚，迭主夏盟，禮樂征伐不出於天子，世變至是，蓋可傷矣。未幾而諸侯大夫專權自用，禮樂征伐又不出於諸侯。既而家臣竊弄，而政令復不出於大夫。名分陵夷，舛逆日甚，其可傷益甚焉。然非道而得，亦以非道而失，逆理愈甚，則失之愈速。故諸侯竊天子之柄，少有十世而不失者，其餘則或五世或三世少不失者。以理言之，大概如此。曷若三代盛時，天子而下以至家臣，各安其分，歷數百年而無禍哉？既又言『天下有道，則政不在大夫。天下有道，則庶人不議』，蓋是時諸侯之政多在大夫，如魯之三家，晉之六卿，齊之田氏，皆以人臣專國，而國人公議皆所不與，故重言之，以見政在大夫決非可久之道也。」

孔子曰：「益者三友，損者三友。友直，友諒，友多聞，益矣。友便辟，友善柔，

友便佞，損矣。」便，平聲。辟，婢亦。○友直，則聞其過。友諒，則進於誠。友多聞，則進於明。便，習熟也。便辟，謂習於威儀而不直。善柔，謂工於媚悅而不諒。便佞，謂習於口語而無聞見之實。三者損益，正相反也。○尹氏曰：「自天子至於庶人，未有不須友以成者。而其損益有如是者，可不謹哉？」○南軒曰：「友者，所以輔成己德也。直者，有過必告；諒者，忠信相與；多聞者，知識可貴。是三者，友之則使人常懷進修而不敢自足，焉得不日益乎？便辟、便佞，謂便於辟與佞者；善柔，謂善爲柔者。辟則容止足恭，柔則每事卑屈，佞則巧言爲悅。是三者，友之則使人日趨於驕惰，焉得不日損乎？自天子以至於庶人，皆當謹乎此也。」○愚案：集注謂便辟直之反，善柔諒之反，便佞多聞之反；南軒則不然，正宜參玩。

孔子曰：「益者三樂，損者三樂。樂節禮樂，樂道人之善，樂多賢友，益矣。樂驕樂，樂佚遊，樂宴樂，損矣。」樂，五教反。「禮樂」之「樂」，音岳。「驕樂」「宴樂」之「樂」，音洛。○節，謂辨其制度聲容之節。驕樂，則侈肆而不知節。佚遊，則惰慢而惡聞善。宴樂，則淫溺而狎小人。三者損益，亦相反也。○尹氏曰：「君子之於好樂，可不謹哉？」

孔子曰：「侍於君子有三愆：言未及之而言謂之躁，言及之而不言謂之隱，未見顏色而言謂之瞽。」君子，有德位之通稱。愆，過也。瞽，無目，不能察言觀色。○尹氏曰：「時然後言，則無三者之過矣。」

孔子曰：「君子有三戒：少之時，血氣未定，戒之在色；及其壯也，血氣方剛，戒之在鬭；及其老也，血氣既衰，戒之在得。」血氣，形之所恃以生者，血陰而氣陽也。隨時知戒，以理勝之，則不爲血氣所使也。○范氏曰：「聖人同於人者血氣也，異於人者志氣也。血氣有時而衰，志氣則無時而衰也。少未定、壯而剛、老而衰者，血氣也。戒於色、戒於鬭、戒於得者，志氣也。君子養其志氣，故不爲血氣所動，是以年彌高而德彌邵也。」

孔子曰：「君子有三畏：畏天命，畏大人，畏聖人之言。畏者，嚴憚之意也。天命者，天所賦之正理也。知其可畏，則其戒謹恐懼，自有不能已者。而付畀之重，可以不失矣。大人、聖言，皆天命所當畏。知畏天命，則不得不畏之矣。**小人不知天命而不畏也，狎大人，侮聖人之言。」**侮，戲玩也。不知天命，故不識義理，而無所忌憚如此。○尹氏曰：「三畏者，修己之誠當然也。小人不務修身誠己，則何畏之有？」○南軒曰：「畏天命者，奉順而不敢逆也。畏大人者，尊嚴而弗敢易也。畏聖言，佩服而唯恐違也。然而是三者皆主於畏天命。」○又小旻詩有云：「不敢暴虎，不敢馮河。人知其一，莫知其他。戰戰兢兢，如臨深淵，如履薄冰。」毛氏曰：「不敬小人之危殆也。」左氏昭元年晉樂王鮒曰：「小旻之卒章，吾取之。」杜氏注曰：「義取非唯『暴虎馮河』之可畏，不敬小人亦危殆。」王鮒取此義，故不敢譏議公子圍。」荀子亦云：「人不肖而不敬，則是狎虎也。狎虎則危，災及其身。」以此義參之，不獨大人之當敬，雖小人亦不可不敬也。荀卿乃有愛而敬、畏而敬之别，其意謂於君子則心敬，小人則貌敬。豈其然邪？書曰：「盛德不狎侮。」蓋德盛者，自不爲狎侮，非以危殆爲可畏也。孔子曰：「君子無小大，無衆寡，無敢慢。」深味斯言，則荀氏之醇疵可見矣。○此章專言畏，董銖子重問：「敬宜何訓？」朱子曰：「是不得而訓也，惟畏庶幾近之。」勉齋黄氏則云：「嘗聞之師曰：『敬之爲義，惟畏足以盡之。』蓋嘗深思其故，則不易之論也。敬者，人心畏悚之名也。故字之從人從敬，則曰儆；從言從敬，則曰警；從手從敬，則曰擎。無非畏悚戒懼之意。先儒有以『主一無適』言者，有以『常惺惺』言者，皆足以發明主敬之意。而訓義親切，使人體而易知，則未有易『畏』之一字也。」案：黄氏説與子重所記不同，而朱子所跋薛畏翁畫贊[二]，亦曰「惟畏可以近之」，實先生親筆。則曰「近」者爲當，況畏於敬，雖最切，然其字有二義。若所謂祗畏、抑畏、寅畏，皆敬之意也；至所謂畏怯、畏懦之屬，又安得爲敬乎？是又不容不辨。○又管仲曰：「畏威，如疾民之上也；從懷，如流民之下也；見懷思威，民之中也。」朱子曰：「畏威，如畏疾病，此民之上行；從心之欲，如水流行，此民之下行；見可懷而思可畏，此民之中行。此章列於小學，故取焉。」

孔子曰：「生而知之者，上也；學而知之者，次也；困而學之，又其次也；困而不

[二] 贊，原作「質」，乾隆本、同治本、四庫本同，據薈要本改。

學，民斯爲下矣。」困，謂有所不能通。言人之氣質不同，大約有此四等。○楊氏曰：「生知、學知以至困學，雖其質不同，然及其知之一也。故君子惟學之爲貴。困而不學，然後爲下。」○南軒曰：「困而學，如已放而求、已失而復者也。」

孔子曰：「君子有九思：視思明，聽思聰，色思温，貌思恭，言思忠，事思敬，疑思問，忿思難，見得思義。」難，去聲。○視無所蔽，則明無不見。聽無所壅，則聰無不聞。色，見於面者。貌，舉身而言。思問，則疑不蓄。思難，則忿必懲。思義，則得不苟。○程子曰：「九思各專其一。」謝氏曰：「未至於從容中道，無時而不自省察也，雖有不存焉者寡矣，此之謂思誠。」○或問九思。曰：「公且曰色與貌可以要得他温恭，若是視聽如何要得聰明？」曰：「這只是誠了自會如此。」曰：「若如公言，又却都没些事。聖人教人意思不如此。有物必有則，一箇物有一箇道理。況耳目聰明得之於天，本來自合如此，只爲私意蔽惑而失其理。聖人教人，不是理會一件，其餘自會好。須是逐一做工夫，内外夾持起來，恁地積累成熟，便會無些子滲漏。且道如何視明聽聰，只是就視聽上理會。『視遠惟明，聽德惟聰。』如有一件可喜物在眼前，便要看他，便被他蔽了。須是知得此物不當視，便是見得遠，不蔽於眼前近底，故曰『視遠惟明』。仁義忠信之言，將耳常常聽著，不好説話，莫教入耳，故曰『聽德惟聰』。」○南軒曰：「九思，當乎此則思乎此，天理之所由擴，人欲之所由遏也。然而是九者，要當養之於未發之前，而持之於既發之後。若但欲深察之於流而收之於暫，則多見其紛擾而無力矣。」

孔子曰：「見善如不及，見不善如探湯。吾見其人矣，吾聞其語矣。探，吐南反。○真知善惡而誠好惡之，顏曾閔冉之徒，蓋能之矣。語，蓋古語也。隱居以求其志，行義以達其道。吾聞其語矣，未見其人也。」求其志，守其所達之道也。達其道，行其所求之志也。蓋惟伊尹、太公之流，可以當之。當時若顏子，亦庶乎此。然隱而未見，又不幸而蚤死，故夫子言然。○隱居以求其志，行義以達其道，則其退也，所以安其義之所安；而其進也，所以推其道於天下矣。蓋其所達之道，即其所求之志也。此大人之事，故曰未見其人。

齊景公有馬千駟，死之日，民無德而稱焉。伯夷、叔齊餓於首陽之下，民到于今稱之。駟，四馬也。首陽，山名。其斯之謂與？與，平聲。○胡氏曰：「程子以爲第十二篇錯簡『誠不以富，亦祇以異』，當在此章之首。今詳文勢，似當在此句之上。言人之所稱，不在於富，而在於異也。」愚謂：此說近是，而章首當有「孔子曰」字，蓋闕文耳。大抵此書後十篇多闕誤。

陳亢問於伯魚曰：「子亦有異聞乎？」亢，音剛。○亢以私意窺聖人，疑必陰厚其子。對曰：「未也。嘗獨立，鯉趨而過庭。曰：『學詩乎？』對曰：『未也。』『不學詩，無以言。』鯉退而學詩。事理通達，而心氣和平，故能言。他日又獨立，鯉趨而過庭。曰：『學禮乎？』對曰：『未也。』『不學禮，無以立。』鯉退而學禮。品節詳明，而德性堅定，故能立。聞斯二者。」嘗獨立之時，所聞不過如此，其無異聞可知。陳亢退而喜曰：「問一得三。聞詩，聞禮，又聞君子之遠其子也。」遠，去聲。○尹氏曰：「孔子之教其子，無異於門人，故陳亢以爲遠其子。」

邦君之妻，君稱之曰夫人，夫人自稱曰小童，邦人稱之曰君夫人，稱諸異邦曰寡小君，異邦人稱之亦曰君夫人。寡，寡德，謙辭。○吴氏曰：「凡語中所載如此類者，不知何謂。或古有之，或夫子嘗言之，不可考也。」

論語集編卷第八

論語集編卷第九

陽貨第十七 凡二十六章。

陽貨欲見孔子，孔子不見，歸孔子豚。孔子時其亡也，而往拜之，遇諸塗。歸，如字，一作「饋」。○陽貨，季氏家臣，名虎。嘗囚季桓子而專國政。欲令孔子來見己，而孔子不往。貨以禮「大夫有賜於士，不得受於其家，則往拜其門」，故瞰孔子之亡而歸之豚，欲令孔子來拜而見之也。**謂孔子曰：「來，予與爾言。」曰：「懷其寶而迷其邦，可謂仁乎？」曰：「不可。」「好從事而亟失時，可謂知乎？」曰：「不可。」「日月逝矣，歲不我與。」孔子曰：「諾。吾將仕矣。」**好、亟、知，並去聲。○懷寶迷邦，謂懷藏道德，不救國之危亂。亟，數也。失時，謂不及事幾之會。將者，且然而未必之辭。貨語皆譏孔子而諷使速仕。孔子固未嘗如此，而亦非不欲仕也，但不仕於貨耳。故直據理答之，不復與辯，若不諭其意者。○陽貨之欲見孔子，雖其善意，不過欲使助己爲亂耳。故孔子不見者，義也。其往拜者，禮也。必時其亡而往拜者，欲其稱也。遇諸塗而不避者，不終絶也。隨問而對者，理之直也。對而不辯者，言之孫而亦無所詘也。楊氏曰：「揚雄謂孔子於陽貨也，敬所不敬，爲詘身以信道。非知孔子者。蓋道外無身，身外無道。身詘矣而可以信道，吾未之信也。」○或問首章之説。曰：「觀夫子所以告微生畝與夫告長沮、桀溺之語，則聖人之自言，未嘗不正其理而明辨之也。至於告陽貨，則隨其所問，應答如響，而略無自明之意，則亦見陽貨之暴，有不足告而姑孫辭以答之。然味其言，則亦無非義理之正，與其中心之實然者，則是初亦未嘗詘也。胡張之説善矣。胡氏曰：『楊氏謂孔子於陽貨，爲詘身以信道，雄之意，蓋以身與道爲二物也。是以其自爲也，黽勉賢莽之閒，而擬論語、周易以自附於夫子，豈不謬哉？』南軒曰：『聖人之待惡人，言雖遜而理未嘗枉，他人孫言則或至於害理，直理則或至於犯害，惟聖人則從容酬酢，而自然中節也。』」○黄氏曰：「『日月逝矣，歲不我與』，此陽貨之言。集注所謂『諷使速仕』，亦謂是也。其語意蓋謂夫子既老，可以有爲日月已過矣。歲運而往，其去甚速，豈復與我而爲我少緩乎？是亦諷使速仕也。學者於此章，固當因是以得聖人待惡人之道，又當知聖人之言動從容中節如此者，蓋道全德備，義精仁熟，如化工生物，皆自然而然。有志於學者，不可以不勉也。」○案夫子之見陽貨，蓋待小人之道也。今以易、論語、孟子數條附此。遯象曰：「天下有山，遯。君子以遠小人，不惡而嚴。」傳曰：「天下有山，山下趨而乃止，天上進而相違，是遯避之象也。君子觀其象以避遠乎小人，遠小人之道。若以惡聲厲色，適足以致其怨忿，唯在乎矜莊威嚴，使知敬畏，則自然遠矣。」○朱子曰：「天體無窮，山高有限，遯之象也。嚴者，君子自守之常，而小人自不能近。」○睽初九「見惡人无咎」，傳曰：「當睽之時，雖同德者相與，然小人乖異者衆，若棄絶之，不幾盡天下以讎君子乎？如此則失含洪之意，致凶咎之道也。又豈不能化不善而使之合乎？故必見惡人則无咎也。古之聖王所以化姦凶爲善良，革讎敵爲臣民者，由弗絕也。」○朱子曰：「必見惡人然後可以避咎，若孔子之於陽貨也。」○又：「王孫賈問曰：『與其媚於奥，寧媚於竈，何謂也？』子曰：『獲罪如天，無所禱也。』」朱子曰：「王孫賈，衛大夫。媚，親順也。室西南隅爲奥。竈者，五祀之一，夏所祭也。凡祭五祀，皆設主而祭於其所，然後迎尸而祭於奥，略祭如宗廟之儀。如祀竈，則設主於竈陘，祭畢，而更設饌於奥以迎尸也。故時俗之語，因以奥有常尊而非祭之主，竈雖卑賤而當時用事，喻自結於君不如阿附權臣也。故以諷孔子。孔子云云，蓋天即理也，其尊無對，非奥竈之可比也。逆理，則獲罪於天矣，豈媚於奥竈所能免乎？」謝氏曰：「聖人之言，遜而不迫。使王孫賈而知此意，不爲無益；使其不知，亦非所以取禍。」○子見南子，子路不悦。夫子矢之曰：「予所否者，天厭之！天厭之！」朱子曰：「南子，衛靈公之夫人，有淫行。孔子至衛，南子請見，孔子辭謝，不得已而見之。蓋古者仕於其國，有見其小君之禮。而子路以夫子見此淫亂之人爲辱，故不悦。矢，誓也。所，誓辭也，如云『所不與崔慶者』之類。否，謂不合於禮，不由其道也。厭，棄絕也。聖人道大德全，無可不可。其見惡人，固謂在我有可見之禮，則彼之不善[二]，我何與焉？

[二] 善，原作「見」，各本同，據本書論語集編卷第三雍也第六「子見南子」章朱注改。

然此豈子路所能測哉？故重言以誓之，欲其姑信此而深思以得之也。」○或問：「夫子之見南子，何也？」曰：「案史記，孔子至衛，南子使人謂孔子曰：『四方之君子不辱欲與寡君爲兄弟者，必見寡小君。寡小君願見。』孔子辭謝，不得已而見之也。」曰：「仕於其國而見其小君，禮與？」曰：「是於禮無所見，穀梁子蓋以爲大夫不見夫人，而何休獨有郊迎執贄之説，不知其何所考也。然禮家又謂陽侯殺繆侯而竊其夫人，故大饗廢夫人之禮，而使人攝焉。則是大夫雖或有見小君之禮，疑亦久已不行於世，而靈公、南子特舉之耳。」曰：「南子既非正適，且以淫亂聞於諸侯，而是禮也又非當世之所常行者，則夫子曷爲而不辭也？」曰：「南子之行則醜矣，然其願見，蓋亦有善意焉。且衛君既以爲夫人，而已將仕於其國，則所謂『禮從宜，使從俗』者，其亦有所不得已焉者矣。又況聖人道隆德盛，雖磨而不磷，雖涅而不緇，亦何爲拘拘翦翦於此，而避一見之嫌乎？」曰：「子路之不悦也，不告以可見之理而誓之，何也？」曰：「曾氏言之得矣。曾氏曰：『見南子過物之行，子路不悦，非常談所能曉，故誓之如此。』」○孟子爲卿於齊，出弔於滕，王使蓋大夫王驩爲輔行。王驩朝暮見，反齊滕之路，未嘗與之言行事也。公孫丑曰：「齊卿之位，不爲小矣；齊滕之路，不爲近矣。反之而未嘗與言行事，何也？」曰：「夫既或治之，予何言哉？」○朱子曰：「王驩，齊嬖臣也。輔行，副使也。驩蓋攝卿以行，故曰齊卿。夫既或治之，言有司已治之矣。孟子之待小人，不惡而嚴如此。」○樂正子從於子敖之齊。子敖，驩字。孟子謂樂正子曰：「子之從於子敖來，徒餔啜也。我不意子學古之道而以餔啜也。」此乃正其罪而切責之，言其不擇所從，但求食耳。公行子有子之喪，右師往弔。入門，有進而與右師言者，有就右師之位而與右師言者。公行子，齊大夫。右師，王驩也。孟子不與右師言，右師不悅，曰：「諸君子皆與驩言，孟子獨不與驩言，是簡驩也。」孟子聞之，曰：「禮，朝廷不歷位而相與言，不踰階而相揖也。我欲行禮，子敖以我爲簡，不亦異乎？」朱子曰：「是時齊卿大夫以君命弔，各有位次。若周禮，凡有爵者之喪禮，則職喪涖其禁令，序其事，故云朝廷也云云。」○南軒曰：「王驩，齊之嬖卿也。有進而與言者，有就位而與言者，蓋以其嬖於君而諂之也。孟子獨不與言者，道固然也。右師不悅，而以爲簡己者，蓋孟子爲時之所尊，驩雖小人，亦幸其少假色，是以望之於此，而以不我顧爲簡也。孟子獨舉朝廷之禮以爲言，何其正大而不迫與！蓋君子之動，無非禮也，朝廷不歷位而相與言，不踰階而相揖，此禮也。君子行禮，故常履安地而有餘裕；他人不由禮，則自陷於險艱而已。所謂小人不惡而嚴者，豈有他哉，亦曰禮而已矣。禮之所在，何有於我哉？或者勸伊川先生以加禮貴近，先生曰：『獨不勸以盡禮而勸以加禮乎？禮盡處豈容有加？』此孟子之意也。唐王毛仲置酒，聞宋璟之名而欲致之，明皇勅使璟往。至則北望再拜，謝恩而稱疾以退。璟亦可謂正矣。然毛仲，君之厮役也，往赴其集，義何居乎？若璟聞命而引義以陳，則爲盡善矣。」○愚案：遯睽之義既殊，孔孟之行亦異，然德未至於聖，學未可與權，則遯之遠小人，孟子之待王驩，其正法也。昔有問和靖先生曰：「子見南子，子路不悅，何也？」先生曰：「聖人所爲，賢人自不能測。」又問：「不知先生見南子否？」曰：「不敢見。」曰：「何故不見？」曰：「待某磨不磷，涅不緇，雖佛肸召，亦往，況南子乎？」由是觀之，孟子可謂善學孔子者矣。○後世惟宋廣平之於楊思勉、伊川先生之於張茂，則皆庶幾有孟子之風焉。士大夫居官立朝，不免與近習接者，當以此爲法，不然，則未有不陷焉者也。○又易夬九三[一]：「壯于頄，有凶。君子夬夬獨行，遇雨若濡，有慍，无咎。」夫子以温嶠之於王敦譬之[二]，此又别爲一義，雖非平時待小人之正法，然處變而不失其正，亦學者所當知。其詳見於本義。

子曰：「性相近也，習相遠也。」 此所謂性，兼氣質而言者也。氣質之性，固有美惡之不同矣。然以其初而言，則皆不甚相遠也。但習於善則善，習於惡則惡，於是始相遠耳。○程子曰：「此言氣質之性，非言性之本也。若言其本，則性即是理，理無不善，孟子之言性善是也。何相近之有哉？」○或問：「氣質之性何也？」曰：「天地之所以生物者，理也；其生物者，氣與質也。人物得是氣質以成形，而其理之在是者，則謂之性。然所謂氣質者，有偏正、純駁、昏明、厚薄之不齊，故性之在是者，其爲品亦不一，所謂氣質之性者。告子所謂生之謂性，程子所謂生質之性，所謂才者，皆謂是也。然其本然定理，則純粹至善而已，所謂天地之性者也。孟子所謂性善，程子所謂性之本，所謂探本窮原之性，皆謂此也。若夫子此章論性，而以相近而言，則固指夫氣質而言之矣。」

[一] 三，原作「二」，乾隆本、同治本、四庫本同，據薈要本改。
[二] 温嶠，原作「慍矯」，各本同，據宋咸淳刻本周易本義下經第二改。

子曰：「惟上知與下愚不移。」知，去聲。○人之氣質相近之中，又有美惡一定而非習之所能移者。○程子曰：「人性本善，有不可移者，何也？語其性則皆善也，語其才則有下愚之不移。所謂下愚有二焉：自暴、自棄也。人苟以善自治，則無不可移，雖昏愚之至，皆可漸磨而進也。惟自暴者拒之以不信，自棄者絶之以不爲，雖聖人與居，不能化而入也，仲尼之所謂下愚也。然其質非必昏且愚也，往往彊戾而才力有過人者，商辛是也。聖人以其自絶於善，謂之下愚，然考其歸則誠愚也。」○或問：「云云。然則終不可移也邪？」曰：「以聖人之言觀之，則曰不移而已，不曰不可移也。以程子之言考之，則曰以其不肯移，而後不可移耳。」○蘇氏説但泛言人材之短長瑕瑜，未曾言狂惘之可移也，如柴參亦不當以下愚例論。蓋「不移」二字是承上知下愚兩端而言，不當專以下愚論之。蓋上知者，知之上，非尋常之知。下愚者，愚之下，亦非尋常之愚也。知之上者，固不可移而之惡矣。愚之下者，雖有可移之理，而無肯移之心，則亦終於不可移而已，故曰考其歸則誠愚也。

子之武城，聞弦歌之聲。弦，琴瑟也。時子游爲武城宰，以禮樂爲教，故邑人皆弦歌也。**夫子莞爾而笑，曰：「割雞焉用牛刀？」**莞，華版反。焉，於虔反。○莞爾，小笑貌，蓋喜之也。因言其治小邑，何必用此大道也。**子游對曰：「昔者偃也聞諸夫子曰：『君子學道則愛人，小人學道則易使也。』」**易，去聲。○君子小人，以位言之。子游所稱，蓋夫子之常言。言君子小人，皆不可以不學，故武城雖小，亦必教以禮樂。**子曰：「二三子，偃之言是也，前言戲之耳。」**嘉子游之篤信，又以解門人之惑也。○治有大小，而其治之必用禮樂，則其爲道一也。但衆人多不能用，而子游獨行之。故夫子驟聞而深喜之，因反其言以戲之。而子游以正對，故復是其言，而自實其戲也。

公山弗擾以費畔，召，子欲往。弗擾，季氏宰。與陽虎共執桓子，據邑以叛。**子路不說，曰：「末之也已，何必公山氏之之也？」**說，音悦。○末，無也。言道既不行，無所往矣，何必公山氏之往乎？**子曰：「夫召我者而豈徒哉？如有用我者，吾其爲東周乎！」**夫，音扶。○豈徒哉，言必用我也。爲東周，言興周道於東方。○程子曰：「聖人以天下無不可有爲之人，亦無不可改過之人，故欲往。然而終不往者，知其必有不能改故也。」○或問云云。曰：「蘇氏得之。蘇氏曰：『孔子不助畔人，天下所知。畔而召孔子，其志必不在於惡矣。故孔子因其有善心而收之，不自絶而已。弗擾之不能爲東周亦明矣，然而用孔子，則有可以爲東周之道。故子欲往者，以其有是道也；卒不往者，知其必不能也。』」南軒曰：「弗擾不稟命於君，而叛其大夫，逆也。欲以是克亂，是以亂易亂，而又加甚耳。後世亂臣賊子所以借虛名爲篡奪之計者，多出於此。夫子豈以是而欲往邪？」

子張問仁於孔子。孔子曰：「能行五者於天下，爲仁矣。」請問之。曰：「恭、寬、

信、敏、惠。恭則不侮，寬則得衆，信則人任焉，敏則有功，惠則足以使人。」行是五者，則心存而理得矣。於天下，言無適而不然，猶所謂雖之夷狄不可棄者。五者之目，蓋因子張所不足而言耳。任，倚杖也。又言其效如此。○張敬夫曰：「能行此五者於天下，則其心公平而周徧可知矣。然恭其本與？」

佛肸召，子欲往。佛，音弼。肸，許密反。○佛肸，晉大夫趙氏之中牟宰也。**子路曰：「昔者由也聞諸夫子曰：『親於其身爲不善者，君子不入也。』佛肸以中牟畔，子之往也，如之何？」**子路恐佛肸之浼夫子，故問此以止夫子之行。親，猶自也。不入，不入其黨也。**子曰：「然，有是言也。不曰堅乎，磨而不磷；不曰白乎，涅而不緇。**磷，力刃反。涅，乃結反。○磷，薄也。涅，染皂物。言人之不善，不能浼己。楊氏曰：「磨不磷，涅不緇，而後無可無不可。堅白不足，而欲自試於磨涅，其不磷緇也者幾希。」**吾豈匏瓜也哉，焉能繫而不食？」**焉，於虔反。○匏，瓠也。匏瓜繫於一處而不能飲食，人則不如是也。○南軒曰：「子路昔者之所聞，君子守身之常法；夫子今日之所言，聖人體道之大權也。然夫子於公山、佛肸之召皆欲往者，以天下無不可變之人，無不可爲之事也；其卒不往者，知其人之終不可變，而事之終不可爲耳。一則生物之仁，一則知人之智也。」○或問云云。曰：「張敬夫明楊氏之說，其意亦善。曰：『子路蓋不悅公山之召矣，及此而後有言者，則以中心所疑，雖聞聖人之言，而自反終不能安，故問以辨之而不敢釋，亦可謂善學矣。然其不悅者，蓋已觀聖人，而未知以聖人觀聖人耳。』」○黃氏曰：「匏瓜繫而不食，蓋言匏瓜蠢然一物，繫則不能動，不食則無所知。吾乃人類，在天地閒能動作，有思慮，自當見之於用而有益於人，豈微物之比哉？世之奔走以餬其口於四方者，往往借是言以自況，失聖人之旨矣。」

子曰：「由也，女聞六言六蔽矣乎？」對曰：「未也。」女，音汝，下同。○蔽，遮掩也。**「居，吾語女。**語，去聲。○禮，君子問更端，則起而對。故孔子諭子路，使還坐而告之。**好仁不好學，其蔽也愚；好知不好學，其蔽也蕩；好信不好學，其蔽也賊；好直不好學，其蔽也絞；好勇不好學，其蔽也亂；好剛不好學，其蔽也狂。」**好、知，並去聲。○六言皆美德，然徒好之而不學以明其理，則各有所蔽。愚，若可陷可罔之類。蕩，謂窮高極廣而無所止。賊，謂傷害於物。勇者，剛之發。剛者，勇之體。狂，躁率也。○范氏曰：「子路勇於爲善，其失之者，未能好學以明之也，故告之以此。曰勇、曰剛、曰信、曰直，又皆所以救其偏也。」○南軒曰：「學所以明善也，不知學，則徒慕其名，而莫知善之所以爲善矣。好仁不好學，則徒欲博愛而不知所施之先後，故其蔽愚。好知不好學，則用其聰明而不知約言所在，故其蔽蕩。好信不好學，則守其小諒而不知義之所存，故其蔽賊。好直不好學，則務徑情而不知含蓄，故其蔽絞。絞者，訐而已。好勇不好學，則犯難而不知止，故其蔽亂。好剛不好學，則務勝而不知反，故其蔽狂。是六者，本爲達德善行，然而不好學，則非所以爲德行而反以自蔽。學如行大道，四闢而通；不學如守暗室，終室而蔽矣。」

子曰：「小子，何莫學夫詩？夫，音扶。○小子，弟子也。**詩，可以興，**感發志意。**可以觀，**考見得失。**可以羣，**和而不流。**可以怨。**怨而不怒。**邇之事父，遠之事君。**人倫之道，詩無不備，二者舉重而言。**多識於鳥獸草木之名。」**其緒餘又足以資多識。○學詩之法，此章盡之。讀是經者，所宜盡心也。○謝氏曰：「詩吟詠情性，善感發人，使人易直子諒之心易以生，故可以興；得性情之正，無所固滯，則閱理自明，故可以觀；心平氣和，於物無競，故可以羣；優游不迫，雖怨而不怒也，無鄙倍心，故可以怨。」○黃氏曰：「可以觀，謂可以考見己之得失也。」

子謂伯魚曰：「女爲周南、召南矣乎？人而不爲周南、召南，其猶正牆面而立也與？」女，音汝。與，平聲。○爲，猶學也。周南、召南，詩首篇名，所言皆修身齊家之事。正牆面而立，言即其至近之地，而一物無所見，一步不可行。○或問：「二南何以爲詩之首篇也？」曰：「周南之詩，言文王后妃閨門之化。召南之詩，言諸侯之國夫人、大夫妻，被文王后妃之化而成德之事。蓋文王治政而化行於江漢之域，自北而南，故其樂章以『南』名之，用之鄉人，用之邦國，以教天下後世誠意、正心、修身、齊家之道，蓋詩之正風也。」

子曰：「禮云禮云，玉帛云乎哉？樂云樂云，鍾鼓云乎哉？」敬而將之以玉帛，則爲禮；和而發之以鍾鼓，則爲樂。遺其本而專事其末，則豈禮樂之謂哉？○程子曰：「禮只是一箇序，樂只是一箇和。只此兩字，含蓄多少義理。天下無一物無禮樂。且如置此兩椅，一不正，便是無序，無序便乖，乖便不和。又如盜賊至爲不道，然亦有禮樂。蓋必有總屬，必相聽順，乃能爲盜。不然，則叛亂無統，不能一日相聚而爲盜也。禮樂無處無之，學者須要識得。」○黄氏曰：「程子、朱子言樂則同主於和，至於言禮，則朱子主於敬，程子主於序，二説不同，何也？」曰：「不但敬與序之不同，雖言和則同，而所以爲和亦不同也。集注之敬與和，主人心而言也；程子之序與和，主事理而言也。然有人心之敬與和，則見於事理者，始有序而和矣。」

子曰：「色厲而内荏，譬諸小人，其猶穿窬之盜也與？」荏，而審反。與，平聲。○厲，威嚴也。荏，柔弱也。小人，細民也。穿，穿壁。窬，踰牆。言其無實盜名，而常畏人知也。

子曰：「鄉原，德之賊也。」鄉者，鄙俗之意。原，與「愿」同。荀子「原慤」，注讀作愿是也。鄉原，鄉人之愿者也。蓋其同流合汙以媚於世，故在鄉人之中，獨以愿稱。夫子以其似德非德，而反亂乎德，故以爲德之賊而深惡之。詳見孟子末篇。

子曰：「道聽而塗説，德之棄也。」雖聞善言，不爲己有，是自棄其德也。○王氏曰：「君子多識前言往行，以畜其德；道聽而塗説，則棄之矣。」○南軒曰：「聞善者行而體之，則其德蓄聚。若徒以資助語説而已，則於德何有？是棄之也。」

子曰：「鄙夫可與事君也與哉？與，平聲。○鄙夫，庸惡陋劣之稱。其未得之也，患得

之；既得之，患失之。何氏曰：「患得之，謂患不能得。」**苟患失之，無所不至矣。**」小則吮癰舐痔，大則弒父與君，皆生於患失而已。○胡氏曰：「許昌靳裁之有言曰：『士之品大概有三：志於道德者，功名不足以累其心；志於功名者，富貴不足以累其心；志於富貴而已者，則亦無所不至矣。』志於富貴，即孔子所謂鄙夫也。」○南軒曰：「患得患失者，以得失爲事也。患得者，患無以得之也，惟其有是心，故既得則患失矣。其患失之心，乃患得之心也。若是，則凡可以勿失者，皆在所必爲，而亦何所不至哉？自古亂臣賊子，其初亦豈敢遽有簒弒之萌？惟其患失之心蹉跌至此，故夫未得則患得，既得則患失，患失則無所不至。履霜堅冰，馴致其道也。然則患得失之萌，是乃弒父與君之原也。聖人謂爲鄙夫者，蓋區區惟己私之徇，不亦鄙乎？」○案：眉山蘇氏曰：「李斯憂蒙恬之奪其權，則亡二世以亡秦。盧杞懼李懷光之數其惡，則誤德宗以再亂其心。本生於患失，其禍乃至於喪邦，乃知聖人之言，良不爲過，亦名辭也。」

子曰：「**古者民有三疾，今也或是之亡也。**氣失其平則爲疾，故氣稟之偏者亦謂之疾。昔所謂疾，今亦無之，傷俗之益衰也。**古之狂也肆，今之狂也蕩；古之矜也廉，今之矜也忿戾；古之愚也直，今之愚也詐而已矣。**」狂者，志願太高。肆，謂不拘小節。蕩，則踰大閑矣。矜者，持守太嚴。廉，謂稜角陗厲。忿戾，則至於争矣。愚者，暗昧不明。直，謂徑行自遂。詐，則挾私妄作矣。○范氏曰：「末世滋僞，豈惟賢者不如古哉？民性之蔽，亦與古人異矣。」

子曰：「巧言令色，鮮矣仁。」重出。

子曰：「惡紫之奪朱也，惡鄭聲之亂雅樂也，惡利口之覆邦家者。」惡，去聲。覆，芳服反。○朱，正色。紫，閒色。雅者，正也。利口，捷給。覆，傾敗也。○范氏曰：「天下之理，正而勝者常少，不正而勝者常多，聖人所以惡之也。利口之人，以是爲非，以非爲是，以賢爲不肖，以不肖爲賢，人君苟悅而信之，則國家之覆也不難矣。」

子曰：「予欲無言。」學者多以語言觀聖人，而不察其天理流行之實，有不待言而著者。是以徒得其言，而不得其所以言，故夫子發此以警之。**子貢曰：「子如不言，則小子何述焉？」**子貢正以言語觀聖人者，故疑而問之。**子曰：「天何言哉？四時行焉，百物生焉。天何言哉？」**四時行，百物生，莫非天理發見流行之實，不待言而可見。聖人一動一靜，莫非妙道精義之發，亦天而已，豈待言而顯哉？此亦開示子貢之切，惜乎其終不喻也。○程子曰：「孔子之道，譬如日星之明，猶患門人未能盡曉，故曰『予欲無言』。若顏子則便默識，其他則未免疑問，故曰『小子何述』。」又曰：「『天何言哉？四時行焉，百物生焉』，則可謂至明白矣。」愚案：此與前篇無隱之意相發，學者詳之。

孺悲欲見孔子，孔子辭以疾。將命者出户，取瑟而歌，使之聞之。孺悲，魯人，嘗學士喪禮於孔子。當是時必有以得罪者，故辭以疾，而又使知其非疾，以警教之也。程子曰：「此孟子所謂不屑之教誨，所以深教之也。」○南軒曰：「孺悲之不見，宜在棄絕之域，取瑟而歌，使將命者聞之，是亦教誨之而終不棄也[二]。聖人之仁，天地生物之心歟！」

宰我問：「三年之喪，期已久矣。期，音基，下同。○期，周年也。**君子三年不爲禮，禮必壞；三年不爲樂，樂必崩。**恐居喪不習而崩壞也。**舊穀既没，新穀既升，鑽燧改火，期可已矣。」**鑽，祖官反。○没，盡也。升，登也。燧，取火之木也。改火，春取榆柳之火，夏取棗杏之火，夏季取桑柘之火，秋取柞楢之火，冬取槐檀之火，亦一年而周也。已，止也。言朞年則天運一周，時物皆變，喪至此可止也。尹氏曰：「短喪之説，下愚且恥言之。宰我親學聖人之門，而以是爲問者，有所疑於心而不敢强焉耳。」**子曰：「食夫稻，衣夫錦，於女安乎？」曰：「安。」**夫，音扶，下同。衣，去聲。女，音汝，下同。○禮，父母之喪，既殯，食粥、麤衰；既葬，蔬食、水飲，受以成布；朞而小祥，始食菜果，練冠縓緣，要絰不除，無食稻衣錦之理。夫子欲宰我反求諸心，自得其所以不忍者，故問之以此，而宰我不察也。**「女安，則爲之。夫君子之居喪，食旨不甘，聞樂不樂，居處不安，故不爲也。今女安，則爲之。」**樂，上如字，下音洛。○此夫子之言也。旨，亦甘也。初言「女安，則爲之」，絕之之辭。又發其不忍之端，以警

[二] 教，原作「敢」，乾隆本、同治本、四庫本同，據薈要本改。

其不察。而再言「女安，則爲之」，以深責之。**宰我出。子曰：「予之不仁也。子生三年，然後免於父母之懷。夫三年之喪，天下之通喪也。予也有三年之愛於其父母乎？」**宰我既出，夫子懼其真以爲可安而遂行之，故深探其本而斥之。言由其不仁，故愛親之薄如此也。懷，抱也。又言君子所以不忍於親，而喪必三年之故。使之聞之，或能反求而終得其本心也。○范氏曰：「喪雖止於三年，然賢者之情則無窮也。特以聖人爲之中制而不敢過，故必俯而就之。非以三年之喪爲足以報其親也。所謂三年而後免於父母之懷，特以責宰我之無恩，欲其有以跂而及之爾。」

子曰：「飽食終日，無所用心，難矣哉！不有博弈者乎？爲之，猶賢乎已。」博，局戲也。弈，圍碁也。已，止也。李氏曰：「聖人非教人博弈也，所以甚言無所用心之不可爾。」

子路曰：「君子尚勇乎？」子曰：「君子義以爲上。君子有勇而無義爲亂，小人有勇而無義爲盜。」尚，上之也。君子爲亂，小人爲盜，皆以位而言者也。尹氏曰：「義以爲尚，則其爲勇也大矣。子路好勇，故夫子以此救其失也。」胡氏曰：「疑此子路初見孔子時問答也。」○案：史記：「子路性鄙，好勇力，志伉直，冠雄雞，佩猳豚，陵暴孔子。孔子設禮稍誘子路，子路後儒服委質，因門人請爲弟子。」

子貢曰：「君子亦有惡乎？」子曰：「有惡。惡稱人之惡者，惡居下流而訕上者，惡勇而無禮者，惡果敢而窒者。」惡，去聲，下同。唯「惡者」之「惡」如字。訕，所諫反。

訕，謗毁也。窒，不通也。稱人惡，則無仁厚之意；下訕上，則無忠敬之心；勇無禮，則爲亂；果而窒，則妄作，故夫子惡之。**曰：「賜也亦有惡乎？」「惡徼以爲知者，惡不孫以爲勇者，惡訐以爲直者。」**徼，古堯反。知、孫，並去聲。訐，居謁反。○「惡徼」以下，子貢之言也。徼，伺察也。訐，謂攻發人之陰私。○楊氏曰：「仁者無不愛，則君子宜若無惡矣。子貢之有是心也，故問焉以質其是非。」侯氏曰：「聖賢之所惡如此，所謂『唯仁者能惡人』也。」

子曰：「唯女子與小人爲難養也，近之則不孫，遠之則怨。」近、孫、遠，皆去聲。○此小人，亦謂僕隸下人也。君子之於臣妾，莊以涖之，慈以畜之，則無二者之患矣。

子曰：「年四十而見惡焉，其終也矣。」惡，去聲。○四十，成德之時。見惡於人，則止於此而已，勉人及時遷善改過也。蘇氏曰：「此亦有爲而言，不知其爲誰也。」○南軒曰：「見惡者，有不善而見惡於人也，此又甚於無聞者。方其壯時，不能用力以矯厲，則終於淪棄可知矣。此警懼學者，使之激昂自進於畜也。」

微子第十八 此篇多記聖賢之出處。凡十一章。

微子去之，箕子爲之奴，比干諫而死。微、箕，二國名。子，爵也。微子，紂庶兄。箕子、比干，紂諸父。微子見紂無道，去之以存宗祀。箕子、比干皆諫，紂殺比干，囚箕子以爲奴，箕子因佯狂而受辱。**孔子曰：「殷有三仁焉。」**三人之行不同，而同出於至誠惻怛之意，故不咈乎愛之理，而有以全其心之德也。楊氏曰：「此三人者，各得其本心，故同謂之仁。」○或問：「三子之心，同出於至誠惻怛，斯可見矣，抑何以知其所處之各適其可邪？」曰：「案史記，此事先後皆不同，惟殷紀以爲微子先去，比干乃諫而死，然後箕子佯狂爲奴，爲紂所囚者，近是。蓋微子，帝乙元子，當以先王宗祀爲重，義當蚤去，又決知紂之不可諫也，故遂去之而不以爲嫌也。比干，少師，義當力諫，雖知其不可諫，而不可已也，故遂以諫死而不以爲悔。箕子見比干之死，則知己之不可諫，且不忍復死以累其上也。見微子之去，則知己之不必去，且不忍復去以背其君也，故佯狂爲奴而不以爲辱。此可以見三仁之所當爲，易地皆然矣。或以爲箕子以天畀九疇未傳而不敢死，則其爲説迂矣。同謂之仁者，以其皆無私而各當理也。無私，故得心之體而無違；當理，故得心之用而不失。此其所以各全心之德而謂之仁與。」曰：「然則史記三子之事與夫子言，先後不同，何也？」曰：「史所載者事之實，此所記者以事之難易爲先後耳。」○「或問言仁與集注不同。集注者，改本也。然則或問之説爲未當乎？」黄氏曰：「非也。先師言仁之義，則固以心之德、愛之理爲主矣。言人之所以至於仁，則以爲無私心而皆當理也。仁之爲義，固該體用，而與惻隱對言，則仁主於體而未及於用也，故曰心之德、愛之理，則於仁之義爲最切也。然仁固愛之理，愛亦仁之用。仁固心之德，而一動一静，亦無非此德之流行也。或問之言，指三子之所以至於仁而言也。集注之言，正指仁之義而言也。然其曰『不咈乎愛之理，而有以全其心之德』，曰全，曰不咈，則或問之意亦在其中矣。讀者識之可也。」○南軒曰：「三人者，皆當其時，當其位，處之盡其道者也。其立紂之朝，所以維持宗社之心至矣，而有不得已焉，則各自靖以獻于先王。詳味微子一篇，則可見三子之所謂深切至到者矣。孔子皆稱其爲仁，以其忠誠惻怛，克盡其道故也。」

柳下惠爲士師，三黜。人曰：「子未可以去乎？」曰：「直道而事人，焉往而不三黜？枉道而事人，何必去父母之邦？」三，去聲。焉，於虔反。○士師，獄官。黜，退也。柳下惠三黜不去，而其辭氣雍容如此，可謂和矣。然其不能枉道之意，則有確乎其不可拔者。是則所謂必以其道，而不自失焉者也。○胡氏曰：「此必有孔子斷之之言，而亡之矣。」○或問：「柳下惠仕而屢黜，黜而復仕，至於三黜，而又不去焉，何也？」曰：「進不隱賢，必以其道，不以三公易其介，所以屢黜而至於三也。降志辱身，援而止之而止，雖袒裼裸裎於我側，不以爲浼，所以黜而復仕，既三黜而不去也。」或曰：「惠知直道之必黜而不去，然則其將枉道以事人乎？」曰：「不然也。惠之意，若曰我但能直道事人，則固不必去魯而適他國矣；若能枉道而事人，亦不必去魯而適他國也。其言泛然，若無所指，蓋和者之氣象如此，而其道則固自信其不能枉道以事人矣。是以三黜之後，雖不屑去，然亦意其遂不復仕，故孔子得以列之於逸民之目。」

齊景公待孔子，曰：「若季氏則吾不能，以季孟之閒待之。」曰：「吾老矣，不能用也。」孔子行。魯三卿，季氏最貴，孟氏爲下卿。孔子去之事，見世家。然此言必非面語孔子，蓋自以告其臣，而孔子聞之爾。○程子曰：「季氏强臣，君待之之禮極隆，然非所以待孔子也。以季孟之閒待之，則禮亦至矣。然復曰『吾老矣，不能用也』，故孔子去之，蓋不繫待之輕重，特以不用而去爾。」

齊人歸女樂，季桓子受之，三日不朝。孔子行。歸，如字，或作「饋」。朝，音潮。○季桓子，魯大夫，名斯。案史記，定公十四年，孔子爲魯司寇，攝行相事，齊人懼，歸女樂以沮之。尹氏曰：「受女樂而怠於政事如此，其簡賢棄禮，不足與有爲可知矣。夫子所以行也，所謂『見幾而作，不俟終日』者與？」○范氏曰：「此篇記仁賢之出處，而折中以聖人之行，所以明中庸之道也。」○或問：「史記載孔子之去魯也，有『彼婦之舌，可以出走』之歌。今尹氏直以爲知魯之君相無敬賢之心而去，何邪？」曰：「齊人之謀，固欲以是沮孔子矣，蓋欲以女子爲閒於魯之君相，使之先有以熒惑其耳目，感移其心志，遂乘閒而進説，以沮敗其所爲，甚則或遂中以不測之禍，而不慮孔子之覺之蚤、去之速也。然孔子之覺之也，直以其無敬賢之心，知其不足與有爲耳，而其禍之將至者，則固亦不外乎此也。尹氏之言，不及其他，其有得於孔子之初心與。」○南軒曰：「去讒遠色，賤貨而貴德，所以勸尊賢也。今好色而忘敬賢之心，則道之不行可見矣，是以去之。」

楚狂接輿歌而過孔子，曰：「鳳兮，鳳兮！何德之衰？往者不可諫，來者猶可追。已而，已而！今之從政者殆而！」接輿，楚人，佯狂避世。夫子時將適楚，故接輿歌而過其車前也。鳳有道則見，無道則隱，接輿以比孔子，而譏其不能隱爲德衰也。來者可追，言及今尚可隱去。已，止也。而，語助辭。殆，危也。接輿蓋知尊孔子而趨不同者也。**孔子下，欲與之言。趨而辟之，不得與之言。**辟，去聲。○孔子下車，蓋欲告之以出處之意。接輿自以爲是，故不欲聞而辟之也。

長沮、桀溺耦而耕，孔子過之，使子路問津焉。沮，七余反。溺，乃歷反。○二人，隱者。耦，並耕也。時孔子自楚反乎蔡。津，濟渡處。**長沮曰：「夫執輿者爲誰？」子路曰：「爲孔丘。」曰：「是魯孔丘與？」曰：「是也。」曰：「是知津矣。」**夫，音扶。與，平聲。○執輿，執轡在車也。蓋本子路御而執轡，今下問津，故夫子代之也。知津，言數周流，自知津處。**問於桀溺，桀溺曰：「子爲誰？」曰：「爲仲由。」曰：「是魯孔丘之徒與？」對曰：「然。」曰：「滔滔者天下皆是也，而誰以易之？且而與其從辟人之士也，豈若從辟世之士哉？」耰而不輟。**「徒與」之「與」，平聲。滔，土刀反。辟，去聲。耰，音憂。○滔滔，流而不反之意。以，猶與也。言天下皆亂，將誰與變易之？而，汝也。辟人，謂孔子。辟世，桀溺自謂。耰，覆種也。亦不告以津處。**子路行以告，夫子憮然，曰：「鳥獸不可與同羣，吾非斯人之徒與而誰與？天下有道，丘不與易也。」**憮，音武。與，如字。○憮然，猶悵然，惜其不喻己意也。言所當與同羣者，斯人而已，豈可絕人逃世以爲潔哉？天下若已平治，則我無用變易之；正爲天下無道，故欲以道易之耳。○程子曰：「聖人不敢有忘天下之心，故其言如此也。」張子曰：「聖人之心，不以無道必天下而棄之也。」

子路從而後，遇丈人，以杖荷蓧。子路問曰：「子見夫子乎？」丈人曰：「四體不勤，五穀不分。孰爲夫子？」植其杖而芸。蓧，徒弔反。植，音值。○丈人，亦隱者。蓧，竹器。分，辨也。五穀不分，猶言不辨菽麥爾，責其不事農業而從師遠遊也。植，立之也。芸，去草也。**子路拱而立。**知其隱者，敬之也。**止子路宿，殺雞爲黍而食之，見其二子焉。**食，音嗣。見，賢遍反。**明日，子路行以告，子曰：「隱者也。」使子路反見之。至，則行矣。**孔子使子路反見之，蓋欲告之以君臣之義。而丈人意子路必將復來，故先去之以滅其跡，亦接輿之意也。**子路曰：「不仕無義。長幼之節，不可廢也；君臣之義，如之何其廢之？欲潔其身，而亂大倫。君子之仕也，行其義也。道之不行，已知之矣。」**長，上聲。○子路述夫子之意如此。蓋丈人之接子路甚倨，而子路益恭，丈人因見其二子焉。則於長幼之節，固知其不可廢矣，故因其所明以曉之。倫，序也。人之大倫有五：父子有親，君臣有義，夫婦有別，長幼有序，朋友有信是也。仕所以行君臣之義，故雖知道之不行而不可廢。然謂之義，則事之可否，身之去就，亦自有不可苟者。是以雖不潔身以亂倫，亦非忘義以徇祿也。福州有國初時寫本，「路」下有「反子」二字，以此爲子路反而夫子言之也，未知是否。○范氏曰：「隱者爲高，故往而不反；仕者爲通，故溺而不止。不與鳥獸同羣，則決性命之情以饕富貴。此二者皆惑也，是以依乎中庸者爲難。

惟聖人不廢君臣之義，而必以其正，所以或出或處而終不離於道也。」○或問：「知道之不行而徒仕，可乎？」曰：「仕所以行義也，義則有可有不可矣。義合而從，則道固不患於不行，不合而去，則道雖不行，而義亦未嘗廢也。是以君子雖知道之不行，而未嘗不仕，然亦未嘗懷私徇禄，而苟一日之安也。由此觀之，道義之未嘗相離也，亦可見矣。」○黄氏曰：「列『接輿』以下三章於『孔子行』之後，以明夫子雖不合而去，然亦未嘗恝然忘斯世也，此所以爲聖人之出處也與。然即三章而讀之，見夫接輿、沮、溺、荷蓧丈人，此四子者，若律以聖人之中道，則誠不爲無病。然味其言，觀其容止，以思見其爲人，其清風高節，猶使人起敬起慕，恨不得識其面而端拜之。彼於聖人，猶有所不滿於心，如此則其視世之貪利慕禄而不知止者，真不啻若犬彘，求欲爲之奴隸而不可得也，是亦豈非當世之賢而特立者與？以子路之行，行而拱立於丈人之側，若子弟然，豈非其真可敬也與？故嘗謂，若四人者，惟夫子然後可以議其不合於聖人之道，未至於夫子者皆未可以妄議也。貪利慕禄之徒，求以自便其私，亦借四子而譏之，欲以見其不可以不仕，多見其不知量也。」

逸民：伯夷、叔齊、虞仲、夷逸、朱張、柳下惠、少連。少，去聲，下同。○逸，遺逸。民者，無位之稱。虞仲，即仲雍，與太伯同竄荆蠻者。夷逸、朱張，不見經傳。少連，東夷人。

子曰：「不降其志，不辱其身，伯夷、叔齊與！」與，平聲。**謂柳下惠、少連，「降志辱身矣，言中倫，行中慮，其斯而已矣」。**中，去聲，下同。○柳下惠，事見上。倫，義理之次第也。慮，思慮也。中慮，言有意義合人心。少連事不可考。然記稱其「善居喪，三日不怠，三月不解，朞悲哀，三年憂」，則行之中慮，亦可見矣。**謂虞仲、夷逸，「隱居放言，身中清，廢中權」。**仲雍居吳，斷髮文身，裸以爲飾。隱居獨善，合乎道之清；放言自廢，合乎道之權。**「我則異於是，無可無不可。」**孟子曰：「孔子可以仕則仕，可以止則止，可以久則久，可以速則速。」所謂無可無不可也。○謝氏曰：「七人隱遯不汙則同，其立心造行則異。伯夷、叔齊，天子不得臣，諸侯不得友，蓋已遯世離羣矣，下聖人一等，此其最高與？柳下惠、少連，雖降志而不枉己，雖辱身而不求合，其心有不屑也，故言能中倫，行能中慮。虞仲、夷逸隱居放言，則言不合先王之法者多矣，然清而不汙也，權而適宜也，與方外之士害義傷教而亂大倫者殊科。是以均謂之逸民。」尹氏曰：「七人各守其一節，孔子則無可無不可，此所以常適其可，而異於逸民之徒也。揚雄曰『觀乎聖人則見賢人』，是以孟子語夷惠，亦必以孔子斷之。」○南軒曰：「無可者，不以可爲主也；無不可者，不以不可爲主也。其曰無者，言其不有於中也。然則夫子之心，果如何哉？當可則可，當不可則不可，故仕、止、久、速，無不得其可，其惟天乎！其惟聖人乎！若夷齊之心，則未免有不可，若柳下惠、少連，則未免有可，故孟子所欲學孔子而已。」

大師摯適齊，大，音泰。○大師，魯樂官之長。摯，其名也。**亞飯干適楚，三飯繚適蔡，四飯缺適秦。**飯，扶晚反。繚，音了。○亞飯以下，以樂侑食之官。干、繚、缺，皆名也。**鼓方叔入於河，**鼓，擊鼓者。方叔，名。河，河內。**播鼗武入於漢，**鼗，徒刀反。○播，搖也。鼗，小鼓，兩旁有耳，持其柄而摇之，則旁耳還自擊。武，名也。漢，漢中。**少師陽、擊磬襄入於海。**少，去聲。○少師，樂官之佐。陽、襄，二人名。襄即孔子所從學琴者。海，海島也。○此記賢人之隱遁以附前章，然未必夫子之言也。末章放此。張子曰：「周衰樂廢，夫子自衛反魯，一嘗治之，其後伶人賤工識樂之正。及魯益衰，三桓僭妄，自大師以下，皆散之四方，逾河蹈海以去亂。聖人俄頃之助，功化如此，如有用我，朞月而可，豈虚語哉？」○或問：「何以知亞飯爲侑食之官也？」曰：「白虎通曰：『王者平旦食、晝食、晡食、莫食，凡四飯。諸侯三飯。大夫再飯。』故魯之樂官，自亞飯以下，蓋三飯也。」○黄氏曰：「列此於逸民之後，以歎魯之末世決不可以復仕也。」

周公謂魯公曰：「君子不施其親，不使大臣怨乎不以。故舊無大過，則不棄也。無求備於一人。」施，陸氏本作「弛」，詩紙反。福本同。○魯公，周公子伯禽也。弛，遺棄也。以，用也。大臣非其人則去之，在其位則不可不用。大故，謂惡逆。李氏曰：「四者皆君子之事，忠厚之至也。」○胡氏曰：「此伯禽受封之國，周公訓戒之辭。魯人傳誦，久而不忘也。其或夫子嘗與門弟子言之歟？」

周有八士：伯達、伯适、仲突、仲忽、叔夜、叔夏、季隨、季騧。騧，烏瓜反。○或曰成王時人，或曰宣王時人。蓋一母四乳而生八子也，然不可考矣。○張子曰：「記善人之多也。」○愚案：此篇孔子於三仁、逸民、師摯、八士，既皆稱贊而品列之；於接輿、沮、溺、丈人，又每有倦倦接引之意。皆衰世之志也，其所感者深矣。在陳之歎，蓋亦如此。三仁則無間然矣，其餘數君子者，亦皆一世之高士。若使得聞聖人之道，以裁其所過而勉其所不及，則其所立，豈止於此而已哉？○楊氏曰：「八人盡爲士之道也。」

論語集編卷第九

論語集編卷第十

子張第十九

此篇皆記弟子之言，而子夏爲多，子貢次之。蓋孔門自顔子以下，穎悟莫若子貢；自曾子以下，篤實無若子夏，故特記之詳焉。凡二十五章。

子張曰：「士見危致命，見得思義，祭思敬，喪思哀，其可已矣。」致命，謂委致其命，猶言授命也。四者立身之大節，一有不至，則餘無足觀。故言士能如此，則庶乎其可矣。○南軒曰：「見危則致命，見得則思義，能決擇於義利之際也。祭則思敬，喪則思哀，篤於本也。」○愚案：見危致命，獨不言思，蓋臨難而死，士節之常，有所不必思也。

子張曰：「執德不弘，信道不篤，焉能爲有？焉能爲亡？」焉，於虔反。亡，讀作無，下同。○有所得而守之太狹，則德孤。有所聞而信之不篤，則道廢。焉能爲有亡，猶言不足爲輕重。○或問：「弘之爲寬廣，奈何？」曰：「此以人之量而言也。蓋人之所以體道者存乎德，而其所以執德者存乎量，量有大小之不同，故人之所以執德，有弘而有不弘也。夫總羣言、該衆理，而不自以爲博；兼至善、具衆美，而不自以爲得；知足以周萬物，而於天下之事，有不深察；才足以濟衆務，而於天下之事，有所不屑爲；恢恢乎胷中常若有餘地焉，此非其量之大，則其所以執德者，孰能如是之寬廣而不迫哉？易所謂『寬以居之』，而曾子所謂『可以任天下之重』者，正謂此耳。其量之小者，一善之得，則先爲主，而若不可以有所容；一事之當，則必自負，而若不可以有所加；小有知，則必欲用其知；小有才，則必欲試其才：所謂執德不弘者，蓋如此，雖其所守之固若不可奪，然亦安能爲有亡哉？」○黄氏曰：「或問以寬廣爲弘，乃集註未改之前之説，與今集註之意實相通而有所發明，故不得不兩存也。篤，堅確也。易所謂『確乎其不可拔』，而曾子所謂『死而後已』者，正謂此耳。觀子張之一言，則爲學之道，信非褊心狹量質薄氣弱者之所可及也。」○執道須弘，不可道已得此道理，不信更有道理。須是既下工夫，又下工夫，已理會，又理會。若只理會得二三分，便謂只消恁地也得，如此者，非是無，只是不弘。故子張云：「焉能爲有？焉能爲亡？」弘便知道理儘有，自家心下儘有，地步寬闊，著得他在。○問「執德不弘」。先生曰：「言其不廣也。纔狹隘，則容受不得。不特是不能容人，自家亦自不能容。故纔有許善，必自矜；見人之善，必不好；人告之以過，亦不受。從狹隘上生萬端病痛。」○南軒曰：「執德弘則進德有地，信道篤則志道不回，苟爲不然，雖有爲善之心，亦若存若亡，不能爲有亡也。」程子曰：「信道不篤，則執德無由弘。」

子夏之門人問交於子張。子張曰：「子夏云何？」對曰：「子夏曰：『可者與之，其不可者拒之。』」子張曰：「異乎吾所聞。君子尊賢而容衆，嘉善而矜不能。我之大

賢與，於人何所不容？我之不賢與，人將拒我，如之何其拒人也？」「賢與」之「與」，平聲。○子夏之言迫狹，子張譏之是也。但其所言亦有過高之病。蓋大賢雖無所不容，然大故亦所當絶；不賢固不可以拒人，然損友亦所當遠。學者不可不察。○或問三章之説。曰：「二子之言，各有所偏，斷以聖人之中道。則初學大略，當如子夏之言，然於不可者，亦踈之而已，拒之則害乎交際之道。成德大略，當如子張之説，然於其大故者，亦不得而不絶也。以是處之，其庶幾乎！」○南軒曰：「包注『友交當如子夏，泛交當如子張』之説是。蓋其交有淺深，二子論交，各爲一義，不可廢也。若但與之泛然交際而已，則固當尊賢而容衆，嘉善而矜不能。若與之爲朋友之交，則當與其可者，拒其不可者，但拒之之説微過耳。然而在學者之分，則子張之言未若子夏之嚴也。而遽非子夏之説，且曰『我之大賢與，於人何所不容』，其言若以成德自居者，此亦其堂堂氣象也與？」

子夏曰：「雖小道，必有可觀者焉，致遠恐泥，是以君子不爲也。」泥，去聲。○小道，如農圃醫卜之屬。泥，不通也。○楊氏曰：「百家衆技，猶耳目鼻口，皆有所用而不能相通，非無可觀也，致遠則泥矣，故君子不爲也。」○或問：「何以言小道之爲農圃之屬？」曰：「小者對大之名。正心修身以治人，道之大者也。專一家之業以治於人，道之小者也。然皆用於世而不可無者，其始固皆聖人之作，而各有一物之理焉，是必有可觀也。然能於此者，或不能於彼，而皆不可以達於君子之大道，是以致遠恐泥，而君子不爲。」○黄氏曰：「小道之不可以致遠者，聖人之道，自修身而齊家治國而平天下，與夫參天地，贊化育，無適而不通也。農圃醫卜之屬，施之目前，淺近不爲無益，然求其如聖人之道無所不通，則不可也。許行欲以並耕而治天下，此孟子所以議其相率而爲僞也。」或曰：「安知所謂小道者不指楊墨、佛老之類而言邪？」曰：「小道，合聖人之道而小者也。異端，違聖人之道而異者也。小者猶可以施之近，異者則不可頃刻而施也。楊墨、佛老之無父無君，又何致遠而後不通哉？所謂正牆面而立，跬步不可行者也。」

子夏曰：「日知其所亡，月無忘其所能，可謂好學也已矣。」亡，讀作無。好，去聲。○亡，無也，謂己之所未有。○尹氏曰：「好學者日新而不失。」○南軒曰：「致其知而不舍，故其知日新；保其有而不違，故其有常存。日知其所亡，謂日知其所未有也。」

子夏曰：「博學而篤志，切問而近思，仁在其中矣。」四者皆學問思辨之事耳，未及乎力行而爲仁也。然從事於此，則心不外馳，而所存自熟，故曰仁在其中矣。○程子曰：「博學而篤志，切問而近思，何以言仁在其中矣？學者要思得之，了此，便是徹上徹下之道。」又曰：「學不博則不能守約，志不篤則不能力行，切問近思在己者，則仁在其中矣。」又曰：「近思者以類而推。」蘇氏曰：「博學而志不篤，則大而無成；泛問遠思，則勞而無功。」○問云云。曰：「此全未是說仁處，方是尋討箇求仁門路。當從此去，漸見效在其中，謂有此理耳。」○問：「云云，如何謂之仁？」曰：「非是便爲仁。如言行寡尤悔，非所以干祿，而祿在其中；博學篤志，切問近思，未便是仁，然學者用力於此，仁亦在其中矣。」問：「博學與近思，亦不相妨否？」先生曰：「博學是都要理會過，近思是注心著力處。博學是箇大規模，近思是漸進工夫。如大學『明明德於天下』，是大規模，其中格物、致知、誠意、正心、修身、齊家等，便是次第處。如博學，亦豈一日都便要都學得了？亦是漸漸學去。」曰：「篤志，未説到行處否？」曰：「篤志，只是至誠懇切以求之，若只管泛濫外面博學，更不懇切其志，便成放而不知求底心，便是頑麻不仁底人。惟篤志，又切問近思，便有歸宿處。此心不泛濫走作，只在這窠坎裏，仁便在其中。」○問：「程子云云，便是先生所謂『從事於此，則心不外馳，而所存自熟』之意乎？」曰：「然。於是四者中見得箇仁底道理，便是徹上徹下之道。」○問「以類而推」。曰：「節節推將去。」○今人不曾以類而推，蓋不曾先理會一件，却理會一件。若理會得一件，逐件推將去，相次亦不難。○問：「何謂類推？」曰：「此語道得好。不要驀越，不要陡頓，只是就近傍那饒得處挨將去。如這一件理會得透了，又因這件推去做那一件。如讀書，讀第一段了，便推第一段之類去讀第二段，自此以往，只管恁地去，次第都理會得。若開卷便要獵一過，如何得？」直卿曰：「是理會得來，便推去理會得否？」曰：「只是傍易曉底挨將去，如理會得親親，即推類去仁民，仁民是親親之類。理會得仁民，便推類去愛物，愛物是仁民之類。如『刑于寡妻』，便推類去『至于兄弟』，便推類去『御家邦』。如修身，便推類去齊家；齊家，便推類去治國。只是一步了，又一步。」○南軒曰：「博學篤志，切問近思，不可便以此爲仁，而仁不外是也。學者從事於此而不計其獲，則循序而有至，蓋不可以欲速而臆度也。聖門論仁大抵如此。」○黄氏曰云云，或曰：「何以知四者之專主於心之所存而言？」曰：「人惟無所用其心，則其心泛濫而不一。志之篤，則此心常有所定向而不泛濫矣。問不切，思不近，則其所用心皆在吾身之外。切問而近思，則皆求其在己者，而無復外馳之患矣。人能盡此四者，則雖學問思辨之事，而自有以得夫操存涵養之效，所謂仁在其中矣。」

子夏曰：「百工居肆以成其事，君子學以致其道。」 肆，謂官府造作之處。致，極也。工不居肆，則遷於異物而業不精。君子不學，則奪於外誘而志不篤。尹氏曰：「學所以致其道也。百工居肆，必務成其事。君子之於學，可不知所務哉？」愚案：二説相須，其義始備。

子夏曰：「小人之過也必文。」 文，去聲。○文，飾之也。小人憚於改過，而不憚於自欺，故必文以重其過。

子夏曰：「君子有三變：望之儼然，即之也温，聽其言也厲。」 儼然者，貌之莊。温者，色之和。厲者，辭之確。○程子曰：「它人儼然則不温，温則不厲，惟孔子全之。」謝氏曰：「此非有意於變，蓋並行而不相悖也，如良玉温潤而栗然。」○南軒曰：「其爲三變，豈君子之强爲哉？禮樂無斯須而去身，故其成就發見如此。」

子夏曰：「君子信而後勞其民，未信則以爲厲己也；信而後諫，未信則以爲謗己也。」 信，謂誠意惻怛而人信之也。厲，猶病也。事上使下，皆必誠意交孚，而後可以有爲。

子夏曰：「大德不踰閑，小德出入可也。」 大德、小德，猶言大節、小節。閑，闌也，所以止物之出入。言人能先立乎其大者，則小節雖或未盡合理，亦無害也。○吴氏曰：「此章不能無弊，學者正不可以此自恕，一以小差爲無害，則於大節必將有枉尺直尋者矣。」○問：「伊川謂小德如援溺之事，如何？」曰：「援溺事却是大處。嫂溺不援，是豺狼，這處是當做，更有甚麼出入？」○子夏之説自有病，只是他力量有行不及處。然既是有力不及處，則不免有些子小小事放過者，已是不足，豈可謂之「可也」？蓋子夏爲人不及，其質亦弱，夫子亦每提他，如「女爲君子儒，毋爲小人儒」「無欲速，無見小利」之類。○南軒曰：「大德，大體也；小德，節目也。君子所存大體固有定，至其酬酢之際，用權以取中，初無一定之執，然未嘗不同歸焉。如可以取、可以無取，可以與、可以無與之類是也。然而斯言以『大德不踰閑』爲本，必大德不踰閑，而後小德可以出入，蓋未嘗不在其閑之中，故曰可也。不然，本之不立而謂出入爲可，是小人之無忌憚而已。」○南軒説甚善，然非子夏本意，姑存之。

子游曰：「子夏之門人小子，當灑埽、應對、進退，則可矣。抑末也，本之則無。如之何？」灑，色賣反。埽，素報反。○子游譏子夏弟子，於威儀容節之閒則可矣。然此小學之末耳，推其本，如大學正心誠意之事，則無有。**子夏聞之，曰：「噫！言游過矣。君子之道，孰先傳焉？孰後倦焉？譬諸草木，區以別矣。君子之道，焉可誣也？有始有卒者，其惟聖人乎！」**別，彼列反。焉，於虔反。○倦，如「誨人不倦」之「倦」。區，猶類也。言君子之道，非以其末爲先而傳之，非以其本爲後而倦教。但學者所至，自有淺深，如草木之有大小，其類固有別矣。若不量其淺深，不問其生熟，而概以高且遠者强而語之，則是誣之而已。君子之道，豈可如此？若夫始終本末一以貫之，則惟聖人爲然，豈可責之門人小子乎？○程子曰：「君子教人有序，先傳以小者近者，而後教以大者遠者。非先傳以近小，而後不教以遠大也。」又曰：「灑埽應對，便是形而上者，理無大小故也，故君子只在慎獨。」又曰：「聖人之道，更無精粗。從灑埽應對，與精義入神，貫通只一理。雖灑埽應對，只看所以然如何。」又曰：「凡物有本末，不可分本末爲兩段事。灑埽應對是其然，必有所以然。」又曰：「自灑埽應對上，便可到聖人事。」愚案：程子第一條，説此章文意，最爲詳盡。其後四條，皆以明精粗本末。其分雖殊，而理則一。學者當循序而漸進，不可厭末而求本。蓋與第一條之意，實相表裏。非謂末即是本，但學其末而本便在此也。○或問：「既曰理無大小，又以爲教人有序，何也？」曰：「無大小者，理也；有序者，事也。正以理無大小而無不在，以教人者，不可不由其序而有所遺也。蓋由其序，則事之本末巨細，無不各得其理，而理之無大小者，莫不隨其所在而無所遺。不由其序，而舍近求遠，處下窺高，則不惟其所妄意者不可得，而理之全體，固已虧於切近細微之中矣。此所以理無大小，而教人者尤欲由其序也。」○集義程子曰：「性命、孝弟只是一統事，就孝弟中便可盡性至命。灑埽、應對、進退，與盡性命亦是一事，無有本末，無有精粗。」○謝氏曰：「古人須要就灑埽、應對、進退上養取誠意出來。」○楊氏曰：「聖人所謂性與天道者，豈嘗離夫灑埽[二]、應對、進退之閒哉？故其始也即此以爲學，其卒也非離此而爲道。」○呂氏曰：「古之童子未冠，爲長者役而其心安焉。蓋古之教養之道必本諸孝弟，孝弟之心雖主於惻隱恭敬之端，孝弟之行常在於灑埽、應對、執事、走趨之際。蓋有血氣者，未有安於事人者也，今使之知長之可敬，甘於僕役而不辭，是所以存其良心，折其敖慢之氣，然後可與進於德矣。」○南軒曰：「小子習於灑埽、應對、進退之事，是之謂小學。由是而致夫知，則存乎其人，是之謂大學。至於充之而盡，亦初不離乎灑埽、應對、進退之閒。若以此爲末，而別求所謂本，則是析本末爲二體，形而上者與形而下者不相管屬，其爲弊蓋有不可勝言者矣。」○黄氏曰：「程子之言精矣，然初學讀之，莫有知其説者。以易考之，其曰『形而上』者，蓋對形而下者言，形非有象之可見，特因下文形而下者而爲文[三]，言器乃形而下，而道則形而上也。形而上則超乎事物之表，專指事物之理而言也。灑埽、應對，事雖至粗，然其所以然者，便是至精之理。其曰『理無大小』者，非以灑埽、應對爲小，形而上者爲大也。蓋不但至大之事方有形而上之理，雖至小之事亦有之，故曰理無大小也。其曰『精義入神』者，蓋言精究事理，極其微妙，以至入神。神者，理之妙而不可測者，今其所精之義至於入神，則義之至精者也，如夫子之言性與天道之類是

[二] 離，原作「進」，各本同，據清呂氏寶誥堂朱子遺書二刻本論語精義卷第十上改。

[三] 特，原作「將」，乾隆本、同治本、薈要本同，據四庫本改。

也。程子引此與灑埽應對之言，蓋以至粗之事，對至精之義也。至精之義與至粗之義固不同，然至粗之事其所以然者，即至精之事也，其曰『是其然，必有所以然』者。然之爲言，猶曰如此。其如此者，謂灑埽應對之節文也；所以如此者，謂有此理而後其節文之著見者如此者。其曰『便可到聖人事』者，蓋灑埽應對雖至小，亦不過由天理之全體而著見於事物之節文。聖人之所以爲聖人者，初不外乎此理，特其事事物物皆由此理，而不勉不思，從容自中耳。然嘗以集注所引程子四段細推之，則首言理無小大，以見事有小大，而理則一也；次言道無精粗，以見學有精粗，而道則一也；又次言是其然，必有所以然，所以發明十二段所以無小大無精粗之意；又次言便可至聖人事，則亦以其所以然而無小大精粗者爲之也，亦足以見編次之意至精而不苟矣。」或曰：「集注又以程子第一條說本章文義爲詳盡者，然乎？」曰：「此亦取其所擇『傳』與『倦』之義爲詳盡耳。然以『先』『後』二字考之，則程子先後以教者所施之次第而言，集注先後以義理之精粗而言，則程子之說又不若集注之說爲當也。」

子夏曰：「仕而優則學，學而優則仕。」優，有餘力也。仕與學，理同而事異，故當其事者，必先有以盡其事，而後可及其餘。然仕而學，則所以資其仕者益深；學而仕，則所以驗其學者益廣。○或問云云。曰：「仕優而學，爲已仕而言也。蓋時必有仕而不學，如原伯魯者，故有是言。學優而仕，爲未仕者言也。蓋未有以明乎修己治人之道，則未可以仕耳。子產於子皮有製錦之譏，而夫子亦說漆雕之對、惡子路之佞，程子以少年登科席勢爲美官爲不幸，其意亦猶是耳。子夏此章，以先後之次推之，其本意蓋如此。而推其餘意，則又以明夫仕優而學，則不免有背公徇私之失；學已優而不仕，則亦未免有愛身忘物之累，當時恐或兼有此意也。」○南軒曰：「大學之道，在明明德，在新民。成己成物，無二致也。古之人學以終其身，故仕優則學，學優則仕，終始於學而無窮也。」○愚案：或問引原伯魯事，出左氏傳昭十八年：「葬曹平公。往者見周原伯魯焉，與語，不説學。以語閔子馬，閔子馬曰：『周其亂乎？夫必多有是説，而後及其大人。大人患失而惑，又曰可以無學。無學不害。不害而不學，則苟而可，於是乎下陵上替，能無亂乎？夫學，殖也。不學將落，原氏其亡乎？』」

子游曰：「喪致乎哀而止。」致極其哀，不尚文飾也。楊氏曰：「『喪，與其易，寧戚』，不若『禮不足而哀有餘』之意。」愚案：「而止」二字，亦微有過於高遠而簡略細微之弊，學者詳之。

子游曰：「吾友張也，爲難能也，然而未仁。」子張行過高，而少誠實惻怛之意。

曾子曰：「堂堂乎張也，難與並爲仁矣。」堂堂，容貌之盛。言其務外自高，不可輔而爲仁，亦不能有以輔人之仁也。○范氏曰：「子張外有餘而內不足，故門人皆不與其爲仁。子曰：『剛毅木訥近仁。』寧外不足而內有餘，庶可以爲仁矣。」○南軒曰：「雖有高明之見，卓絕之行，謂之難能則可，不害其爲未仁也。堂堂氣象，所以爲難與並仁也歟？蓋是道也，須深潛縝密親切篤志而後可以進，故如愚之顏子，聖人許其不違仁，而堂堂之張，曾子以爲難與並爲仁也。」

曾子曰：「吾聞諸夫子：『人未有自致者也，必也親喪乎！』」致，盡其極也，蓋人之真情所不能自已者。○尹氏曰：「親喪固所自盡也，於此不用其誠，惡乎用其誠？」

曾子曰：「吾聞諸夫子：『孟莊子之孝也，其他可能也；其不改父之臣與父之政，是難能也。』」孟莊子，魯大夫，名速。其父獻子，名蔑。獻子有賢德，而莊子能用其臣，守其政。故其他孝行雖有可稱，而皆不若此事之爲難。○或問：「鄧氏之説如何？」曰：「鄧氏之言曰：『獻子歷相三君五十年，魯人謂之社稷之臣，則其臣必賢，其政必善矣。莊子年少嗣立，又與季孫宿同朝，宿父文子忠於公室，宿皆不能守而改之，莊子乃獨能不改其父之臣與父之政，而終身焉，是孔子之所謂難也。』若父之臣與父之政有不善，則是成其父之惡耳，焉得爲孝哉？」

孟氏使陽膚爲士師，問於曾子。曾子曰：「上失其道，民散久矣。如得其情，則哀矜而勿喜。」陽膚，曾子弟子。民散，謂情義乖離，不相維繫。謝氏曰：「民之散也，以使之無道，教之無素。故其犯法也，非迫於不得已，則陷於不知也。故得其情，則哀矜而勿喜。」

子貢曰：「紂之不善，不如是之甚也。是以君子惡居下流，天下之惡皆歸焉。」「惡居」之「惡」，去聲。○下流，地形卑下之處，衆流之所歸。喻人身有汙賤之實，亦惡名之所聚也。子貢言此，欲人常自警省，不可一置其身於不善之地。非謂紂本無罪，而虛被惡名也。

子貢曰：「君子之過也，如日月之食焉。過也，人皆見之；更也，人皆仰之。」更，平聲。

衛公孫朝問於子貢曰：「仲尼焉學？」朝，音潮。焉，於虔反。○公孫朝，衛大夫。**子貢曰：「文武之道，未墜於地，在人。賢者識其大者，不賢者識其小者，莫不有文武之道焉。夫子焉不學？而亦何常師之有？」**識，音志。下焉字，於虔反。○文武之道，謂文王、武王之謨訓功烈，與凡周之禮樂文章，皆是也。在人，言人有能記之者。識，記也。○又曰：「此言未墜落於地，而猶在人耳。賢者則能記其道之大者，不賢者則能記其道之小者，皆有文武之道，夫子皆師之也。」○或問：「何以言文武之道爲周之禮樂也？」曰：「此固好高者之所不樂聞，然其文意不過如此，以未墜在人之云者考之，則可見矣。若曰道無適而非，唯所取而得，則又何時墜地，且何必賢者識其大者，不賢者識其小者，而後得師邪？此所謂人，正謂老聃、萇弘、郯子、師襄之儔耳。若入大廟而每事問焉，則廟之祝史，亦一師也。大率近世學者，習於老佛之言[二]，皆有厭薄事實、貪鶩高遠之意，故其説常如此，不可以不戒也。然彼所謂無適而非者，亦豈離於文章禮樂之閒哉？但子貢本意，則正指其事實而言，不如是之空虛恍惚而無所據也。」○南軒曰：「文武之道，謂國家之制度典章在當時猶有存者，未至盡泯也。在人所識何如，賢者則識其大者，不賢者則識其小者，至如鄉黨之閒，其冠昏喪祭、日用飲食，亦習乎其教而不自知也。然則夫子焉往而非學？惟

[二] 之，原作「佛」，各本同，據宋福州學官刻元修本西山讀書記甲集二十六改。

善之主，而初無常師也。此其所以能集文武之道而極其大全與？」

叔孫武叔語大夫於朝，曰：「子貢賢於仲尼。」語，去聲。朝，音潮。○武叔，魯大夫，名州仇。**子服景伯以告子貢。子貢曰：「譬之宮牆，賜之牆也及肩，窺見室家之好。**牆卑室淺。**夫子之牆數仞，不得其門而入，不見宗廟之美、百官之富。**八尺曰仞。不入其門，則不見其中之所有，言牆高而宮廣也。**得其門者或寡矣。夫子之云，不亦宜乎！」**此夫子，指武叔。○黄氏曰：「叔孫武叔以子貢賢於仲尼，子禽亦以仲尼豈賢於子貢，自今觀之，則二人之識見固謬矣[一]，然其敢於爲此論者，亦豈無説？且其所謂子貢之賢者，何也？物之廣博者，其藏蓄也必高厚，其中狹小，則其外必卑薄，此理之自然，非其故爲是高厚、卑薄之殊也。人之常情，有如是之力量，然後有如是之見識，故處下者不足以窺高，而淺近易見，則人情之所共喜也，豈惟宮牆爲然哉？雨露之澤物，人皆知其爲功，而元氣之密運，則人莫得而窺其際也。子貢三稱夫子，一稱宮牆、一稱日月、一以天喻，其論愈精，此子貢之所以爲達也。」

叔孫武叔毁仲尼。子貢曰：「無以爲也，仲尼不可毁也。他人之賢者，丘陵也，猶可踰也；仲尼，日月也，無得而踰焉。人雖欲自絶，其何傷於日月乎？多見其不知量

[一] 二，原作「三」，各本同，據宋福州學官刻元修本西山讀書記甲集二十七改。

也。」量，去聲。○無以爲，猶言無用爲此。土高曰丘，大阜曰陵。日月，喻其至高。自絶，謂以謗毁自絶於孔子。多，與祇同，適也。不知量，謂不自知其分量。○南軒曰：「子貢善喻，如宫牆、日月之類，皆可謂切矣。丘陵固可踰，泰山雖高，然猶有可踰之理，至於日月之行天，則孰得而踰之哉？人之議日月者，初無損於日月之明，徒自絶於日月而已矣。」

陳子禽謂子貢曰：「子爲恭也，仲尼豈賢於子乎？」爲恭，謂爲恭敬推遜其師也。**子貢曰：「君子一言以爲知，一言以爲不知，言不可不慎也。**知，去聲。○責子禽不謹言。**夫子之不可及也，猶天之不可階而升也。**階，梯也。大可爲也，化不可爲也，故曰不可階而升。**夫子之得邦家者，所謂立之斯立，道之斯行，綏之斯來，動之斯和。其生也榮，其死也哀。如之何其可及也？」**道，去聲。○立之，謂植其生也。道，引也，謂教之也。行，從也。綏，安也。來，歸附也。動，謂鼓舞之也。和，所謂於變時雍，言其感應之妙，神速如此。榮，謂莫不尊親。哀，則如喪考妣。程子曰：「此聖人之神化，上下與天地同流者也。」○謝氏曰：「觀子貢稱聖人語，乃知晚年進德，蓋極於高遠也。夫子之得邦家者，其鼓舞羣動，捷於桴鼓影響。人雖見其變化，而莫窺其所以變化也。蓋不離於聖，而有不可知者存焉，此殆難以思勉及也。」○南軒曰：「子貢以日月喻聖人之不可踰矣，復以天之不可階升喻聖人之不可及，尤爲切至也。蓋大而化之，非復思勉所及，學者至此，無所用其力，是豈不猶天之不可階而升乎？所謂『立之斯立，道之斯行，綏之斯來，動之斯和』，不疾而速，不行而至，惟天下至誠，感無不通也。『其生也榮，其死也哀』，民心戴之如天，親之如父母也。子貢知足知此，其所造抑深矣。」○黄氏曰：「子禽之問，見於論語者凡三：於夫子聞政，則疑其有所求；於伯魚，則疑夫子之私其子；於此章，則又疑子貢之賢於仲尼。其爲人粗率而淺陋可知。一言之善，則可以爲知；一言之不善，則遂爲不知。知與不知，係於一言之閒，此言之不可不謹也。由志學而立，由立而不惑，由可欲而有諸己，由有諸己而充實，皆可以階而升。至於知天命，有光輝，已非有階級可漸次而進。若夫耳順，不踰矩，化而不可知，則德盛仁熟，莫知其所以然而然，但見仰之高，鑽之堅，瞻之在前，忽焉在後，是豈得而階升也哉？立之、道之、綏之、動之，皆聖人政化之施；斯立、斯行、斯來、斯和，皆天下感動之速。榮謂賴之以生，故以爲榮；哀謂失其所依，故爲之哀戚。子貢之稱夫子者如此！」或曰：「子貢知足以知聖人，今乃不言其德，而稱其得邦家之效，何也？」曰：「天之德，不可形容，即其感人而見其神化之速。天下之理，實大則聲宏，本深而木茂，感動之淺深遲速，未有不視其德之所至者也。聖人道全德備，高明博厚，則其感於物者如此，因其感於物以反觀聖人之道，豈不曉然而易見也哉？此子貢之所以爲善言聖人也。」

堯曰第二十　凡三章。

堯曰：「咨，爾舜！天之曆數在爾躬，允執其中。四海困窮，天禄永終。」此堯命舜，而禪以帝位之辭。咨，嗟歎聲。曆數，帝王相繼之次第，猶歲時氣節之先後也。允，信也。中者，無過不及之名。四海之人困窮，則君祿亦永絕矣，戒之也。**舜亦以命禹。**舜後遜位於禹，亦以此辭命之。今見於虞書大禹謨，比此加詳。**曰：「予小子履，敢用玄牡，敢昭告於皇皇后帝：有罪不敢赦，帝臣不蔽，簡在帝心。朕躬有罪，無以萬方；萬方有罪，罪在朕躬。」**此引商書湯誥之辭。蓋湯既放桀而告諸侯也。與書文大同小異。「曰」上當有「湯」字。履，蓋湯名。用玄牡，夏尚黑，未變其禮也。簡，閱也。言桀有罪，己不敢赦；而天下賢人，皆上帝之臣，己不敢蔽。簡在帝心，惟帝所命。此述其初請命而伐桀之辭也。又言君有罪非民所致，民有罪實君所爲，見其厚於責己薄於責人之意。此其告諸侯之辭也。**周有大賚，善人是富。**賚，來代反。○此以下述武王事。賚，予也。武王克商，大賚于四海，見周書武成篇。此言其所富者，皆善人也。詩序云「賚，所以錫予善人」，蓋本於此。**「雖有周親，不如仁人。百姓有過，在予一人。」**此周書泰誓之辭。孔氏曰：「周，至也。言紂至親雖多，不如周家之多仁人。」**謹權量，審法度，脩廢官，四方之政行焉。**權，稱錘也。量，斗斛也。法度，禮樂制度皆是也。**興滅國，繼絕世，舉逸民，天下之民歸心焉。**興滅、繼絕，謂封黃帝、堯、舜、夏、商之後。舉逸民，謂釋箕子之囚，復商容之位。三者皆人心之所欲也。**所重：民、食、喪、祭。**武成曰：「重民五教，惟食、喪、祭。」**寬則得衆，信則民任焉，敏則有功，公則說。**說，音悅。○此於武王之事無所見，恐或泛言帝王之道也。○楊氏曰：「論語之書，皆聖人微言，而其徒傳守之，以明斯道者也。故於終篇，具載堯舜咨命之言，湯武誓師之意，與夫施諸政事者。以明聖學之所傳者，一於是而已，所以著明二十篇之大旨也。孟子於終篇，亦歷序堯、舜、湯、文、孔子相承之次，皆此意也。」○南軒曰：「此篇所載帝王之事，孔子之所常言，門人列於末章，所以示後世之大法也。」○黄氏曰：「論語末篇，歷序堯、舜、禹、湯、武王相傳之道，而先之以執中，可謂得其要矣。至其下，乃泛及於賞善罰惡、責己恕人、大綱小紀、本數末度，無不具舉者，蓋帝王之道，初無精粗，惟其合於天理，當於人心者，是其所以爲道也。所謂執中者，正以其事事物物無適而非中也，是豈空虚無據而可謂之中乎？知此然後知聖賢相傳之道，無非實理，非若老釋空無之謂也。」

子張問於孔子曰：「何如斯可以從政矣？」子曰：「尊五美，屏四惡，斯可以從政矣。」子張曰：「何謂五美？」子曰：「君子惠而不費，勞而不怨，欲而不貪，泰而不驕，威而不猛。」費，芳味反。子張曰：「何謂惠而不費？」子曰：「因民之所利而利之，斯不亦惠而不費乎？擇可勞而勞之，又誰怨？欲仁而得仁，又焉貪？君子無衆寡，無小大，無敢慢，斯不亦泰而不驕乎？君子正其衣冠，尊其瞻視，儼然人望而畏之，斯不亦威而不猛乎？」焉，於虔反。子張曰：「何謂四惡？」子曰：「不教而殺謂之虐；不戒視成謂之暴；慢令致期謂之賊；猶之與人也，出納之吝，謂之有司。」出，去聲。○

虐，謂殘酷不仁。暴，謂卒遽無序。致期，刻期也。賊者，切害之意。緩於前而急於後，以誤其民，而必刑之，是賊害之也。猶之，猶言均之也。均之以物與人，而於其出納之際，乃或吝而不果，則是有司之事，而非爲政之體。所與雖多，人亦不懷其惠矣。項羽使人，有功當封，刻印刓，忍弗能予，卒以取敗，亦其驗也。○尹氏曰：「告問政者多矣，未有如此之備者也。故記之以繼帝王之治，則夫子之爲政可知也。」

子曰：「不知命，無以爲君子也。程子曰：「知命者，知有命而信之也。人不知命，則見害必避，見利必趨，何以爲君子？」○胡氏曰：「一定而不易者，命也。人不知命，常求其所不可得，避其所不可免，所以徒喪所守，而爲小人也。」○南軒曰：「此所謂命，謂窮達得喪之有定也。不知命，則將儌倖而苟且，何以爲君子乎？知命則志定，然後其所當爲者，可得而爲矣。」**不知禮，無以立也。**不知禮，則耳目無所加，手足無所措。**不知言，無以知人也。」**言之得失，可以知人之邪正。○尹氏曰：「知斯三者，則君子之事備矣。弟子記此以終篇，得無意乎？學者少而讀之，老而不知一言爲可用，不幾於侮聖言者乎？夫子之罪人也，可不念哉？」

論語集編卷第十

朱子集注孟子序説

史記列傳曰：「孟軻，趙氏曰：「孟子，魯公族孟孫之後。」漢書注云：「字子車。」一説字子輿。騶人也。騶，亦作鄒，本邾國也。受業子思之門人。子思，孔子之孫，名伋。索隱云：「王劭以『人』爲衍字。」而趙氏注及孔叢子等書亦皆云：「孟子親受業於子思。」未知是否。道既通，趙氏曰：「孟子通五經，尤長於詩、書。」程子曰：「孟子曰：『可以仕則仕，可以止則止，可以久則久，可以速則速。』『孔子，聖之時者也。』故知易者莫如孟子。孟子又曰：『王者之迹熄而詩亡，詩亡然後春秋作。』又曰：『春秋無義戰。』又曰：『春秋，天子之事。』故知春秋莫如孟子。」尹氏曰：「以此而言，則趙氏謂孟子長於詩、書而已，豈知孟子哉？」游事齊宣王，宣王不能用。適梁，梁惠王不果所言，則見以爲迂遠而闊於事情。按史記，梁惠王之三十五年乙酉，孟子始至梁。其後二十三年，當齊湣王之十年丁未，齊人伐燕，而孟子在齊。故古史謂孟子先事齊宣王，後乃見梁惠王、襄王，齊湣王。獨孟子以伐燕爲宣王時事，與史記、荀子等書皆不合。而通鑑以伐燕之歲，爲宣王十九年，則是孟子先游梁而後至齊見宣王矣。然考異亦無他據，又未知孰是也。當是之時，秦用商鞅，楚魏用吴起，齊用孫子、田忌，天下方務於合從連衡，以攻伐爲賢。而孟軻乃述唐、虞、三代之德，是以所如者不合。退而與萬章之徒序詩書，述仲尼之意，作孟子七篇。」趙氏曰：「凡二百六十一章，三萬四千六百八十五字。」韓子曰：「孟軻之書，非軻自著。軻既没，其徒萬章、公孫丑相與記軻所言焉耳。」愚按：二説不同，史記近是。

韓子曰：「堯以是傳之舜，舜以是傳之禹，禹以是傳之湯，湯以是傳之文、武、周公，文、武、周公傳之孔子，孔子傳之孟軻，軻之死不得其傳焉。荀與揚也，擇焉而不精，語焉而不詳。」程子曰：「韓子此語，非是蹈襲前人，又非鑿空撰出，必有所見。若無所見，不知言所傳者何事。」○又曰：「孟氏醇乎醇者也。荀與揚，大醇而小疵。」程子曰：「韓子論孟子甚善，非見得孟子意，亦道不到。其論荀、揚則非也。荀子極偏駁，只一句性惡，大本已失。揚子雖少過，然亦不識性，更説甚道。」○又曰：「孔子之道大而能博，門弟子不能徧觀而盡識也，故學焉而皆得其性之所近。其後離散，分處諸侯之國，又各以其所能授弟子，源遠而末益分。惟孟軻師子思，而子思之學出於曾子。自孔子没，獨孟軻氏之傳得其宗。故求觀聖人之道者，必自孟子始。」程子曰：「孔子言『參也魯』。然顔子没後，終得聖人之道者，曾子也。觀其啓手足時之言，可以見矣。所傳者子思、孟子，皆其學也。」○又曰：「揚子雲曰：『古者楊墨塞路，孟子辭而闢之，廓如也。』夫楊墨行，正道廢。孟子雖賢聖，不得位。空言無施，雖切何補？然賴其言，而今之學者尚知宗孔氏，崇仁義，貴王賤霸而已。其大經大法，皆亡滅而不救，壞爛而不收。所謂存十一於千百，安在其能廓如也？然向無孟氏，則皆服左衽而言侏離矣。故愈嘗推尊孟氏，以爲功不在禹下者，爲此也。」

或問於程子曰：「孟子還可謂聖人否？」程子曰：「未敢便道他是聖人，然學已到至處。」愚案：「至」字恐當作「聖」字。○程子又曰：「孟子有功於聖門，不可勝言。仲尼只説一箇仁，孟子開口便説仁義；仲尼只説一箇志，孟子便説許多養氣出來。只此二字，其功甚多。」○又曰：「孟子有大功於世，以其言性善也。」○又曰：「孟子性善、養氣之論，皆前聖所未發。」○又曰：「學者全要識時。若不識時，不足以言學。顏子陋巷自樂，以有孔子在焉。若孟子之時，世既無人，安可不以道自任？」○又曰：「孟子有些英氣。才有英氣，便有圭角，英氣甚害事。如顏子便渾厚不同，顏子去聖人只豪髮閒。孟子大賢，亞聖之次也。」或曰：「英氣見於甚處？」曰：「但以孔子之言比之，便可見。且如冰與水晶非不光，比之玉，自是有温潤含蓄氣象，無許多光耀也。」

楊氏曰：「孟子一書，只是要正人心，教人存心養性，收其放心。至論仁、義、禮、智，則以惻隱、羞惡、辭讓、是非之心爲之端。論邪説之害，則曰：『生於其心，害於其政。』論事君，則曰『格君心之非』『一正君而國定』。千變萬化，只説從心上來。人能正心，則事無足爲者矣。大學之脩身、齊家、治國、平天下，其本只是正心、誠意而已。心得其正，然後知性之善。故孟子遇人便道性善。歐陽永叔却言『聖人之教人，性非所先』，可謂誤矣。人性上不可添一物，堯舜所以爲萬世法，亦是率性而已。所謂率性，循天理是也。外邊用計用數，假饒立得功業，只是人欲之私，與聖賢作處，天地懸隔。」

孟子集編卷第一

梁惠王章句上 凡七章。

孟子見梁惠王。梁惠王，魏侯罃也，都大梁，僭稱王，謚曰惠。史記：「惠王三十五年，卑禮厚幣以招賢者，而孟軻至梁。」王曰：「叟不遠千里而來，亦將有以利吾國乎？」孟子對曰：「王何必曰利？亦有仁義而已矣。仁者，心之德，愛之理；義者，心之制，事之宜也。王曰『何以利吾國』？大夫曰『何以利吾家』？士庶人曰『何以利吾身』？上下交征利而國危矣。萬乘之國弒其君者，必千乘之家；千乘之國弒其君者，必百乘之家。萬取千焉，千取百焉，不爲不多矣。苟爲後義而先利，不奪不饜。乘，去聲。饜，於豔反。○此言求利之害，以明上文「何必曰利」之意也。征，取也。上取乎下，下取乎上，故曰交征。國危，謂將有弒奪之禍。乘，車數也。萬乘之國者，天子畿内地方千里，出車萬乘。千乘之家者，天子之公卿，采地方百里，出車千乘也。千乘之國，諸侯之國。百乘之家，諸侯之大夫也。弒，下殺上也。饜，足也。言臣之於君，每十分而取其一分，亦已多矣。若又以義爲後而以利爲先，則不弒其君而盡奪之，其心未肯以爲足也。**未有仁而遺其親者也，未有義而後其君者也。**此言仁義未嘗不利，以明上文「亦有仁義而已」之意也。遺，猶棄也。後，不急也。言仁者必愛其親，義者必急其君。故人君躬行仁義而無求利之心，則其下化之，自親戴於己也。**王亦曰仁義而已矣，何必曰利？」**重言之，以結上文兩節之意。○此章言仁義根於人心之固有，天理之公也；利心生於物我之相形，人欲之私也。循天理，則不求利而自無不利；循人欲，則求利未得而害已隨之。所謂豪釐之差，千里之繆。此孟子之書所以造端託始之深意，學者所宜精察而明辨也。○或問：「人之所以爲性者五，而獨舉仁義，何也？」曰：「天地之所以生物者，不過乎陰陽五行，實一陰陽也。故人之所以爲性者，雖有仁義禮智信之殊，然曰仁義，則其大端已舉矣。」曰：「然則其或主於愛，或主於宜，而所施亦有君親之不同，何也？」曰：「仁者人也，其發則專主於愛，而愛莫切於愛親，故人仁則必不遺其親矣；義者宜也，其發則事皆得其宜，而所宜者莫大於尊君，故人義則必不後其君矣。」曰：「子謂仁義未嘗不利，則是所謂仁義者，乃所以爲求利之資乎？」曰：「不然也。仁義，天理之自然也，居仁由義，循天理而不得不然也。然仁義得於此，則君臣父子之閒，以至於天下之事，自然無一物之不得其所者，而初非有求利之心也。易所謂『利者義之和』者，正謂此爾。」曰：「然則孟子何不以是爲言也？」曰：「仁義固無不利矣，然以是爲言，則人之爲仁義也，不免有求利之心焉，一有求利之心，則利不可得而害至矣，此孟子所以拔本塞源而救其弊也。」○「心之制」，亦是就義之全體處説；「事之宜」，是千條萬緒各有所宜處説。事之宜非是就在外之事説，看甚麽事來，這裏面便有箇宜處，這便是義。○問：「『心之德，愛之理』，俱以體言；『心之制，事之宜』，俱以用言否？」曰：「『心之德』是渾淪說，『愛之理』方說到親切處。『心之制』却是說義之體，程子所謂『處物爲義』是也。揚雄言『義以宜之』，韓愈言『行而宜之之謂義』，若以義爲宜，則義有在外意思。須知程子言『處物爲義』者，在心而非外也。」○「所謂『事之宜』，方是指那事物當然之理，未說到處置合宜處。○所謂「事之宜」，雖若在外，然所以制其宜，則在心也。○聖賢之言，所以要辨別教分明，但只要向義邊一直去，更不通商量第二著。譏說義乃所以爲利，固是義有大利存焉，若行義時便說道有利，則是心便傾邪向那邊去，故孟子云云。董仲舒亦分明說「不謀其利，不計其功」。○孟子七篇，以仁義爲首，此造端託始之深意也。伊川有曰：「孔子言仁，未嘗兼義，獨於易曰『立人之道曰仁與義』。而孟子言仁必以義配，可謂有功於聖門矣。」○又曰：「孟子初見梁惠王，惠王首以利國爲問，蓋自春秋至於戰國，先王之道不明，人心陷溺，惟知有利而已。孟子將以攻其邪心，故直告之曰：『王何必曰利？亦有仁義而已矣。』仁者，本心之全德；義者，當然之正理。爲國者當躬行仁義於上，不可以利爲心。若王欲自利其國，則大夫亦欲利其家，士庶人亦欲利其身，上下争相求利，國安得不危？蓋以仁義爲本，是導民於理也；以利爲尚，是導民於欲也。理明則尊卑上下之分定，不然，凡有血氣者，皆思自足其欲，非盡攘上之所有不已也。於是簒弑之事興，其害有不勝計者。吁，可畏哉！故重言之曰：『王何必曰利？亦有仁義而已矣。』大學末章論天下之平曰：『國以義爲利，而不以利爲利。』推言求利之弊，至菑害並至，雖有善者，亦末如之何

也矣。」衍義

孟子見梁惠王。王立於沼上，顧鴻鴈麋鹿，曰：「賢者亦樂此乎？」樂，音洛，篇內同。○沼，池也。鴻，鴈之大者。麋，鹿之大者。孟子對曰：「賢者而後樂此，不賢者雖有此，不樂也。此一章之大指。詩云：『經始靈臺，經之營之。庶民攻之，不日成之。經始勿亟，庶民子來。王在靈囿，麀鹿攸伏。麀鹿濯濯，白鳥鶴鶴。王在靈沼，於牣魚躍。』文王以民力爲臺爲沼，而民歡樂之，謂其臺曰靈臺，謂其沼曰靈沼，樂其有麋鹿魚鼈。古之人與民偕樂，故能樂也。亟，音棘。麀，音憂。鶴，詩作「翯」，户角反。於，音烏。○此引詩而釋之，以明「賢者而後樂此」之意。詩，大雅靈臺之篇。經，量度也。靈臺，文王臺名也。營，謀爲也。攻，治也。不日，不終日也。亟，速也。言文王戒以勿亟也。子來，如子來趨父事也。靈囿、靈沼，臺下有囿，囿中有沼也。麀，牝鹿也。伏，安其所，不驚動也。濯濯，肥澤貌。鶴鶴，潔白貌。於，歎美辭。牣，滿也。孟子言文王雖用民力，而民反歡樂之，既加以美名，而又樂其所有。蓋由文王能愛其民，故民樂其樂，而文王亦得以享其樂也。湯誓曰：『時日害喪？予及女偕亡。』民欲與之偕亡，雖有臺池鳥獸，豈能獨樂哉？」害，音曷。喪，去聲。女，音汝。○此引書而釋之，以明「不賢者雖有此，不樂」之意也。湯誓，商書篇名。時，是也。日，指夏桀。害，何也。桀嘗自言：「吾有天下，如天之有日，日亡吾乃亡耳。」民怨其虐，故因其自言而目之曰：「此日何時亡乎？若亡，則我寧與之俱亡。」蓋欲其亡之甚也。孟子引此，以明君獨樂而不恤其民，則民怨之而不能保其樂也。

梁惠王曰：「寡人之於國也，盡心焉耳矣。河内凶，則移其民於河東，移其粟於河内，河東凶亦然。察鄰國之政，無如寡人之用心者。鄰國之民不加少，寡人之民不加多，何也？」 寡人，諸侯自称，言寡德之人也。河内、河東，皆魏地。凶，歲不熟也。移民以就食，移粟以給其老稚之不能移者。 **孟子對曰：「王好戰，請以戰喻。填然鼓之，兵刃既接，棄甲曳兵而走，或百步而後止，或五十步而後止。以五十步笑百步，則何如？」曰：「不可。直不百步耳，是亦走也。」曰：「王如知此，則無望民之多於鄰國也。** 好，去聲。填，音田。○填，鼓音也。兵以鼓進，以金退。直，猶但也。言此以譬鄰國不恤其民，惠王能行小惠，然皆不能行王道以養其民，不可以此而笑彼也。楊氏曰：「移民移粟，荒政之所不廢也。然不能行先王之道，而徒以是爲盡心焉，則末矣。」 **不違農時，穀不可勝食也；數罟不入洿池，魚鼈不可勝食也；斧斤以時入山林，材木不可勝用也。穀與魚鼈不可勝食，材木不可勝用，是使民養生喪死無憾也。養生喪死無憾，王道之始也。** 勝，音升。數，音促。罟，音古。洿，音烏。○農時，謂春耕夏耘秋收之時。凡有興作，不違此時，至冬乃役之也。不可勝食，言多也。數，密也。罟，網也。洿，窊下之地，水所聚也。古者網罟必用四寸之目，魚不滿尺，市不得鬻，人不得食。山林川澤，與民共之，而有厲禁。草木零落，然後斧斤入焉。此皆爲治之初，法制未備，且因天地自然之利，而撙節愛養之事也。然飲食宮室所以養生，祭祀棺槨所以送死，皆民所急而不可無者。今皆有以資之，則人無所恨矣。王道以得民心爲本，故以此爲王道之始。

五畝之宅，樹之以桑，五十者可以衣帛矣；雞豚狗彘之畜，無失其時，七十者可以食肉矣；百畝之田，勿奪其時，數口之家可以無飢矣；謹庠序之教，申之以孝悌之義，頒白者不負戴於道路矣。七十者衣帛食肉，黎民不飢不寒，然而不王者，未之有也。

衣，去聲。畜，敕六反。數，去聲。王，去聲。凡有天下者人稱之曰王，則平聲；據其身臨天下而言曰王，則去聲。後皆放此。〇五畝之宅，一夫所受，二畝半在田，二畝半在邑。田中不得有木，恐妨五穀，故於牆下植桑以供蠶事。五十始衰，非帛不暖，未五十者不得衣也。畜，養也。時，謂孕字之時，如孟春犧牲毋用牝之類也。七十非肉不飽，未七十者不得食也。百畝之田，亦一夫所受。至此則經界正，井地均，無不受田之家矣。庠、序，皆學名也。申，重也，丁寧反覆之意。善事父母爲孝，善事兄長爲悌。頒，與斑同，老人頭半白黑者也。負，任在背。戴，任在首。夫民衣食不足，則不暇治禮義；而飽暖無教，則又近於禽獸。故既富而教以孝悌，則人知愛親敬長而代其勞，不使之負戴於道路矣。衣帛食肉但言七十，舉重以見輕也。黎，黑也。黎民，黑髮之人，猶秦言黔首也。少壯之人，雖不得衣帛食肉，然亦不至於飢寒也。此言盡法制品節之詳，極財成輔相之道，以左右民，是王道之成也。**狗彘食人食而不知檢，塗有餓莩而不知發；人死，則曰『非我也，歲也』。是何異於刺人而殺之，曰『非我也，兵也』？王無罪歲，斯天下之民至焉。」**莩，平表反。刺，七亦反。○檢，制也。莩，餓死人也。發，發倉廩以賑貸也。歲，謂歲之豐凶也。惠王不能制民之産，又使狗彘得以食人之食，則與先王制度品節之意異矣。至於民飢而死，猶不知發，則其所移特民間之粟而已。乃以民不加多，歸罪於歲凶，是知刃之殺人，而不知操刃者之殺人也。不罪歲，則必能自反而益修其政。天下之民至焉，則不但多於鄰國而已。○程子曰：「孟子之論王道，不過如此，可謂實矣。」又曰：「孔子之時，周室雖微，天下猶知尊周之爲義，故春秋以尊周爲本。至孟子時，七國争雄，天下不復知有周，而生民之塗炭已極。當是時，諸侯能行王道，則可以王矣。此孟子所以勸齊梁之君也。蓋王者，天下之義主也。聖賢亦何心哉？觀天命之改與未改耳。」

梁惠王曰：「寡人願安承教。」承上章言願安意以受教。**孟子對曰：「殺人以梃與刃，有以異乎？」曰：「無以異也。」**梃，徒頂反。○梃，杖也。**「以刃與政，有以異乎？」曰：「無以異也。」**孟子又問而王答也。**曰：「庖有肥肉，廄有肥馬，民有飢色，野有餓莩，此率獸而食人也。**厚斂於民以養禽獸，而使民飢以死，則無異於驅獸以食人矣。**獸相食，且人惡之。爲民父母，行政不免於率獸而食人，惡在其爲民父母也？**「惡之」之「惡」，去聲。「惡在」之「惡」，平聲。○君者，民之父母也。惡在，猶言何在也。**仲尼曰：『始作俑者，其無後乎！』爲其象人而用之也。如之何其使斯民飢而死也？」**俑，音勇。爲，去聲。○俑，從葬木偶人也。古之葬者，束草爲人，以爲從衛，謂之芻靈，略似人形而已。中古易之以俑，則有面目機發，而太似人矣。故孔子惡其不仁，而言其必無後也。孟子言此作俑者，但用象人以葬，孔子猶惡之，況實使民飢而死乎？○李氏曰：「爲人君者，固未嘗有率獸食人之心。然徇一己之欲，而不恤其民，則其流必至於此。故以爲民父母告之。夫父母之於子，爲之就利避害，未嘗頃刻而忘於懷，何至視之不如犬馬乎？」

梁惠王曰：「晉國，天下莫强焉，叟之所知也。及寡人之身，東敗於齊，長子死焉；西喪地於秦七百里；南辱於楚。寡人恥之，願比死者一洒之，如之何則可？」長，上聲。喪，去聲。比，必二反。洒，與「洗」同。○魏本晉大夫魏斯，與韓氏、趙氏共分晉地，號曰三晉。故惠王猶自謂晉國。惠王三十年，齊擊魏，破其軍，擄太子申。十七年，秦取魏少梁，後魏又數獻地於秦。又與楚將昭陽戰，敗，亡其七邑。比，猶爲也。言欲爲死者雪其恥也。**孟子對曰：「地方百里而可以王。**百里，小國也，然能行仁政，則天下之民歸之矣。**王如施仁政於民，省刑罰，薄稅斂，深耕易耨。壯者以暇日脩其孝悌忠信，入以事其父兄，出以事其長上，可使制梃以撻秦楚之堅甲利兵矣。**省，所梗反。斂、易，皆去聲。耨，奴豆反。長，上聲。○省刑罰，薄税斂，此二者仁政之大目也。易，治也。耨，耘也。盡己之謂忠，以實之謂信。君行仁政，則民得盡力於農畝，而又有暇日以修禮義，是以尊君親上而樂於效死也。**彼奪其民時，使不得耕耨以養其父母，父母凍餓，兄弟妻子離散。**養，去聲。○彼，謂敵國也。**彼陷溺其民，王往而征之，夫誰與王敵？**夫，音扶。○陷，陷於阱；溺，溺於水，暴虐之意。征，正也。以彼暴虐其民，而率吾尊君親上之民往正其罪。彼民方怨其上而樂歸於我，則誰與我爲敵哉？**故曰：『仁者無敵。』王請勿疑！**」「仁者無敵」，蓋古語也。百里可王，以此而已。恐王疑其迂濶，故勉使勿疑也。○孔氏曰：「惠王之志在於報怨，孟子之論在於救民。所謂唯天吏則可以伐之，蓋孟子之本意。」

孟子見梁襄王。襄王，惠王子，名赫。**出，語人曰：「望之不似人君，就之而不見所畏焉。卒然問曰：『天下惡乎定？』吾對曰：『定于一。』**語，去聲。卒，七没反。惡，平聲。○語，告也。不似人君，不見可畏，言其無威儀也。卒然，急遽之貌。蓋容貌辭氣，乃德之符。其外如此，則其中之所存者可知。王問列國分争，天下當何所定。孟子對以必合于一，然後定也。**『孰能一之？』**王問也。**對曰：『不嗜殺人者能一之。』**嗜，甘也。**『孰能與之？』**王復問也。與，猶歸也。**對曰：『天下莫不與也。王知夫苗乎？七八月之間旱，則苗槁矣。天油然作雲，沛然下雨，則苗浡然興之矣。其如是，孰能禦之？今夫天下之人牧，未有不**

嗜殺人者也，如有不嗜殺人者，則天下之民皆引領而望之矣。誠如是也，民歸之，由水之就下，沛然誰能禦之？』」夫，音扶。浡，音勃。由，當作「猶」，古字借用，後多放此。○周七八月，夏五六月也。油然，雲盛貌。沛然，雨盛貌。浡然，興起貌。禦，禁止也。人牧，謂牧民之君也。領，頸也。蓋好生惡死，人心所同。故人君不嗜殺人，則天下悦而歸之。○蘇氏曰：「孟子之言，非苟爲大而已。然不深原其意而詳究其實，未有不以爲迂者矣。予觀孟子以來，自漢高祖及光武及唐太宗及我宋太祖皇帝，能一天下者四君，皆以不嗜殺人致之。其餘殺人愈多，而天下愈亂。秦晉及隋，力能合之，而好殺不已，故或合而復分，或遂以亡國。孟子之言，豈偶然而已哉？」

齊宣王問曰：「齊桓、晉文之事可得聞乎？」齊宣王，姓田氏，名辟疆，諸侯僭稱王也。齊桓公、晉文公，皆霸諸侯者。孟子對曰：「仲尼之徒無道桓文之事者，是以後世無傳焉。臣未之聞也。無以，則王乎？」道，言也。董子曰：「仲尼之門，五尺童子羞稱五伯，爲其先詐力而後仁義也。」亦此意也。「以」「已」通用。無已，必欲言之而不止也。王，謂王天下之道。曰：「德何如，則可以王矣？」曰：「保民而王，莫之能禦也。」保，愛護也。曰：「若寡人者，可以保民乎哉？」曰：「可。」曰：「何由知吾可也？」曰：「臣聞之胡齕曰，王坐於堂上，有牽牛而過堂下者，王見之，曰：『牛何之？』對曰：『將以釁鍾。』王曰：

『舍之。吾不忍其觳觫，若無罪而就死地。』對曰：『然則廢釁鍾與？』曰：『何可廢也？以羊易之。』不識有諸？」齕，音核。舍，上聲。觳，音斛。觫，音速。與，平聲。○胡齕，齊臣也。釁鍾，新鑄鍾成，而殺牲取血以塗其釁郄也。觳觫，恐懼貌。孟子述所聞胡齕之語而問王，不知果有此事否？曰：「有之。」曰：「是心足以王矣。百姓皆以王爲愛也，臣固知王之不忍也。」王見牛之觳觫而不忍殺，即所謂惻隱之心，仁之端也。擴而充之，則可以保四海矣。故孟子指而言之，欲王察識於此而擴充之也。愛，猶吝也。王曰：「然。誠有百姓者。齊國雖褊小，吾何愛一牛？即不忍其觳觫，若無罪而就死地，故以羊易之也。」言以羊易牛，其迹似吝，實有如百姓所譏者。然我之心不如是也。曰：「王無異於百姓之以王爲愛也。以小易大，彼惡知之？王若隱其無罪而就死地，則牛羊何擇焉？」王笑曰：「是誠何心哉？我非愛其財，而易之以羊也。宜乎百姓之謂我愛也。」惡，平聲。○異，怪也。隱，痛也。擇，猶分也。言牛羊皆無罪而死，何所分別而以羊易牛乎？孟子故設此難，欲王反求而得其本心。王不能然，故卒無以自解於百姓之言也。曰：「無傷也，是乃仁術也，見牛未見羊也。君子之於禽獸也，見其生，不忍見其死；聞其聲，不忍食其肉。是以君子遠庖廚也。」遠，去聲。○術，謂法之巧者。蓋殺牛既所不忍，釁鍾又不可廢，於此無以處之，則此心雖發而終不得施矣。然見牛則此心已發而不可遏，未見羊則其理未形而無所妨。故以羊易牛，則二者得以兩全而無害，此所以爲仁之術也。聲，謂將死而哀鳴也。蓋人之於禽獸，同生而異類。故用之以禮，而不忍之心施於見聞之所及。其所以必遠庖廚者，亦以預養是心，而廣爲仁之術也。王說，曰：「詩云：『他人有心，予忖度之。』夫子之謂也。夫我乃行之，反而求之，不得吾心。夫子言之，於我心有戚戚焉。此心之所以合於王者，何也？」說，音悅。忖，七本反。度，待洛反。○戚戚，心動貌。王因孟子之言，而前日之心復萌，乃知此心不從外得，然猶未知所以反其本而推之也。曰：「有復於王者曰：『吾力足以舉百鈞，而不足以舉一羽；明足以察秋毫之末，而不見輿薪。』則王許之乎？」曰：「否。」「今恩足以及禽獸，而功不至於百姓者，獨何與？然則一羽之不舉，爲不用力焉；輿薪之不見，爲不用明焉；百姓之不見保，爲不用恩焉。故王之不王，不爲也，非不能也。」與，平聲。「爲不」之「爲」，去聲。○復，白也。鈞，三十斤。百鈞，至重難舉也。羽，鳥羽。一羽，至輕易舉也。秋豪之末，毛至秋而末銳，小而難見也。輿薪，以車載薪，大而易見也。許，猶可也。「今恩」以下，又孟子之言也。蓋天地之性，人爲貴。故人之與人，又爲同類而相親。是以惻隱之發，則於民切而於物緩；推廣仁術，則仁民易而愛物難。今王此心能及物矣，則其保民而王，非不能也，但自不肯爲耳。曰：「不爲者與不能者之形何以異？」曰：「挾泰山以超北海，語人曰『我不能』，是誠不能也。爲長者折枝，語人曰『我不能』，是不爲也，非不能也。故王之不王，非挾

泰山以超北海之類也；王之不王，是折枝之類也。語，去聲。「爲長」之「爲」，去聲。長，上聲。折，之舌反。○形，狀也。挾，以腋持物也。超，躍而過也。爲長者折枝，以長者之命，折草木之枝，言不難也。是心固有，不待外求，擴而充之，在我而已，何難之有？**老吾老，以及人之老；幼吾幼，以及人之幼。天下可運於掌。詩云：『刑于寡妻，至于兄弟，以御于家邦。』言舉斯心加諸彼而已。故推恩足以保四海，不推恩無以保妻子。古之人所以大過人者，無他焉，善推其所爲而已矣。今恩足以及禽獸，而功不至於百姓者，獨何與？**與，平聲。○老，以老事之也。吾老，謂我之父兄。人之老，謂人之父兄。幼，以幼畜之也。吾幼，謂我之子弟。人之幼，謂人之子弟。運於掌，言易也。詩，大雅思齊之篇。刑，法也。寡妻，寡德之妻，謙辭也。御，治也。不能推恩，則衆叛親離，故無以保妻子。蓋骨肉之親，本同一氣，又非但若人之同類而已。故古人必由親親推之，然後及於仁民。又推其餘，然後及於愛物。皆由近以及遠，自易以及難。今王反之，則必有故矣。故復推本而再問之。**權，然後知輕重；度，然後知長短。物皆然，心爲甚。王請度之。**「度之」之「度」，待洛反。○權，稱錘也。度，丈尺也。度之，謂稱量之也。言物之輕重長短，人所難齊，必以權度度之而後可見。若心之應物，則其輕重長短之難齊，而不可不度以本然之權度，又有甚於物者。今王恩及禽獸，而功不至於百姓。是其愛物之心重且長，而仁民之心輕且短，失其當然之序而不自知也。故上文既發其端，而於此請王度之也。抑王興甲兵，危士臣，構怨於諸侯，然後快於心與？」與，平聲。○抑，發語辭。士，戰士也。構，結也。孟子以王愛民之心所以輕且短者，必其以是三者爲快也。然三事實非人心之所快，有甚於殺觳觫之牛者。故指以問王，欲其以此而度之也。王曰：「否。吾何快於是？將以求吾所大欲也。」不快於此者，心之正也；而必爲此者，欲誘之也。欲之所誘者獨在於是，是以其心尚明於他而獨暗於此。此其愛民之心所以輕短，而功不至於百姓也。曰：「王之所大欲可得聞與？」王笑而不言。曰：「爲肥甘不足於口與？輕煖不足於體與？抑爲采色不足視於目與？聲音不足聽於耳與？便嬖不足使令於前與？王之諸臣皆足以供之，而王豈爲是哉？」曰：「否，吾不爲是也。」曰：「然則王之所大欲可知已。欲辟土地，朝秦楚，涖中國而撫四夷也。以若所爲，求若所欲，猶緣木而求魚也。」與，平聲。「爲肥」「抑爲」「豈爲」「不爲」之「爲」，皆去聲。便、令，皆平聲。辟，與「闢」同。朝，音潮。○便嬖，近習嬖幸之人也。已，語助辭。辟，開廣也。朝，致其來朝也。秦、楚，皆大國。涖，臨也。若，如此也。所爲，指興兵結怨之事。緣木求魚，言必不可得。王曰：「若是其甚與？」曰：「殆有甚焉。緣木求魚，雖不得魚，無後災。以若所爲，求若所欲，盡心力而爲之，後必有災。」曰：「可得聞與？」曰：「鄒人與楚人戰，則王以爲孰勝？」曰：「楚人勝。」曰：「然則小固不可以敵大，寡固不可以敵衆，弱固不可以敵彊。海内之地方千里者九，齊集有其一。以一服八，何以異於鄒敵楚哉？蓋亦反其本矣。「甚與」「聞與」之「與」，平聲。○殆、蓋，皆發語辭。鄒，小國。楚，大國。齊集有其一，言合集齊地，其方千里，是有天下九分之一也。以一服八，必不能勝，所謂後災也。反本，說見下文。今王發政施仁，使天下仕者皆欲立於王之朝，耕者皆欲耕於王之野，商賈皆欲藏於王之市，行旅皆欲出於王之塗，天下之欲疾其君者皆欲赴愬於王。其如是，孰能禦之？」朝，音潮。賈，音古。愬，與「訴」同。○行貨曰商，居貨曰賈。發政施仁，所以王天下之本也。近者悅，遠者來，則大小强弱非所論矣。蓋力求所欲，則所欲者反不可得；能反其本，則所欲者不求而至。與首章同意。王曰：「吾惛，不能進於是矣。願夫子輔吾志，明以教我。我雖不敏，請嘗試之。」惛，與「昏」同。曰：「無恒產而有恒心者，惟士爲能。若民，則無恒產，因無恒心。苟無恒心，放辟邪侈，無不爲已。及陷於罪，然後從而刑之，是罔民也。焉有仁人在位，罔民而可爲也？恒，胡登反。辟，與「僻」同。焉，於虔反。○恒，常也。產，生業也。恒產，可常生之業也。恒心，人所常有之善心也。士嘗學問，知義理，故雖無常產而有常心。民則不能然矣。罔，猶羅網，欺其不見而取之也。是故明君制民之產，必使仰足以事父母，俯足以畜妻子，樂歲終身飽，凶年免於死亡。然後驅而之善，故民之從之也輕。畜，許六反，下同。○輕，猶易也。此言民有常產而有常心也。今也制民之產，仰不足以事父母，俯不足以畜妻子，樂歲終身苦，凶年不免於死亡。此惟救死而恐不贍，奚暇治禮義哉？治，平聲。凡「治」字爲理物之義者，平聲；爲已理之義者，去聲。後皆放此。○贍，足也。此所謂無常産而無常心者也。王欲行之，則盍反其本矣？盍，何不也。使民有常産者，又發政施仁之本也。説見下文。五畝之宅，樹之以桑，五十者可以衣帛矣；雞豚狗彘之畜，無失其時，七十者可以食肉矣；百畝之田，勿奪其時，八口之家可以無飢矣；謹庠序之教，申之以孝悌之義，頒白者不負戴於道路矣。老者衣帛食肉，黎民不飢不寒，然而不王者，未之有也。」音見前篇。○此言制民之産之法也。趙氏曰：「八口之家，次上農夫也。此王政之本，養生之道，故孟子爲齊梁之君各陳之也。」楊氏曰：「爲天下者，舉斯心加諸彼而已。然雖有仁心仁聞，而民不被其澤者，不行先王之道故也。故以制民之産告之。」○此章言人君當黜霸功，行王道。而王道之要，不過推其不忍之心，以行不忍之政而已。齊王非無此心，而奪於功利之私，不能擴充以行仁政。雖以孟子反覆曉告，精切如此，而蔽固已深，終不能悟，是可歎也。○或問：「『仁術』字當何訓？」曰：「術猶方便也。」又曰：「『術』字本非不好底，只緣後人把做變詐看了，便道是不好。却不知天下事有難處處，須著有箇巧底道理，始得。」○以羊易之，是用術處。有此術，則自家仁心方得流行。○南軒曰：「『保民』云者，若『保赤子』之『保』也。宣王自視歉然，懼力之不足，而不知保民之道雖甚大，其端則不遠，患不能體察擴充之耳。故孟子引見牛之事以告，使知不忍之心己實有之，反而推之也。宣王坐堂上，牽牛過堂下，而不忍之心形於此，蓋不出於計較作爲，而其端因物發見也。曰『是心足以王矣』，言不忍之心，王所固有，是足以王也。」○方見牛而不忍者，無以蔽之，而其愛物之端發見也。而不能加恩於民者，有以蔽之，而仁民之理不著也。然即夫愛物之端，可以知夫仁民之理素具，反而循其不忍之實，其所謂仁民者固可得也。○「老吾老，以及人之老；幼吾幼，以及人之幼」，所謂由一本而推之也。文王之「刑于寡妻，至于兄弟，以御于家邦」，言舉斯心以加諸彼而已。蓋無非此心之所存也。聖人雖無事乎推，然其自身以及家，自家以及國，亦固有序矣。「推恩足以保四海」者，愛無所不被也；「不推恩無以保妻子」，忘其所以爲愛之理也。○夫行王政者，其心非欲傾他國以自利也，惟其以生民困苦爲己任，行吾之所當爲，而天下歸心焉耳。夫欲辟土地，朝秦楚，自世俗之務功名者言之，則以爲有志；而自聖賢觀之，則特出於忮求矜伐之私耳。宣王惟汲汲於濟其私，故顛沛錯亂，非惟不能無濟，而禍患從之。蹈乎欲者，固危殆之道也。若由孟子所言，以發政施仁爲事，則是爲天理之所存，可大之業，自爾馴致。此天理、人欲之分也。

孟子集編卷第一

孟子集編卷第二

梁惠王章句下 凡十六章。

莊暴見孟子，曰：「暴見於王，王語暴以好樂，暴未有以對也。」曰：「好樂何如？」孟子曰：「王之好樂甚，則齊國其庶幾乎。」「見於」之「見」，音現，下「見於」同。語，去聲，下同。好，去聲，篇內並同。○莊暴，齊臣也。庶幾，近辭也，言近於治。他日，見於王，曰：「王嘗語莊子以好樂，有諸？」王變乎色，曰：「寡人非能好先王之樂也，直好世俗之樂耳。」變色者，慚其好之不正也。曰：「王之好樂甚，則齊其庶幾乎。今之樂猶古之樂也。」今樂，世俗之樂。古樂，先王之樂。曰：「可得聞與？」曰：「獨樂樂，與人樂樂，孰樂？」曰：「不若與人。」曰：「與少樂樂，與衆樂樂，孰樂？」曰：「不若與衆。」「聞與」之「與」，平聲。樂樂，下字音洛。孰樂，亦音洛。獨樂不若與人，與少不若與衆，亦人之常情也。「臣請爲王言樂。爲，去聲。○此以下，皆孟子之言也。今王鼓樂於此，百姓聞王鍾鼓之聲，管籥之音，舉疾首蹙頞而相告曰：『吾王之好鼓樂，夫何使我至於此極也？父子不相見，兄弟妻子離散。』今王田獵於此，百姓聞王車馬之音，見羽旄之美，舉疾首蹙頞而相告曰：『吾王之好田獵，夫何使我至於此極也？父子不相見，兄弟妻子離散。』此無他，不與民同樂也。蹙，子六反。頞，音遏。夫，音扶。「同樂」之「樂」，音洛。○鍾鼓管籥，皆樂器也。舉，皆也。疾首，頭痛也。蹙，聚也。頞，額也。人憂戚則蹙其額。極，窮也。羽旄，旌屬。不與民同樂，謂獨樂其身而不恤其民，使之窮困也。今王鼓樂於此，百姓聞王鍾鼓之聲，管籥之音，舉欣欣然有喜色而相告曰：『吾王庶幾無疾病與？何以能鼓樂也？』今王田獵於此，百姓聞王車馬之音，見羽旄之美，舉欣欣然有喜色而相告曰：『吾王庶幾無疾病與？何以能田獵也？』此無他，與民同樂也。「病與」之「與」，平聲。「同樂」之「樂」，音洛。○與民同樂者，推好樂之心以行仁政，使民各得其所也。今王與百姓同樂，則王矣。」好樂而能與百姓同之，則天下之民歸之矣，所謂齊其庶幾者如此。○范氏曰：「戰國之時，民窮財盡，人君獨以南面之樂自奉其身。孟子切於救民，故因齊王之好樂，開導其善心，深勸其與民同樂，而謂今樂猶古樂。其實今樂古樂，何可同也？但與民同樂之意，則無古今之異耳。若必欲以禮樂治天下，當如孔子之言，必用韶舞，必放鄭聲。蓋孔子之言，爲邦之正道；孟子之言，救時之急務，所以不同。」楊氏曰：「樂以和爲主，使人聞鐘鼓管弦之音而疾首蹙頞，則雖奏以咸、英、韶、濩，無補於治也。故孟子告齊王以此，姑正其本而已。」

齊宣王問曰：「文王之囿方七十里，有諸？」孟子對曰：「於傳有之。」囿，音又。傳，直戀反。○囿者，蕃育鳥獸之所。古者四時之田，皆於農隙以講武事，然不欲馳騖於稼穡場圃之中，故度閒曠之地以爲囿。然文王七十里之囿，其亦三分天下有其二之後也與？傳，謂古書。曰：「若是其大乎？」曰：「民猶以爲小也。」曰：「寡人之囿方四十里，民猶以爲大，何也？」曰：「文王之囿方七十里，芻蕘者往焉，雉兔者往焉，與民同之。民以爲小，不亦宜乎？芻，音初。蕘，音饒。○芻，草也。蕘，薪也。臣始至於境，問國之大禁，然後敢入。臣聞郊關之内有囿方四十里，殺其麋鹿者如殺人之罪，則是方四十里爲阱於國中。民以爲大，不亦宜乎？」阱，才性反。○禮，入國而問禁。國外百里爲郊，郊外有關。阱，坎地以陷獸者，言陷民於死也。

齊宣王問曰：「交鄰國有道乎？」孟子對曰：「有。惟仁者爲能以大事小，是故湯事葛，文王事昆夷；惟智者爲能以小事大，是故大王事獯鬻，句踐事吴。獯，音熏。鬻，音育。句，音鈎。○仁人之心，寬洪惻怛，而無計較大小彊弱之私，故小國雖或不恭，而吾所以字之之心自不能已。智者明義理，識時勢，故大國雖見侵陵，而吾所以事之之禮尤不敢廢。湯事見後篇。文王事見詩大雅。大王事見後章。所謂狄人，即獯鬻也。句踐，越王，事見國語、史記。以大事小者，樂天者也；以小事大者，畏天者也。樂天者保天下，畏天者保其國。樂，音洛。

○天者，理而已矣。大之字小，小之事大，皆理之當然也。自然合理，故曰樂天。不敢違理，故曰畏天。包含遍覆，無不周徧，保天下之氣象也。制節謹度，不敢縱逸，保一國之規模也。**詩云：『畏天之威，于時保之。』**詩，周頌我將之篇。時，是也。**王曰：「大哉言矣！寡人有疾，寡人好勇。」**言以好勇，故不能事大而恤小也。**對曰：「王請無好小勇。夫撫劍疾視，曰『彼惡敢當我哉』，此匹夫之勇，敵一人者也。王請大之。**「夫撫」之「夫」，音扶。惡，平聲。○疾視，怒目而視也。小勇，血氣所爲。大勇，義理所發。**詩云：『王赫斯怒，爰整其旅，以遏徂莒，以篤周祜，以對于天下。』此文王之勇也。文王一怒而安天下之民。**詩，大雅皇矣篇。赫，赫然怒貌。爰，於也。旅，衆也。遏，詩作「按」，止也。徂，往也。莒，詩作「旅」。徂旅，謂密人侵阮徂共之衆也。篤，厚也。祜，福也。對，答也，以答天下仰望之心也。此文王之大勇也。**書曰：『天降下民，作之君，作之師。惟曰其助上帝，寵之四方。有罪無罪，惟我在，天下曷敢有越厥志？』一人衡行於天下，武王恥之。此武王之勇也。而武王亦一怒而安天下之民。**衡，與「横」同。○書，周書泰誓之篇也。然所引與今書文小異，今且依此解之。寵之四方，寵異之於四方也。有罪者我得而誅之，無罪者我得而安之。我既在此，則天下何敢有過越其心志而作亂者乎？衡行，謂作亂也。孟子釋書意如此，而言武王亦大勇也。**今王亦一怒而安天下之民，民惟恐王之不好勇也。」**王若能如文武之爲，則天下之民望其一怒以除暴亂，而拯己於水火之中，惟恐王之不好勇耳。○此章言人君能懲小忿，則能恤小事大，以交鄰國；能養大勇，則能除暴救民，以安天下。張敬夫曰：「小勇者，血氣之怒也；大勇者，理義之怒也。血氣之怒不可有，理義之怒不可無。知此，則可以見性情之正，而識天理、人欲之分矣。」○[二]○南軒曰：「勇有大小。血氣之勇，勇之小者也；理義之勇，勇之大者也。以血氣爲勇，則其勇不出於血氣之内，勢力可勝也，利害可詘也。理義之勇不以血氣，勢力無所加，利害無所詘也。故曰『王請無好小勇』，欲其擴於義理也。夫聖人非無怒也，其動不以血氣而以理。可怒在彼，而理在此，聖人何加豪末乎？以文武之事觀之，則可見矣。」

齊宣王見孟子於雪宮。王曰：「賢者亦有此樂乎？」孟子對曰：「有。人不得，則非其上矣。樂，音洛，下同。○雪宮，離宮名。言人君能與民同樂，則人皆有此樂；不然，則下之不得此樂者，必有非其君上之心。明人君當與民同樂，不可使人有不得者，非但當與賢者共之而已也。**不得而非其上者，非也；爲民上而不與民同樂者，亦非也。**下不安分，上不恤民，皆非理也。**樂民之樂者，民亦樂其樂；憂民之憂者，民亦憂其憂。樂以天下，憂以天下，然而不王者，未之有也。**樂民之樂，而民樂其樂，則樂以天下矣；愛民之憂，而民憂其憂，則

[二] 通志堂經解各本此處有墨釘，占小字二十二字。薈要本此處空白，占字同，并標「闕」字。

憂以天下矣。**昔者齊景公問於晏子曰：『吾欲觀於轉附、朝儛，遵海而南，放于琅邪。吾何脩而可以比於先王觀也？』**朝，音潮。放，上聲。○晏子，齊臣，名嬰。轉附、朝儛，皆山名也。遵，循也。放，至也。琅邪，齊東南境上邑名。觀，遊也。**晏子對曰：『善哉問也！天子適諸侯曰巡狩，巡狩者巡所守也；諸侯朝於天子曰述職，述職者述所職也。無非事者。春省耕而補不足，秋省斂而助不給。夏諺曰：「吾王不遊，吾何以休？吾王不豫，吾何以助？一遊一豫，爲諸侯度。」**狩，舒救反。省，悉井反。○述，陳也。省，視也。斂，收穫也。給，亦足也。夏諺，夏時之俗語也。豫，樂也。巡所守，巡行諸侯所守之土也。述所職，陳其所受之職也。皆無有無事而空行者。而又春秋循行郊野，察民之所不足而補助之。故夏諺以爲，王者一遊一豫，皆有恩惠以及民，而諸侯皆取法焉，不敢無事慢遊以病其民也。**今也不然。師行而糧食，飢者弗食，勞者弗息。睊睊胥讒，民乃作慝。方命虐民，飲食若流。流連荒亡，爲諸侯憂。**睊，古縣反。○今，謂晏子時也。師，衆也。二千五百人爲師。春秋傳曰：「君行師從。」糧，謂糗糒之屬。睊睊，側目貌。胥，相也。讒，謗也。慝，怨惡也。言民不勝其勞而起謗怨也。方，逆也。命，王命也。若流，如水之流，無窮極也。流連荒亡，解見下文。諸侯，謂附庸之國，縣邑之長。**從流下而忘反謂之流，從流上而忘反謂之連，從獸無厭謂之荒，樂酒無厭謂之亡。**厭，平聲。○此釋上文之義也。從流下，謂放舟隨水而下。從流上，謂挽舟逆水而上。從獸，田獵也。荒，廢也。樂酒，以飲酒爲樂也。亡，猶失也，言廢時失事也。**先王無流連之樂，荒亡之行。惟君所行也。』**言先王之法，今時之弊，二者惟在君所行耳。**景公說，大戒於國，出舍於郊。於是始興發補不足。召太師曰：『爲我作君臣相說之樂。』蓋徵招、角招是也。其詩曰：『畜君何尤？』畜君者，好君也。」**說，音悅。爲，去聲。樂，如字。徵，陟里反。招，與「韶」同。畜，敕六反。○戒，告命也。出舍，自責以省民也。興發，發倉廩也。太師，樂官也。君臣，己與晏子也。樂有五聲，三曰角，爲民，四曰徵，爲事。招，舜樂也。其詩，徵招、角招之詩也。尤，過也。言晏子能畜止其君之欲，宜爲君之所尤，然其心則何過哉？孟子釋之，以爲臣能畜止其君之欲，乃是愛其君者也。○尹氏曰：「君之與民，貴賤雖不同，然其心未始有異也。孟子之言，可謂深切矣。齊王不能推而用之，惜哉！」○景公之本志，不過爲遊觀計耳。而晏子乃迪之以古誼，勸之以省民，且深陳流連荒亡之戒，可謂格其邪心而引之當道也。易之大小畜，皆以止爲義。凡止君之欲者，乃所以爲愛君也。然則縱君之欲者，其得爲愛君乎？夫忠臣之心，惟恐其君之有欲，晏子之於景公是也。姦臣之心，惟恐其君之無欲，趙高之於二世、李林甫之於明皇是也。衍義

齊宣王問曰：「人皆謂我毀明堂。毀諸？已乎？」趙氏曰：「明堂，泰山明堂。周天子東巡守朝諸侯之處，漢時遺址尚在。人欲毀之者，蓋以天子不復巡守，諸侯又不當居之也。王問當

毀之乎？且止乎？」孟子對曰：「夫明堂者，王者之堂也。王欲行王政，則勿毀之矣。」夫，音扶。○明堂，王者所居以出政令之所也。能行王政，則亦可以王矣，何必毀哉？王曰：「王政可得聞與？」對曰：「昔者文王之治岐也，耕者九一，仕者世祿，關市譏而不征，澤梁無禁，罪人不孥。老而無妻曰鰥，老而無夫曰寡，老而無子曰獨，幼而無父曰孤。此四者，天下之窮民而無告者。文王發政施仁，必先斯四者。詩云：『哿矣富人，哀此煢獨。』」與，平聲。孥，音奴。鰥，姑頑反。哿，工可反。煢，音瓊。○岐，周之舊國也。九一者，井田之制也。方一里爲一井，其田九百畝。中畫井字，界爲九區。一區之中，爲田百畝。中百畝爲公田，外八百畝爲私田。八家各受私田百畝，而同養公田，是九分而稅其一也。世祿者，先王之世，仕者之子孫皆教之，教之而成材則官之。如不足用，亦使之不失其祿。蓋其先世嘗有功德於民，故報之如此，忠厚之至也。關，謂道路之關。市，謂都邑之市。譏，察也。征，稅也。關市之吏，察異服異言之人，而不征商賈之稅也。澤，謂瀦水。梁，謂魚梁。與民同利，不設禁也。孥，妻子也。惡惡止其身，不及妻子也。先王養民之政，導其妻子，使之養其老而恤其幼。不幸而有鰥寡孤獨之人，無父母妻子之養，則尤宜憐恤，故必以爲先也。詩，小雅正月之篇。哿，可也。煢，困悴貌。王曰：「善哉言乎！」曰：「王如善之，則何爲不行？」王曰：「寡人有疾，寡人好貨。」對曰：「昔者公劉好貨。詩云：『乃積乃倉。乃裹餱糧，于槖于囊，思戢用

光。弓矢斯張，干戈戚揚，爰方啓行。』故居者有積倉，行者有裹糧也，然後可以爰方啓行。王如好貨，與百姓同之，於王何有？」餱，音侯。橐，音托。戢，詩作「輯」，音集。○王自以爲好貨，故取民無制，而不能行此王政。公劉，后稷之曾孫也。詩，大雅公劉之篇。積，露積也。餱，乾糧也。無底曰橐，有底曰囊，皆所以盛餱糧也。戢，安集也。言思安集其民人，以光大其國家也。戚，斧也。揚，鉞也。爰，於也。啓行，言往遷於豳也。何有，言不難也。孟子言公劉之民富足如此，是公劉好貨，而能推己之心以及民也。今王好貨，亦能如此，則其於王天下也，何難之有？**王曰：「寡人有疾，寡人好色。」對曰：「昔者大王好色，愛厥妃。詩云：『古公亶父，來朝走馬。率西水滸，至于岐下。爰及姜女，聿來胥宇。』當是時也，內無怨女，外無曠夫。王如好色，與百姓同之，於王何有？」**大，音泰。○王又言此者，好色則心志蠱惑，用度奢侈，而不能行王政也。大王，公劉九世孫。詩，大雅緜之篇也。古公，大王之本號，後乃追尊爲大王也。亶父，大王名也。來朝走馬，避狄之難也。率，循也。滸，水涯也。岐下，岐山之下也。姜女，大王之妃也。胥，相也。宇，居也。曠，空也。無怨曠者，是大王好色，而能推己之心以及民也。○楊氏曰：「孟子與人君言，皆所以擴充其善心，而格其非心，不止就事論事。若使爲人臣者，論事每如此，豈不能堯舜其君乎？」愚謂：此篇自首章至此，大意皆同。蓋鍾鼓、苑囿、遊觀之樂，與夫好勇、好貨、好色之心，皆天理之所有，而人情之所不能無者。然天理、人欲，同行異情。循理而公於天下者，聖賢之所以盡其性也；縱欲而私於一己者，衆人之所以滅其天也。二者之閒，不能以髮，而其是非得失之歸，相去遠矣。故孟子因時君之問，而剖析於幾微之際，皆所以遏人欲而存天理。其法似疏而實密，其事似易而實難。學者以身體之，則有以識其非曲學阿世之言，而知所以克己復禮之端矣。

孟子謂齊宣王曰：「王之臣有託其妻子於其友而之楚遊者，比其反也，則凍餒其妻子，則如之何？」王曰：「棄之。」比，必二反。○託，寄也。比，及也。棄，絶也。**曰：「士師不能治士，則如之何？」王曰：「已之。」**士師，獄官也。其屬有鄉士、遂士之官，士師皆當治之。已，罷去也。**曰：「四境之内不治，則如之何？」王顧左右而言他。**治，去聲。○孟子將問此而先設上二事以發之，及此而王不能答也。其憚於自責，恥於下問如此，其不足與有爲可知矣。○趙氏曰：「言君臣上下各勤其任，無墮其職，乃安其身。」

孟子見齊宣王，曰：「所謂故國者，非謂有喬木之謂也，有世臣之謂也。王無親臣矣，昔者所進，今日不知其亡也。」世臣，累世勳舊之臣，與國同休戚者也。親臣，君所親信之臣，與君同休戚者也。此言喬木、世臣，皆故國所宜有。然所以爲故國者，則在此而不在彼也。昨日所進用之臣，今日有亡去而不知者，則無親臣矣。況世臣乎？**王曰：「吾何以識其不才而舍之？」**舍，上聲。○王意以爲此亡去者，皆不才之人。我初不知而誤用之，故今不以其去爲意耳。

因問何以先識其不才而舍之邪？曰：「國君進賢，如不得已，將使卑踰尊，疏踰戚，可不慎與？與，平聲。○如不得已，言謹之至也。蓋尊尊親親，禮之常也。然或尊者親者未必賢，則必進疏遠之賢而用之。是使卑者踰尊，疏者踰戚，非禮之常，故不可不謹也。左右皆曰賢，未可也；諸大夫皆曰賢，未可也；國人皆曰賢，然後察之；見賢焉，然後用之。左右皆曰不可，勿聽；諸大夫皆曰不可，勿聽；國人皆曰不可，然後察之；見不可焉，然後去之。去，上聲。○左右近臣，其言固未可信。諸大夫之言，宜可信矣，然猶恐其蔽於私也。至於國人，則其論公矣。然猶必察之者，蓋人有同俗而爲衆所悦者，亦有特立而爲衆所憎者。故必自察之，而親見其賢否之實，然後從而用舍之。則於賢者知之深，任之重，而不才者不得以幸進矣。所謂「進賢如不得已」者如此。左右皆曰可殺，勿聽；諸大夫皆曰可殺，勿聽；國人皆曰可殺，然後察之；見可殺焉，然後殺之。故曰國人殺之也。此言非獨以此進退人才，至於用刑，亦以此道。蓋所謂天命天討，皆非人君之所得私也。如此，然後可以爲民父母。」傳曰：「民之所好好之，民之所惡惡之，此謂民之父母。」

齊宣王問曰：「湯放桀，武王伐紂，有諸？」孟子對曰：「於傳有之。」傳，直戀反。○放，置也。書云：「成湯放桀于南巢。」曰：「臣弑其君可乎？」桀、紂，天子；湯、武，諸侯。曰：「賊仁者謂之賊，賊義者謂之殘，殘賊之人謂之一夫。聞誅一夫紂矣，未聞弑君也。」害仁者，凶暴淫虐，滅絶天理，故謂之賊。害義者，顛倒錯亂，傷敗彝倫，故謂之殘。一夫，言衆叛親離，不復以爲君也。○王勉曰：「斯言也，惟在下者有湯武之仁，而在上者有桀紂之暴則可。不然，是未免於篡弑之罪也。」○南軒曰：「夫仁義之在天下，彼豈能殘賊之哉？實自殘賊於厥躬耳。爲君如此，則上焉斷棄天命，下焉不有民物，謂之一夫，不亦宜乎？」

孟子見齊宣王，曰：「爲巨室，則必使工師求大木。工師得大木，則王喜，以爲能勝其任也。匠人斲而小之，則王怒，以爲不勝其任矣。夫人幼而學之，壯而欲行之，王曰『姑舍女所學而從我』，則何如？舍，上聲。女，音汝。○巨室，大宮也。工師，匠人之長。匠人，衆工人也。姑，且也。言賢人所學者大，而王欲小之也。今有璞玉於此，雖萬鎰，必使玉人彫琢之。至於治國家，則曰『姑舍女所學而從我』，則何以異於教玉人彫琢玉哉？」鎰，音溢。○璞，玉之在石中者。鎰，二十兩也。玉人，玉工也。不敢自治而付之能者，愛之甚也。治國家則徇私欲而不任賢，是愛國家不如愛玉也。○范氏曰：「古之賢者，常患人君不能行其所學；而世之庸君，亦常患賢者不能從其所好。是以君臣相遇，自古以爲難。孔孟終身而不遇，蓋以此耳。」

齊人伐燕，勝之。案史記，燕王噲讓國於其相子之，而國大亂。齊因伐之。燕士卒不戰，城門不閉，遂大勝燕。宣王問曰：「或謂寡人勿取，或謂寡人取之。以萬乘之國伐萬乘之國，五旬而舉之，人力不至於此。不取，必有天殃。取之，何如？」乘，去聲，下同。○以伐燕爲宣王事，與史記諸書不同，已見序説。孟子對曰：「取之而燕民悦，則取之。古之人有行之者，武王是也。取之而燕民不悦，則勿取。古之人有行之者，文王是也。商紂之世，文王三分天下有其二，以服事殷。至武王十三年，乃伐紂而有天下。張子曰：「此事閒不容髮。一日之閒，天命未絶，則是君臣。當日命絶，則爲獨夫。然命之絶否，何以知之？人情而已。諸侯不期而會者八百，武王安得而止之哉？」以萬乘之國伐萬乘之國，簞食壺漿，以迎王師。豈有他哉？避水火也。如水益深，如火益熱，亦運而已矣。」簞，竹器。食，飯也。運，轉也。言齊若更爲暴虐，則民將轉而望救於他人矣。○趙氏曰：「征伐之道，當順民心。民心悦，則天意得矣。」

齊人伐燕，取之。諸侯將謀救燕。宣王曰：「諸侯多謀伐寡人者，何以待之？」孟子對曰：「臣聞七十里爲政於天下者，湯是也。未聞以千里畏人者也。千里畏人，指齊王也。書曰：『湯一征，自葛始。』天下信之。『東面而征，西夷怨；南面而征，北狄怨，曰奚爲後我？』民望之，若大旱之望雲霓也。歸市者不止，耕者不變。誅其君而弔其民，若時雨降，民大悦。書曰：『徯我后，后來其蘇。』兩引書，皆商書仲虺之誥文也。與今書文亦小異。一征，初征也。天下信之，信其志在救民，不爲暴也。奚爲後我，言湯何爲不先來征我之國也。霓，虹也。雲合則雨，虹見則止。變，動也。徯，待也。后，君也。蘇，復生也。他國之民，皆以湯爲我君，而待其來，使己得蘇息也。此言湯之所以七十里而爲政於天下也。**今燕虐其民，王往而征之。民以爲將拯己於水火之中也，簞食壺漿，以迎王師。若殺其父兄，係累其子弟，毁其宗廟，遷其重器，如之何其可也？天下固畏齊之彊也。今又倍地而不行仁政，是動天下之兵也。**累，力追反。○拯，救也。係累，縶縛也。重器，寶器也。畏，忌也。倍地，并燕而增一倍之地也。齊之取燕，若能如湯之征葛，則燕人悦之，而齊可以爲政於天下矣。今乃不行仁政，而肆爲殘虐，則無以慰燕民之望，而服諸侯之心，是以不免乎以千里而畏人也。**王速出令，反其旄倪，止其重器，謀於燕衆，置君而後去之，則猶可及止也。」**旄，與「耄」同。倪，五稽反。○反，還也。旄，老人也；倪，小兒也，謂所擄略之老小也。猶，尚也。及止，及其未發而止之也。○范氏曰：「孟子事齊梁之君，論道德則必稱堯舜，論征伐則必稱湯武。蓋治民不法堯舜，則是爲暴；行師不法湯武，則是爲亂。豈可謂吾君不能，而舍所學以徇之哉？」

鄒與魯鬨。穆公問曰：「吾有司死者三十三人，而民莫之死也。誅之，則不可勝誅；不誅，則疾視其長上之死而不救。如之何則可也？」鬨，鬬聲也。穆公，鄒君也。不可勝誅，言人衆不可盡誅也。長上，謂有司也。民怨其上，故疾視其死而不救也。**孟子對曰：「凶年饑歲，君之民老弱轉乎溝壑，壯者散而之四方者，幾千人矣；而君之倉廩實，府**

庫充，有司莫以告，是上慢而殘下也。曾子曰：『戒之，戒之！出乎爾者，反乎爾者也。』夫民今而後得反之也。君無尤焉？幾，上聲。夫，音扶。○轉，飢餓輾轉而死也。充，滿也。上，謂君及有司也。尤，過也。**君行仁政，斯民親其上，死其長矣。」**君不仁而求富，是以有司知重斂而不知恤民。故君行仁政，則有司皆愛其民，而民亦愛之矣。○范氏曰：「書曰：『民惟邦本，本固邦寧。』有倉廩府庫，所以爲民也。豐年則斂之，凶年則散之，恤其飢寒，救其疾苦。是以民親愛其上，有危難則赴救之，如子弟之衛父兄，手足之捍頭目也。穆公不能反己，猶欲歸罪於民，豈不誤哉？」

滕文公問曰：「滕，小國也，閒於齊楚。事齊乎？事楚乎？」閒，去聲。滕，國名。

孟子對曰：「是謀非吾所能及也。無已，則有一焉：鑿斯池也，築斯城也，與民守之，效死而民弗去，則是可爲也。」無已，見前篇。一，謂一説也。效，猶致也。國君死社稷，故致死以守國。至於民亦爲之死守而不去，則非有以深得其心者不能也。○此章言有國者當守義而愛民，不可僥幸而苟免。

滕文公問曰：「齊人將築薛，吾甚恐。如之何則可？」薛，國名，近滕。齊取其地而城之，故文公以其偪己而恐也。**孟子對曰：「昔者大王居邠，狄人侵之，去之岐山之下居焉。非擇而取之，不得已也。**邠，與「豳」同。○邠，地名。言太王非以岐下爲善，擇取而居之也。

詳見下章。苟爲善，後世子孫必有王者矣。君子創業垂統，爲可繼也。若夫成功，則天也。君如彼何哉？彊爲善而已矣。」夫，音扶。彊，上聲。○創，造。統，緒也。言能爲善，則如太王，雖失其地，而其後世遂有天下，乃天理也。然君子造基業於前，而垂統緒於後，但能不失其正，令後世可繼續而行耳。若夫成功，則豈可必乎？彼，齊也。君之力既無如之何，則但彊於爲善，使其可繼而俟命於天耳。○此章言人君但當竭力於其所當爲，不可徼幸於其所難必。

滕文公問曰：「滕，小國也。竭力以事大國，則不得免焉。如之何則可？」孟子對曰：「昔者大王居邠，狄人侵之。事之以皮幣，不得免焉；事之以犬馬，不得免焉；事之以珠玉，不得免焉。乃屬其耆老而告之曰：『狄人之所欲者，吾土地也。吾聞之也：「君子不以其所以養人者害人。」二三子何患乎無君？我將去之。』去邠，踰梁山，邑于岐山之下居焉。邠人曰：『仁人也，不可失也。』從之者如歸市。屬，音燭。○皮，謂虎、豹、麋、鹿之皮也。幣，帛也。屬，會集也。土地本生物以養人，今爭地而殺人，是以其所以養人者害人也。邑，作邑也。歸市，人衆而爭先也。或曰：『世守也，非身之所能爲也。效死勿去。』又言或謂土地乃先人所受而世守之者，非己所能專。但當致死守之，不可舍去。此國君死社稷之常法。傳所謂「國滅，君死之，正也」，正謂此也。君請擇於斯二者。」能如太王則避之，不能則謹守常法。蓋遷國以圖存者，權也；守正而俟死者，義也。審己量力，擇而處之可也。○楊氏曰：「孟子之於文公，始告之以效死而已，禮之正也。至其甚恐，則以太王之事告之，非得已也。然無太王之德而去，則民或不從而遂至於亡，則又不若效死之爲愈。故又請擇於斯二者。」又曰：「孟子所論，自世俗觀之，則可謂無謀矣。然理之可爲者，不過如此。舍此則必爲儀秦之爲矣。凡事求可，功求成，取必於智謀之末而不循天理之正者，非聖賢之道也。」

魯平公將出。嬖人臧倉者請曰：「他日君出，則必命有司所之。今乘輿已駕矣，有司未知所之，敢請。」公曰：「將見孟子。」曰：「何哉？君所爲輕身以先於匹夫者，以爲賢乎？禮義由賢者出，而孟子之後喪踰前喪。君無見焉。」公曰：「諾。」乘輿，君車也。駕，駕馬也。孟子前喪父，後喪母。踰，過也。言其厚母薄父也。諾，應辭也。樂正子入見，曰：「君奚爲不見孟軻也？」曰：「或告寡人曰『孟子之後喪踰前喪』，是以不往見也。」曰：「何哉君所謂踰者？前以士，後以大夫；前以三鼎，而後以五鼎與？」曰：「否。謂棺槨衣衾之美也。」曰：「非所謂踰也，貧富不同也。」「入見」之「見」，音現。○樂正子，孟子弟子也，仕於魯。三鼎，士祭禮。五鼎，大夫祭禮。樂正子見孟子，曰：「克告於君，君爲來見也。嬖人有臧倉者沮君，君是以不果來也。」曰：「行或使之，止或尼之。行止，非人所能也。吾之不遇魯侯，天也。臧氏之子焉能使予不遇哉？」爲，去聲。沮，慈呂反。尼，女乙反。焉，於虔反。○克，樂正子名。沮、尼，皆止之之意也。言人之行，必有人使之者；其止，必有人尼之者。然其所以行所以止，則固有天命，而非此人所能使，亦非此人所能尼也。然則我之不遇，豈臧倉之所能爲哉？○此章言聖賢之出處，關時運之盛衰，乃天命之所爲，非人力之可及。

孟子集編卷第二

孟子集編卷第三

公孫丑章句上 凡九章。

公孫丑問曰：「夫子當路於齊，管仲、晏子之功，可復許乎？」復，扶又反。○公孫丑，孟子弟子，齊人也。當路，居要地也。管仲，齊大夫，名夷吾，相威公，霸諸侯。許，猶期也。孟子未嘗得政，丑蓋設辭以問也。**孟子曰：「子誠齊人也，知管仲、晏子而已矣。**齊人但知其國有二子而已，不復知有聖賢之事。**或問乎曾西曰：『吾子與子路孰賢？』曾西蹵然曰：『吾先子之所畏也。』曰：『然則吾子與管仲孰賢？』曾西艴然不悦，曰：『爾何曾比予於管仲？管仲得君，如彼其專也；行乎國政，如彼其久也；功烈，如彼其卑也。爾何曾比予於是？』」**蹵，子六反。艴，音拂，又音勃。曾，音增。○孟子引曾西與或人問答如此。曾西，曾子之孫。蹵，不安貌。先子，曾子也。艴，怒色也。曾之言則也。烈，猶光也。威公獨任管仲四十餘年，是專且久也。管仲不知王道而行霸術，故言功烈之卑也。楊氏曰：「孔子言子路之才，曰：『千乘之國，可使治其賦也。』使其見於施爲，如是而已。其於九合諸侯，一正天下，固有所不逮也。然則曾西推尊子路如此，而羞比管仲者，何哉？譬之御者，子路則範我馳驅而不獲者也；管仲之功，詭遇而獲禽耳。曾西，仲尼之徒也，故不道管仲之事。」曰：「**管仲，曾西之所不爲也，而子爲我願之乎？**」「子爲」之「爲」，去聲。○曰，孟子言也。願，望也。曰：「**管仲以其君霸，晏子以其君顯。管仲、晏子猶不足爲與？**」顯，顯名也。曰：「**以齊王，由反手也。**」王，去聲。「由」「猶」通。○反手，言易也。○齊宣王既慕威文，而公孫丑復慕管晏。蓋霸者功利之説，深入人心，爲日已久，故不惟時君慕之，而學者亦慕之。孟子引曾西之言以折之。蓋子路雖不及有爲，而其所學，固聖賢之大學也。若管仲之已試，則威公專任之四十餘年，其所成就，不過國富兵强而已。此孔門所羞稱者。故雖曾西，不屑爲之，況孟子以承三聖自任，其肯爲之匹乎？楊龜山有曰：「孔子言子路之才，曰『千乘之國，可使治其賦也』，使其見於施爲，如是而已。其於九合諸侯，一正天下，固有所不逮也。然則曾西推尊子路，而羞比管仲者何哉？譬之御者，子路則範我馳驅而不獲者也；管仲之功，詭遇以獲禽爾。」斯言盡之。使孟子當路於齊，則必行王者之道，其以齊王，信猶反手之易也。或謂：「晏子於齊，固無功烈之足言。若管仲者，孔子嘗以『如其仁』稱之，孟子學於孔子者也，何其言之異邪？」曰：「孔子之稱，稱其攘夷狄而尊中夏也；孟子所譏，譏其舍王道而用霸術也，所指固不同矣。然孔子雖稱其功，而器小之譏，不知禮之譏，未嘗略也。」衍義 曰：「**若是，則弟子之惑滋甚。且以文王之德，百年而後崩，猶未洽於**

天下；武王、周公繼之，然後大行。今言王若易然，則文王不足法與？」易，去聲。○滋，益也。文王九十七而崩，言百年，舉成數也。文王三分天下，纔有其二；武王克商，乃有天下；周公相成王，制禮作樂，然後教化大行。曰：「文王何可當也？由湯至於武丁，賢聖之君六七作。天下歸殷久矣，久則難變也。武丁朝諸侯有天下，猶運之掌也。紂之去武丁未久也，其故家遺俗、流風善政，猶有存者；又有微子、微仲、王子比干、箕子、膠鬲，皆賢人也，相與輔相之，故久而後失之也。尺地莫非其有也，一民莫非其臣也，然而文王猶方百里起，是以難也。當，猶敵也。商自成湯至於武丁，中閒太甲、太戊、祖乙、盤庚，皆賢聖之君。作，起也。自武丁至紂凡七世。故家，舊臣之家也。齊人有言曰：『雖有智慧，不如乘勢；雖有鎡基，不如待時。』今時則易然也。鎡基，田器也。時，謂耕種之時。夏后、殷、周之盛，地未有過千里者也，而齊有其地矣；雞鳴狗吠相聞，而達乎四境，而齊有其民矣。地不改辟矣，民不改聚矣，行仁政而王，莫之能禦也。辟，與「闢」同。○此言其勢之易也。三代盛時，王畿不過千里，今齊已有之，異於文王之百里；又雞犬之聲相聞，自國都以至於四境，言民居稠密也。且王者之不作，未有疏於此時者也；民之憔悴於虐政，未有甚於此時者也。飢者易爲食，渴者易爲飲。此言時之易也。自文武至此七百餘年，異於商之賢聖繼作；民苦虐政之甚，異於紂之猶有善政。易爲飲食，言飢渴之甚，不待甘美也。孔子曰：『德之流行，速於置郵而傳命。』置，驛也；郵，馹也，所以傳命也。孟子引孔子之言如此。當今之時，萬乘之國行仁政，民之悦之，猶解倒懸也。故事半古之人，功必倍之，惟此時爲然。」倒懸，喻困苦也。所施之事，半於古人，而功倍於古人，由時勢易而德行速也。

公孫丑問曰：「夫子加齊之卿相，得行道焉，雖由此霸王不異矣。如此，則動心否乎？」孟子曰：「否。我四十不動心。」丑蓋設問孟子，若得位而行道，則雖由此而成霸王之業，亦不足怪。任大責重如此，亦有所恐懼疑惑而動其心乎？四十彊仕，君子道明德立之時。孔子四十而不惑，亦不動心之謂也。曰：「若是，則夫子過孟賁遠矣。」曰：「是不難，告子先我不動心。」孟賁，勇士。告子，名不害。孟賁血氣之勇，丑蓋借之以贊孟子不動心之難。孟子言告子未爲知道，乃能先我不動心，則此亦未足爲難也。曰：「不動心有道乎？」曰：「有。北宮黝之養勇也，不膚撓，不目逃，思以一豪挫於人，若撻之於朝市。不受於褐寬博，亦不受於萬乘之君。視刺萬乘之君，若刺褐夫。無嚴諸侯。惡聲至，必反之。黝蓋刺客之流，以必勝爲主，而能不動也。孟施舍之所養勇也，曰：『視不勝猶勝也。量敵而後進，慮勝而後會，是畏三軍者也。舍豈能爲必勝哉？能無懼而已矣。』舍蓋力戰之士，以無懼爲主，而能不動也。孟施舍似曾子，北宮黝似子夏。夫二子之勇，未知其孰賢，然而孟施舍守約也。黝務敵人，舍專守己。子夏篤信聖人，曾子反求諸己。故二子之與曾子、子夏，雖非等倫，然論其氣象，則各有所似。賢，猶勝也。約，要也。言論二子之勇，則未知誰勝；論其所守，則舍比於黝，爲得其要也。昔者曾子謂子襄曰：『子好勇乎？吾嘗聞大勇於夫子矣：「自反而不縮，雖褐寬博，吾不惴焉；自反而縮，雖千萬人，吾往矣。」』此言曾子之勇也。子襄，曾子弟子也。夫子，孔子也。縮，直也。檀弓曰：「古者冠縮縫，今也衡縫。」又曰：「棺束縮二衡三。」惴，恐懼之也。往，往而敵之也。孟施舍之守氣，又不如曾子之守約也。」言孟施舍雖似曾子，然其所守乃一身之氣，又不如曾子之反身循理，所守尤得其要也。孟子之不動心，其原蓋出於此。○守約云者，言其所守之得其要耳，非以約爲一物而可守也。蓋黝舍皆守氣以養之者，然以黝比舍，則舍之守爲得其要，至以舍而比曾子，則曾子所守尤得其要也。曰：「敢問夫子之不動心，與告子之不動心，可得聞與？」「告子曰：『不得於言，勿求於心；不得於心，勿求於氣。』不得於心，勿求於氣，可；不得於言，勿求於心，不可。夫志，氣之帥也；氣，體之充也。夫志至焉，氣次焉。故曰：『持其志，無暴其氣。』」此一節，公孫丑之問，孟子誦告子之言，又斷以己意而告之也。告子謂於言有所不達，則當舍置其言，而不必反求其理於心；於心有所不安，則當力制其心，而不必更求其助於氣，此所以固守其心而不動之速也。孟子既誦其言，而斷之曰：「彼所謂不得於心而勿求諸氣者，急於本而緩其末，猶之可也；謂不得於言而不求諸心，則既失於外，而遂遺其內，其不可也必矣。」然凡曰可者，亦僅可而有所未盡之辭耳。若論其極，則志固心之所之，而爲氣之將帥；然氣亦人之所以充滿於身，而爲志之卒徒者也。故志固爲至極，而氣即次之。人固當敬守其志，然亦不可不致養其氣。蓋其內外本末，交相培養。此則孟子之心所以未嘗必其不動，而自然不動之大略也。○言雖發於口，實出於心。內有蔽陷離窮之病，則外有詖淫邪遁之失。不得於言，而每求於心，則其察日益精矣。孟子以知言、養氣爲不動心之本者，用此道也。而告子反之，是徒見言之發於外，而不知其出於中，亦義外之意也，其害理深矣。故孟子斷然以爲不可。**「既曰『志至焉，氣次焉』，又曰『持其志，無暴其氣』者，何也？」曰：「志壹則動氣，氣壹則動志也。今夫蹶者趨者，是氣也，而反動其心。」**公孫丑見孟子言志至而氣次，故問如此則專持其志可矣，又言無暴其氣，何也？壹，專一也。蹶，顛躓也。趨，走也。孟子言志之所向專一，則氣固從之；然氣之所在專一，則志亦反爲之動。如人顛躓趨走，則氣專在是，而反動其心焉。所以既持其志，而又必無暴其氣也。程子曰：「志動氣者什九，氣動志者什一。」○集義程子曰：「持其志，無暴其氣，內外交相養也。」又曰：「氣壹則動志。非獨蹶趨，藥也酒也亦是。然志動氣多，氣動志少。雖氣亦能動志，然亦在持其志而已。」**「敢問夫子惡乎長？」曰：「我知言，我善養吾浩然之氣。」**知言者，盡心知性，於凡天下之言，無不有以究極其理，而識其是非得失之所以然也。浩然，盛大流行之貌。氣，即所謂體之充者。本自浩然，失養故餒，惟孟子爲善養之以復其初也。蓋惟知言，則有以明夫道義，而於天下之事無所疑；養氣，則有以配夫道義，而於天下之事無所懼，此其所以當大任而不動心也。**「敢問何謂浩然之氣？」曰：「難言也。**程子曰：「觀此一言，則孟子之實有是氣可知矣。」**其爲氣也，至大至剛，以直養而無害，則塞于天地之閒。**至大初無限量，至剛不可屈撓。蓋天地之正氣，而人得以生者，其體段本如是也。惟其自反而縮，則得其所養，而又無所作爲以害之，則其本體不虧而充塞無閒矣。程子曰：「天人一也，更不分別。浩然之氣，乃吾氣也。養而無害，則塞乎天地。一爲私意所蔽，則欿然而餒，知其小也。」謝氏曰：「浩然之氣，須於心得其正時識取。」又曰：「浩然是無虧欠時。」○集義程子曰：「內直，則其氣浩然；養之至，則爲大人。」○又曰：「石曼卿詩云：『樂意相關禽對語，生香不斷樹交花。』此語形容得浩然之氣。」○又曰：「主一無適，敬以直內，便有浩然之氣。」**其爲氣也，配義與道；無是，餒也。**配者，合而有助之意。義者，人心之裁制。道者，天理之自然。餒，飢乏而氣不充體也。言人能養成此氣，則其氣合乎道義而爲之助，使其行之勇決，無所疑憚；若無此氣，則其一時所爲雖未必不出於道義，然其體有所不充，則亦不免於疑懼，而不足以有爲矣。**是集義所生者，非義襲而取之也。行有不慊於心，則餒矣。我故曰告子未嘗知義，以其外之也。**集義，猶言積善，蓋欲事事皆合於義也。襲，掩取也，如「齊侯襲莒」之「襲」。言氣雖可以配乎道義，而其養之始，乃由事事皆合義，自反常直，是以無所愧怍，而此氣自然發生於中。非由只行一事偶合於義，便可掩襲於外而得之也。慊，快也，足也。

言所行一有不合於義，而自反不直，則不足於心而其體有所不充矣。然則義豈在外哉？告子不知此理，乃曰仁内義外，而不復以義爲事，則必不能集義以生浩然之氣矣。上文「不得於言，勿求於心」，即外義之意。**必有事焉而勿正，心勿忘，勿助長也。無若宋人然。宋人有閔其苗之不長而揠之者，芒芒然歸。謂其人曰：『今日病矣，予助苗長矣。』其子趨而往視之，苗則槁矣。天下之不助苗長者寡矣。以爲無益而舍之者，不耘苗者也。助之長者，揠苗者也，非徒無益，而又害之。」**「必有事焉而勿正」，趙氏、程子以七字爲句。近世或并下文「心」字讀之者，亦通。必有事焉，有所事也，如「有事於顓臾」之「有事」。正，預期也，春秋傳曰「戰不正勝」是也。如作「正心」，義亦同。此與大學之所謂「正心」者，語意自不同也。此言養氣者，必以集義爲事，而勿預期其效。其或未充，則但當勿忘其所有事，而不可作爲以助其長，乃集義養氣之節度也。閔，憂也。揠，拔也。芒芒，無知之貌。其人，家人也。病，疲倦也。舍之而不耘者，忘其所有事。揠而助之長者，正之不得，而妄有作爲者也。然不耘則失養而已，揠則反以害之。無是二者，則氣得其養而無所害矣。如告子不能集義，而欲彊制其心，則必不能免於正助之病。其於所謂浩然者，蓋不惟不善養，而又反害之矣。○孟子是義精理明，天下之物不足以動其心，不是把持得定。○北宫黝、孟施舍所以不動者，皆彊制於外，不是存養之致。故又舉曾子之言，云自反縮與不縮，所以不動與動，只在方寸之間。若仰不愧，俛不怍，看如何大利害皆不足以易之。

若有一豪不直，則此心便索。○告子不動心是硬把定。○問：「『氣，體之充』與下面『浩然之氣』，兩箇『氣』字大意似同，而精微密察處略似有異。前面『氣』字若專主形諸外者而言，後面『氣』字若專主發於内者而言。」先生曰：「氣無二義。但浩然之氣乃指其本來體段而言，謂體之充者，泛言之耳。然亦非外此而别有浩然之氣也。」○「持其志，無暴其氣」，是兩邊做工夫。○「古人在車則聞鸞和，行則有佩玉。凡此皆所以無暴其氣。今人既無此，不知如何而爲無暴？」曰：「凡人多動作，多語笑，做力所不及底事，皆是暴其氣。學者要須事事節約，莫教過當，此便是養氣之道。」○問：「遺書曰：『志一動則動氣，氣一動則動志。』外書曰：『志專一則動氣，氣專一則動志。』二説孰是？」曰：「此必一日之語，學者同聽之而所記有淺深。『志一動則動氣，氣一動則動志』，此言志動氣動，又添入一『動』字了，故不若從後説得其本旨。蓋曰志專一，則固可以動氣；而氣專一，亦可以動其志也。」○知言、養氣，雖是兩事，其實相關，正如致知、格物、正心、誠意之類。○知言便是窮理。不先窮理，見得是非，如何養得氣？○浩然之氣，清明不足以言之。纔説浩然，便有箇廣大剛果意思，如長江大河，浩浩然而來也。富貴、貧賤、威武不能移屈之類皆低，不可以語此。○問：「浩然之氣，即是人所受於天地之正氣否？」先生曰：「然。」又問：「與血氣如何？」曰：「只是一氣。義理附於其中，則爲浩然之氣。若不由義而發，則只是血氣。養成浩然之氣，則與天地爲一，更無限量。」○天下莫彊於道義。當然是義，總名是道。以道義爲主，有此浩然之氣去助他，方始勇敢果決以進。如君有過，臣諫之，是義也。然有冒死而不顧者，便是有浩然之氣去助此義。如合説此話，却恧縮不敢言，便是氣餒，便是欿然之氣。○問：「『合而有助』，『助』字之訓如何？」先生曰：「道義是虚底物，本自孤單，得這氣貼起來，便自張王，無所不達。李先生曰：『配是襯貼起來。』」○李復潏水集有一段説浩然之氣：「只是要仰不愧，俛不怍，便自然無怯懼。」其言雖粗，却盡此章之意。○又曰：「浩然之氣，孔子有兩句説盡了，曰：『内省不疚，夫何憂何懼？』」○所謂「以直養而無害」，乃「自反而縮」之意。○集義，只是事事皆直，俯仰不愧，便是浩然之氣。只將自家心體看到那無私曲處，自然有此氣象。所以上蔡説「於心得其正時識取」。伊川將「至大至剛以直」與坤卦「直方大」同説。不必如此，且只將孟子自看，便見孟子説得粗，易却説得細。○「至大至剛」者，乃氣之本體如此，但人不能養之，而反害之，故其大者小，剛者弱耳。○志動氣，是源頭濁，下流亦濁。氣動志，却是下流壅而不泄，反濁了上面。「至大至剛以直」，趙臺卿亦如此解：「直養」之説，伊川嫌其以一物養一物，故欲從趙注舊章用之。後來反復推究，却是「至大至剛」作一句、「以直養而無害」作一句者，爲得孟子之意。蓋聖賢立言，首尾必相應。如云「自反而縮」，便有「直養」意思。李端伯所記明道語，未必不親切，但伊川又自主張得別，故有此議論。今欲從明道之説。○集義是歲月之功，襲取是一朝一夕之事。從而掩取，終非己有。○「至大至剛」，氣之本體；「以直養而無害」，是用功處；「塞乎天地」，乃其效也。○天地之氣，無處不到，無處不透，雖金石不能遏。人便是稟得這箇氣無欠闕，所以程子曰「天人一也，更不分別。浩然之氣，乃吾氣也」云云。○古人臨之以死生禍福而不變，敢去罵賊，敢去殉國，是他養得這氣大了，故無所懼。○人之氣當於平時存養有素，故遇事之際，以氣助其道義而行之。若於氣上存養有所不足，遇事之際，便有十分道理，亦畏怯而不敢爲。如朝廷欲去一小人，我道理既直，有甚怕他不敢動著。知其爲小人而不敢去，只是這氣衰。其氣如此，便是合下無工夫。○氣只是一箇氣，但從理義中出來者，即浩然之氣；從血肉身中出來者，即爲血氣之氣耳。○道則是物我公共自然之理[二]，義則吾心之能斷制者，所謂以處此理者也。○世有理直而不能自明者，正爲無氣耳。譬如利物可以斬割，須有力者乃能用之，若自無力，利物何爲？○孟子許多論氣處，只在「集義所生」一句上。或問「集義」。曰：「只是無事不求箇是而已。」○集義，只是件件事要合宜，自然積得多。○「有人不因集義，合下來便恁地剛勇，如何？」曰：「此是粗氣，便是北宮黝、孟施舍之勇底，亦終有餒時。」○問一之：「看浩然之氣處如何？」曰：「見集義意思是要得安穩。如講究書中道理，便也要見得安穩。」曰：「此又是窮理，不是集義。集義是行底工夫。窮理是做知言工夫，能窮理然後能知言。」○「配義與道」者，大抵以坤配乾，必以乾爲主；以妻配夫，必以夫爲主；以氣配道義，必竟以道義爲主而氣隨之，是氣常隨著道義。○「『必有事焉而勿正』，却以鳶飛魚躍言之，此莫是順天理自然之意否？」曰：「孟子之說，只是養氣上說。程子說得又高。須是看

[二] 共，原作「其」，各本同，據宋福州學官刻元修本西山讀書記甲集四改。

孟子了，又看程說，便見得孟子只說勿忘勿助長。程先生之言，於其中自有一箇自然底氣象。」○或問「必有事焉而勿正」。曰：「『正』是等待之意。如一邊集義，一邊在此等待那氣生。今日等不見，明日又等，明日又等不見，等來等去，便却去助長。」○「侯師聖說『而勿正心』，伊川舉禪語爲說曰：『事則不無，擬心則差。』是如何？」「言須擬之而後言，行須擬之而後動，方可中節。不成不擬不議，只恁地去？此語似禪，某不敢取。」○有事，有事於集義也。勿正，謂勿預期等待他，聽其自充也。○「集義」如藥頭，「必有事，勿正，心勿忘，勿助長」如製度。○「必有事焉，勿正，心勿忘，勿助長」，是「集義」中小節。不要等待，不要催促。**「何謂知言？」曰：「詖辭知其所蔽，淫辭知其所陷，邪辭知其所離，遁辭知其所窮。生於其心，害於其政；發於其政，害於其事。聖人復起，必從吾言矣。」**詖，彼寄反。復，扶又反。○此公孫丑復問，而孟子答之也。詖，偏陂也。淫，放蕩也。邪，邪僻也。遁，逃避也。四者相因，言之病也。蔽，遮隔也。陷，沈溺也。離，叛去也。窮，困屈也。四者亦相因，則心之失也。人之有言，皆本於心。其心明乎正理而無蔽，然後其言平正通達而無病，苟爲不然，則必有是四者之病矣。即其言之病，而知其心之失，又知其害於政事之決然而不可易者如此。非心通於道，而無疑於天下之理，其孰能之？彼告子者，不得於言而不肯求之於心，至爲義外之說，則自不免於四者之病，其何以知天下之言而無所疑哉？程子曰：「心通乎道，然後能辨是非，如持權衡以較輕重，孟子所謂知言是也。」又曰：「孟子知言，正如人在堂上，方能辨堂下人曲直。若猶未免親於堂下衆人之中，則不能辨決矣。」○集注：「四十彊仕，君子道明德立之時。孔子四十而不惑，亦不動心之謂。」李貫之曰：「愚謂明則不疑，立則不懼，然未有不明而能立者。故知言、養氣，雖二者並進，而其序必以知言爲先。孔子不惑，亦不疑之謂，不惑則自不動矣。」○又程子曰：「天人一也，浩然之氣即吾氣也。」集注曰：「至大云云，蓋天地之正氣，而人得以生者，體段本如是。」李貫之謂：「程子又嘗云『氣有不善，性則無不善』。今諸先生之説，止言人之稟氣，莫非天地之正氣，而不復言夫昏明彊弱之不齊。豈其説猶有未備邪？」黄勉齋答以爲：「有天地之性，有氣質之性。形而後有氣質之性，然天地之性亦未嘗不存。孟子言養性，於氣質之中養天地之性。孟子言養氣，於氣質之中養天地之氣。孟子言養吾浩然之氣，則是本來完足。其曰『集義所生』，亦猶火始然，泉始達，擴而充之耳。非昔也惡而今也善，昔也無而今也有。云云。」公晦答則謂：「孟子言性，止謂天地之性，而不及氣質之性；孟子言氣，止謂天地之氣，而不及氣質之氣，蓋極本窮源之論也。自本原而論之，性無有不善，氣無有不正。能明乎是，能養乎是，而又力行以求至乎是，則吾性即天地之性，而氣質之性有不善者，亦化而爲善矣；吾氣即天地之氣，而氣質之氣雖未正者，亦轉而爲正矣。此孟子之本指也。」○又貫之問石曼卿詩云云。公晦答謂：「此與『濂溪窻前草不除，云與自家意思一般』者，非程子體道之深，不能及此，極可玩也。」又程子曰：「敬以直内，便有浩然之氣。」張子曰：「惟直内，則浩然之氣當處生。」李貫之疑其太快，以爲欠却集義工夫。公晦答曰：「程張二説，皆未及集義。然苟能一日用力於此，則心廣體胖，氣象自別，試自驗之可見。但孟子之意，却主集義而言耳。前一事合義，亦當處便生，如此積累，以至於成。『集』字可細味也。」貫之又疑謝氏曰「浩然之氣，須於心得其正時識取」：「人於朝夕之閒，豈無心得其正之時？然使其未有集義之功，則充塞天地之氣象，豈可想像而識？」公晦答曰：「謝氏云云，非謂衆人昏荒放肆之中，爲能識而得之也。學者自存其心，一旦靜定，義理昭著。從此體認，見得分明，遂持養而充廣之，則盛大流行之體可馴致矣。」以上數條，頗有發明，今附此。○程子曰：「詖辭偏蔽；淫辭陷溺；邪辭信其説，至於耽惑；遁辭生於不正，窮著便遁。此四者，楊墨皆有。」○愚案：此亦闢異端之辭。**「宰我、子貢，善爲説辭；冉牛、閔子、顔淵，善言德行。孔子兼之，曰：『我於辭命則不能也。』然則夫子既聖矣乎？」**此一節，林氏以爲皆公孫丑之問，是也。説辭，言語也。德行，得於心而見於行事者也。三子善言德行者，身有之，故言之親切而有味也。公孫丑言數子各有所長，而孔子兼之，然猶自謂不能於辭命。今孟子乃自謂我能知言，又善養氣，則是兼言語、德行而有之，然則豈不既聖矣乎？此夫子指孟子也。○程子曰：「孔子自謂不能於辭命者，欲使學者務本而已。」**曰：「惡！是何言也？昔者子貢問於孔子曰：『夫子聖矣乎？』孔子曰：『聖則吾不能，我學不厭而教不倦也。』子貢曰：『學不厭，智也；教不倦，仁也。仁且智，夫子既聖矣！』夫聖，孔子不居。是何言也？」**惡，驚歎辭也。「昔者」以下，孟子不敢當丑之言，而引孔子、子貢問答之辭以告之也。此夫子，指孔子也。學不厭者，智之所以自明；教不倦者，仁之所以及物。

再言「是何言也」，以深拒之。「昔者竊聞之：『子夏、子游、子張，皆有聖人之一體；冉牛、閔子、顏淵，則具體而微。』敢問所安？」此一節，林氏亦以爲皆公孫丑之問，是也。一體，猶一肢也。具體而微，謂有其全體，但未廣大耳。安，處也。公孫丑復問孟子，既不敢比孔子，則於此數子欲何所處也？曰：「姑舍是。」孟子言且置是者，不欲以數子所至者自處也。曰：「伯夷、伊尹，何如？」曰：「不同道。非其君不事，非其民不使，治則進，亂則退，伯夷也。何事非君，何使非民，治亦進，亂亦進，伊尹也。可以仕則仕，可以止則止，可以久則久，可以速則速，孔子也。皆古聖人也，吾未能有行焉。乃所願，則學孔子也。」治，去聲。○伯夷，孤竹君之長子。兄弟遜國，避紂隱居，聞文王之德而歸之。及武王伐紂，去而餓死。伊尹，有莘之處士。湯聘而用之，使之就桀。桀不能用，復歸於湯。如是者五，乃相湯而伐桀也。三聖人事，詳見此篇之末及萬章下篇。「伯夷、伊尹於孔子，若是班乎？」曰：「否。自有生民以來，未有孔子也。」南軒曰：「公孫丑舉伯夷、伊尹以問，孟子謂其道不同云云。二子所爲若是，蓋其氣稟所明者在是，終身從事乎此，而有以極其至也。至於孔子，則天也。可仕可止，可久可速，非謂度其可而爲之也，蓋無不當其可也。伯夷、伊尹就其所至而成聖者，故皆以古聖人稱之。然吾於伯夷、伊尹雖未能及，而所願，則學孔子耳。蓋二子雖聖於清，聖於任，然其所循而入者，終未免乎有豪髮之偏。從而學焉，則其偏將愈甚。譬如射者，必志於正鵠，舍正鵠而他求，則其差將不可勝言者矣。」**曰：「然則有同與？」曰：「有。得百里之地而君之，皆能以朝諸侯、有天下；行一不義、殺一不辜而得天下，皆不爲也。是則同。」**有，言有同也。以百里而王天下，德之盛也。行一不義、殺一不辜而得天下有所不爲，心之正也。聖人之所以爲聖人，其本根節目之大者，惟在於此。於此不同，則亦不足以爲聖人矣。**曰：「敢問其所以異？」曰：「宰我、子貢、有若，智足以知聖人。汙，不至阿其所好。**汙，音蛙。好，去聲。○汙，下也。三子智足以知夫子之道。假使汙下，必不阿私所好而空譽之，明其言之可信也。**宰我曰：『以予觀於夫子，賢於堯舜遠矣。』**程子曰：「語聖則不異，事功則有異。夫子賢於堯舜，語事功也。蓋堯舜治天下，夫子又推其道以垂教萬世。堯舜之道，非得夫子，則後世亦何所據哉？」○又問：「三代以前，只是説中説極，至孔門答問，説者便是仁。何也？」朱子曰：「説中説極，今人多錯會了文義。今未暇詳説。但至孔門，仁字則是列聖相傳，到此方漸次説到親切處耳。夫子之所以賢於堯舜，亦其一端也。」○史記曰：「宰我問五帝之德。子曰：『予非其人也。』」又宰我爲臨淄大夫，與田常作亂，夷其族，孔子恥之。○蘇氏古史曰：「太史公云云，余以爲宰我之賢，列於四科，其師友淵源，所從來遠矣。雖爲不善，不至於從叛逆、弑君父也。不幸平居有晝寢、短喪之過，儒者因遂信之。蓋田常之亂，本與闞止争，闞止亦子我也。田常殺闞止，而宰我蒙其惡名，豈不哀哉？且使宰我信與田常之亂，常既殺闞止，殺簡公，則尚誰族宰我者？事必不然矣。又李斯曰：『田常陰取齊國，殺宰予於庭，因殺簡公。』信如此説，則宰我乃田常之讎，爲齊攻田常者，非與常作亂矣。要知，闞止亦曰子我，故戰國諸子誤以爲宰我。皆不足信也。」**子貢曰：『見其禮而知其政，聞其樂而知其德。由百世之後，等百世之王，莫之能違也。自生民以來，未有夫子也。』**言大凡見人之禮，則可以知其政；聞人之樂，則可以知其德。是以我從百世之後，差等百世之王，無有能遁其情者。而見其皆莫若夫子之盛也。**有若曰：『豈惟民哉？麒麟之於走獸，鳳凰之於飛鳥，太山之於丘垤，河海之於行潦，類也。聖人之於民，亦類也。出於其類，拔乎其萃。自生民以來，未有盛於孔子也。』**」麒麟，毛蟲之長。鳳凰，羽蟲之長。垤，蟻封也。行潦，道上無源之水也。出，高出也。拔，特起也。萃，聚也。言自古聖人，固皆異於衆人，然未有如孔子之尤盛者也。○程子曰：「孟子此章，擴前聖所未發，學者所宜潛心而玩索也。」

孟子曰：「以力假仁者霸，霸必有大國；以德行仁者王，王不待大。湯以七十里，文王以百里。假仁者，本無是心，而借其事以爲功者也。以德行仁，則自吾之得於心者推之，無適而非仁也。○以力假仁，力與仁二。以德行仁，德便是仁。○南軒曰：「以德行仁，至誠惻怛，本於其心，而形於事爲。如木之有本，水之有源也。」**以力服人者，非心服也，力不贍也；以德服人者，中心悦而誠服也，如七十子之服孔子也。詩云：『自西自東，自南自北，無**

思不服。』此之謂也。」王霸之心，誠僞不同。故人所以應之者，其不同亦如此。○鄒氏曰：「以力服人者，有意於服人，而人不敢不服；以德服人者，無意於服人，而人不能不服。從古以來，論王霸者多矣，未有若此章之深切而著明也。」○先儒謂：「自古之論王霸者多矣，未有若此章之深切而著明也。」蓋王霸之辨，曰德與力而已。力者，國富兵彊之謂。初無心於爲仁，而借其名以集事也。德者，躬行心得之謂。其仁素具於中，而推之以及物也。霸者以力，故必大國乃能爲之。王者以德不以力，何待於大乎？以力服人者，有意於服人，而人不敢不服；以德服人者，無意於服人，而人不能不服。此天理、人欲之分，而王霸之所以異也。夫孔子以匹夫，不得位，而七十子終身從之，是孰使之然哉？所謂心悦而誠服也。王者之服人，亦猶是也。衍義

孟子曰：「仁則榮，不仁則辱。今惡辱而居不仁，是猶惡濕而居下也。此只是爲下等人言。若是上等人，豈以榮辱之故而後行仁哉？○南軒曰：「仁者非有意於榮，仁者固榮也。在身則心和而氣平，德性尊而暴慢遠[二]。在家則父子親而兄弟睦、夫婦義、長幼序。推之於國而國治，施之於天下而天下平。無往而不榮也。若夫不仁之人，咈理而徇欲，一身將不能以自保，而況於其他乎？夫人之情，孰不惟辱之惡？而自處於不仁，則以不仁蔽之，而昧夫榮辱之幾。」**如惡之，莫**

[二] 暴，原作「恭」，乾隆本、同治本同，據薈要本、四庫本改。

如貴德而尊士，賢者在位，能者在職，國家閒暇，及是時明其政刑。雖大國，必畏之矣。閒，音閑。○此因其惡辱之情，而進之以彊仁之事也。貴德，猶尚德也。士，則指其人而言之。賢，有德者。使之在位，則足以正君而善俗。能，有才者。使之在職，則足以修政而立事。國家閒暇，可以有爲之時也。詳味「及」字，則惟日不足之意可見矣。**詩云：『迨天之未陰雨，徹彼桑土，綢繆牖户。今此下民，或敢侮予？』孔子曰：『爲此詩者，其知道乎！能治其國家，誰敢侮之？』**徹，直列反。土，音杜。綢，音稠。繆，武彪反。○詩，豳風鴟鴞之篇，周公之所作也。迨，及也。徹，取也。桑土，桑根之皮也。綢繆，纏綿補葺也。牖户，巢之通氣出入處也。予，鳥自謂也。言我之備患詳密如此，今此在下之人，或敢有侮予者乎？周公以鳥之爲巢如此，比君之爲國，亦當思患而預防之。孔子讀而贊之，以爲知道也。**今國家閒暇，及是時般樂怠敖，是自求禍也。**般，音盤。樂，音洛。敖，音傲。○言其縱欲偷安，亦惟日不足也。**禍福無不自己求之者。**結上文之意。**詩云：『永言配命，自求多福。』太甲曰：『天作孽，猶可違；自作孽，不可活。』此之謂也。」**詩，大雅文王之篇。永，長也。言，猶念也。配，合也。命，天命也。此言福之自己求者。太甲，商書篇名。孽，禍也。違，避也。活，生也，書作「逭」。逭，猶緩也。此言禍之自己求者。

孟子曰：「尊賢使能，俊傑在位，則天下之士皆悦而願立於其朝矣。俊傑，才德之異於衆者。**市廛而不征，法而不廛，則天下之商皆悦而願藏於其市矣。**廛，市宅也。張子曰：「或賦其市地之廛，而不征其貨；或治之以市官之法，而不賦其廛。蓋逐末者多則廛以抑之，少則不必廛也。」**關譏而不征，則天下之旅皆悦而願出於其路矣。**解見前篇。**耕者助而不稅，則天下之農皆悦而願耕於其野矣。**但使出力以助耕公田，而不稅其私田也。**廛無夫里之布，則天下之民皆悦而願爲之氓矣。**周禮：「宅不毛者，有里布。民無職事者，出夫家之征。」鄭氏謂：「宅不種桑麻者，罰之使出一里二十五家之布；民無常業者，罰之使出一夫百畝之稅、一家力役之征也。」今戰國時，一切取之。市宅之民，已賦其廛，又令出此夫里之布，非先王之法也。氓，民也。**信能行此五者，則鄰國之民仰之若父母矣。率其子弟，攻其父母，自生民以來，未有能濟者也。如此，則無敵於天下。無敵於天下者，天吏也。然而不王者，未之有也。」**吕氏曰：「奉行天命，謂之天吏。廢興存亡，惟天所命，不敢不從，若湯武是也。」○此章言能行王政，則寇戎爲父子；不行王政，則赤子爲仇讎。

孟子曰：「人皆有不忍人之心。天地以生物爲心，而所生之物因各得夫天地生物之心以爲心，所以人皆有不忍人之心也。**先王有不忍人之心，斯有不忍人之政矣。以不忍人之心，行不忍人之政，治天下可運之掌上。**言衆人雖有不忍人之心，然物欲害之，存焉者寡，故不能察識而推之政事之閒。惟聖人全體此心，隨感而應，故其所行無非不忍人之政也。**所以謂人皆有**

不忍人之心者，今人乍見孺子將入於井，皆有怵惕惻隱之心。非所以內交於孺子之父母也，非所以要譽於鄉黨朋友也，非惡其聲而然也。怵，音黜。內，讀爲納。要，平聲。惡，去聲，下同。○乍，猶忽也。怵惕，驚動貌。惻，傷之切也；隱，痛之深也，此即所謂不忍人之心也。內，結。要，求。聲，名也。言乍見之時，便有此心，隨見而發，非由此三者而然也。程子曰：「滿腔子是惻隱之心。」謝氏曰：「人須是識其真心。方乍見孺子入井之時，其心怵惕，乃真心也。非思而得，非勉而中，天理之自然也。內交、要譽、惡其聲而然，即人欲之私矣。」**由是觀之，無惻隱之心，非人也；無羞惡之心，非人也；無辭讓之心，非人也；無是非之心，非人也。**羞，恥己之不善也。惡，憎人之不善也。辭，解使去己也。讓，推以與人也。是，知其善而以爲是也。非，知其惡而以爲非也。人之所以爲心，不外乎是四者，故因論惻隱而悉數之。言人若無此，則不得謂之人，所以明其必有也。**惻隱之心，仁之端也；羞惡之心，義之端也；辭讓之心，禮之端也；是非之心，智之端也。**惻隱、羞惡、辭讓、是非，情也。仁、義、禮、智，性也。心，統性情者也。端，緒也。因其情之發，而性之本然可得而見，猶有物在中而緒見於外也。**人之有是四端也，猶其有四體也。有是四端而自謂不能者，自賊者也；謂其君不能者，賊其君者也。**四體，四支，人之所必有者也。自謂不能者，物欲蔽之耳。**凡有四端於我者，知皆擴而充之矣，若火之始然，泉之始達。苟能充之，足以保四海；苟不充之，**

不足以事父母。」擴，推廣之意。充，滿也。四端在我，隨處發見，知皆即此推廣，而充滿其本然之量，則其日新又新，將有不能自已者矣。能由此而遂充之，則四海雖遠，亦吾度内，無難保者；不能充之，則雖事之至近而不能矣。○此章所論人之性情、心之體用，本然全具，而各有條理如此。學者於此，反求默識而擴充之，則天之所以與我者，可以無不盡矣。程子曰：「人皆有是心，惟君子爲能擴而充之。不能然者，皆自棄也。然其充與不充，亦在我而已矣。」又曰：「四端不言信者，既有誠心爲四端，則信在其中矣。」愚案：四端之信，猶五行之土，無定位，無成名，無專氣，而水火金木無不待是以生者。故土於五行無不在，於四時則寄王焉，其理亦猶是也。○天地生人物，須是和氣方生。人自和氣中出，所以有不忍人之心。○問「滿腔子是惻隱之心」。曰：「只是滿這軀殼都是惻隱之心。纔觸著，便是這箇出來，大感則大應，小感則小應。」○仁是根，惻隱是萌芽，親親、仁民、愛物，便是推廣到枝葉處。○玉山講義：「天之生物，各賦一性，性非有物，只是一箇道理之在我者耳。故性之所以爲體，只是仁義禮智信五字，天下道理無不出於此。韓文公云：『人之所以爲性者五。』其説最得之。却爲後世之言性者多雜佛老而言，所以將性字作知覺心意看了，非聖賢説性字本指也。五者之中，所謂信者，是箇真實無妄底道理，如仁義禮智皆真實而無妄者也，故信自更不須説。只仁義禮智四字，於中各有分別，不可不辨。蓋仁則是温和慈愛底道理，義則是箇斷制裁割底道理，禮則是箇恭敬撙節底道理，智則是箇分別是非底道理。凡此四者，具於人心，乃是性之本體。方其未發，漠然無形象之可見；及其發而爲用，則仁者爲惻隱，義者爲羞惡，禮者爲辭讓，智者爲是非，隨事發見，各有苗脉，不相淆亂，所謂情也。故孟子曰：『惻隱之心，仁之端也；羞惡之心，義之端也；恭敬之心，禮之端也；是非之心，智之端也。』謂之端者，猶有物在中而不可見，必因其端緒發見於外，然後可得而尋也。蓋一心之中，仁義禮智各有界限，而其性情體用，又自各有分別。然後就此四者之中，又見得仁義兩字是箇大界限。如天地造化，四序流行，而其實不過一陰一陽而已。於此見得分明，然後就此又見得仁字是箇生底意思，通貫周流於四者之中。仁固仁之本體也，義則仁之斷制也，禮則仁之節文也，智則仁之分別也。正如春之生氣，貫徹四時，春則生之生也，夏則生之長也，秋則生之收也，冬則生之藏也。故程子謂：『四德之元，猶五常之仁。偏言則一事，專言則包四者。』正謂此也。孔子只言仁，以其專言者言之也。故但言仁，而義禮智皆在其中。孟子兼言義，以其偏言者言之也。然亦不是於孔子所言之外，添人一箇義字，但於一理之中分別出來耳。其又兼言禮、智，亦是如此。蓋禮是仁之著，智是義之藏，而仁之一字，未嘗不流行乎四者之中也。若論體用，亦有兩説。蓋以仁存於中而義形於外言之，則曰仁，人心也，義，正路也，而以仁義相爲體用。若以仁對惻隱、義對羞惡而言，則就一理之中，又以未發、已發相爲體用。若認得熟，看得透，則玲瓏穿穴，縱横顛倒，無處不通，而日用之閒，行著習察，無不是著工夫處矣。」○四端説曰：「性是太極渾然之體，本不可以名字言。但其中含具萬理，而綱領之大者有四，故命之曰仁義禮智。孔門未嘗備言，至孟子而始終備言之者，蓋孔子之時，性善之理素明，雖不詳其條，而説自具。至孟子之時，異説蠭起，往往以性爲不善。孟子懼是理之不明，而思有以明之。苟但曰渾然全體，則恐其爲無星之稱、無寸之尺，而終不足以曉天下。於是別而言之，界爲四破，而四端之説於是乎立。蓋四端之未發也，性雖寂然不動，而其中自有條理，自有間架，不是儱侗都無一物。所以外邊纔感，中間便應。如赤子入井之事感，則仁之理便應，而惻隱之心於是乎形；如過廟過朝之事感，則禮之理便應，而恭敬之心於是乎形。蓋由其發各有面貌之不同，是以孟子析而爲四，以示學者，使知渾然全體之中，而燦然有條如此，則性之善可知矣。然四端之未發也，所謂渾然全體之理，無聲臭之可言，無形象之可見，何以知其燦然有條若此？蓋是理可驗，乃就他發處驗得。凡物必有本根，而後有枝葉，見其枝葉，而知其必有本根。性之理雖無形，而端緒之發則可驗。故由其惻隱，所以必知其有仁；由其羞惡，所以必知其有義；由其恭敬，所以必知其有禮；由其是非，所以必知其有智。使其本無是理於內，則何以有是端於外？所以有是端於外，必知有是理在內，而不可誣也。故孟子言『乃若其情，則可以爲善矣』，乃所謂善也。是則孟子之言性善，蓋亦遡其情而逆知之耳。仁義禮智，既見得他界限分明，又須知四者之中，仁義是一箇對立底關鍵。蓋仁，仁也，而禮者則仁之著；義，義也，而智者則義之藏。猶春夏秋冬各有四時，而春夏皆陽之屬也，秋冬皆陰之屬也。故曰：『立天之道，曰陰與陽；立地之道，曰柔與剛；立人之道，曰仁與義。』是知天地之道，不兩則不能以立。故端之有四，而立者有兩耳。仁義雖對立而成兩，然仁實貫通乎四者之中。蓋偏言則一事，專言則包四者。故仁者，仁之本體；禮者，仁之節文；義者，仁之斷制；智者，仁之分別。猶春夏秋冬雖不同，而同出於春。春則春之生也，夏則春之長也，秋則春之收也，冬則春之藏也。自四而兩，自兩而一，則統之有宗，會之有元矣。故曰：『五行一陰陽，陰陽一太極。』是天地之理固然也。仁包四端，而智居四端之末者，蓋冬者藏也，所以始萬物而終萬物者也。智有藏之義焉，有始終之義焉。且惻隱、羞惡、恭敬，是三者皆有可爲，智但分別其爲是非耳，是以謂之藏也。又惻隱、羞惡、恭敬，皆是一面底道理，而是非則有兩面，既別其所是，又別其所非，是終始萬物之象也。故仁義爲四端之首，而智則能成終成始。猶元雖四德之長，然元不生於元，而生於貞。蓋天地之化，不翕聚則不能發散，理固然也。仁智交際之間，乃萬化之機軸，此理循環不窮，脗合無間。程子所謂『動靜無端，陰陽無始』者，此也。」

○問「仁兼四端」意思。曰：「上蔡見明道，舉史書成誦，明道謂其玩物喪志，上蔡汗流浹背，面發赤色。明道云：『此便是惻隱之心。』且道上蔡聞道慚惶，自是羞惡之心，如何却說惻隱？惟是有惻隱，方會動，動了始有羞惡，有恭敬，有是非。動處便是惻隱。若不會動，却不成人。天地生生之理，這些意思，未嘗止息。」○惻隱之心，首末皆惻隱。三者則首是惻隱，末是羞惡、辭讓、是非。○性不可言。所以言性善者，只看他四端之善，則可以見性之善。如見水之清，則知其源頭必清矣。四端，情也；性，即理也。發者，情也，其本則性也，如見影知形之意。○仁義禮智，本體自無形影，要捉摸不着，只得將發動處看。程子曰：「因其惻隱，知其有仁。」說得最分明親切也。不道惻隱便是仁也，不道舍了惻隱別有一箇仁。譬如草木，因萌芽知得下面有根也，不道萌芽便是根，又不道舍了萌芽別取一箇根。○說仁義，便如陰陽；說四端，便如四時；說四端八字，便如八節。○問：「心中湛然清明，與天地相流通，此是仁否？」先生云：「湛然清明時，是仁義禮智統會處。今人説仁，都把做空洞底看，却不知當此時，仁義禮智之苗脉已在裏許，只是未發動。又有箇親愛底事來，便發出惻隱之心；有箇可厭惡事來，便發羞惡之心；禮、智亦然。」○四端固是良心，苟不加存養，發不中節，便是私心。○或問：「未發之際，不知如何？」曰：「未發之際，便是中，便是敬以直内，便是心之本體。」又問：「未發之際，欲加識別，使四者各有著落，如何？」曰：「如何識別？只存得這道理在這裏，便恁地涵養將去，既熟則其發見自不差。」○又曰：「未發之時，此心之體寂然不動，無可分別，只得混沌養將去。若必欲求其所謂四者之端，則既思便是已發矣。」○問：「仁何以能包四者？」曰：「人只是這一箇心，就這裏面分爲四者。且以惻隱論之，本只是這惻隱底心，遇當辭遜，則爲辭遜，不安處便爲羞惡，分別處便爲是非。若無一箇動底醒底在裏面，便也不知羞惡，不知辭遜，不知是非。譬如天地只是一箇春氣，是發生之心。春氣長得過便是夏，收斂便是秋，消縮盡便爲冬。明年又從春處起，渾然只是一箇發生之氣。」○問：「四端之端，集注以爲端緒；或説端乃尾[二]。如何？」曰：「以體用言之，有體而後有用，故端亦可謂之尾。若以終始言之，則四端是始發處，故亦可以端緒言之。二説各有所指，自不相礙。」○四端乃孔子所未發。

[二] 説，原作「問」，各本同，據宋福州學官刻元修本西山讀書記甲集五改。

人只道孟子有闢楊墨之功，不知他就人心上發明大功如此。闢楊墨是扞邊境之功，發明四端乃安社稷之功。○四者皆我所固有。其初發也，豪毛如也，及推廣將去，充滿其量，則廣大無窮。○問：「人心陷溺之久，四端蔽於利欲之私，初用工亦未免間斷。」曰：「固是。然義理之心纔勝，則利欲之念便消。如惻隱之心勝，則殘虐之意自消；羞惡之心勝，則貪冒無恥之意自消；恭敬之心勝，則驕惰之意自消；是非之心勝，則含糊、苟且、頑冥、昏謬之意自消。」○孟子言四端處極好，思量玩味，只反身而自驗其明昧深淺如何。○[二]○朱子四端之説，蓋先儒所未發。至論不忍人之心，則曰：「天地以生物爲心，而所生之物因各得天地生物之心以爲心，所以謂人皆有不忍人之心也。」至哉言矣！蓋天地造物，無他作爲，惟以生物爲事。觀夫春夏秋冬，往古來今，生意周流，何嘗一息間斷？天地之心，於此可見。萬物之生，既從天地生意中出，故物物皆具此理，何況人爲至靈，宜乎皆有不忍人之心也。然人有是心，而私欲間斷，故不能達之於用。惟聖人全體本心，私欲不雜，故有此仁心，便有此仁政，自然流出，更無壅遏。天下雖大，運以此心而有餘矣。孟子恐人未能自信也，故指發見之真切者以覺悟之。夫孺子未有所知而將入於井，乍見之者，無問賢愚，皆有惻怛傷痛之心。方其此心驟發之時，非欲以此納交，非欲以此干譽，又非以避不仁之名也。倉卒

[二] 通志堂經解各本此處有墨釘，占小字十二字。薈要本此處空白，占字同，并標「闕」字。

之閒，無安排，無矯飾，而天機自動，此所謂真心也。賦形爲人，孰無此心？苟無此心，則非人矣。然所謂無有，豈其固然哉？私欲蔽塞而失其本真耳。孟子始言惻隱之心，至此則兼羞惡、辭遜、是非而言者，蓋仁爲衆善之長，有惻隱則三者從之矣。惻隱不存，則三者亦何有哉？夫四肢，人所必有，四端亦然。而昧者不察，自謂不能，是賊其身；又謂吾君不能，是賊其君。賊猶賊仁、賊義之賊，言爲禍害之深也。然仁義禮智，其分量甚大，而端緒甚微，苟不推廣其端，則何以充滿其量？必也因其發見之微，隨加展拓，使人欲無所障礙，而天理得以流行。猶始然之火，引之而煌煌；始達之泉，疏之而浩浩。仁義禮智，庶幾充滿其本然之量，而不可勝用矣。苟惟不然，天理方萌，人欲隨窒，是乍然者遽息，而方達者隨堙。欲愈蔽而端愈微，雖有不忍人之心，必無不忍人之政矣。夫四端在人，一也，充之則足以保四海，不充則不足以事父母。是以帝王之治，光宅天下，丕冒海隅。而後之人主，或以天下之大，而不能悦其親之心；或以邇聲色，信讒邪，而至於黜其配，殺其子。同此四端也，充與不充而已耳。出衍義。

孟子曰：「矢人豈不仁於函人哉？矢人惟恐不傷人，函人惟恐傷人。巫匠亦然，故術不可不慎也。函，甲也。惻隱之心人皆有之，是矢人之心，本非不如函人之仁也。巫者爲人祈祝，利人之生。匠者作爲棺椁，利人之死。孔子曰：『里仁爲美。擇不處仁，焉得智？』夫仁，天之尊爵也，人之安宅也。莫之禦而不仁，是不智也。里有仁厚之俗者，猶以爲美。

人擇所以自處而不於仁，安得爲智乎？此孔子之言也。仁義禮智，皆天所與之良貴。而仁者天地生物之心，得之最先，而兼統四者，所謂元者善之長也，故曰尊爵。在人則爲本心全體之德，有天理自然之安，無人欲陷溺之危。人當常在其中，而不可須臾離者也，故曰安宅。此又孟子釋孔子之意，以爲仁道之大如此，而自不爲之，豈非不智之甚乎？○仁者吾所自有，苟欲爲之，誰能止之者。乃甘心於不仁，豈非不智乎？故仁智二字常相須焉，不仁斯不智矣，不智斯不仁矣。衍義 **不仁、不智、無禮、無義，人役也。人役而恥爲役，由弓人而恥爲弓，矢人而恥爲矢也。** 以不仁故不智，不智故不知禮義之所在。**如恥之，莫如爲仁。** 此亦因人愧恥之心，而引之使志於仁也。不言智禮義者，仁該全體，能爲仁，則三者在其中矣。**仁者如射，射者正己而後發。發而不中，不怨勝己者，反求諸己而已矣。」** 中，去聲。○爲仁由己，而由人乎哉？○南軒曰：「矢人與函人，巫與匠，俱人也，而其所欲之異者，以其操術然也。故夫人自處於不仁，爲忌忮，爲殘忍，至於嗜殺人而不顧者，夫豈獨異於人哉？惟其所處，向在乎人欲之中，安習滋長，以至於此。其性本同，而其習胥壞之異，可不畏與？」

孟子曰：「子路，人告之以有過則喜。 喜其得聞而改之，其勇於自修如此。周子曰：「仲由喜聞過，令名無窮焉。今人有過，不喜人規，如諱疾而忌醫，寧滅其身而無悟也。噫！」程子曰：「子路，人告之以有過則喜，亦可謂百世之師矣。」**禹聞善言則拜。** 書曰：「禹拜昌言。」蓋不待有過，而能屈己以受天下之善也。大舜有大焉，善與人同。舍己從人，樂取於人以爲善。言舜之所爲，又有大於禹與子路者。善與人同，公天下之善而不爲私也。己未善，則無所繫吝而舍己從人；人有善，則不待勉彊而取之於己，此善與人同之目也。自耕稼陶漁以至爲帝，無非取於人者。舜之側微，耕于歷山，陶于河濱，漁于雷澤。取諸人以爲善，是與人爲善者也，故君子莫大乎與人爲善。」與，猶許也，助也。取彼之善而爲之於我，則彼益勸於爲善矣，是我助其爲善也。能使天下之人皆勸於爲善，君子之善，孰大於此？○此章言聖賢樂善之誠，初無彼此之間。故其在人者有以裕於己，在己者有以及於人。

孟子曰：「伯夷，非其君不事，非其友不友。不立於惡人之朝，不與惡人言。立於惡人之朝，與惡人言，如以朝衣朝冠坐於塗炭。推惡惡之心，思與鄉人立，其冠不正，望望然去之，若將浼焉。是故諸侯雖有善其辭命而至者，不受也。不受也者，是亦不屑就已。柳下惠，不羞汙君，不卑小官。進不隱賢，必以其道。遺佚而不怨，阨窮而不憫。故曰：『爾爲爾，我爲我，雖袒裼裸裎於我側，爾焉能浼我哉？』故由由然與之偕而不自失焉，援而止之而止。援而止之而止者，是亦不屑去已。」孟子曰：「伯夷隘，柳下惠不恭。隘與不恭，君子不由也。」隘，狹窄也。不恭，簡慢也。夷惠之行，固皆造乎至極之地。然既有所偏，則不能無弊，故不可由也。○南軒曰：「不屑就，謂不輕就也。然而伯夷非不就也，特不輕就耳。下惠非不去也，特不輕去耳。伯夷聞文王作，則興曰『盍歸乎來』，下惠爲士師，蓋嘗三黜。是則伯夷果長往而不來者乎？下惠果苟容而尸位者乎？此其就清和中處之而盡其道。然而於是二端終有所未化，故其意味有所偏重，而未免於流弊也。故夫『思與鄉人處，其衣冠不正，望望然去，若將浼焉』，此其流弊得無有入於隘者乎？曰『爾爲爾，我爲我，雖袒裼裸裎而不以爲浼』，此其流弊得無有入於不恭者乎？其端豪釐之閒，從而由之，則其弊有甚者矣。故其所爲隘與不恭者，君子所不由。而所願，則學孔子也。」

孟子集編卷第三

孟子集編卷第四

公孫丑章句下

凡十四章。自第二章以下，記孟子出處行實爲詳。

孟子曰：「天時不如地利，地利不如人和。天時，謂時日支干、孤虛、王相之屬也。地利，險阻、城池之固也。人和，得民心之和也。三里之城，七里之郭，環而攻之而不勝。夫環而攻之，必有得天時者矣，然而不勝者，是天時不如地利也。三里七里，城郭之小者。郭，外城。環，圍也。言四面攻圍，曠日持久，必有值天時之善者。城非不高也，池非不深也，兵革非不堅利也，米粟非不多也，委而去之，是地利不如人和也。革，甲也。粟，穀也。委，棄也。言不得民心，民不爲守也。故曰：域民不以封疆之界，固國不以山谿之險，威天下不以兵革之利。得道者多助，失道者寡助。寡助之至，親戚畔之；多助之至，天下順之。域，界限也。以天下之所順，攻親戚之所畔，故君子有不戰，戰必勝矣。」言不戰則已，戰則必勝。○尹氏曰：「言得天下者，凡以得民心而已。」

孟子將朝王，王使人來曰：「寡人如就見者也，有寒疾，不可以風。朝將視朝，不識可使寡人得見乎？」對曰：「不幸而有疾，不能造朝。」章内「朝」，並音潮，唯「朝將」之「朝」，如字。造，七到反，下同。○王，齊王也。孟子本將朝王，王不知而託病以召孟子，故孟子亦以疾辭也。明日出弔於東郭氏。公孫丑曰：「昔者辭以病，今日弔，或者不可乎？」曰：「昔者疾，今日愈，如之何不弔？」東郭氏，齊大夫家也。昔者，昨日也。或者，疑辭。辭疾而出弔，與孔子不見孺悲取瑟而歌同意。王使人問疾，醫來。孟仲子對曰：「昔者有王命，有采薪之憂，不能造朝。今病小愈，趨造於朝，我不識能至否乎？」使數人要於路，曰：「請必無歸，而造於朝。」要，平聲。○孟仲子，趙氏以爲孟子之從昆弟，學於孟子者也。采薪之憂，言病不能采薪，謙辭也。仲子權辭以對，又使人要孟子，令勿歸而造朝，以實己言。不得已而之景丑氏宿焉。景子曰：「内則父子，外則君臣，人之大倫也。父子主恩，君臣主敬。丑見王之敬子也，未見所以敬王也。」曰：「惡！是何言也！齊人無以仁義與王言者，豈以仁義爲不美也？其心曰『是何足與言仁義也』云爾，則不敬莫大乎是。我非堯舜之道不敢以陳於王前，故齊人莫如我敬王也。」惡，平聲，下同。○景丑氏，齊大夫家也。景子，景丑也。惡，歎辭也。景丑所言，敬之小者也；孟子所言，敬之大者也。○孟子是時在賓師之位，故其君有就見之禮。宣王託疾而要其朝，敬賢之心不篤，故孟子亦託疾而不往也。景子但知聞命奔走爲敬其君，不知以堯舜之道告其君者乃敬之大者也。僕隸之臣，唯唯承命，外若敬其君，然心實薄之，曰「是何足與言仁義」，此不敬之大者也。齊人之敬君以貌，孟子之敬君以心，故曰齊人莫如我敬王也。衍義景子曰：「否，非此之謂也。禮曰：『父召，無諾；君命召，不俟駕。』固將朝也，聞王命而遂不果，宜與夫禮若不相似然。」禮曰：「父命呼，唯而不諾。」又曰：「君命召，在官不俟屨，在外不俟車。」言孟子本欲朝王，而聞命中止，似與此禮之意不同也。曰：「豈謂是與？曾子曰：『晉楚之富，不可及也。彼以其富，我以吾仁；彼以其爵，我以吾義。吾何慊乎哉？』夫豈不義而曾子言之？是或一道也。天下有達尊三：爵一，齒一，德一。朝廷莫如爵，鄉黨莫如齒，輔世長民莫如德。惡得有其一以慢其二哉？與，平聲。慊，口簟反。長，上聲。○慊，恨也，少也。或作「嗛」，字書以爲口銜物也。然則慊亦但爲心有所銜之義，其爲快、爲足、爲恨、爲少，則因其事而所銜有不同耳。孟子言我之意非如景子之所言者。因引曾子之言，而云夫此豈是不義而曾子肯以爲言，是或別有一種道理也。達，通也。蓋通天下之所尊，有此三者。曾子之說，蓋以德言之也。今齊王但有爵耳，安得以此慢於齒德乎？故將大有爲之君，必有所不召之臣。欲有謀焉，則就之。其尊德樂道，不如是不足與有爲也。樂，音洛。○大有爲之君，大有作爲，非常之君也。程子曰：「古之人所以必待人君致敬盡禮而後往者，非欲自爲尊大也，爲是故耳。」故湯之於伊尹，學焉而後臣之，故不勞而王；桓公之於管仲，學焉而後臣之，故不勞而霸。先從受學，師之也。後以爲臣，任之也。**今天下地醜德齊，莫能相尚。無他，好臣其所教，而不好臣其所受教。**醜，類也。尚，過也。所教，謂聽從於己，可役使者也。所受教，謂己之所從學者也。**湯之於伊尹，桓公之於管仲，則不敢召。管仲且猶不可召，而況不爲管仲者乎？」**不爲管仲，孟子自謂也。范氏曰：「孟子之於齊，處賓師之位，非當仕有官職者，故其言如此。」○此章見賓師不以趨走承順爲恭，而以責難陳善爲敬；人君不以崇高富貴爲重，而以貴德尊士爲賢，則上下交而德業成矣。

陳臻問曰：「前日於齊，王餽兼金一百而不受；於宋，餽七十鎰而受；於薛，餽五十鎰而受。前日之不受是，則今日之受非也；今日之受是，則前日之不受非也。夫子必居一於此矣。」陳臻，孟子弟子。兼金，好金也，其價兼倍於常者。一百，百鎰也。**孟子曰：「皆是也。當在宋也，予將有遠行，行者必以贐，辭曰『餽贐』，予何爲不受？**贐，送行者之禮也。**當在薛也，予有戒心，辭曰『聞戒』，故爲兵餽之，予何爲不受？**「爲兵」之「爲」，去聲。○時人有欲害孟子者，孟子設兵以戒備之。薛君以金餽孟子，爲兵備，辭曰「聞子之有戒心也」。**若於齊，則未有處也。無處而餽之，是貨之也。焉有君子而可以貨取乎？」**焉，於虔反。○無遠行、戒心之事，是未有所處也。取，猶致也。○尹氏曰：「言君子之辭受取予，唯當於理而已。」○南軒曰：「凡人所以遲回於辭受之際者，以爲外物所動故也。蓋於其所不當受而受，其動於物固也；若於所當受而不受，是亦爲物所動而已矣。何則？以其蔽於理而見物之大也。若夫聖賢，從容不迫，惟義之安，而外物何有乎？故以舜受堯之天下而不爲泰，亦曰『義當然耳』。若於義也無居，則簞食豆羹不可取也。簞食豆羹之與天下，其大小固有閒矣，物則有大小，而義之所在，則一也。」

孟子之平陸，謂其大夫曰：「子之持戟之士，一日而三失伍，則去之否乎？」曰：「不待三。」平陸，齊下邑也。大夫，邑宰也。戟，有枝兵也。士，戰士也。伍，行列也。去之，殺之也。「然則子之失伍也亦多矣。凶年饑歲，子之民，老羸轉於溝壑，壯者散而之四方者，幾千人矣。」曰：「此非距心之所得爲也。」子之失伍，言其失職，猶士之失伍也。距心，大夫名。對言此乃王之失政使然，非我所得專爲也。曰：「今有受人之牛羊而爲之牧之者，則必爲之求牧與芻矣。求牧與芻而不得，則反諸其人乎？抑亦立而視其死與？」曰：「此則距心之罪也。」爲，去聲。「死與」之「與」，平聲。○牧之，養之也。牧，牧地也。芻，草也。孟子言若不得自專，何不致其事而去。他日，見於王，曰：「王之爲都者，臣知五人焉。知其罪者，惟孔距心。」爲王誦之。王曰：「此則寡人之罪也。」爲都，治邑也。邑有先君之廟曰都。孔，大夫姓也。爲王誦其語，欲以諷曉王也。○陳氏曰：「孟子一言，而齊之君臣舉知其罪，固足以興邦矣。然而齊卒不得爲善國者，豈非説而不繹、從而不改故耶？」

孟子謂蚳鼃曰：「子之辭靈丘而請士師，似也，爲其可以言也。今既數月矣，未可以言與？」蚳，音遲。鼃，烏花反。爲，去聲。○蚳鼃，齊大夫也。靈丘，齊下邑。似也，言所爲近似有理。可以言，謂士師近王，得以諫刑罰之不中者。**蚳鼃諫於王而不用，致爲臣而去。**致，猶還也。**齊人曰：「所以爲蚳鼃，則善矣；所以自爲，則吾不知也。」**譏孟子道不行而不能去也。**公都子以告。**公都子，孟子弟子也。**曰：「吾聞之也：『有官守者，不得其職則去；有言責者，不得其言則去。』我無官守，我無言責也，則吾進退，豈不綽綽然有餘裕哉？」**官守，以官爲守者。言責，以言爲責者。綽綽，寬貌。裕，寬意也。孟子居賓師之位，未嘗受祿，故其進退之際，寬裕如此。尹氏曰：「進退久速，當於理而已。」○南軒曰：「所居之時雖同，而所處之地有異，則其進退語默，各有攸當，不可得而齊也。蚳鼃之在靈丘，其職未可以言也，而請士師，庶幾乎欲有補於君也。士師掌國之刑罰，而立於朝，王有失德，朝有闕政，士師所當言也。故孟子以數月爲淹久，而欲其言。蚳鼃於是諫於王，言不用而去之，庶幾得爲臣之義矣。齊人以爲孟子所以爲蚳鼃者固善，而孟子久於齊，曷不諫乎？若諫而不聽，曷不遂去之乎？蓋齊人未知義之所在也。夫有官守者，其守在官，不得其職則當去；有言責者，其責在言，不得其言可不去乎？若孟子，則異乎此矣，居賓師之位，無官守言責之拘，故得以從容不迫，陳善閉邪，以俟其改。故曰『則吾進退，豈不綽綽然有餘裕哉』，言可以徐處乎進退之宜也。然卒致爲臣而歸，何也？蓋其誠意備至，啓告曲盡，而王終莫之悟也。則有不得已焉者，而三宿出晝，猶望之改之，亦可謂從容矣。蓋進退久速，無非義之所存也。」

孟子爲卿於齊，出弔於滕，王使蓋大夫王驩爲輔行。王驩朝暮見，反齊滕之路，未嘗與之言行事也。蓋，古盍反。見，音現。○蓋，齊下邑也。王驩，王嬖臣也。輔行，副使也。反，往而還也。行事，使事也。公孫丑曰：「齊卿之位，不爲小矣；齊滕之路，不爲近矣。反之而未嘗與言行事，何也？」曰：「夫既或治之，予何言哉？」夫，音扶。○王驩蓋攝卿以行，故曰齊卿。夫既或治之，言有司已治之矣。孟子之待小人，不惡而嚴如此。

孟子自齊葬於魯，反於齊，止於嬴。充虞請曰：「前日不知虞之不肖，使虞敦匠事。嚴，虞不敢請。今願竊有請也，木若以美然。」孟子仕於齊，喪母，歸葬於魯。嬴，齊南邑。充虞，孟子弟子。曰：「古者棺椁無度。中古棺七寸，椁稱之，自天子達於庶人。非直爲觀美也，然後盡於人心。度，厚薄尺寸也。中古，周公制禮時也。椁稱之，與棺相稱也。欲其堅厚久遠，非特爲人觀視之美而已。不得，不可以爲悦；無財，不可以爲悦。得之爲有財，古之人皆用之，吾何爲獨不然？且比化者，無使土侵膚，於人心獨無恔乎？比，必二反。恔，音效。○比，猶爲也。化者，死者也。恔，快也。言爲死者不使土近其肌膚，於人子之心，豈不快然無所恨乎？吾聞之也，君子不以天下儉其親。」送終之禮，所當得爲而不自盡，是爲天下愛惜此物，而薄於吾親也。○又魯平公將見孟子，嬖人臧倉曰：「禮義由賢者出，孟子之後喪踰前喪，君無見焉。」公曰：「諾。」樂正子入見，曰：「君奚爲不見孟軻也？」曰：「或告寡人曰『孟子之後喪踰前喪』，是以不往見也。」曰：「何哉君所謂踰者？前以士，後以大夫；前以三鼎，而後以五鼎與？」曰：「否。謂其棺椁衣衾之美也。」曰：「非所謂踰也，貧富不同也。」○今案：「子思必誠必信」以下數章，及孟子此章之所指，則聖賢之於其親，心無不盡，而其禮則以貧富有無爲則。學者觀此，知所取法矣。○案：司馬氏論葬曰：「孝經云：『卜其宅兆而安厝之。』謂卜地決其吉凶耳，非若今陰陽家相其山岡風水也。國子高曰：『葬者，藏也。死則擇不食之地而葬我焉。』明無地不可葬也。古者天子七月、諸侯五月、大夫三月、士踰月而葬，蓋舉其中制而言之。案春秋：『己丑，葬敬嬴，雨，不克葬。庚寅，日中而克葬。』『丁巳，葬定公，雨，不克葬。戊午[二]，日下昃乃葬。』何嘗擇年月日時也？『葬於北方，北首』，何嘗擇地也？今世俗信葬師之說，以爲子孫貧富、貴賤、賢愚、壽夭盡係於此，議論紛紜不決，至有終身不葬、累世不葬者。使殯葬實能致人禍福，爲子孫者豈忍暴露其親而自求利耶？悖禮傷義，無過於此。然孝子之心，慮患深遠，恐淺則爲人所掘，深則濕潤速朽，故必擇土厚水深之地而葬之。所擇必數處者，以備卜之不吉故也。或

[二] 戊，原作「壬」，各本同，據元相臺岳氏刻本春秋經傳集解定公下第二十八改。

曰：『世人久未葬者，非盡以陰陽拘忌之故，亦以貧故也。』予曰：『孔子有云：「斂手足形，還葬而無椁，稱其財之謂禮。」及子游問喪具，孔子云云。昔廉范千里負喪，郭平原自賣營墓，豈獨豐富然後葬哉？在禮，未葬不變服，食粥，居倚廬，寢苫，枕塊，蓋閔親之未有所歸，故寢食不安。奈何舍之，出仕，食稻，衣錦，不知其何以爲心哉？』」而程子則曰：「卜其宅兆，卜其地之美惡也。地美則神靈安，其子孫盛。然則曷謂地之美者？其土色之光潤，草木之茂盛，乃其驗也。而拘忌者或以擇地之方位，決日之吉凶，甚者不以奉先爲計，而專以利後爲慮，尤非孝子安厝之用心也。惟五患者，不可不謹。須使異日不爲道路，不爲城郭，不爲溝池，不爲貴勢所奪，不爲耕犂所及。」一本謂五患者，溝渠、道路、僻村、路遠、井窑。合二先生之言觀之，以安親爲心，則地不可以不擇，其擇也不可以太拘，擇焉而不至於太拘，則葬不患其不時矣。然世人多遷延不葬者，以昆若弟各懷自利之心，而野師俗巫又從而誑惑之甚，至徧納其賂而紿之以私己，愚而無知者安受其欺而弗悟也。夫某山强則某支富，某山弱則某支貧，非惟義理所不當問，雖近世陰陽家書，亦有深排其説者。惟野師俗巫，則張皇煽惑，以爲取利之資。擇地者必破此謬説，而後無太拘之患。爲人子者，所當深察也。○南史何子平以兵飢未葬其母者八年，晝夜號泣，常如祖括之日。書在小學書，當攷。

沈同以其私問曰：「燕可伐與？」孟子曰：「可。子噲不得與人燕，子之不得受燕於子噲。有仕於此，而子悦之，不告於王而私與之吾子之禄爵；夫士也，亦無王命而私受之於子，則可乎？何以異於是？」「伐與」之「與」，平聲，下「伐與」「殺與」同。夫，音扶。○沈同，齊臣。以私問，非王命也。子噲、子之，事見前篇。諸侯土地人民，受之天子，傳之先君。私以與人，則與者受者皆有罪也。仕，爲官也。士，即從仕之人也。齊人伐燕。或問曰：「勸齊伐燕，有諸？」曰：「未也。沈同問『燕可伐與』，吾應之曰『可』，彼然而伐之也。彼如曰『孰可以伐之』，則將應之曰『爲天吏，則可以伐之』。今有殺人者，或問之曰『人可殺與』，則將應之曰『可』。彼如曰『孰可以殺之』？則將應之曰『爲士師，則可以殺之』。今以燕伐燕，何爲勸之哉？」天吏，解見上篇。言齊無道，與燕無異，如以燕伐燕也。史記亦謂孟子勸齊伐燕，蓋傳聞此說之誤。○楊氏曰：「燕固可伐矣，故孟子曰可。使齊王能誅其君，弔其民，何不可之有？乃殺其父兄，擄其子弟，而後燕人畔之。乃以是歸咎孟子之言，則誤矣。」

燕人畔。王曰：「吾甚慚於孟子。」齊破燕後二年，燕人共立太子平爲王。陳賈曰：「王無患焉。王自以爲與周公，孰仁且智？」王曰：「惡！是何言也？」曰：「周公使管叔監殷，管叔以殷畔。知而使之，是不仁也；不知而使之，是不智也。仁智，周公未之盡也，而況於王乎？賈請見而解之。」陳賈，齊大夫也。管叔，名鮮，武王弟，周公兄也。武王勝商殺紂，立紂子武庚，而使管叔與弟蔡叔、霍叔監其國。武王崩，成王立，周公攝政。管叔與武庚畔，周公討而誅之。見孟子問曰：「周公何人也？」曰：「古聖人也。」曰：「使管叔監殷，管叔以殷畔也，有諸？」曰：「然。」曰：「周公知其將畔而使之與？」曰：「不知也。」「然則聖人且有過與？」曰：「周公，弟也；管叔，兄也。周公之過，不亦宜乎？」言周公乃管叔之弟，管叔乃周公之兄，然則周公不知管叔之將畔而使之，其過有所不免矣。或曰：「周公之處管叔，不如舜之處象，何也？」游氏曰：「象之惡已著，而其志不過富貴而已，故舜得以是而全之。若管叔之惡則未著，而其志其才皆非象比也，周公詎忍逆探其兄之惡而棄之耶？周公愛兄，宜無不盡者。管叔之事，聖人之不幸也。舜誠信而喜象，周公誠信而任管叔，此天理人倫之至，其用心一也。」且古之君子，過則改之；今之君子，過則順之。古之君子，其過也，如日月之食，民皆見之；及其更也，民皆仰之。今之君子，豈徒順之，又從爲之辭。」順，猶遂也。更，改也。辭，辯也。更之則無損於明，故民仰之。順而爲之辭，則其過愈深矣。責賈不能勉其君以遷善改過，而教之以遂非文過也。○林氏曰：「齊王慙於孟子，蓋羞惡之心，有不能自已者。使其臣有能因是心而將順之，則義不可勝用矣。而陳賈鄙人，方且爲之曲爲辯說，而沮其遷善改過之美，長其飾非拒諫之惡，故孟子深責之。然此書記事，散出而無先後之次，故其說必參考而後通。若以第二篇十章十一章，置於前章之後此章之前，則孟子之意，不待論說而自明矣。」

孟子致爲臣而歸。王就見孟子，曰：「前日願見而不可得，得侍同朝，甚喜。今又棄寡人而歸，不識可以繼此而得見乎？」對曰：「不敢請耳，固所願也。」朝，音潮。他曰，王謂時子曰：「我欲中國而授孟子室，養弟子以萬鍾，使諸大夫國人皆有所矜式。子盍爲我言之？」爲，去聲。○時子，齊臣也。中國，當國之中也。萬鍾，穀祿之數也。鍾，量名，受六斛四斗。矜，敬也。式，法也。盍，何不也。時子因陳子而以告孟子，陳子以時子之言告孟子。陳子，即陳臻也。孟子曰：「然。夫時子惡知其不可也？如使予欲富，辭十萬而受萬，是爲欲富乎？夫，音扶。惡，平聲。○孟子既以道不行而去，則其義不可以復留，而時子不知，則又有難顯言者。故但言設使我欲富，則我前日爲卿，嘗辭十萬之祿，今乃受此萬鍾之饋，是我雖欲富，亦不爲此也。季孫曰：『異哉子叔疑！使己爲政，不用，則亦已矣，又使其子弟爲卿。人亦孰不欲富貴？而獨於富貴之中，有私龍斷焉。』龍，音壟。○此孟子引季孫之語也。季孫、子叔疑，不知何時人。龍斷，岡壟之斷而高也，義見下文。蓋子叔疑者嘗不用，而使其子弟爲卿。季孫譏其既得於此，而又欲求得於彼，如下文賤丈夫登龍斷者之所爲也。孟子引此以明道既不行，復受其祿，則無以異此矣。古之爲市者，以其所有易其所無者，有司者治之耳。有賤丈夫焉，必求龍斷而登之，以左右望而罔市利。人皆以爲賤，故從而征之。征商，自此賤丈夫始矣。」孟子釋龍斷之說如此。治之，謂治其爭訟。左右望者，欲得此而又取彼也。罔，謂罔羅取之也。從而征之，謂人惡其專利，故就征其稅，後世緣此遂征商人也。○程子曰：「齊王所以處孟子者，未爲不可，孟子亦非不肯爲國人矜式者。但齊王實非欲尊孟子，乃欲以利誘之，故孟子拒而不受。」○南軒曰：「孟子以爲不用己則已矣，而又欲養子弟以卿之禄，則言王之處己也以利，而非爲道之故。吾之受之，亦利之而已。苟以利，則何異於龍斷之夫乎？人孰不欲富貴，此言人情之常也。謂賢者獨不欲，則豈人情哉？聖賢固欲道之行也，而動必以義，義所不安，則處貧賤而終身可也，其可以利誘乎？嗟夫！義利之幾，君子之所深謹，而去就之所由分也。後世爲人臣者，不明斯義，故爲之君者，謂利禄果可以得士，而士之所以求於我者，亦不過乎此。於是而有輕士自驕之心，正猶征商之徒，因龍斷之夫而立耳。夫惟君子守義而不苟利，所以明爲人臣之義也。」

孟子去齊，宿於晝。晝，如字，或曰當作「畫」，音獲。下同。○晝，齊西南近邑也。**有欲爲王留行者，坐而言。不應，隱几而卧。**爲，去聲，下同。隱，於靳反。○隱，憑也。客坐而言，孟子不應而卧也。**客不悦，曰：「弟子齊宿而後敢言，夫子卧而不聽，請勿復敢見矣。」曰：「坐，我明語子。昔者魯繆公無人乎子思之側，則不能安子思；泄柳、申詳，無人乎繆公之側，則不能安其身。**齊，側皆反。復，扶又反。語，去聲。○齊宿，齊戒越宿也。繆公尊禮子思，常使人候伺道達誠意於其側，乃能安而留之也。泄柳，魯人。申詳，子張之子也。繆公尊之不如子思，然二子義不苟容，非有賢者在其君之左右維持調護之，則亦不能安其身矣。**子爲長者慮，而不及子思，子絶長者乎？長者絶子乎？」**長者，孟子自稱也。言齊王不使子來，而子自欲爲王留我，是所以爲我謀者，不及繆公留子思之事，而先絶我也。我之卧而不應，豈爲先絶子乎？○南軒曰：「孟子與子思之所以自處者，其道一也。」

孟子去齊。尹士語人曰：「不識王之不可以爲湯武，則是不明也；識其不可，然且至，則是干澤也。千里而見王，不遇故去，三宿而後出晝，是何濡滯也。士則茲不悦。」語，去聲。○尹士，齊人也。干，求也。澤，恩澤也。濡滯，遲留也。高子以告。高子，亦齊人，孟子弟子也。曰：「夫尹士惡知予哉？千里而見王，是予所欲也；不遇故去，豈予所欲哉？予不得已也。夫，音扶，下同。惡，平聲。○見王，欲以行道也。今道不行，故不得已而去，非本欲如此也。予三宿而出晝，於予心猶以爲速。王庶幾改之。王如改諸，則必反予。所改必指一事而言，然今不可考矣。夫出晝而王不予追也，予然後浩然有歸志。予雖然，豈舍王哉？王由足用爲善。王如用予，則豈徒齊民安，天下之民舉安。王庶幾改之，予日望之。浩然，如水之流不可止也。楊氏曰：「齊王天資樸實，如好勇、好貨、好色、好世俗之樂，皆以直告而不隱於孟子，故足以爲善。若乃其心不然，而謬爲大言以欺人，是人終不可與入堯舜之道矣，何善之能爲？」予豈若是小丈夫然哉？諫於其君而不受則怒，悻悻然見於其面，去則窮日之力而後宿哉？」悻，形頂反。見，音現。○悻悻，怒意也。窮，盡也。尹士聞之，曰：「士誠小人也。」此章見聖賢行道濟時，汲汲之本心；愛君澤民，惓惓之餘意。

李氏曰：「於此見君子憂則違之之情，而荷蕢者所以爲果也。」○南軒曰：「詳味孟子答高子之辭，何其温厚而不迫也。云云。歷考宣王之爲人，猶爲不敢自恃者。故其不能領孟子之意也，則曰『吾惛，不能進於是』；問以好樂，則『變乎色曰：寡人非能好先王之樂』；好貨、好勇、好色，自以爲疾，言之而不諱。故孟子有望，以爲『王如用予，則豈徒齊民安，將天下之民舉安』。蓋其安天下之道，已素定乎胷中，施設次第，固有條理，而其本則在格君心，故惓惓有望於王之改之也。王一改悟，而孟子之道可行，齊民可安，齊民安，則天下之民將舉安矣。其序固爾也。又曰『予日望之』，孟子非不知道之行否有命，而惓惓不已者，吉凶與民同患之心也。學者所宜反覆詳味之。若夫諫而不用則怒，悻悻然見於面，去則窮日之力，則是私意之所發。其諫也固無法言之憾，而其去也豈復有忠厚之氣哉？」

孟子去齊。充虞路問曰：「夫子若有不豫色然。前日虞聞諸夫子曰：『君子不怨天，不尤人。』」路問，於路中問也。豫，悦也。尤，過也。此二句實孔子之言，蓋孟子嘗稱之以教人耳。**曰：「彼一時，此一時也。**彼，前日。此，今日。**五百年必有王者興，其閒必有名世者。**自堯舜至湯，自湯至文武，皆五百餘年而聖人出。名世，謂其人德業聞望，可名於一世者，爲之輔佐，若臯陶、稷、契、伊尹、萊朱、太公望、散宜生之屬。**由周而來，七百有餘歲矣。以其數則過矣，以其時考之則可矣。**周，謂文武之閒。數，謂五百年之期。時，謂亂極思治可以有爲之日。於是而不得一有所爲，此孟子所以不能無不豫也。**夫天未欲平治天下也，如欲平治天下，當今之世，舍我其誰也？吾何爲不豫哉！」**言當此之時，而使我不遇於齊，是天未欲平治天下也。然天意未可知，而其具又在我，我何爲不豫哉？然則孟子雖若有不豫然者，而實未嘗不豫也。蓋聖賢憂世之志，樂天之誠，有並行而不悖者，於此見矣。○南軒曰：「充虞蓋亦察孟子顔色之閒若有不豫之意，而淺心所量，遂有『不怨天，不尤人』之問也，而不知孟子之心。蓋疑王道之久曠，憂生民之不被其澤，是以若有不豫色然也。曰『彼一時，此一時也』，蓋疑辭也。謂彼亦一時，此亦一時，何彼時王者之數興？其尤闕者，不過五百年，而名世閒出者，亦有之矣。而乃今七百有餘歲，王政不行焉，言不應若是之久曠也。此孟子所以疑，所以憂，而未能釋也。若夫在孟子之進退去就，則何疑何憂之有哉？天未欲平治天下，故我之道未可行，使天而欲平治天下，則舍我孰爲之者？則何不豫之有？由前所言，在君子不得不疑，不得不憂；由後所言，在君子夫何憂？夫何疑？故王通謂『樂天知命，吾何憂；窮理盡性，吾何疑』。又曰『天下皆憂，吾不得不憂；天下皆疑，吾不得不疑』。蓋近此意，而心迹之論則非也。雖然，孔子所謂『天之未喪斯文也，匡人其如予何』，與孟子『如天未欲平治天下』之語，反覆玩味之，則亦可見聖賢之分矣。」

孟子去齊，居休。公孫丑問曰：「仕而不受禄，古之道乎？」休，地名。**曰：「非也。於崇，吾得見王。退而有去志，不欲變，故不受也。**崇，亦地名。孟子始見齊王，必有所不合，故有去志。變，謂變其去志。**繼而有師命，不可以請。久於齊，非我志也。**」師命，師旅之命也。國既被兵，難請去也。○孔氏曰：「仕而受祿，禮也；不受齊祿，義也。義之所在，禮有時而變，公孫丑欲以一端裁之，不亦誤乎？」○南軒曰：「孟子雖庶幾宣王之可與有爲，吾道之可以行，而其可去之幾，未嘗不先覺，兹聖賢之所以爲志也。」又曰：「一見而有去志，則察王之神，必有不能受者。然其庶幾足用爲善，則又以其質朴有可取也。」

孟子集編卷第四

孟子集編卷第五

滕文公章句上 凡五章。

滕文公爲世子，將之楚，過宋而見孟子。世子，太子也。**孟子道性善，言必稱堯舜。**道，言也。性者，人所稟於天以生之理也，渾然至善，未嘗有惡。人與堯舜初無少異，但衆人汩於私欲而失之，堯舜則無私欲之蔽，而能充其性爾。故孟子與世子言，每道性善，而必稱堯舜以實之。欲其知仁義不假外求，聖人可學而至，而不懈於用力也。門人不能悉記其辭，而撮其大旨如此。程子曰：「性即理也。天下之理，原其所自，未有不善。喜怒哀樂未發，何嘗不善。發而中節，即無往而不善；發不中節，然後爲不善。故凡言善惡，皆先善而後惡；言吉凶，皆先吉而後凶；言是非，皆先是而後非。」**世子自楚反，復見孟子。孟子曰：「世子疑吾言乎？夫道一而已矣。**復，扶又反。夫，音扶。○時人不知性之本善，而以聖賢爲不可企及，故世子於孟子之言不能無疑，而復來求見，蓋恐別有卑近易行之説也。孟子知之，故但告之如此，以明古今聖愚本同一性，前言已盡，無復有他説也。**成覸謂齊景公曰：『彼丈夫也，我丈夫也，吾何畏彼哉？』顔淵**

曰：『舜何人也？予何人也？有爲者亦若是。』公明儀曰：『「文王我師也」，周公豈欺我哉？』覸，古莧反。○成覸，人姓名。彼，謂聖賢也。有爲者亦若是，言人能有爲，則皆如舜也。公明，姓；儀，名，魯賢人也。文王我師也，蓋周公之言。公明儀亦以文王爲必可師，故誦周公之言，而歎其不我欺也。孟子既告世子以道無二致，而復引此三言以明之，欲世子篤信力行，以師聖賢，不當復求他説也。今滕，絶長補短，將五十里也，猶可以爲善國。書曰：『若藥不瞑眩，厥疾不瘳。』」瞑，莫甸反。眩，音縣。○絶，猶截也。書，商書説命篇。瞑眩，憒亂。言滕國雖小，猶足爲治，但恐安於卑近，不能自克，則不足以去惡而爲善也。○愚案：孟子之言性善，始見於此，而詳具於告子之篇。然默識而旁通之，則七篇之中，無非此理。其所以擴前聖之未發，而有功於聖人之門，程子之言信矣。○性善之説，程朱盡之。其曰「性即理也」，乃自昔聖賢之所未言，萬世言性之標準也。朱謂「七篇之中，無非此意」者，如言仁義，言四端，蓋其大者也；至於因齊王之愛牛而勸之以行王政，亦因其性善而引之當道也。見衍義。

滕定公薨。世子謂然友曰：「昔者孟子嘗與我言於宋，於心終不忘。今也不幸至於大故，吾欲使子問於孟子，然後行事。」定公，文公父也。然友，世子之傅也。大故，大喪也。事，謂喪禮。然友之鄒問於孟子。孟子曰：「不亦善乎！親喪固所自盡也。曾子曰：『生，事之以禮；死，葬之以禮，祭之以禮，可謂孝矣。』諸侯之禮，吾未之學也；雖然，吾嘗聞之矣。三年之喪，齊疏之服，飦粥之食，自天子達於庶人，三代共之。」齊，音資。疏，所居反。飦，諸延反。○當時諸侯莫能行古喪禮，而文公獨能以此爲問，故孟子善之。又言父母之喪，固人子之心所自盡者。蓋悲哀之情，痛疾之意，非自外至，宜乎文公於此有所不能自已也。但所引曾子之言，本孔子告樊遲者，豈曾子嘗誦之以告其門人與？三年之喪者，子生三年，然後免於父母之懷，故父母之喪，必以三年也。齊，衣下縫也。不緝曰斬衰，緝之曰齊衰。疏，粗也，粗布也。飦，糜也。喪禮，三日始食粥，既葬乃疏食。此古今貴賤通行之禮也。然友反命，定爲三年之喪。父兄百官皆不欲，曰：「吾宗國魯先君莫之行，吾先君亦莫之行也，至於子之身而反之，不可。且志曰：『喪祭從先祖。』」曰：「吾有所受之也。」父兄，同姓老臣也。滕與魯皆文王之後，而魯祖周公爲長。兄弟宗之，故滕謂魯爲宗國也。然謂二國不行三年之喪者，乃其後世之失，非周公之法本然也。志，記也，引志之言而釋其意。以爲所以如此者，蓋爲上世以來，有所傳受，雖或不同，不可考也。然志所言，本謂先王之世舊俗所傳，禮文小異而可以通行者耳，不謂後世失禮之甚者也。謂然友曰：「吾他日未嘗學問，好馳馬試劍。今也父兄百官不我足也，恐其不能盡於大事，子爲我問孟子。」然友復之鄒問孟子。孟子曰：「然。不可以他求者也。孔子曰：『君薨，聽於冢宰。歠粥，面深墨。即位而哭，百官有司，莫敢不哀，先之也。』上有好者，下必有甚焉者矣。『君子之德，風也；小人之

德，草也。草尚之風必偃。』是在世子。」好、爲，皆去聲。復，扶又反。歠，川悅反。○不我足，謂不以我滿足其意也。然者，然其不我足之言。不可他求者，言當責之於己。冢宰，六卿之長也。歠，飲也。深墨，甚黑色也。即，就也。尚，加也，論語作「上」，古字通也。偃，仆也。孟子言但在世子自盡其哀而已。**然友反命。世子曰：「然，是誠在我。」五月居廬，未有命戒。百官族人可謂曰知。及至葬，四方來觀之，顏色之戚，哭泣之哀，弔者大悅。**諸侯五月而葬，未葬，居倚廬於中門之外。居喪不言，故未有命令教戒也。可謂曰知，疑有闕誤，或曰：「皆謂世子之知禮也。」○林氏曰：「孟子之時，喪禮既壞，然三年之喪，惻隱之心，痛疾之意，出於人心之所固有者，初未嘗亡也。惟其溺於流俗之弊，是以喪其良心而不自知耳。文公見孟子而聞性善、堯舜之説，則固有以啓發其良心矣，是以至此而哀痛之誠心發焉。及其父兄百官皆不欲行，則亦反躬自責，悼其前行之不足以取信，而不敢有非其父兄百官之心。雖其資質有過人者，而學問之力，亦不可誣也。及其斷然行之，而遠近見聞無不悅服，則以人心之所同然者，自我發之，而彼之心悅誠服，亦有所不期然而然者。人性之善，豈不信哉？」○三年之喪，自唐虞三代未有改者，春秋以來，此禮廢矣。滕文公用孟子之言，欲行其禮，則父兄百官譁然争之，及違衆而行，又以爲知禮，何耶？蓋以爲不可行者，蹈常襲故之陋見；而以爲知禮者，秉彝好德之良心也。夫欲報之德，昊天罔極，正雖終身之喪，未足以紓無窮之悲。其所以三年而止者，特聖人立爲中制，使不可過焉耳。而世降教失，雖以東魯文獻之邦，猶不能行，何怪於滕之父兄乎？然文公一以身先之，則皤然而悟，天理之在人心者，固不可泯也。自漢文帝率意變古，始爲易月之制，然詳其遺詔，蓋爲吏民設。景帝，嗣君也，乃冒用其文，自短三年之制，豈非萬世之罪人乎？衍義

滕文公問爲國。文公以禮聘孟子，故孟子至滕，而文公問之。**孟子曰：「民事不可緩也。詩云：『晝爾于茅，宵爾索綯。亟其乘屋，其始播百穀。』**民事，謂農事。詩，豳風七月之篇。于，往取也。綯，絞也。亟，急也。乘，升也。播，布也。言農事至重，人君不可以爲緩而忽之。故引詩言治屋之急如此者，蓋以來春將復始播百穀，而不暇爲此也。**民之爲道也，有恒産者有恒心，無恒産者無恒心。苟無恒心，放辟邪侈，無不爲已。及陷乎罪，然後從而刑之，是罔民也。焉有仁人在位，罔民而可爲也？是故賢君必恭儉禮下，取於民有制。**恭則能以禮接下，儉則能取民以制。**陽虎曰：『爲富不仁矣，爲仁不富矣。』**陽虎，陽貨，魯季氏家臣也。天理人欲，不容並立。虎之言此，恐爲仁之害於富也；孟子引之，恐爲富之害於仁也。君子小人，每相反而已矣。**夏后氏五十而貢，殷人七十而助，周人百畝而徹，其實皆什一也。徹者，徹也；助者，藉也。**此以下，乃言制民常産，與其取之之制也。夏時一夫授田五十畝，而每夫計其五畝之入以爲貢。商人始爲井田之制，以六百三十畝之地，畫爲九區，區七十畝。中爲公田，其外八家各授一區，但借其力以助耕公田，而不復税其私田。周時一夫授田百畝。鄉遂用貢法，十夫有溝；都鄙用助法，八家同井。耕則通力合作，收則計畝而分，故謂之徹。其實

皆什一者，貢法固以十分之一爲常數；惟助法乃是九一，而商制不可考；周制則公田百畝，中以二十畝爲廬舍，一夫所耕公田實計十畝，通私田百畝，爲十一分而取其一，蓋又輕於十一矣。竊料商制亦當似此，而以十四畝爲廬舍，一夫實耕公田七畝，是亦不過什一也。徹，通也，均也。藉，借也。**龍子曰：『治地莫善於助，莫不善於貢。貢者校數歲之中以爲常。樂歲，粒米狼戾，多取之而不爲虐，則寡取之；凶年，糞其田而不足，則必取盈焉。爲民父母，使民盻盻然，將終歲勤動，不得以養其父母，又稱貸而益之，使老稚轉乎溝壑，惡在其爲民父母也？』**樂，音洛。盻，五禮反，從目從兮；或音普莧反者非。養，去聲。惡，平聲。○龍子，古賢人。狼戾，猶狼藉，言多也。糞，擁也。盈，滿也。盻，恨視也。勤動，勞苦也。稱，舉也。貸，借也，取物於人而出息以償之也。益之，以足取盈之數也。稚，幼子也。**夫世祿，滕固行之矣。**孟子嘗言文王治岐，耕者九一，仕者世祿，二者王政之本也。今世祿滕已行之，惟助法未行，故取於民者無制耳。蓋世祿者，授之土田，使之食其公田之入，實與助法相爲表裏，所以使君子小人各有定業，而上下相安者也，故下文遂言助法。**詩云：『雨我公田，遂及我私。』惟助爲有公田。由此觀之，雖周亦助也。**詩，小雅大田之篇。雨，降雨也。言願天雨於公田，而遂及私田，先公而後私也。當時助法盡廢，典籍不存，惟有此詩可見周亦用助，故引之也。**設爲庠序學校以教之：庠者，養也；校者，教也；序者，射也。夏曰校，殷曰序，周曰庠，學則**

三代共之，皆所以明人倫也。人倫明於上，小民親於下。庠以養老爲義，校以教民爲義，序以習射爲義，皆鄉學也。學，國學也。共之，無異名也。倫，序也。父子有親，君臣有義，夫婦有別，長幼有序，朋友有信，此人之大倫也。庠序學校，皆以明此而已。有王者起，必來取法，是爲王者師也。滕國褊小，雖行仁政，未必能興王業；然爲王者師，則雖不有天下，而其澤亦足以及天下矣。聖賢至公無我之心，於此可見。詩云『周雖舊邦，其命維新』，文王之謂也。子力行之，亦以新子之國。」詩，大雅文王之篇。言周雖后稷以來舊爲諸侯，其受天命而有天下，則自文王始也。子，指文公，諸侯未踰年之稱也。使畢戰問井地。孟子曰：「子之君將行仁政，選擇而使子，子必勉之。夫仁政，必自經界始。經界不正，井地不均，穀祿不平。是故暴君汙吏必慢其經界。經界既正，分田制祿可坐而定也。畢戰，滕臣。文公因孟子之言，而使畢戰主爲井地之事，故又使之來問其詳也。井地，即井田也。經界，謂治地分田，經畫其溝塗封植之界也。此法不修，則田無定分，而豪强得以兼并，故井地有不均；賦無定法，而貪暴得以多取，故穀祿有不平。此欲行政者之所以必從此始，而暴君汙吏則必欲慢而廢之也。有以正之，則分田制祿，可不勞而定矣。夫滕壤地褊小，將爲君子焉，將爲野人焉。無君子莫治野人，無野人莫養君子。言滕地雖小，然其閒亦必有爲君子而仕者，亦必有爲野人而耕者，是以分田制祿之法，不可偏廢也。請野九一而助，國中什一使自賦。此分田制祿之常法，所以治野人使養君子也。野，郊外都鄙之地也。九一而助，爲公田而行助法也。國中，郊門之内，鄉遂之地也。田不井授，但爲溝洫，使什而自賦其一，蓋用貢法也。周所謂徹法者蓋如此。以此推之，當時非惟助法不行，其貢亦不止什一矣。**卿以下必有圭田，圭田五十畝。**此世禄常制之外，又有圭田，所以厚君子也。圭，潔也，所以奉祭祀也。不言世禄者，滕已行之，但此未備耳。**餘夫二十五畝。**程子曰：「一夫，上父母，下妻子，以五口八口爲率，受田百畝。如有弟，是餘夫也。年十六，別受田二十五畝，俟其壯而有室，然後更受百畝之田。」愚案：此百畝常制之外，又有餘夫之田，所以厚野人也。**死徙無出鄉，鄉田同井，出入相友，守望相助，疾病相扶持，則百姓親睦。**死，謂葬也。徙，謂徙其居也。同井者，八家也。友，猶伴也。守望，防寇盜也。**方里而井，井九百畝，其中爲公田。八家皆私百畝，同養公田。公事畢，然後敢治私事，所以別野人也。**此詳言井田形體之制，乃周之助法也。公田以爲君子之禄，而私田野人之所受。先公後私，所以別君子野人之分也。不言君子，據野人而言，省文耳。上言野及國中二法，此獨詳於治野者，國中貢法，當世已行，但取之過於什一耳。**此其大略也。若夫潤澤之，則在君與子矣。」**井地之法，諸侯皆去其籍，此特其大略而已。潤澤，謂因時制宜，使合於人情，宜於土俗，而不失乎先王之意也。○吕氏曰：「子張子慨然有意三代之治。論治人先務，未始不以經界爲急，講求法制，粲然具備，要之可以行於今，如有用我者，舉而措之耳。嘗曰：『仁政必自經界始。

貧富不均，教養無法，雖欲言治，皆苟而已。世之病難行者，未始不以亟奪富人之田爲辭。然兹法之行，悦之者衆。苟處之有術，期以數年，不刑一人而可復。所病者，特上之未行耳。』乃言曰：『縱不能行之天下，猶可驗之一鄉。』方與學者議古之法，買田一方，畫爲數井。上不失公家之賦役。退以其私，正經界，分宅里，立斂法，廣儲蓄，興學校，成禮俗，救災恤患，厚本抑末。足以推先王之遺法，明當今之可行。有志未就而卒。」○愚案：「喪禮」「經界」兩章，見孟子之學識其大者。是以雖當禮法廢壞之後，制度節文不可復攷，而能因略以致詳，推舊而爲新，不屑屑於既往之迹，而能合乎先王之意，真所謂命世亞聖之才矣。

有爲神農之言者許行，自楚之滕，踵門而告文公曰：「遠方之人聞君行仁政，願受一廛而爲氓。」文公與之處，其徒數十人，皆衣褐，捆屨織席以爲食。衣，去聲。捆，音閫。○神農，炎帝神農氏。始爲耒耜，教民稼穡者也。爲其言者，史遷所謂農家者流也。許，姓；行，名也。踵門，足至門也。仁政，上章所言井地之法也。廛，民所居也。氓，野人之稱。褐，毛布，賤者之服也。捆，扣㩧之欲其堅也。以爲食，賣以供食也。程子曰：「許行所謂神農之言，乃後世稱述上古之事，失其義理者耳，猶陰陽、醫方稱黄帝之説也。」**陳良之徒陳相與其弟辛，負耒耜而自宋之滕，曰：「聞君行聖人之政，是亦聖人也，願爲聖人氓。」**陳良，楚之儒者。耒耜，所以起土；耒，其柄也。**陳相見許行而大悦，盡棄其學而學焉。陳相見孟子，道許行**

之言曰：「滕君，則誠賢君也；雖然，未聞道也。賢者與民並耕而食，饔飧而治。今也滕有倉廩府庫，則是厲民而以自養也，惡得賢？」饔，音雍。飧，音孫。惡，平聲。○饔飧，熟食也。朝曰饔，夕曰飧。言當自炊爨以爲食，而兼治民事也。厲，病也。許行此言，蓋欲陰壞孟子分别君子野人之法。孟子曰：「許子必種粟而後食乎？」曰：「然。」「許子必織布而後衣乎？」曰：「否。許子衣褐。」「許子冠乎？」曰：「冠。」曰：「奚冠？」曰：「冠素。」曰：「自織之與？」曰：「否。以粟易之。」曰：「許子奚爲不自織？」曰：「害於耕。」曰：「許子以釜甑爨，以鐵耕乎？」曰：「然。」「自爲之與？」曰：「否。以粟易之。」衣，去聲。與，平聲。○釜，所以煮。甑，所以炊。爨，然火也。鐵，耜屬也。此語八反，皆孟子問而陳相對也。「以粟易械器者，不爲厲陶冶；陶冶亦以其械器易粟者，豈爲厲農夫哉？且許子何不爲陶冶，舍皆取諸其宫中而用之？何爲紛紛然與百工交易？何許子之不憚煩？」曰：「百工之事，固不可耕且爲也。」舍，去聲。○此孟子言而陳相對也。械器，釜甑之屬也。陶，爲甑者。冶，爲釜鐵者。舍，止也；或讀屬上句，舍，作陶冶之處也。「然則治天下獨可耕且爲與？有大人之事，有小人之事。且一人之身，而百工之所爲備。如必自爲而後用之，是率天下而路也。故曰或勞心，或勞力。『勞心者治人，勞力者治於人；治於人者食人，治人者食於人。』天下之通義也。與，平聲。食，音嗣。○此以下皆孟子言也。路，謂奔走道路，無時休息也。治於人者，見治於人也。食人者，出賦税以給公上也。食於人者，見食於人也。此四句皆古語，而孟子引之也。君子無小人則飢，小人無君子則亂。正猶農夫、陶冶以粟與械器相易，乃所以相濟而非所以相病也。治天下者，豈必耕且爲哉？**當堯之時，天下猶未平，洪水横流，氾濫於天下。草木暢茂，禽獸繁殖，五穀不登，禽獸偪人。獸蹄鳥跡之道，交於中國。堯獨憂之，舉舜而敷治焉。舜使益掌火，益烈山澤而焚之，禽獸逃匿。禹疏九河，瀹濟漯，而注諸海；決汝漢，排淮泗，而注之江，然後中國可得而食也。當是時也，禹八年於外，三過其門而不入，雖欲耕，得乎？**瀹，音藥。濟，子禮反。漯，佗合反。○天下猶未平者，洪荒之世，生民之害多矣；聖人迭興，漸次除治，至此尚未盡平也。洪，大也。横流，不由其道而散溢妄行也。氾濫，横流之貌。暢茂，長盛也。繁殖，衆多也。五穀，稻、黍、稷、麥、菽也。登，成熟也。道，路也。獸蹄鳥跡交於中國，言禽獸多也。敷，布也。益，舜臣名。烈，熾也。禽獸逃匿，然後禹得施治水之功。疏，通也，分也。九河，曰徒駭，曰太史，曰馬頰，曰覆釜，曰胡蘇，曰簡，曰潔，曰鉤盤，曰鬲津。瀹，亦疏通之意。濟、漯，二水名。決、排，皆去其壅塞也。汝、漢、淮、泗，亦皆水名也。據禹貢及今水路，惟漢水入江耳。汝、泗則入淮，而淮自入海。此謂四水皆入於江，記者之誤也。**后稷教民稼穡，樹藝五穀，五穀熟而民人育。人之有道也，飽食、煖衣、逸居而無教，則近於禽獸。聖人有**

憂之，使契爲司徒，教以人倫：父子有親，君臣有義，夫婦有別，長幼有序，朋友有信。舜典：「帝之咨契曰：『百姓不親，五品不遜，女作司徒，敬敷五教在寬。』」春秋傳亦曰：「舜舉八元，使布五教於四方：父義、母慈、兄友、弟恭、子孝。」孟子所稱，即其事也。當舜之時，既命后稷教民稼穡，五穀既熟，有以養民之生矣。養而不教，則民不知義，又何以別於禽獸哉？人之有道，謂其各有秉彝之性也。父子之親，君臣之義，夫婦之別，長幼之序，朋友之信，皆人性所自有。舜之命官敷教，亦因其有而導之耳，非强之以所無也。衍義 **放勳曰：『勞之來之，匡之直之，輔之翼之，使自得之，又從而振德之。』聖人之愛民如此，而暇耕乎？**契，音薛。別，彼列反。長、放，皆上聲。勞、來，皆去聲。○言水土平，然後得以教稼穡；衣食足，然後得以施教化。后稷，官名，棄爲之。然言教民，則亦非並耕矣。樹，亦種也。藝，殖也。契，亦舜臣名也。司徒，官名也。人之有道，言其皆有秉彝之性也。然無教則亦放逸怠惰而失之，故聖人設官而教以人倫，亦因其固有者而道之耳。書曰：「天叙五典，勑我五典五敦哉。」此之謂也。放勳，本史臣贊堯之辭，孟子因以爲堯號也。德，猶惠也。堯言：「勞者勞之，來者來之，邪者正之，枉者直之，輔以立之，翼以行之，使自得其性矣；又從而提撕警覺，以加惠焉，不使其放逸怠惰而或失之。」蓋命契之辭也。**堯以不得舜爲己憂，舜以不得禹、皐陶爲己憂。夫以百畝之不易爲己憂者，農夫也。**易，治也。堯舜之憂民，非事事而憂之也，急先務而已。所以憂民者其大如此，則不惟不暇耕，而亦不必耕矣。分人以財謂之惠，教人以善謂之忠，爲天下得人者謂之仁。是故以天下與人易，爲天下得人難。爲、易，並去聲。○分人以財，小惠而已。教人以善，雖有愛民之實，然其所及亦有限而難久。惟若堯之得舜，舜之得禹、皋陶，乃所謂爲天下得人者，而其恩惠廣大，教化無窮矣，此其所以爲仁也。孔子曰：『大哉堯之爲君！惟天爲大，惟堯則之，蕩蕩乎民無能名焉！君哉舜也！巍巍乎有天下而不與焉！』堯舜之治天下，豈無所用其心哉？亦不用於耕耳。與，去聲。○則，法也。蕩蕩，廣大之貌。君哉，言盡君道也。巍巍，高大之貌。不與，猶言不相關，言其不以位爲樂也。吾聞用夏變夷者，未聞變於夷者也。陳良，楚産也，悦周公、仲尼之道，北學於中國。北方之學者，未能或之先也。彼所謂豪傑之士也。子之兄弟事之數十年，師死而遂倍之。此以下責陳相倍師而學許行也。夏，諸夏禮義之教也。變夷，變化蠻夷之人也。變於夷，反變化於蠻夷之人也。産，生也。陳良生於楚，在中國之南，故北遊而學於中國也。先，過也。豪傑，才德出衆之稱，言具能自拔於流俗也。倍，與「背」同。言陳良用夏變夷，陳相變於夷也。昔者孔子没，三年之外，門人治任將歸，入揖於子貢，相嚮而哭，皆失聲，然後歸。子貢反，築室於場，獨居三年，然後歸。他日，子夏、子張、子游以有若似聖人，欲以所事孔子事之，彊曾子。曾子曰：『不可。江漢以濯之，秋陽以暴之，皜皜乎不可尚已。』任，平聲。彊，上聲。暴，蒲木反。皜，音呆。○三年，古者爲師心喪三年，若喪父而無服也。任，擔也。場，冢上之壇場也。有若似聖人，蓋言其言行氣象有似之者，如檀弓所記「子游謂有若之言似夫子」之類是也。所事孔子，所以事夫子之禮。江漢水多，言濯之潔也。秋日燥烈，言暴之乾也。皜皜，潔白貌。尚，加也。言夫子道德明著，光輝潔白，非有若所能彷彿也。或曰：「此三語者，孟子贊美曾子之辭也。」○自「性與天道」一而下數章，見子貢學力之進如此。朱子曰：「顏子而下，穎悟莫如子貢。」○左氏傳：邾隱公來朝。子貢觀焉，見二公執玉之高卑，而知其將死亡。曰：「高仰，驕也；卑俯，替也。驕近亂，替近疾，君爲主，其先乎？」既而皆如其言。孔子曰：「賜不幸而言中，是使賜多言也。」與論語「億則屢中」合，故附此。又史記曰：「子貢利口巧辭，孔子嘗黜其辯。」又載其説齊田常事曰：「子貢一出，存魯，亂齊，破吳，强晉，而霸越。」蘇氏曰：「此戰國説客設爲子貢之辭，以自託於孔氏，而太史公信之耳。孔子有言：『誦詩三百，授之以政，不達，使於四方，不能專對，雖多，亦奚以爲？』孔門所謂言語者，僅止於此。至於子貢加之以巧辨，可以解紛結、救患難而已。若如公孫衍、張儀，騁其詭辨，傾覆諸侯，以快意一時，此則孔門所諱也。」**今也南蠻鴃舌之人，非先王之道，子倍子之師而學之，亦異於曾子矣。**鴃，亦作鵙，古役反。○鴃，博勞也，惡聲之鳥。南蠻之聲似之，指許行也。**吾聞出於幽谷遷於喬木者，未聞下喬木而入於幽谷者。**小雅伐木之詩云：「伐木丁丁，鳥鳴嚶嚶。出自幽谷，遷于喬木。」**魯頌曰：『戎狄是膺，荆舒是懲。』**

周公方且膺之，子是之學，亦爲不善變矣。」魯頌，閟宫之篇也。膺，擊也。荆，楚本號也。舒，國名，近楚者也。懲，艾也。案：今此詩爲僖公之頌，而孟子以周公言之，亦斷章取義也。**「從許子之道，則市賈不二，國中無僞。雖使五尺之童適市，莫之或欺。布帛長短同，則賈相若；麻縷絲絮輕重同，則賈相若；五穀多寡同，則賈相若；屨大小同，則賈相若。」**賈，音價，下同。○陳相又言許子之道如此。蓋神農始爲市井，故許行又託於神農而有是説也。五尺之童，言幼小無知也。許行欲使市中所粥之物，皆不論精粗美惡，但以長短、輕重、多寡、大小爲價也。**曰：「夫物之不齊，物之情也。或相倍蓰，或相什伯，或相千萬。子比而同之，是亂天下也。巨屨小屨同賈，人豈爲之哉？從許子之道，相率而爲僞者也，惡能治國家？」**夫，音扶。蓰，音師，又山綺反。比，必二反。惡，平聲。○倍，一倍也。蓰，五倍也。什伯千萬，皆倍數也。比，次也。孟子言物之不齊，乃其自然之理，其有精粗，猶其有大小也。若大屨小屨同價，則人豈肯爲其大者哉？今不論精粗，使之同價，是使天下之人皆不肯爲其精者，而競爲濫惡之物以相欺耳。○南軒曰：「許行之説，初若淺近，而乃盛行於時，其所以能動人者，蓋其人亦清苦高介之士，遠慕古初。而燭理不明，見世有神農之説，不知其爲後世傳習之謬，則從所祖述之，以爲農者天下之本，善爲治者，必使斯民盡力於農，而人君必力耕以先之，不當使民勞而已逸，以爲是乃以道治天下，而非後世所及。此其説若高而有以惑人者也。樊遲請學稼，微夫子救之，蓋亦幾陷於此矣。夫帝王之道，如長江大逵，無往而不達者，以其達天之理故耳；異端之説，如斷港荒蹊，卒歸於不可行者，以其私意之所爲故耳。」又曰：「陳相言許行之説，以謂使其説行，其效可使天下反於淳樸，凡天下之物皆可齊也。嗟乎！豈有此理哉？有天地則有萬物，其巨細、多寡、高下、美惡之不齊，乃物之情，而實天之理也。物各付物，止於其所，吾何加損於其間哉？故莊周之齊物，强欲以理齊之，猶爲賊夫道，況乎許子遂欲一天下之物而泯其一定之分，其蔽豈不甚矣哉？孟子曰：『夫物之不齊，物之情也。』斯兩言也，足以發明天下之大，不但可以闢許行，而莊周之説併可坐見其偏矣。故曰：『從許子之道，相率而爲僞者也。』强使巨者細，多者寡，高者下，美者惡，豈非相率而爲僞乎？」

墨者夷之因徐辟而求見孟子。孟子曰：「吾固願見，今吾尚病，病愈，吾且往見，夷子不來。」辟，音壁，又音闢。○墨者，治墨翟之道者。夷，姓；之，名。徐辟，孟子弟子。孟子稱疾，疑亦託辭以觀其意之誠否。**他日又求見孟子。孟子曰：「吾今則可以見矣。不直，則道不見，我且直之。吾聞夷子墨者。墨之治喪也，以薄爲其道也。夷子思以易天下，豈以爲非是而不貴也？然而夷子葬其親厚，則是以所賤事親也。」**「不見」之「見」，音現。○又求見，則其意已誠矣，故因徐辟以質之如此。直，盡言以相正也。莊子曰：「墨子生不歌，死無服，桐棺三寸而無椁。」是墨之治喪，以薄爲道也。易天下，謂移易天下之風俗也。夷子學於墨氏而不從其教，其心必有所不安者，故孟子因以詰之。徐子以告夷子。夷子曰：「儒者之道，古之人『若保赤子』，此言何謂也？之則以爲愛無差等，施由親始。」徐子以告孟子。孟子曰：「夫夷子，信以爲人之親其兄之子爲若親其鄰之赤子乎？彼有取爾也。赤子匍匐將入井，非赤子之罪也。且天之生物也，使之一本，而夷子二本故也。夫，音扶，下同。匍，音蒲。匐，蒲北反。○「若保赤子」，周書康誥篇文。此儒者之言也，夷子引之，蓋欲援儒而入於墨，以拒孟子之非己。又曰「愛無差等，施由親始」，則推墨而附於儒，以釋己所以厚葬其親之意，皆所謂遁辭也。孟子言人之愛其兄子與鄰之子，本有差等。書之取譬，本謂小民無知而犯法，如赤子無知而入井耳。且人物之生，必各本於父母而無二，乃自然之理，若天使之然也。故其愛由此立，而推以及人，自有差等。今如夷子之言，則是視其父母本無異於路人，但其施之之序，姑自此始耳。非二本而何哉？然其於先後之閒，猶知所擇，則又其本心之明有終不得而息者，此其所以卒能受命而自覺其非也。蓋上世嘗有不葬其親者。其親死，則舉而委之於壑。他日過之，狐狸食之，蠅蚋姑嘬之。其顙有泚，睨而不視。夫泚也，非爲人泚，中心達於面目。蓋歸反虆梩而掩之。掩之誠是也，則孝子仁人之掩其親，亦必有道矣。」蚋，音汭。嘬，楚怪反。泚，七禮反。睨，音詣。爲，去聲。虆，力追反。梩，力知反。○因夷子厚葬其親而言此，以深明一本之意。上世，謂太古也。委，棄也。壑，山水所趨也。蚋，蚊屬。姑，語助聲，或曰螻蛄也。嘬，攢共食之也。顙，額也。泚，泚然汗出之貌。睨，邪視也。視，正視也。不能不視，而又不忍正視，哀痛迫切，不能爲心之甚也。非爲人泚，言非爲他人見之而然也。所謂一本者，於此見之，尤爲親切。蓋惟至親，故如此。在他人，則雖有不忍之心，而其哀痛迫切，不至若此之甚矣。反，覆也。虆，土籠也。梩，土轝也。於是歸而掩覆其親之尸，此葬埋之禮所由起也。此掩其親者，若所當然，則孝子仁人所以掩其親者，必有其道，而不以薄爲貴矣。**徐子以告夷子。夷子憮然爲閒，曰：「命之矣。」**憮，音武。閒，如字。○憮然，茫然自失之貌。爲閒者，有頃之閒也。命，猶教也，言孟子已教我矣。蓋因其本心之明，以攻其所學之蔽，是以吾之言易入，而彼之惑易解也。○南軒曰：「仁莫大於愛親，其達之天下，皆是心之所推也。故其等差輕重，莫不有別焉，此仁義之道，所以相爲體用也。若夫愛無差等，則是無義也，無義則亦害夫仁之體矣，以失其所以爲本之一故也。故孟子於墨氏之說，所以深闢之而發二本之論也。」

孟子集編卷第五

孟子集編卷第六

滕文公章句下 凡十章。

陳代曰：「不見諸侯，宜若小然；今一見之，大則以王，小則以霸。且志曰『枉尺而直尋』，宜若可爲也。」王，去聲。○陳代，孟子弟子也。小，謂小節也。枉，屈也。直，伸也。八尺曰尋。枉尺直尋，猶屈己一見諸侯，而可以致王霸，所屈者小，所伸者大也。**孟子曰：「昔齊景公田，招虞人以旌，不至，將殺之。『志士不忘在溝壑，勇士不忘喪其元。』孔子奚取焉？取非其招不往也。如不待其招而往，何哉？**喪，去聲。○田，獵也。虞人，守苑囿之吏也。招大夫以旌，招虞人以皮冠。元，首也。志士固窮，常念死無棺槨棄溝壑而不恨；勇士輕生，常念戰鬭而死喪其首而不顧也。此二句，乃孔子歎美虞人之言。夫虞人招之不以其物，尚守死而不往，況君子豈可不待其招而自往見之邪？此以上告之以不可往見之義。**且夫枉尺而直尋者，以利言也。如以利，則枉尋直尺而利，亦可爲與？**此以下，正其所稱枉尺直尋之非。夫所謂枉小而所伸者大則爲之者，計其利耳。一有計利之心，則雖枉多伸少而有利，亦將爲之邪？

甚言其不可也。**昔者趙簡子使王良與嬖奚乘，終日而不獲一禽。嬖奚反命曰：『天下之賤工也。』或以告王良。良曰：『請復之。』彊而後可，一朝而獲十禽。嬖奚反命曰：『天下之良工也。』簡子曰：『我使掌與汝乘。』謂王良。良不可，曰：『吾爲之範我馳驅，終日不獲一；爲之詭遇，一朝而獲十。詩云：「不失其馳，舍矢如破。」我不貫與小人乘，請辭。』**趙簡子，晉大夫趙鞅也。王良，善御者也。嬖奚，簡子幸臣。與之乘，爲之御也。復之，再乘也。彊而後可，嬖奚不肯，彊之而後肯也。一朝，自晨至食時也。掌，專主也。範，法度也。詭遇，不正而與禽遇也。言奚不善射，以法馳驅則不獲，廢法詭遇而後中也。詩，小雅車攻之篇。言御者不失其馳驅之法，而射者發矢皆中其的。今嬖奚不能也。貫，習也。**御者且羞與射者比。比而得禽獸，雖若丘陵，弗爲也。如枉道而從彼，何也？且子過矣，枉己者未有能直人者也。」**比，阿黨也。若丘陵，言多也。或曰：「居今之世，出處去就不必一一中節，欲其一一中節，則道不得行矣。」楊氏曰：「何其不自重也。枉己其能直人乎？古之人寧道之不行，而不輕其去就，是以孔孟雖在春秋戰國之時，而進必以正，以至終不得行而死也。使不恤其去就而可以行道，孔孟當先爲之矣。孔孟豈不欲道之行哉？」○南軒曰：「孟子非不欲道之行，而不見諸侯者，正以不如是則爲枉其道而無以行故也。陳代不知此，比之枉尺而直尋，意謂枉己之事小，而王霸之業則大故也。此蓋自春秋以來一時風習，習於伯者，計較功利之說而有是言也。」又曰：「招虞人當以皮冠，而景公招之以旌，虞人守其官而不敢往，義有重於死故也。義之所在，事無巨細，苟愛一身之死，而隳天命之正，則凡可避死者無不爲，而弑父與君之所由生也。充虞人之心，行一不義、殺一不辜而得天下不爲之心也，人紀之所由立也，是以夫子取之。」又曰：「比而獲禽獸，雖若丘陵，弗爲。學者要當立此志，而後可以守身也。」

景春曰：「公孫衍、張儀豈不誠大丈夫哉？一怒而諸侯懼，安居而天下熄。」景春，人姓名。公孫衍、張儀，皆魏人。怒則説諸侯使相攻伐，故諸侯懼也。孟子曰：「是焉得爲大丈夫乎？子未學禮乎？丈夫之冠也，父命之。女子之嫁也，母命之，往送之門，戒之曰：『往之女家，必敬必戒，無違夫子。』以順爲正者，妾婦之道也。加冠於首曰冠。女家，夫家也。婦人内夫家，以嫁爲歸也。夫子，夫也。女子從人，以順爲正道也。蓋言二子阿諛苟容，竊取權勢，乃妾婦順從之道耳，非丈夫之事也。居天下之廣居，立天下之正位，行天下之大道。得志與民由之，不得志獨行其道。富貴不能淫，貧賤不能移，威武不能屈。此之謂大丈夫。」廣居，仁也。正位，禮也。大道，義也。與民由之，推其所得於人也。獨行其道，守其所得於己也。淫，蕩其心也。移，變其節也。屈，挫其志也。○何叔京曰：「戰國之時，聖賢道否，天下不復見其德業之盛。但見姦巧之徒，得志横行，氣焰可畏，遂以爲大丈夫。不知由君子觀之，是乃妾婦之道耳，何足道哉？」○南軒曰：「廓然大同，物我無蔽，所謂居廣居也。視聽言動，各以其理，所謂立正位也。簡易中直，行所無事，所謂行大道也。得志與民由之，與其共由乎此；不得志獨行其道，雖不得志，其道未嘗不行於己也。」

周霄問曰：「古之君子仕乎？」孟子曰：「仕。傳曰：『孔子三月無君，則皇皇如也，出疆必載質。』公明儀曰：『古之人三月無君則弔。』」傳，直戀反。質，與「贄」同，下同。○周霄，魏人。無君，謂不得仕而事君也。皇皇，如有求而弗得之意。出疆，謂失位而去國也。質，所執以見人者，如士則執雉也。出疆載之者，將以見所適國之君而事之也。「三月無君則弔，不以急乎？」周霄問也。「以」「已」通，太也，後章倣此。曰：「士之失位也，猶諸侯之失國家也。禮曰：『諸侯耕助，以供粢盛；夫人蠶繅，以爲衣服。犧牲不成，粢盛不潔，衣服不備，不敢以祭。惟士無田，則亦不祭。』牲殺、器皿、衣服不備，不敢以祭，則不敢以宴，亦不足弔乎？」禮曰：「諸侯爲藉百畝，冕而青紘，躬秉耒以耕，而庶人助以終畝。收而藏之御廩，以供宗廟之粢盛。使世婦蠶於公桑蠶室，奉繭以示於君，遂獻於夫人。夫人副褘受之，繅三盆手，遂布於三宮世婦，使繅以爲黼黻文章，而服以祀先王先公。」又曰：「士有田則祭，無田則薦。」黍稷曰粢。在器曰盛。牲殺，牲必特殺也。皿，所以覆器者。「出疆必載質，何也？」周霄問也。曰：「士之仕也，猶農夫之耕也，農夫豈爲出疆舍其耒耜哉？」爲，去聲。舍，上聲。曰：「晉國亦仕國也，未嘗聞仕如此其急。仕如此其急也，君子之難仕，何也？」曰：「丈夫生而願爲之有室，女子生而願爲之有家。父母之心，人皆有之。不待父母之命、媒妁之言，鑽穴隙相窺，踰牆相從，則父母國人皆賤之。古之人未嘗不欲仕也，又惡不由其道。不由其道而往者，與鑽穴隙之類也。」晉國，解見首篇。仕國，謂君子游宦之國。霄意以孟子不見諸侯爲難仕，故先問古之君子仕否，然後言此以風切之也。男以女爲室，女以男爲家。妁，亦媒也。言爲父母者，非不願其男女之有室家，而亦惡其不由道。蓋君子雖不潔身以亂倫，而亦不狥利而忘義也。○南軒曰：「士之欲仕，亦其常理也，然而必也守道以待時，可進而後進耳。若謂仕爲急，而不由其道以求之，則與兒女子之鑽穴隙者何異？」

彭更問曰：「後車數十乘，從者數百人，以傳食於諸侯，不以泰乎？」孟子曰：「非其道，則一簞食不可受於人；如其道，則舜受堯之天下不以爲泰，子以爲泰乎？」更，平聲。乘、從，皆去聲。傳，直戀反。簞，音丹。食，音嗣。○彭更，孟子弟子也。泰，侈也。曰：「否。士無事而食，不可也。」言不以舜爲泰，但謂今之士無功而食人之食，則不可也。曰：「子不通功易事，以羨補不足，則農有餘粟，女有餘布；子如通之，則梓匠輪輿皆得食於子。於此有人焉，入則孝，出則悌，守先王之道，以待後之學者，而不得食於子。子何尊梓匠輪輿而輕爲仁義者哉？」羨，延面反。○通功易事，謂通人之功而交易其事。羨，餘也。有餘，言無所貿易，而積於無用也。梓人、匠人，木工也。輪人、輿人，車工也。曰：

「梓匠輪輿，其志將以求食也；君子之爲道也，其志亦將以求食與？」曰：「子何以其志爲哉？其有功於子，可食而食之矣。且子食志乎？食功乎？」曰：「食志。」與，平聲。「可食而食」「食志」「食功」之「食」，皆音嗣，下同。○孟子言自我而言，固不求食；自彼而言，凡有功者則當食之。**曰：「有人於此，毁瓦畫墁，其志將以求食也，則子食之乎？」曰：「否。」曰：「然則子非食志也，食功也。」**墁，武安反。「子食」之「食」，亦音嗣。○南軒曰：「孟子當戰國之時，以身任道，其歷聘諸國，後車數十乘，從者數百人，夫豈尊己而自大乎哉？亦時義所當然，有不得而避。而彭更之徒，疑傳食以爲泰，是以世俗利害貴賤之見觀聖賢也。孟子所以告之者，蓋常道耳。夫非其道，則一簞食不可受於人；如其道，則舜受堯之天下而不以爲泰。所謂其道者，天理之所安也。故伯夷、叔齊不食周粟之心，即舜、禹受天下之心也。而孟子後車數十乘，從者數百人，以傳食於諸侯之心，亦顏子『一簞食，一瓢飲，在陋巷』之心也，皆以其道故也。以爲士無事而食不可，觀更之意，亦許行之類與？孟子又從而曉之，以爲使子而不通功易事，則農之餘粟，女之餘布，無所用之，而人之飢寒者亦多矣，此固不可也。子而通功易事，則梓匠輪輿得以其技而食於子矣。今有賢者，而反不得食於子，是以梓匠輪輿爲有用而尊之，以仁義者爲無用而輕之也。墁，牆壁之飾也。毁瓦畫墁，言無功而有害也。既曰食功，則以士爲無事而食者，真尊梓匠輪輿，而輕爲仁義者矣。」

萬章問曰：「宋，小國也。今將行王政，齊楚惡而伐之，則如之何？」惡，去聲。○萬章，孟子弟子。宋王偃嘗滅滕伐薛，敗齊、楚、魏之兵，欲霸天下，疑即此時也。孟子曰：「湯居亳，與葛爲鄰，葛伯放而不祀。湯使人問之曰：『何爲不祀？』曰：『無以供犧牲也。』湯使遺之牛羊。葛伯食之，又不以祀。湯又使人問之曰：『何爲不祀？』曰：『無以供粢盛也。』湯使亳衆往爲之耕，老弱饋食。葛伯率其民，要其有酒食黍稻者奪之，不授者殺之。有童子以黍肉餉，殺而奪之。書曰：『葛伯仇餉。』此之謂也。遺，唯季反。盛，音成。「往爲」之「爲」，去聲。「饋食」「酒食」之「食」，音嗣。要，平聲。餉，式亮反。○葛，國名。伯，爵也。放而不祀，放縱無道，不祀先祖也。亳衆，湯之民。其民，葛民也。授，與也。餉，亦饋也。書，商書仲虺之誥也。仇餉，言與餉者爲仇也。爲其殺是童子而征之，四海之內皆曰：『非富天下也，爲匹夫匹婦復讎也。』非富天下，言湯之心，非以天下爲富而欲得之也。『湯始征，自葛載。』十一征而無敵於天下。『東面而征，西夷怨；南面而征，北狄怨，曰奚爲後我？』民之望之，若大旱之望雨也。歸市者弗止，芸者不變。誅其君，弔其民，如時雨降，民大悅。書曰：『徯我后，后來其無罰。』載，亦始也。十一征，所征十一國也。餘已見則篇。『有攸不爲臣，東征，綏厥士女，匪厥玄黃，紹我周王見休，惟臣附于大邑周。』其君子實玄黃于匪以迎其君子，其小人簞食壺漿以迎其小人，救民於

水火之中，取其殘而已矣。案周書武成篇載武王之言，孟子約其文如此。然其辭特與今書文不類，今姑依此文解之。有所不爲臣，謂助紂爲惡而不爲周臣者。匪，與「篚」同。玄黄，幣也。紹，繼也，猶言事也。言其士女以篚盛玄黄之幣，迎武王而事之也。商人而曰我周王，猶商書所謂我后也。休，美也。言武王能順天休命，而事之者皆見休也。臣附，歸服也。孟子又釋其意，言商人聞周師之來，各以其類相迎者，以武王能救民於水火之中，取其殘民者誅之，而不爲暴虐耳。君子，謂在位之人。小人，謂細民也。**太誓曰：『我武惟揚，侵于之疆，則取于殘，殺伐用張，于湯有光。』**太誓，周書也，今書文亦小異。言武王威武奮揚，侵彼紂之疆界，取其殘賊，而殺伐之功因以張大，比於湯之伐桀又有光焉。引此以證上文「取其殘」之義。**不行王政云爾，苟行王政，四海之内皆舉首而望之，欲以爲君。齊楚雖大，何畏焉？」**宋實不能行王政，後果爲齊所滅，王偃走死。○尹氏曰：「爲國者能自治而得民心，則天下皆將歸往之，恨其征伐之不早也，尚何彊國之足畏哉？苟不自治，而以彊弱之勢言之，是可畏而已矣。」

孟子謂戴不勝曰：「子欲子之王之善與？我明告子。有楚大夫於此，欲其子之齊語也，則使齊人傅諸？使楚人傅諸？」曰：「使齊人傅之。」曰：「一齊人傅之，衆楚人咻之，雖日撻而求其齊也，不可得矣；引而置之莊嶽之閒數年，雖日撻而求其楚，亦不可得矣。戴不勝，宋臣也。齊語，齊人語也。傅，教也。咻，讙也。齊，齊語也。莊嶽，齊街里名也。楚，楚語也。此先設譬以曉之也。子謂薛居州，善士也，使之居於王所。在於王所者，長幼卑尊，皆薛居州也，王誰與爲不善？在王所者，長幼卑尊，皆非薛居州也，王誰與爲善？一薛居州，獨如宋王何？」居州，亦宋臣。言小人衆而君子獨，無以成正君之功。

公孫丑問曰：「不見諸侯何義？」孟子曰：「古者不爲臣不見。不爲臣，謂未仕於其國者也。此不見諸侯之義也。段干木踰垣而辟之，泄柳閉門而不内，是皆已甚。迫，斯可以見矣。辟，去聲。内，與「納」同。○段干木，魏文侯時人。泄柳，魯繆公時人。文侯、繆公欲見此二人，而二人不肯見之，蓋未爲臣也。已甚，過甚也。迫，請求見之切也。陽貨欲見孔子而惡無禮。大夫有賜於士，不得受於其家，則往拜其門。陽貨矙孔子之亡也，而饋孔子蒸豚；孔子亦矙其亡也，而往拜之。當是時，陽貨先，豈得不見？「欲見」之「見」，音現。惡，去聲。矙，音勘。○此又引孔子之事，以明可見之節也。欲見孔子，欲召孔子來見己也。惡無禮，畏人以己爲無禮也。受於其家，對使人拜受於家也。其門，大夫之門也。矙，窺也。陽貨於魯爲大夫，孔子爲士，故以此物及其不在而饋之，欲其來拜而見之也。先，謂先來加禮也。曾子曰：『脅肩諂笑，病于夏畦。』子路曰：『未同而言，觀其色赧赧然，非由之所知也。』由是觀之，則君子之所養可知已矣。」脅肩，竦體。諂笑，小人側媚之態也。病，勞也。夏畦，夏月治畦之人也。言爲此者，其勞過於夏畦之人也。未同而言，與人未合而强與之言也。赧赧，慙而面赤之貌。由，子路名。言非己所知，甚惡之之辭也。孟子言由此二言觀之，則二子之所養可知，必不肯不俟其禮之至而輒往見之也。○此章言聖人禮義之中正，過之者傷於迫切而不洪，不及者淪於汙賤而可恥。

戴盈之曰：「什一、去關市之征，今茲未能。請輕之，以待來年，然後已，何如？」盈之，亦宋大夫也。什一，井田之法也。關市之征，商賈之稅也。已，止也。孟子曰：「今有人日攘其鄰之雞者，或告之曰：『是非君子之道。』曰：『請損之，月攘一雞，以待來年，然後已。』攘，物自來而取之也。損，減也。如知其非義，斯速已矣，何待來年？」知義理之不可而不能速改，與月攘一雞何以異哉？

公都子曰：「外人皆稱夫子好辯，敢問何也？」孟子曰：「予豈好辯哉？予不得已也。好，去聲，下同。天下之生久矣，一治一亂。治，去聲。○生，謂生民也。一治一亂，氣化盛衰，人事得失，反覆相尋，理之常也。當堯之時，水逆行，氾濫於中國，蛇龍居之，民無所定，下者爲巢，上者爲營窟。書曰：『洚水警余。』洚水者，洪水也。水逆行，下流壅塞，故水倒流而旁溢也。下，下地。上，高地也。營窟，穴處也。書，虞書大禹謨也。洚水，洚洞無涯之水也。警，戒也。此一亂也。使禹治之。禹掘地而注之海，驅蛇龍而放之菹。水由地中行，江淮河漢是也。險阻既遠，鳥獸之害人者消，然後人得平土而居之。掘地，掘去壅塞也。菹，澤生草者也。地中，兩涯之閒也。險阻，謂水之氾濫也。遠，去也。消，除也。此一治也。**堯舜既没，聖人之道衰。暴君代作，壞宫室以爲汙池，民無所安息；棄田以爲園囿，使民不得衣食。邪説暴行又作，園囿、汙池、沛澤多而禽獸至。及紂之身，天下又大亂。**暴君，謂夏太康、孔甲、履癸，商武乙之類也。宫室，民居也。沛，草木之所生也。澤，水所鍾也。自堯舜没至此，治亂非一，及紂而又一大亂也。**周公相武王，誅紂伐奄，三年討其君，驅飛廉於海隅而戮之。滅國者五十，驅虎豹犀象而遠之。天下大悦。書曰：『丕顯哉，文王謨！丕承哉，武王烈！佑啓我後人，咸以正無缺。』**奄，東方之國，助紂爲虐者也。飛廉，紂幸臣也。五十國，皆紂黨虐民者也。書，周書君牙之篇。丕，大也。顯，明也。謨，謀也。承，繼也。烈，光也。佑，助也。啓，開也。缺，壞也。此一治也。**世衰道微，邪説暴行有作，臣弑其君者有之，子弑其父者有之。**「有作」之「有」，讀爲又，古字通用。○此周室東遷之後，又一亂也。**孔子懼，作春秋。春秋，天子之事也。是故孔子曰：『知我者其惟春秋乎！罪我者其惟春秋乎！』**胡氏曰：「仲尼作春秋以寓王法。厚典、庸禮、命德、討罪，其大要皆天子之事也。知孔子者，謂此書之作，遏人欲於横流，存天理於既滅，爲後世慮至深遠也。罪孔子者，以謂無其位，而託二百四十二年南面之權，使亂臣賊子禁其欲而不得肆，則戚矣。」愚謂：孔子作春秋以討亂賊，則致治之法垂於萬世，是亦一治也。**聖王不作，諸侯放恣，**

處士横議，楊朱、墨翟之言盈天下。天下之言，不歸楊，則歸墨。楊氏爲我，是無君也；墨氏兼愛，是無父也。無父無君，是禽獸也。公明儀曰：『庖有肥肉，廄有肥馬，民有飢色，野有餓莩，此率獸而食人也。』楊墨之道不息，孔子之道不著，是邪説誣民，充塞仁義也。仁義充塞，則率獸食人，人將相食。楊朱但知愛身，而不復知有致身之義，故無君；墨子愛無差等，而視其至親無異衆人，故無父。無父無君，則人道滅絶，是亦禽獸而已。公明儀之言，義見首篇。充塞仁義，謂邪説徧滿，妨於仁義也。孟子引儀之言，以明楊墨道行，則人皆無父無君，以陷於禽獸，而大亂將起，是亦率獸食人，而人又相食也。此又一亂也。**吾爲此懼，閑先聖之道，距楊墨，放淫辭，邪説者不得作。作於其心，害於其事；作於其事，害於其政。聖人復起，不易吾言矣。**閑，衛也。放，驅而遠之也。作，起也。事，所行。政，大體也。孟子雖不得志於時，然楊墨之害自是滅息，而君臣父子之道賴以不墜。是亦一治也。程子曰：「楊墨之害，甚於申韓；佛氏之害，甚於楊墨。蓋楊氏爲我，疑於義；墨氏兼愛，疑於仁。申韓則淺陋易見。故孟子止闢楊墨，爲其惑世之甚也。佛氏之言近理，又非楊墨之比，所以爲害尤甚。」**昔者禹抑洪水而天下平，周公兼夷狄驅猛獸而百姓寧，孔子成春秋而亂臣賊子懼。**抑，止也。兼，并之也。總結上文也。○南軒曰：「成春秋而亂臣賊子懼者，亂臣賊子懼其情僞畢見，而討絶之法著焉，施於萬世皆無所遁其跡故也。」**詩云：『戎狄是膺，荆舒是懲，**

則莫我敢承。』無父無君，是周公所膺也。我亦欲正人心，息邪說，距詖行，放淫辭，以承三聖者。豈好辯哉？予不得已也。詖、淫，解見前篇。辭者，說之詳也。承，繼也。三聖，禹、周公、孔子也。蓋邪說橫流，壞人心術，甚於洪水猛獸之災，慘於夷狄篡弒之禍，故孟子深懼而力救之。再言「豈好辯哉？予不得已也」，所以深致意焉。然非知道之君子，孰能真知其所以不得已之故哉？**能言距楊墨者，聖人之徒也。」**言苟有能爲此距楊墨之說者，則其所趨正矣，雖未必知道，是亦聖人之徒也。孟子既答公都子之問，而意有未盡，故復言此。蓋邪說害正，人人得而攻之，不必聖賢。如春秋之法，亂臣賊子，人人得而討之，不必士師也。聖人救世立法之意，其切如此。若以此意推之，則不能攻討，而又唱爲不必攻討之說者，其爲邪詖之徒、亂賊之黨可知矣。○尹氏曰：「學者於是非之原，豪釐有差，則害流於生民，禍及於後世，故孟子辯邪說如是之嚴，而自以爲承三聖之功也。當是時，方且以好辯目之，是以常人之心而度聖賢之心也。」○南軒曰：「爲我、兼愛，特其見之偏耳，而比之遽及於禽獸者，蓋爲我則自私，自私則賊義，而君臣之分遂可廢也；兼愛則無本，無本則害仁，而父子之親遂可夷也。人之異於庶物，以其有君臣父子也。無父無君，則與禽獸有異乎哉？」○愚案：莊子以曾史、楊墨並譏者凡數焉。曾子孔門之高弟，史魚亦孔子所與，莊生非孔子者也，其譏之宜矣，併及於楊墨者，以其兼愛之似仁，爲我之似義故也。孟子、莊子同於非楊墨，而其意不同。蓋莊子直以爲仁義，孟子則以其似仁義而實非仁義，此所以爲不同也。○孔子既没，異端遂作，至孟子時盛矣。而孟子所深距者，惟楊墨二氏，何哉？伊川嘗論之曰：「楊氏爲我，疑於義；墨氏兼愛，疑於仁。故孟子闢之，爲其惑世之甚也。」夫爲我之疑於義何也？義者任理而無情，楊朱自一身之外截然弗恤，故其迹似乎義。兼愛之疑於仁何也？仁者尚恩而主愛，墨翟於親疏之閒無乎不愛，故其迹似乎仁。殊不知天下之理本一，而分則殊，故君子親親而仁民，仁民而愛物，心無不溥，而其施有序。心無不溥，則非爲我矣；其施有序，則非兼愛矣。楊專於爲我，則昧乎理之一；墨一於兼愛，則昧乎分之殊。若是而曰仁義，乃所以賊乎仁義也。夫事君則致其身，楊但知愛身，而不知致身之義，故無君；立愛必自親始，墨愛無差等，而視其至親無異衆人，故無父。無父無君，則人道滅絶，是亦禽獸而已。閑者，防閑之義。距楊墨、放淫辭、闢邪説者，即所以閑先聖之道也。天下之治亂，其源實出於人心，邪説一溺於其心，則發於心而害於事，發於事而害於政，蓋必然之勢。此邪説所以不可不闢，人心所以不可不正也。禹抑洪水，周公兼夷狄驅猛獸，孔子作春秋，事雖不同，而其救天下之患、立生民之極則一。孟子之心，亦三聖之心也。衍義

匡章曰：「陳仲子豈不誠廉士哉？居於陵，三日不食，耳無聞，目無見也。井上有李，螬食實者過半矣，匍匐往將食之，三咽，然後耳有聞，目有見。」於，音烏。下「於陵」同。螬，音曹。咽，音宴。○匡章、陳仲子，皆齊人。廉，有分辨，不苟取也。於陵，地名。螬，蠐螬蟲也。匍匐，言無力不能行也。咽，吞也。**孟子曰：「於齊國之士，吾必以仲子爲巨擘焉。雖然，仲子惡能廉？充仲子之操，則蚓而後可者也。**巨擘，大指也。言齊人中有仲

子，如衆小指中有大指也。充，推而滿之也。操，所守也。蚓，丘蚓也。言仲子未得爲廉也，必若滿其所守之志，則惟蚯蚓之無求於世，然後可以爲廉耳。夫蚓，上食槁壤，下飲黃泉。仲子所居之室，伯夷之所築與？抑亦盜跖之所築與？所食之粟，伯夷之所樹與？抑亦盜跖之所樹與？是未可知也。」槁壤，乾土也。黃泉，濁水也。抑，發語辭也。言蚓無求於人而自足，而仲子未免居室食粟，若所從來或有非義，則是未能如蚓之廉也。曰：「是何傷哉？彼身織屨，妻辟纑，以易之也。」辟，音璧。纑，音盧。○辟，績也。纑，練麻也。曰：「仲子，齊之世家也。兄戴，蓋祿萬鍾。以兄之祿爲不義之祿而不食也，以兄之室爲不義之室而不居也，辟兄離母，處於於陵。他日歸，則有饋其兄生鵝者，己頻顣曰：『惡用是鶃鶃者爲哉？』他日，其母殺是鵝也，與之食之。其兄自外至，曰：『是鶃鶃之肉也。』出而哇之。蓋，音閤。辟，音避。頻，與「顰」同。顣，與「蹙」同，子六反。惡，平聲。鶃，魚一反。哇，音蛙。○世家，世卿之家。兄名戴，食采於蓋，其入萬鍾也。歸，自於陵歸也。己，仲子也。鶃鶃，鵞聲也。頻顣而言，以其兄受饋爲不義也。哇，吐之也。以母則不食，以妻則食之；以兄之室則弗居，以於陵則居之。是尚爲能充其類也乎？若仲子者，蚓而後充其操者也。」言仲子以母之食兄之室爲不義而不食不居，其操守如此。至於妻所易之粟，於陵所居之室，既未必伯夷之所爲，則亦不義之類耳。今仲子於此則不食不居，於彼則食之居之，豈爲能充滿其操守之類者乎？必其無求自足如丘蚓然，乃爲能滿其志而得爲廉耳，然豈人之所可爲哉？○范氏曰：「天之所生，地之所養，惟人爲大。人之所以爲大者，以其有人倫也。仲子避兄離母，無親戚、君臣、上下，是無人倫也。豈有無人倫而可以爲廉哉？」○南軒曰：「於陵仲子，於所當享有所不安，引而避之，而其窮至於無以食，而食井上之螬李。在當時或稱其廉，謂其能不以一介取諸人也。曾不知伊尹之不以一介與人、不以一介取諸人，以非其義、非其道之故耳。若於其所當居而不居，則反害於道義矣。仲子，齊之世家也，兄戴蓋祿萬鍾，仲子苟以爲不當虛享其祿食，則當與其兄共思社稷之計，光輔其主，治其國家，保其民人，則齊國有無窮之業，而仲子之家亦有無窮之聞，斯爲稱焉耳。今乃昧正大之見，爲狹陋之思，以食粟受鵞爲不義，而不知避兄離母之爲非；徒欲潔身以爲清，而不知廢大倫之爲惡。小廉妨大德，私義害公義。原仲子本心，亦豈不知母子之性重於其妻，兄之居爲愈於於陵乎？惟其私意所萌，亂夫倫類，至此極矣。衆人惑於其迹，以其清苦高介而取之，而不知原其所萌，若是其差殊也。嗟乎！世之貪冒苟得肆而爲惡者多矣，而孟子於仲子之徒獨闢之之深者，蓋世之爲惡者其失易見，而仲子之徒其過爲難知也。惟其難知，故可以惑世俗而禍仁義。孟子反覆闢之，蓋有以也。」

孟子集編卷第六

孟子集編卷第七

離婁章句上 凡二十八章。

孟子曰：「離婁之明，公輸子之巧，不以規矩，不能成方員；師曠之聰，不以六律，不能正五音；堯舜之道，不以仁政，不能平治天下。離婁，古之明目者。公輸子，名班，魯之巧人也。規，所以爲員之器也。矩，所以爲方之器也。師曠，晉之樂師，知音者也。六律，截竹爲筩，陰陽各六，以節五音之上下。黄鍾、太蔟、姑洗、蕤賓、夷則、無射，爲陽；大吕、夾鍾、仲吕、林鍾、南吕、應鍾，爲陰也。五音，宫、商、角、徵、羽也。范氏曰：「此言治天下不可無法度。仁政者，治天下之法度。」**今有仁心仁聞而民不被其澤，不可法於後世者，不行先王之道也。**聞，去聲。○仁心，愛人之心也。仁聞者，有愛人之聲聞於人也。先王之道，仁政是也。范氏曰：「齊宣王不忍一牛之死，以羊易之，可謂有仁心。梁武帝終日一食蔬素，宗廟以麪爲犧牲，斷死刑必爲之涕泣，天下知其慈仁，可謂有仁聞。然而宣王之時，齊國不治；武帝之末，江南大亂，其故何哉？有仁心仁聞而不行先王之道故也。」**故曰徒善不足以爲政，徒法不能以**

自行。有其心，無其政，是爲徒善；有其政，無其心，是爲徒法。詩云：『不愆不忘，率由舊章。』遵先王之法而過者，未之有也。聖人既竭目力焉，繼之以規矩準繩，以爲方員平直，不可勝用也；既竭耳力焉，繼之以六律，正五音，不可勝用也；既竭心思焉，繼之以不忍人之政，而仁覆天下矣。此言古之聖人，既竭耳目心思之力，然猶以爲未足以徧天下、及後世，故制爲法度以繼續之，則其用不窮，而仁之所被者廣矣。故曰爲高必因丘陵，爲下必因川澤。爲政不因先王之道，可謂智乎？丘陵本高，川澤本下，爲高下者因之，則用力少而成功多矣。鄒氏曰：「自章首至此，論以仁心仁聞行先王之道。」是以惟仁者宜在高位。不仁而在高位，是播其惡於衆也。仁者，有仁心仁聞而能擴而充之，以行先王之道者也。播惡於衆，謂貽患於下也。上無道揆也，下無法守也，朝不信道，工不信度，君子犯義，小人犯刑，國之所存者，幸也。朝，音潮。○此言不仁而在高位之禍也。故曰城郭不完，兵甲不多，非國之災也；田野不辟，貨財不聚，非國之害也；上無禮，下無學，賊民興，喪無日矣。上不知禮，則無以教民；下不知學，則易與爲亂。鄒氏曰：「自『是以惟仁者』至此，所以責其君。」詩曰：『天之方蹶，無然泄泄。』蹶，居衛反。泄，弋制反。泄泄，猶沓沓也。沓沓，即泄泄之意。蓋孟子時人語如此。事君無義，進退無禮，言則非先王之道者，猶沓沓也。故曰責難於君謂之恭，陳善閉邪謂之敬，吾君不能謂之賊。」范氏曰：「人臣以難事責於君，使其君爲堯舜之君者，尊君之大也；開陳善道以禁閉君之邪心，唯恐其君或陷於有過之地者，敬君之至也；謂其君不能行善道而不以告者，賊害其君之甚也。」鄒氏曰：「自『詩云天之方蹶』至此，所以責其臣。」○鄒氏曰：「此章言爲治者，當有仁心仁聞以行先王之政，而君臣又當各任其責也。」○南軒曰：「責難於君者，以先王事業望其君，不敢以君爲難也。」

孟子曰：「規矩，方員之至也；聖人，人倫之至也。規矩盡所以爲方員之理，猶聖人盡所以爲人之道。欲爲君盡君道，欲爲臣盡臣道，二者皆法堯舜而已矣。不以舜之所以事堯事君，不敬其君者也；不以堯之所以治民治民，賊其民者也。孔子曰：『道二，仁與不仁而已矣。』法堯舜，則盡君臣之道而仁矣；不法堯舜，則慢君賊民而不仁矣。二端之外，更無他道；出乎此，則入乎彼矣，可不謹哉？暴其民甚，則身弑國亡；不甚，則身危國削。名之曰『幽』『厲』，雖孝子慈孫，百世不能改也。言不仁之禍必至於此，可懼之甚也。詩云『殷鑒不遠，在夏后之世』，此之謂也。」

孟子曰：「三代之得天下也以仁，其失天下也以不仁。三代，謂夏、商、周也。禹、湯、文、武以仁得之，桀、紂、幽、厲以不仁失之。國之所以廢興存亡者亦然。天子不仁，不保四海；諸侯不仁，不保社稷；卿大夫不仁，不保宗廟；士庶人不仁，不保四體。今惡死亡而樂不仁，是猶惡醉而强酒。」惡，去聲。强，上聲。○南軒曰：「仁者，人之道。

人道既廢，則雖有四體，其能保諸？是不仁者，乃趨死亡之道也。云云。雖然，此特未能真知不仁者之可以死亡耳。使其真知不仁者之可以死亡，則如蹈水火之不敢爲也。」○孟子此章，明白峻厲，自天子以至庶人，皆當佩服以自警也。然所謂不仁者非他，縱人欲以滅天理而已。人欲縱而天理滅，其禍至於如此，可不畏哉！衍義

孟子曰：「愛人不親反其仁，治人不治反其智，禮人不答反其敬。「治人」之「治」，平聲。「不治」之「治」，去聲。○我愛人而人不親我，則反求諸己，恐我之仁未至也，智、敬放此。**行有不得者，皆反求諸己，其身正而天下歸之。**不得，謂不得其所欲，如不親、不治、不答是也。反求諸己，謂反其仁、反其智、反其敬也。如此，則其自治益詳，而身無不正矣。天下歸之，極言其效也。**詩云：『永言配命，自求多福。』」**解見前篇。○亦承上章而言。

孟子曰：「人有恒言，皆曰天下國家。天下之本在國，國之本在家，家之本在身。」恒，胡登反。○恒，常也。雖常言之，而未必知其言之有序也。故推言之，而又以家本乎身也。此亦承上章而言之，大學所謂「自天子以至於庶人，壹是皆以修身爲本」，爲是故也。○孟子謂天下國家，乃世人常常稱道之言，而不知國乃天下之本，家乃國之本，身又家之本，其言蓋有序也。本猶木之根本，根固而後枝葉盛。爲治本末亦猶是也。然大學言心而此不言心者，蓋誠意正心，皆修身之事，言身則心在中矣。衍義

孟子曰：「爲政不難，不得罪於巨室。巨室之所慕，一國慕之；一國之所慕，天下慕之，故沛然德教溢乎四海。」巨室，世臣大家也。得罪，謂身不正而取怨怒也。麥丘邑人祝齊桓公曰：「願主君無得罪於羣臣百姓。」意蓋如此。慕，向也，心悦誠服之謂也。沛然，盛大流行之貌。溢，充滿也。蓋巨室之心，難以力服，而國人素所取信；今既悦服，則國人皆服，而吾德教之所施，可以無遠而不至矣。此亦承上章而言，蓋君子不患人心之不服，而患吾身之不修；吾身既修，則人心之難服者先服，而無一人之不服矣。○林氏曰：「戰國之世，諸侯失德，巨室擅權，爲患甚矣。然或者不修其本而遽欲勝之，則未必能勝而適以取禍。故孟子推本而言，惟務修德以服其心。彼既悦服，則吾之德教無所留礙，可以及乎天下矣。裴度所謂『韓弘輿疾討賊，承宗斂手削地，非朝廷之力能制其死命，特以處置得宜，能服其心故爾』，正此類也。」

孟子曰：「天下有道，小德役大德，小賢役大賢；天下無道，小役大，弱役强。斯二者天也。順天者存，逆天者亡。有道之世，人皆修德，而位必稱其德之大小；天下無道，人不修德，則但以力相役而已。天者，理勢之當然也。**齊景公曰：『既不能令，又不受命，是絶物也。』涕出而女於吴。**女，去聲。○引此以言小役大、弱役强之事也。令，出令以使人也。受命，聽命於人也。物，猶人也。女，以女與人也。吴，蠻夷之國也。景公羞與爲婚，而畏其强，故涕泣而以女與之。**今也小國師大國而恥受命焉，是猶弟子而恥受命於先師也。**言小國不修德以自强，其般樂怠敖，皆若效大國之所爲者，而獨耻受其教命，不可得也。**如耻之，莫若師文王。師文王，大國五年，小國七年，必爲政於天下矣。**此因其愧耻之心而勉以修德也。文王之政，布在方策，舉而行之，所謂師文王也。五年、七年，以其所乘之勢不同爲差。蓋天下雖無道，然修德之至，則道自我行，而大國反爲吾役矣。程子曰：「五年、七年，聖人度其時則可矣。然凡此類，學者皆當思其作爲如何，乃有益耳。」**詩云：『商之孫子，其麗不億。上帝既命，侯于周服。侯服于周，天命靡常。殷士膚敏，裸將于京。』孔子曰：『仁不可爲衆也。夫國君好仁，天下無敵。』**孔子因讀此詩而言有仁者，則雖有十萬之衆，不能當之。故國君好仁，則必無敵於天下也。**今也欲無敵於天下而不以仁，是猶執熱而不以濯也。詩云：『誰能執熱，逝不以濯。』」**此章言不能自强，則聽天所命；修德行仁，則天命在我。○此大雅文王之詩也。以商之孫子而爲周之諸侯，以殷之美士而奔走周廟之祭，天命何常之有哉？成湯惟其仁也，故天命歸於商；紂惟其不仁，故天命轉而歸周。商之子孫其數以十萬計，可謂衆矣，而不能存商者，以周之仁，雖衆無所用也。孟子舉此，以明國君好仁則天下無能敵者，歎當時之不然也。前後三章，而三取喻，曰惡濕而居下也、惡醉而强酒也、執熱而不以濯也，其警世主也深矣。衍義

孟子曰：「不仁者可與言哉？安其危而利其菑，樂其所以亡者。不仁而可與言，則何亡國敗家之有？菑，與「災」同。樂，音洛。○安其危利其災者，不知其爲危菑而反以爲安利

也。所以亡者，謂荒淫暴虐，所以致亡之道也。不仁之人，私欲固蔽，失其本心，故其顛倒錯亂至於如此，所以不可告以忠言，而卒至於敗亡也。○自昔危亂之世，未嘗無忠言，祖伊嘗諫紂矣，召穆公嘗諫厲王矣，李斯嘗諫二世矣，而三主之不聽者，蓋其心既不仁，故顛倒迷謬，以危爲安，以菑爲利，以取亡之道爲可樂也。夫人君孰不欲安存而惡危亡，而其反易至此者，私欲蔽障而失其本心故耳。衍義 有孺子歌曰：『滄浪之水清兮，可以濯我纓；滄浪之水濁兮，可以濯我足。』浪，音郎。孔子曰：『小子聽之。清斯濯纓，濁斯濯足矣，自取之也。』言水之清濁有以自取之也。聖人聲入心通，無非至理，於此可見。○愚案：「聲入心通」四字，朱子嘗以解耳順之義矣。今復用於此，蓋聖人之心，表裏澄徹，故所聞之言雖淺，而所悟之理甚精，亦猶見至顯之象而識至微之理也。夫人必自侮，然後人侮之；家必自毁，而後人毁之；國必自伐，而後人伐之。太甲曰：『天作孽，猶可違；自作孽，不可活。』此之謂也。」

孟子曰：「桀紂之失天下也，失其民也；失其民者，失其心也。得天下有道，得其民，斯得天下矣；得其民有道，得其心，斯得民矣；得其心有道，所欲與之聚之，所惡勿施爾也。民之歸仁也，猶水之就下、獸之走壙也。走，音奏。○壙，廣野也。言民之所以歸乎此，以其所欲之在乎此也。故爲淵敺魚者，獺也；爲叢敺爵者，鸇也；爲湯武敺民者，桀與紂也。爲，去聲。敺，與「驅」同。今天下之君有好仁者，則諸侯皆爲之敺矣。

雖欲無王，不可得已。好、爲、王，皆去聲。○南軒曰：「孟子所謂『諸侯皆爲之敺』者，非利乎他人之爲己敺也，特言其理之當然者耳。循夫天理而無利天下之心而天下歸之，此三王之所以王也。假是道而亦得天下者，漢唐是也。故秦爲漢敺者也，隋爲唐敺者也。」○此章之要，在乎所欲與聚、所惡勿施之二言。大學曰：「民之所好好之，民之所惡惡之，此之謂民之父母。」父母於子，心誠求之，所欲者無不與，所惡者無不去。君之於民，何獨不然？當戰國時，禽獸其民，往往施之以所惡，故孟子激切而言之。夫仁者豈有心於天下歸己哉？水就下，獸走壙，理之自然，非有爲而爲之也。南軒有言：「循天理而無利天下之心而天下歸之者，三王之所以王也。假是道亦以得天下者，漢唐是也。」衍義**今之欲王者，猶七年之病求三年之艾也。苟爲不畜，終身不得。苟不志於仁，終身憂辱，以陷於死亡。詩云『其何能淑，載胥及溺』，此之謂也。」**

孟子曰：「自暴者，不可與有言也；自棄者，不可與有爲也。言非禮義，謂之自暴也；吾身不能居仁由義，謂之自棄也。暴，猶害也。非，猶毁也。自害其身者，不知禮義之爲美而非毁之，雖與之言，必不見信也；自棄其身者，猶知仁義之爲美，但溺於怠惰，自謂必不能行，與之有爲必不能勉也。程子曰：「人苟以善自治，則無不可移者，雖昏愚之至，皆可漸磨而進也。惟自暴者拒之以不信，自棄者絶之以不爲，雖聖人與居，不能化而入也，此所謂下愚之不移也。」

仁，人之安宅也；義，人之正路也。仁宅，已見前篇。義者，宜也，乃天理之當行，無人欲之邪曲，故曰正路。**曠安宅而弗居，舍正路而不由，哀哉！」**舍，上聲。○曠，空也。由，行也。○此章言道本固有而人自絶之，是可哀也。此聖賢之深戒，學者所當猛省也。○仁者心之德，心存於仁則安，反是則危；義者心之制，身由於義則正，反是則邪。二者皆吾所自有而甘心於自棄焉，是虚至安之宅而託曠蕩之野，背至正之路而趨荆棘之塗，此聖賢之所深哀也。衍義

孟子曰：「道在爾而求諸遠，事在易而求諸難。人人親其親、長其長而天下平。」爾、邇，古字通用。易，去聲。長，上聲。○親長在人爲甚邇，親之長之在人爲甚易，而道初不外是也。舍此而他求，則遠且難而反失之。但人人各親其親、各長其長，而天下自平矣。○戰國之時，學道者不求之近而求之遠，不知堯舜之道不離於徐行後長之際，而仁義之實止在乎尊親敬長之閒。圖事者不求之易而求之難，不知闢土地、朝秦楚有甚於緣木求魚，而老吾老、幼吾幼則天下可運之掌。故孟子切切以告時君，欲其反求之吾身而不責效於天下。蓋人君能親其親，而人亦莫不親其親；能長其長，則人亦莫不長其長。舉天下之人而各親其親、各長其長，則和順輯睦之風行，而乖爭陵犯之俗息，天下其有不平者乎？見衍義。

孟子曰：「居下位而不獲於上，民不可得而治也。獲於上有道，不信於友，弗獲於上矣；信於友有道，事親弗悦，弗信於友矣；悦親有道，反身不誠，不悦於親矣；誠身有道，不明乎善，不誠其身矣。獲於上，得其上之信任也。誠，實也。反身不誠，反求諸身

而其所以爲善之心有不實也。不明乎善，不能即事以窮理，無以真知善之所在也。游氏曰：「欲誠其意，先致其知；不明乎善，不誠其身矣。學至於誠身，則安往而不致其極哉？以內則順乎親，以外則信乎友，以上則可以得君，以下則可以得民矣。」**是故誠者，天之道也；思誠者，人之道也。**誠者，理之在我者皆實而無僞，天道之本然也；思誠者，欲此理之在我者皆實而無僞，人道之當然也。**至誠而不動者，未之有也；不誠，未有能動者也。」**至，極也。楊氏曰：「動，便是驗處，若獲乎上、信乎友、悅於親之類是也。」○此章述中庸孔子之言，見思誠爲修身之本，而明善又爲思誠之本。乃子思所聞於曾子，而孟子所受乎子思者，亦與大學相表裏，學者宜潛心焉。○南軒曰：「誠者天之道，言其實然之理天之所爲也，聖人則全此體，身誠而善無不明也。思誠者人之道，則是以人之所爲求合於天焉，學者明善誠身之功是也。」

孟子曰：「伯夷辟紂，居北海之濱，聞文王作興，曰：『盍歸乎來？吾聞西伯善養老者。』太公辟紂，居東海之濱，聞文王作興，曰：『盍歸乎來？吾聞西伯善養老者。』辟，去聲。○作、興，皆起也。盍，何不也。西伯，即文王也。紂命爲西方諸侯之長，得專征伐，故稱西伯。太公，姜姓，呂氏，名尚。文王發政，必先鰥寡孤獨、庶人之老，皆無凍餒，故伯夷、太公來就其養，非求仕也。**二老者，天下之大老也，而歸之，是天下之父歸之也。天下之父歸之，其子焉往？**焉，於虔反。○二老，伯夷、太公也。大老，言非常人之老者。天下之父，言齒德皆尊，如衆父然。既得其心，則天下之心不能外矣。蕭何所謂養民致賢以圖天下者，暗與此合，但其意則有公私之辨，學者又不可以不察也。**諸侯有行文王之政者，七年之内必爲政於天下矣。」**七年，以小國而言也，大國五年在其中矣。

孟子曰：「求也爲季氏宰，無能改於其德，而賦粟倍他日。孔子曰：『求非我徒也，小子鳴鼓而攻之可也。』求，孔子弟子冉求。季氏，魯卿。宰，家臣。賦，猶取也。取民之粟倍於他日也。小子，弟子也。鳴鼓而攻之，聲其罪而責之也。**由此觀之，君不行仁政而富之，皆棄於孔子者也，況於爲之强戰？争地以戰，殺人盈野；争城以戰，殺人盈城。此所謂率土地而食人肉，罪不容於死。**爲，去聲。○林氏曰：「富其君者，奪民之財耳，而夫子猶惡之，況爲土地之故而殺人，使其肝腦塗地，則是率土地而食人之肉。其罪之大，雖至於死，猶不足以容之也。」**故善戰者服上刑，連諸侯者次之，辟草萊、任土地者次之。」**辟，與「闢」同。○善戰，如孫臏、吴起之徒。連結諸侯，如蘇秦、張儀之類。辟，開墾也。任土地，謂分土授民，使任耕稼之責，如李悝盡地力、商鞅開阡陌之類也。

孟子曰：「存乎人者，莫良於眸子。眸子不能掩其惡。胷中正，則眸子瞭焉；胷中不正，則眸子眊焉。眸，音牟。瞭，音了。眊，音耄。○良，善也。眸子，目瞳子也。瞭，明也。眊者，蒙蒙，目不明之貌。蓋人與物接之時，其神在目，故胷中正則神精而明，不正則神散而眊。**聽其言也，觀其眸子，人焉廋哉？」**焉，於虔反。廋，音搜。○廋，匿也。言亦心之所發，故併此以觀，則人之邪正不可匿矣。然言猶可以僞爲，眸子則有不容僞者。○目者精神之所發，而言者心術之所形，故審其言之邪正，驗其目之明昧，而其人之賢否不可掩焉。此觀人之一法也。

衍義

孟子曰：「恭者不侮人，儉者不奪人。侮奪人之君，惟恐不順焉，惡得爲恭儉？恭儉豈可以聲音笑貌爲哉？」惡，平聲。○惟恐不順，言恐人之不順己。聲音笑貌，僞爲於外也。

淳于髡曰：「男女授受不親，禮與？」孟子曰：「禮也。」曰：「嫂溺則援之以手乎？」曰：「嫂溺不援，是豺狼也。男女授受不親，禮也；嫂溺援之以手者，權也。」與，平聲。援，音爰。○淳于，姓；髡，名，齊之辯士。授，與也。受，取也。古禮，男女不親授受，以遠別也。援，救之也。權，稱錘也，稱物輕重而往來以取中者也。權而得中，是乃禮也。

曰：「今天下溺矣，夫子之不援，何也？」言今天下大亂，民遭陷溺，亦當從權以援之，不可守先王之正道也。**曰：「天下溺，援之以道；嫂溺，援之以手。子欲手援天下乎？」**言天下溺，惟道可以救之，非若嫂溺可手援也。今子欲援天下，乃欲使我枉道求合，則先失其所以援之之具矣。是欲使我以手援天下乎？○此章言直己守道，所以濟時；枉道徇人，徒爲失己。

公孫丑曰：「君子之不教子，何也？」不親教也。**孟子曰：「勢不行也。教者必以**

正；以正不行，繼之以怒；繼之以怒，則反夷矣。『夫子教我以正，夫子未出於正也。』則是父子相夷也。父子相夷，則惡矣。夷，傷也。教子者，本爲愛其子也，繼之以怒，則反傷其子矣。父既傷其子，子之心又責其父曰：「夫子教我以正道，而夫子之身未必自行正道。」則是子又傷其父也。古者易子而教之。易子而教，所以全父子之恩，而亦不失其爲教。父子之閒不責善。責善則離，離則不祥莫大焉。」責善，朋友之道也。○王氏曰：「父有爭子，何也？所謂爭者，非責善也，當不義則爭之而已矣。父之於子者如何？曰：『當不義，則亦戒之而已矣。』」

孟子曰：「事孰爲大？事親爲大。守孰爲大？守身爲大。不失其身而能事其親者，吾聞之矣；失其身而能事其親者，吾未之聞也。守身，持守其身，使不陷於不義也。一失其身，則虧體辱親，雖日用三牲之養，猶不足以爲孝矣。孰不爲事？事親，事之本也。孰不爲守？守身，守之本也。事親孝，則忠可移於君，順可移於長。身正，則家齊、國治而天下平。曾子養曾晳，必有酒肉；將徹，必請所與；問有餘，必曰『有』。曾晳死，曾元養曾子，必有酒肉；將徹，不請所與；問有餘，曰『亡矣』，將以復進也。此所謂養口體者也。若曾子，則可謂養志也。養，去聲。復，扶又反。○此承上文事親言之。曾晳，名點，曾子父也。曾元，曾子子也。曾子養其父，每食必有酒肉；食畢將徹去，必請於父曰「此餘者與誰」；或父問此物尚有餘否，必曰「有」，恐親意更欲與人也。曾元不請所與，雖有言無，其意將以復進於親，不欲其與人也。此但能養父母之口體而已。曾子則能承順父母之志，而不忍傷之也。**事親若曾子者，可也。**」言當如曾子之養志，不可如曾元但養口體。程子曰：「子之身所能爲者，皆所當爲，無過分之事也。故事親若曾子可謂至矣，而孟子止曰可也，豈以曾子之孝爲有餘哉？」

孟子曰：「人不足與適也，政不足閒也。惟大人爲能格君心之非。君仁莫不仁，君義莫不義，君正莫不正。一正君而國定矣。」適，音謫。閒，去聲。○趙氏曰：「適，過也。閒，非也。格，正也。」徐氏曰：「格者，物之所取正也。書曰：『格其非心。』」愚謂：「閒」字上亦當有「與」字。言人君用人之非，不足過謫；行事之失，不足非閒。惟有大人之德，則能格其君心之不正以歸於正，而國無不治矣。大人者，大德之人，正己而物正者也。○程子曰：「天下之治亂，繫乎人君之仁與不仁耳。心之非，即害於政，不待乎發之於外也。昔者孟子三見齊王而不言事，門人疑之。孟子曰：『我先攻其邪心，心既正，而後天下之事可從而理也。』夫政事之失，用人之非，知者能更之，直者能諫之。然非心存焉，則事事而更之，後復有其事，將不勝其更矣；人人而去之，後復用其人，將不勝其去矣。是以輔相之職，必在乎格君心之非，然後無所不正。而欲格君心之非者，非有大人之德，則亦莫之能也。」○南軒曰：「格之爲言，感通至到也。書曰：『格于上帝。』蓋君心之非，不可以氣力勝，必也感通至到，而使之自消磨焉，所謂格也。蓋積其誠意，一動静，一語默，無非格之之道也。心非未格，則雖責其人材，更其政事，幸見其聽而肯改易，他日之所欲所行，亦未必是也。何者？其源不正，不可勝救也。心非既格，則人材政事皆將源源而日新矣。然其格君心之業，非大人則不能。若在己之非猶有未之能克者，而將何以盡夫感通之道哉？後世道學不明，論治者不過及於人材政事而已，孰知其本在於君心，而格君之本乃在於吾心乎？」

孟子曰：「有不虞之譽，有求全之毁。」 虞，度也。吕氏曰：「行不足以致譽而偶得譽，是謂不虞之譽。求免於毁而反致毁，是謂求全之毁。言毁譽之言，未必皆實，修己者不可以是遽爲憂喜，觀人者不可以是輕爲進退。」

孟子曰：「人之易其言也，無責耳矣。」 易，去聲。○人之所以輕易其言者，以其未遭失言之責故耳。蓋常人之情，無所懲於前，則無所警於後。非以爲君子之學，必俟有責而後不敢易其言也。然此亦豈有爲而言之與？

孟子曰：「人之患在好爲人師。」 好，去聲。○王勉曰：「學問有餘，人資於己，不得已而應之可也。若好爲人師，則自足而不復有進矣，此人之大患也。」○南軒曰：「學莫病於自足。古之所謂師者，學明行修，人從而師之，而非有欲人師己之心也。人師乎己，從而以己之善善之，其答問論辯之際，亦有互相發者，故斆學相長也。若有好爲人師之意，則是乃矜己自大之私萌乎中，欲以益於人而不知其先損於己，此其所以可懼也。」

樂正子從於子敖之齊。 子敖，王驩字。**樂正子見孟子。孟子曰：「子亦來見我乎？」**

曰：「先生何爲出此言也？」曰：「子來幾日矣？」曰：「昔者。」曰：「昔者，則我出此言也，不亦宜乎？」曰：「舍館未定。」曰：「子聞之也，舍館定然後求見長者乎？」長，上聲。○昔者，前日也。館，客舍也。王驩，孟子所不與言者，則其人可知矣。樂正子乃從之行，其失身之罪大矣；又不蚤見長者，則其罪又有甚者焉。故孟子姑以此責之。曰：「克有罪。」陳氏曰：「樂正子固不能無罪矣，然其勇於受責如此，非好善而篤信之，其能若是乎？世有强辯飾非、聞諫愈甚者，又樂正子之罪人也。」

孟子謂樂正子曰：「子之從於子敖來，徒餔啜也。我不意子學古之道而以餔啜也。」餔，博孤反。啜，昌悅反。○徒，但也。餔，食也。啜，飲也。言其不擇所從，但求食耳。此乃正其罪而切責之。

孟子曰：「不孝有三，無後爲大。趙氏曰：「於禮有不孝者三事：謂阿意曲從，陷親不義，一也；家貧親老，不爲祿仕，二也；不娶無子，絶先祖祀，三也。三者之中，無後爲大。」舜不告而娶，爲無後也，君子以爲猶告也。」「爲無」之「爲」，去聲。○舜告焉則不得娶，而終於無後矣。告者禮也，不告者權也。猶告，言與告同也。蓋權而得中，則不離於正矣。○范氏曰：「天下之道，有正有權。正者萬世之常，權者一時之用。常道人皆可守，權非體道者不能用也。蓋權出於不得已者也，若父非瞽瞍，子非大舜，而欲不告而娶，則天下之罪人也。」

孟子曰：「仁之實，事親是也；義之實，從兄是也。仁主於愛，而愛莫切於事親；義主於敬，而敬莫先於從兄。故仁義之道，其用至廣，而其實不越於事親從兄之閒，蓋良心之發，最爲切近而精實者。有子以孝弟爲爲仁之本，其意亦猶此也。**智之實，知斯二者弗去是也；禮之實，節文斯二者是也；樂之實，樂斯二者。樂則生矣，生則惡可已也，惡可已，則不知足之蹈之、手之舞之。」**「樂斯」「樂則」之「樂」，音洛。惡，平聲。○斯二者，指事親、從兄而言。知而弗去，則見之明而守之固矣。節文，謂品節文章。樂則生矣，謂和順從容，無所勉强，事親從兄之意油然自生，如草木之有生意也。既有生意，則其暢茂條達，自有不可遏者，所謂惡可已也。其又盛，則至於手舞足蹈而不自知矣。○此章言事親從兄，良心真切，天下之道，皆原於此。然必知之明而守之固，然後節之密而樂之深也。○南軒曰：「仁義具於人之性，而其實見於事親從兄之閒。蓋仁故能愛，愛莫大於愛親；義者宜也，宜之所施，莫宜於從兄也。擴而充之，仁義蓋不可勝用，而實事親從兄之心也。故知者知此而弗去者也，禮者節文此者也，樂者樂此者也，豈有外此者哉？知必云『弗去』者，蓋曰知之而有時乎去之，非真知者也，知之至則弗肯去之矣。有其禮斯有其節，有其實斯有其文，凡三千三百，皆所以節文乎此者也，有以節文，則内外進矣。至於樂，則非自得之深、涵養之熟者，無此味也。樂則生矣，生者心之道，蓋其中心油然有不自知其然也。生則惡可已，言其自不可已，則手之所舞，足之所蹈，莫非是矣。至此，則仁義之心粹然於内，而周流乎事事物物之閒矣。」○此孟子指言仁義知禮樂之實，使人知所以用力之地也。仁義之道大矣，而其切實處止在於事親從兄。蓋二者人之良知良能，天性之真於焉發見。欲爲仁義者，惟致力乎此而已，否則悠悠焉、泛泛然，非可據之實地矣。真知斯二者，守之而不去，則智之實。節文斯二者，適隆殺之宜，則禮之實。於斯二者行之而樂，有從容安適之意，無勉强矯拂之爲，則樂之實。蓋天下之善，未有出於事親從兄之外者。苟至於樂，則方寸之閒油然自有生意，敷暢條達，自不可已。足之所蹈，手之所舞，亦將有不知其然而然者矣。非深玩而實體之，其能知此味乎！衍義。

孟子曰：「天下大悦而將歸己。視天下悦而歸己猶草芥也，惟舜爲然。不得乎親，不可以爲人；不順乎親，不可以爲子。言舜視天下之歸己如草芥，而惟欲得其親而順之也。得者，曲爲承順以得其心之悦而已。順則有以諭之於道，心與之一而未始有違，尤人所難也。爲人蓋泛言之，爲子則愈密矣。**舜盡事親之道而瞽瞍厎豫，瞽瞍厎豫而天下化，瞽瞍厎豫而天下之爲父子者定，此之謂大孝。」**厎，之爾反。○瞽瞍，舜父名。厎，致也。豫，悦樂也。瞽瞍至頑，嘗欲殺舜，至是而厎豫焉。書所謂「不格姦」「亦允若」是也。蓋舜至此而有以順乎親矣。是以天下之爲子者，知天下無不可事之親，顧吾所以事之者未若舜耳。於是莫不勉而爲孝，至於其親亦厎豫焉，則天下之爲父者亦莫不慈，所謂化也。子孝父慈，各止其所，而無不安其位之意，所謂定也。爲法於天下，可傳於後世，非止一身一家之孝而已，此所以爲大孝也。○李氏曰：「舜之所以能使瞽瞍厎豫者，盡事親之道，共爲子職，不見父母之非而已。」○舜之所值者，至難事之親也，然積誠感動，猶能使之厎豫，況其不如瞽瞍者乎？故瞽瞍厎豫，而天下之爲人子者皆知無不可事之親，而各勉於爲孝，此所謂天下化也。昔羅豫章論此，曰：「只爲天下無不是底父母。」陳了翁聞而善之，曰：「惟如此，而後天下之爲父子者定。彼臣弒君、子弒父者，常始於見其有不是處耳。」嗚呼！罪己而不非其親者，仁人孝子之心也；怨親而不反諸己者，亂臣賊子之志也。後之事難事之親者，其必以舜爲法。衍義

孟子集編卷第七

孟子集編卷第八

離婁章句下 凡三十三章。

孟子曰：「舜生於諸馮，遷於負夏，卒於鳴條，東夷之人也。諸馮、負夏、鳴條，皆地名，在東方夷服之地。文王生於岐周，卒於畢郢，西夷之人也。岐周，岐山下周舊邑，近畎夷。畢郢，近豐鎬，今有文王墓。地之相去也，千有餘里；世之相後也，千有餘歲。得志行乎中國，若合符節。得志行乎中國，謂舜爲天子，文王爲方伯，得行其道於天下也。符節，以玉爲之，篆刻文字而中分之，彼此各藏其半，有故則左右相合以爲信也。若合符節，言其同也。先聖後聖，其揆一也。」揆，度也。其揆一者，言度之而其道無不同也。○范氏曰：「言聖人之生，雖有先後遠近之不同，然其道則一也。」○南軒曰：「先聖後聖，莫非一揆。孟子獨舉舜與文王言之者，蓋其地相去爲最遠，而世相去爲最久故耳。所謂『得志行乎中國』者，聖人之道化行乎天下，是所謂得志者也。然自今觀之，舜與文王所值之時，周旋於父子君臣之際者蓋不同矣，孟子謂若合符節者，何邪？蓋道一而已。其所以一者，天之理也；若夫人爲，則萬殊矣。聖人者，純乎天理者也，純乎天理，則其云爲注措，莫非天之所爲，而有二乎哉？故舜之所以事瞽瞍者，是文王所以事王季者也；而文王之事紂，是舜所以事堯也；文王之憂勤，是舜無爲而治者也。舜與文王易地則皆然，何者？舜與文王皆天也，使其閒有一豪不相似，則不曰若符節之契矣。然舜與文王之所以爲天者，則抑有道矣。堯、舜、文王，生知之聖也，亦必學以成之。『惟精惟一，允執厥中』者，舜之學也；『緝熙敬止』『克宅厥心』者，文王之學也。即其生知之聖，而學以成之，此其所以爲天之無疆也。學者讀此章，當深究所以一者，於此有得，則先聖後聖之心，可得而識矣。」

子產聽鄭國之政，以其乘輿濟人於溱洧。乘，去聲。溱，音臻。洧，榮美反。○子產，鄭大夫公孫僑也。溱、洧，二水名也。子產見人有徒涉此水者，以其所乘之車載而渡之。**孟子曰：「惠而不知爲政。**惠，謂私恩小利。政，則有公平正大之體，綱紀法度之施焉。**歲十一月徒杠成，十二月輿梁成，民未病涉也。**杠，音江。○杠，方橋也。徒杠，可通徒行者。梁，亦橋也。輿梁，可通車輿者。周十一月，夏九月也。周十二月，夏十月也。夏令曰：「十月成梁。」蓋農功已畢，可用民力，又時將寒沍，水有橋梁，則民不患於徒涉，亦王政之一事也。**君子平其政，行辟人可也，焉得人人而濟之？**辟，與「闢」同。焉，於虔反。○辟，辟除也，如周禮「閽人爲之辟」之「辟」。言能平其政，則出行之際，辟除行人，使之避己，亦不爲過。況國中之水當涉者衆，豈能悉以乘輿濟之哉？**故爲政者，每人而悅之，日亦不足矣。」**言每人皆欲致私恩以悅其意，則人多日少，亦不足於用矣。諸葛武侯嘗言：「治世以大德，不以小惠。」得孟子之意矣。

孟子告齊宣王曰：「君之視臣如手足，則臣視君如腹心；君之視臣如犬馬，則臣視君如國人；君之視臣如土芥，則臣視君如寇讎。」孔氏曰：「宣王之遇臣下，恩禮衰薄，至於『昔者所進，今日不知其亡』，則其於羣臣可謂邈然無敬矣。故孟子告之以此。手足腹心，相待一體，恩義之至也。如犬馬則輕賤之，然猶有豢養之恩焉。國人，猶言路人，言無怨無德也。土芥，則踐踏之而已矣，斬艾之而已矣，其賤惡之又甚矣。寇讎之報，不亦宜乎？」王曰：「禮，爲舊君有服，何如斯可爲服矣？」爲，去聲，下「爲之」同。○儀禮曰：「以道去君而未絶者，服齊衰三月。」王疑孟子之言太甚，故以此禮爲問。曰：「諫行言聽，膏澤下於民；有故而去，則君使人導之出疆，又先於其所往；去三年不反，然後收其田里。此之謂三有禮焉。如此，則爲之服矣。導之出疆，防剽掠也。先於其所往，稱道其賢，欲其收用之也。三年而後收其田祿里居，前此猶望其歸也。今也爲臣，諫則不行，言則不聽；膏澤不下於民；有故而去，則君搏執之，又極之於其所往；去之日，遂收其田里。此之謂寇讎。寇讎何服之有？」極，窮也。窮之於其所往之國，如晉錮欒盈也。○潘興嗣曰：「孟子告齊王之言，猶孔子對定公之意也，而其言有迹，不若孔子之渾然也。蓋聖賢之別如此。」楊氏曰：「君臣以義合者也。故孟子爲齊王深言報施之道，使知爲君者不可不以禮遇其臣耳。若君子之自處，則豈處其薄乎？孟子曰：『王庶幾改之，予日望之。』君子之言蓋如此。」○南軒曰：「此所以深警宣王也。若夫在爲臣者之分，君雖待我者有未至，我所以事君者可以不自盡乎？是當玩孟子三宿出晝之心，則庶乎其得之矣。」○案檀弓：「繆公問於子思曰：『爲舊君反服，古與？』子思曰：『古之君子，進人以禮，退人以禮，故有舊君反服之禮也。今之君子，進人若將加諸膝，退人若將隊諸淵，毋爲戎首，不亦善乎？又何反服之禮之有？』」孟子之言蓋本乎此。○以上言君臣交盡其道。○戰國之君以爵祿奔走士大夫，無復遇臣之禮，其臣亦懷利苟從，無復事君之忠，故孟子以此深警齊王也。昔魯繆公問於子思曰：「爲舊君反服，古與？」子思云云。孟子告齊王，即子思之告繆公者也。雖然，孟子爲齊王言則然也，而所以自處則不然也。千里見王，不遇故去，而三宿出晝，未嘗有悻悻之心，曷嘗以寇讎視其君哉？故曰孟子爲齊王言則然，而所以自處則不然也。

孟子曰：「無罪而殺士，則大夫可以去；無罪而戮民，則士可以徙。」言君子當見幾而作，禍已迫，則不能去矣。

孟子曰：「君仁莫不仁，君義莫不義。」張氏曰：「此章重出。然上篇主言人臣當以正君爲急，此章直戒人君，義亦小異耳。」

孟子曰：「非禮之禮、非義之義，大人弗爲。」察禮不精，故有二者之蔽。大人則隨事而順理，因時而處宜，豈爲是哉？○南軒曰：「非禮之禮、非義之義，謂其事雖本是禮義，而施之不當，一過其則，則爲非禮義矣。故程子曰：『恭本爲禮，過於恭，是非禮之禮也；以物與人爲義，過於與，是非義之義矣。』推是類可見矣。蓋禮義本於天而著於人心，各有其則而不可過，乃天下之公而非有我之所得私也。一以己意加之，則是私情而已。故其事雖以禮義，而君子謂之非禮之禮、非義之義也。」

孟子曰：「中也養不中，才也養不才，故人樂有賢父兄也。如中也棄不中，才也棄不才，則賢不肖之相去，其間不能以寸。」樂，音洛。○無過不及之謂中，足以有爲之謂才。養，謂涵育薰陶，俟其自化也。賢，謂中而才者也。樂有賢父兄者，樂其終能成己也。爲父兄者，若以子弟之不賢，遂遽絶之而不能教，則吾亦過中而不才矣。其相去之閒，能幾何哉？○南軒曰：「此所謂中者，以德言；才者，以質言。惟有德者爲能涵養性情，而無過不及之患，故謂之中；而其倚於一偏不能自正者，則謂之不中。資質美茂，如忠厚、剛毅、明敏之類，則謂之才；而其資質不美，以陷於刻薄、柔懦、愚暗之流，則謂之不才。父兄之於子弟也，見其不中不才，則當思所以教之。教之之道，莫如養之。養之者，如天地涵養萬物，其雨露之所濡，雷風之所振，和氣之薰陶，寧有閒斷乎哉？故物以生遂焉。父兄之所以養其子弟，當若是也。寬裕以容之，義理以漸之，忠信以成之，開其明而祛其惑，引之以其方，而使之自喻。此皆養之之方也。」

孟子曰：「人有不爲也，而後可以有爲。」程子曰：「有不爲，知所擇也。惟能有不爲，是以可以有爲。無所不爲者，安能有所爲邪？」

孟子曰：「言人之不善，當如後患何？」此亦有爲而言。

孟子曰：「仲尼不爲已甚者。」 已，猶太也。楊氏曰：「言聖人所爲，本分之外，不加豪末。非孟子真知孔子，不能以是稱之。」

孟子曰：「大人者，言不必信，行不必果，惟義所在。」 行，去聲。○必，猶期也。大人言行，不先期於信果，但義之所在，則必從之，卒亦未嘗不信果也。○尹氏曰：「主於義，則信果在其中矣；主於信果，則未必合義。」王勉曰：「若不合於義而不信不果，則妄人爾。」

孟子曰：「大人者，不失其赤子之心者也。」 大人之心，通達萬變；赤子之心，則純一無僞而已。然大人之所以爲大人，正以其不爲物誘，而有以全其純一無僞之本然。是以擴而充之，則無所不知，無所不能，而極其大也。○大人事事理會得，只是無許多巧僞曲折，便是赤子之心。赤子之心，純一無僞。大人者，是有知覺底純一無僞。○赤子之心不可盡謂已發，亦有未發處[一]。○案：吕氏以赤子之心爲未發，程子謂已發而未遠乎道。○南軒曰：「赤子之心，無聲色臭味之誘，無智巧作僞之私。」

孟子曰：「養生者不足以當大事，惟送死可以當大事。」 養，去聲。○事生固當愛敬，然亦人道之常耳。至於送死，則人道之大變，孝子之事親，舍是無以用其力矣。故尤以爲大事，而

[一] 有未，原作「未有」，乾隆本、同治本同，據薈要本、四庫本乙。

必誠必信，不使少有後日之悔也。

孟子曰：「君子深造之以道，欲其自得之也。自得之，則居之安；居之安，則資之深；資之深，則取之左右逢其原，故君子欲其自得之也。」造，七到反。○造，詣也。深造之者，進而不已之意。道，則其進爲之方也。資，猶藉也。左右，身之兩旁，言至近而非一處也。逢，猶值也。原，本也，水之來處也。言君子務於深造而必以其道者，欲其有所持循，以俟夫默識心通，自然而得之於己也。自得於己，則所以處之者安固而不摇；處之安固，則所藉者深遠而無盡；所藉者深，則日用之閒取之至近，無所往而不值其所資之本也。○程子曰：「學不言而自得者，乃自得也；有安排布置者，皆非自得也。然必潛心積慮，優游厭飫於其閒，然後可以有得。若急迫求之，則是私己而已，終不足以得之也。」○南軒曰：「學貴於自得。不自得則無以有諸己，自得而後爲己物也。以其德性之知，非他人之所能與，非聰明智力之所可及，故曰『自得』。深造之以道者，言其涵泳之深也，工夫篤至，而後能有得，不然，則爲臆度而已，非自得也。臆度者，猶在此而想彼；自得，則此便是彼，更無二也。蓋所得未真實，則中心必有欲然不安者。自得則如水之必寒，火之必熱，不可得而易，故『居之安』。居之安，則資乎此，而所進日深矣。資者，憑藉、據依之謂。蓋居之既安，則自得之味愈無窮也，故曰『資之深』。資之深，則萬事素定乎此，事至物來，隨而應之，周流運用，無非大端之所存，故曰『取之左右逢其原』。於是重言之曰『君子欲其自得之也』，其示人至矣。夫未之有得，則何所居？無所居，則又何所資而取哉？故自得，其本也。

然欲其自得，則有道矣，非深造之以道不可也。」

孟子曰：「博學而詳説之，將以反説約也。」言所以博學於文而詳説其理者，非欲以誇多而鬬靡也，欲其融會貫通，有以反而説到至約之地耳。蓋承上章之意而言，學非欲其徒博，而亦不可以徑約也。○南軒曰：「天下之理常存於至約，然求約有道，其惟博學而詳説歟？稽之前古，攷之當今，以至於禮儀三百、威儀三千，朝夕從事而學焉，所謂博也。極天下之理，講明問辯而不置焉，所謂詳也。博學詳説，則心廣義精，而所謂約者可得於言意之表矣。故吾之博學詳説，是將以反之於己而説約也。學不博，説不詳，而曰我知約者，是特陋而已矣。若博學詳説，而志不在於求約，則是外馳其心，務廣而貪多耳，非所謂學也。」

孟子曰：「以善服人者，未有能服人者也；以善養人，然後能服天下。天下不心服而王者，未之有也。」王，去聲。○服人者，欲以取勝於人；養人者，欲其同歸於善。蓋心之公私小異，而人之嚮背頓殊，學者於此不可以不審也。

孟子曰：「言無實不祥。不祥之實，蔽賢者當之。」或曰：「天下之言無有實不祥者，惟蔽賢爲不祥之實。」或曰：「言而無實者不祥，故蔽賢爲不祥之實。」二説不同，未知孰是，疑或有闕文焉。

徐子曰：「仲尼亟稱於水，曰：『水哉，水哉！』何取於水也？」亟，去吏反。○亟，數也。水哉水哉，歎美之辭。**孟子曰：「原泉混混，不舍晝夜，盈科而後進，放乎四海，有本者如是，是之取爾。**舍、放，皆上聲。○原泉，有原之水也。混混，湧出之貌。不舍晝夜，言常出不竭也。盈，滿也。科，坎也。言其進以漸也。放，至也。言水有原本，不已而漸進，以至於海；如人有實行，則亦不已而漸進，以至於極也。**苟爲無本，七八月之閒雨集，溝澮皆盈；其涸也，可立而待也。故聲聞過情，君子恥之。」**澮，古外反。涸，下各反。聞，去聲。○集，聚也。澮，田閒水道也。涸，乾也。如人無實行，而暴得虛譽，不能長久也。聲聞，名譽也。情，實也。恥者，恥其無實而將不繼也。林氏曰：「徐子之爲人，必有躐等干譽之病，故孟子以是答之。」○鄒氏曰：「孔子之稱水，其旨微矣。孟子獨取此者，以徐子之所急者言之也。孔子嘗以聞達告子張矣，達者有本之謂也，聞則無本之謂也。然則學者其可以不務本乎？」○又家語「孔子觀於東流之水」一段，亦當參觀。古今同此水也，然孔子觀之而明道體之無息，孟子推之而明爲學之有本，今人之凡觀於水者其亦知此乎？此格物致知所當察也。

孟子曰：「人之所以異於禽獸者幾希，庶民去之，君子存之。幾希，少也。庶，衆也。人物之生，同得天地之理以爲性，同得天地之氣以爲形；其不同者，獨人於其閒得形氣之正，而能有以全其性，爲少異耳。雖曰少異，然人物之所以分，實在於此。衆人不知此而去之，則名雖爲人，而實無以異於禽獸。君子知此而存之，是以戰兢惕厲，而卒能有以全其所受之理也。**舜明於庶物，**

察於人倫，由仁義行，非行仁義也。」物，事物也。明，則有以識其理也。人倫，説見前篇。察，則有以盡其理之詳也。物理固非度外，而人倫尤切於身，故其知之有詳略之異。在舜則皆生而知之也。由仁義行，非行仁義，則仁義已根於心，而所行皆從此出，非以仁義爲美而後勉强行之，所謂安而行之也。此則聖人之事，不待存之而無不存矣。○尹氏曰：「存之者，君子也；存者，聖人也。君子所存，存天理也；由仁義行，存者能之。」○舜明於庶物，察於人倫。明察是見得事事物物之理，無一豪之未盡。所謂仁義者，皆不待求之於外，此身此心便渾然都是仁義。○問：「云云。若學者須是行仁義始得？」曰：「這便如三月不違意。他是平日身常在仁義内，即恁地行出。學者身在外，且須去求仁義就上行，然又須以由仁義行爲準的，方得。」○或言由仁義行、好行仁義便有善利之分。曰：「豈不見上有『舜』字？惟舜便由仁義行，他人須窮理，知其爲仁爲義，從而行之。且如『仁者安仁，智者利仁』，既未能安仁，亦須是利仁。利仁豈不是好底？知仁之爲利而行之，不然則以人欲爲利矣。」○南軒曰：「『由仁義行，非行仁義』者，行仁義猶爲二物也，由仁義行，則如目視而耳聽，手持而足履，無非是矣。若舜者，可謂全其所以爲人者而無虧欠矣。未至於舜，皆爲未盡也。」○人之與物相去亦遠矣。而孟子以爲幾希者，蓋人物均有一心，然人能存而物不能存，所不同者惟此而已。人類之中有凡民者，亦有是心而不能存，是即禽獸也。惟君子能存之，所以異於物耳。若大舜之聖，則明乎物之所以爲物，察乎人之所以爲人，不待於存而自存。蓋存之者猶待於用力，舜則身即理，理即身，渾然無間，而不待於用力，所謂生知安行、從容中道者是也。由仁義行，則身與理一；行仁義，則身與理二。然未至於舜，則所以行仁義者正所當勉也。行而久，久而熟，熟而安，則與由而行者亦豈異哉？衍義

孟子曰：「禹惡旨酒而好善言。惡、好，皆去聲。○戰國策曰：「儀狄作酒，禹飲而甘之，曰『後世必有以酒亡其國者』，遂疏儀狄而絶旨酒。」書曰：「禹拜昌言。」**湯執中，立賢無方。**執，謂守而不失。中者，無過不及之名。方，猶類也。立賢無方，惟賢則立之於位，不問其類也。**文王視民如傷，望道而未之見。**而，讀爲如，古字通用。○民已安矣，而視之猶若有傷；道已至矣，而望之猶若未見。聖人之愛民深，而求道切，不自滿足，終日乾乾之心也。**武王不泄邇，不忘遠。**泄，狎也。邇者人所易狎而不泄，遠者人所易忘而不忘，德之盛，仁之至也。**周公思兼三王，以施四事；其有不合者，仰而思之，夜以繼日；幸而得之，坐以待旦。」**三王，禹也，湯也，文武也。四事，上四條之事也。時異勢殊，故其事或有所不合，思而得之，則其理初不異矣。坐以待旦，急於行也。○此承上章言舜，因歷叙羣聖以繼之，而各舉其一事，以見其憂勤惕厲之意。蓋天理之所以常存，而人心之所以不死也。○程子曰：「孟子所稱，各因其一事而言，非謂武王不能執中立賢，湯却泄邇忘遠也。人謂各舉其盛，亦非也，聖人亦無不盛。」○南軒曰：「於是四者而窺四聖人之心，則可見其運而不息，化而不滯，其天地之心歟？」

孟子曰：「王者之迹熄而詩亡，詩亡然後春秋作。王者之迹熄，謂平王東遷，而政教號令不及於天下也。詩亡，謂黍離降爲國風而雅亡也。春秋，魯史記之名，孔子因而筆削之，始於魯隱公之元年，實平王之四十九年也。**晉之乘，楚之檮杌，魯之春秋，一也。**乘，去聲。檮，音逃。杌，音兀。○乘，義未詳。趙氏以爲興於田賦乘馬之事。或曰：「取記載當時行事而名之也。」檮杌，惡獸名，古者因以爲凶人之號，取記惡垂戒之義也。春秋者，記事者必表年以首事，年有四時，故錯舉以爲所記之名也。古者列國皆有史官，掌記時事。此三者皆其所記册書之名也。**其事則齊桓、晉文，其文則史。孔子曰：『其義則丘竊取之矣。』」**春秋之時，五霸迭興，而桓文爲盛。史，史官也。竊取者，謙辭也。公羊傳作「其辭則丘有罪焉爾」，意亦如此。蓋言斷之在己，所謂「筆則筆，削則削，游夏之徒不能贊一辭」者也。尹氏曰：「言孔子作春秋，亦以史之文載當時之事也，而其義則定天下之邪正，爲百王之大法。」○此又承上章歷叙羣聖，因以孔子之事繼之，而孔子之事莫大於春秋，故特言之。

孟子曰：「君子之澤五世而斬，小人之澤五世而斬。澤，猶言流風餘韻也。父子相繼爲一世，三十年亦爲一世。斬，絶也。大約君子小人之澤，五世而絶也。楊氏曰：「四世而緦，服之窮也；五世袒免，殺同姓也；六世親屬竭矣。服窮則遺澤寖微，故五世而斬。」**予未得爲孔子徒也，予私淑諸人也。」**私，猶竊也。淑，善也。李氏以爲方言是也。人，謂子思之徒也。自孔子卒至孟子遊梁時，方百四十餘年，而孟子已老。然則孟子之生，去孔子未百年也。故孟子言予雖未得親受業於孔子之門，然聖人之澤尚存，猶有能傳其學者。故我得聞孔子之道於人，而私竊以善其身，蓋推尊孔子而自謙之辭也。○此又承上三章，歷叙舜禹，至於周孔，而以是終之。其辭雖謙，然其所以自任之重，亦有不得而辭者矣。

孟子曰："可以取，可以無取，取傷廉；可以與，可以無與，與傷惠；可以死，可以無死，死傷勇。" 先言可以者，略見而自許之辭也；後言可以無者，深察而自疑之辭也。過取固害於廉，然過與亦反害其惠，過死亦反害其勇，蓋過猶不及之意也。林氏曰："公西華受五秉之粟，是傷廉也；冉子與之，是傷惠也；子路之死於衛，是傷勇也。"○南軒曰："取與死生之義，有灼然易判者，亦有在可否之間者。在可否之間，非義精者莫能擇也。蓋其幾，間不容息，一或有偏，則失之矣。是以君子貴乎存養，存之有素，則其理不昧；養之有素，則物莫能奪。夫然，故當事幾之來，有以處之而得其當也。孟子於齊餽兼金不受，其於宋疑不可受而受，蓋以其無處而餽之則爲傷廉故耳。孔子於公西華之使，冉子爲其請粟，疑可與也而不與，蓋以周急不繼富，而與之則傷惠故耳。至於比干諫而死，箕子疑亦可死也，而陽狂以避，蓋以父師之義，死之則爲傷勇故也。然在賢者則於可不可之間能擇而處之，在聖人則動無非義，更不言擇矣。雖然，取之爲傷廉固也，然與爲傷惠、死爲傷勇，何哉？蓋所謂惠與勇者，以其義之所在故耳。若義所不在，雖似惠似勇，而反害於惠勇之實，且於所不當然而然，則於其所當然者廢矣。豈不爲有害乎？"

逢蒙學射於羿，盡羿之道，思天下惟羿爲愈己，於是殺羿。孟子曰：「是亦羿有罪焉。」公明儀曰：「宜若無罪焉。」曰：「薄乎云爾，惡得無罪？」逢，薄江反。惡，平聲。○羿，有窮后羿也。逢蒙，羿之家衆也。羿善射，篡夏自立，後爲家衆所殺。愈，猶勝也。薄，言其罪差薄耳。鄭人使子濯孺子侵衛，衛使庾公之斯追之。子濯孺子曰：『今日我疾作，不可以執弓，吾死矣夫。』問其僕曰：『追我者誰也？』其僕曰：『庾公之斯也。』曰：『吾生矣。』其僕曰：『庾公之斯，衛之善射者也，夫子曰「吾生」，何謂也？』曰：『庾公之斯學射於尹公之他，尹公之他學射於我。夫尹公之他，端人也，其取友必端矣。』庾公之斯至，曰：『夫子何爲不執弓？』曰：『今日我疾作，不可以執弓。』曰：『小人學射於尹公之他，尹公之他學射於夫子。我不忍以夫子之道反害夫子。雖然，今日之事，君事也，我不敢廢。』抽矢扣輪，去其金，發乘矢而後反。」他，徒河反。「矣夫」「夫尹」之「夫」，並音扶。去，上聲。乘，去聲。○之，語助也。僕，御也。尹公他，亦衛人也。端，正也。孺子以尹公正人，知其取友必正，故度庾公必不害己。小人，庾公自稱也。金，鏃也。扣輪出鏃，令不害人，乃以射也。乘矢，四矢也。孟子言使羿如子濯孺子得尹公他而教之，則必無逢蒙之禍。然夷羿篡弑之賊，蒙乃逆儔；庾斯雖全私恩，亦廢公義。其事皆無足論者，孟子蓋特以取友而言耳。

孟子曰：「西子蒙不潔，則人皆掩鼻而過之。西子，美婦人。蒙，猶冒也。不潔，汙穢之物也。掩鼻，惡其臭也。雖有惡人，齊戒沐浴，則可以祀上帝。」齊，側皆反。○惡人，醜貌者也。○尹氏曰：「此章戒人之喪善，而勉人以自新也。」

孟子曰：「天下之言性也，則故而已矣，故者以利爲本。性者，人物所得以生之理也。故者，其已然之迹，若所謂天下之故者也。利，猶順也，語其自然之勢也。言事物之理，雖若無形而難知，然其發見之已然，則必有迹而易見。故天下之言性者，但言其故而理自明，猶所謂善言天者必有驗於人也。然其所謂故者，又必本其自然之勢，如人之善、水之下，非有所矯揉造作而然者也。若人之爲惡、水之在山，則非自然之故矣。所惡於智者，爲其鑿也。如智者若禹之行水也，則無惡於智矣。禹之行水也，行其所無事也。如智者亦行其所無事，則智亦大矣。惡、爲，皆去聲。○天下之理，本皆順利，小智之人，務爲穿鑿，所以失之。禹之治水，則因其自然之勢而導之，未嘗以私智穿鑿而有所事，是以水得其潤下之性而不爲害也。○程子曰：「智出於人之性。人之爲智，或入於巧僞，而老莊之徒遂欲棄智，是豈性之罪也哉？善乎孟子之言，所惡於智者，爲其鑿也。」天之高也，星辰之遠也，苟求其故，千歲之日至，可坐而致也。」天雖高，星辰雖遠，然求其已然之迹，則其運有常。雖千歲之久，其日至之度，可坐而得。況於事物之近，若因其故而求之，豈有不得其理者，而何以穿鑿爲哉？必言日至者，造歷者以上古十一月甲子朔夜半冬至爲歷元也。○程子曰：「此章專爲智而發。」愚謂：事物之理，莫非自然，順而循之，則爲大智。若用小智而鑿以自私，則害於性而反爲不智。程子之言，可謂深得此章之旨矣。○南軒曰：「所惡於智者，爲其鑿也。鑿者以人爲爲之也，無是理而强爲之，故謂之鑿。鑿則失性，失其性則不可推而行，無所利矣，此所以惡夫智也。是蓋以其私智爲智，而非所謂智矣。蓋就下者，水之性也，水之性非禹之所得爲，禹能知而順之，非智乎？事事物物，其理之素具者，皆若水之就下然也。智者之於事物，皆若禹之於水，則智不亦大矣乎？所謂『行其所無事』也，謂由其所當然，未嘗致纖豪之力也。天雖高，星辰雖遠，而其故皆可得而求，蓋莫非循自然之理也。求其故，則千歲之日至，亦可坐而致也，而況他乎？故夫上世聖人所以建立人紀，裁成萬化，其事業爲無窮，然在聖人亦何加豪末於此？皆天下之性所當然，而聖人特以利之耳。」

公行子有子之喪，右師往弔，入門，有進而與右師言者，有就右師之位而與右師言者。公行子，齊大夫。右師，王驩也。**孟子不與右師言，右師不悅，曰：「諸君子皆與驩言，孟子獨不與驩言，是簡驩也。」**簡，略也。**孟子聞之，曰：「禮，朝廷不歷位而相與言，不踰階而相揖也。我欲行禮，子敖以我爲簡，不亦異乎？」**朝，音潮。○是時齊卿大夫以君命弔，各有位次。若周禮，凡有爵者之喪禮，則職喪涖其禁令，序其事，故云朝廷也。歷，更涉也。位，他人之位也。右師未就位而進與之言，則右師歷己之位矣；右師已就位而就與之言，則己歷右師之位矣。孟子、右師之位又不同階，孟子不敢失此禮，故不與右師言也。

孟子曰：「君子所以異於人者，以其存心也。君子以仁存心，以禮存心。以仁禮存心，言以是存於心而不忘也。仁者愛人，有禮者敬人。此仁禮之施。愛人者人恒愛之，敬人者人恒敬之。恒，胡登反。○此仁禮之驗。有人於此，其待我以横逆，則君子必自反也：『我必不仁也，必無禮也，此物奚宜至哉？』横，去聲，下同。○横逆，謂强暴不順理也。物，事也。其自反而仁矣，自反而有禮矣，其横逆由是也，君子必自反也：『我必不忠。』由，與猶同，下放此。○忠者，盡己之謂。我必不忠，恐所以愛敬人者，有所不盡其心也。自反而忠矣，其横逆由是也，君子曰：『此亦妄人也已矣。如此則與禽獸奚擇哉？於禽獸又何難焉？』難，去聲。○奚擇，何異也。又何難焉，言不足與之校也。是故君子有終身之憂，無一朝之患也。乃若所憂則有之：舜人也，我亦人也。舜爲法於天下，可傳於後世，我由未免爲鄉人也，是則可憂也。憂之如何？如舜而已矣。若夫君子所患則亡矣。非仁無爲也，非禮無行也。如有一朝之患，則君子不患矣。」夫，音扶。○鄉人，鄉里之常人也。君子存心不苟，故無後憂。○此所謂存心與存其心，不同只是處心。又曰所以異於人，以其處心與人不同。○問「自反而忠」之「忠」。曰：「忠者盡己也，仁禮無一豪不盡。」○我由未免爲鄉人，此便是知恥，知恥則進學不得不勇。○南軒曰：「其欲如舜者，非慕夫舜之事功也，欲如舜之盡其道爲難也。『爲法於天下，可傳於後世』，言舜爲人倫之至也。其憂不如舜者，豈但憂之而已哉？求所以則而傚之者，惟恐不及也。故曰：『憂之如何？如舜而已矣。』」

禹稷當平世，三過其門而不入，孔子賢之。事見前篇。**顏子當亂世，居於陋巷，一簞食，一瓢飲，人不堪其憂，顏子不改其樂，孔子賢之。**食，音嗣。樂，音洛。**孟子曰：「禹稷、顏回同道。**聖賢之道，進則救民，退則修己，其心一而已矣。**禹思天下有溺者，由己溺之也；稷思天下有飢者，由己飢之也，是以如是其急也。**由，與「猶」同。○禹稷身任其職，故以爲己責而救之急也。**禹稷、顏子易地則皆然。**聖賢之心無所偏倚，隨感而應，各盡其道。故使禹稷居顏子之地，則亦能樂顏子之樂；使顏子居禹稷之任，亦能憂禹稷之憂也。**今有同室之人鬭者，救之，雖被髮纓冠而救之，可也。**不暇束髮，而結纓往救，言急也。以喻禹稷。**鄉鄰有鬭者，被髮纓冠而往救之，則惑也，雖閉户可也。」**喻顏子也。○此章言聖賢心無不同，事則所遭或異；然處之各當其理，是乃所以爲同也。尹氏曰：「當其可之謂時。前聖後聖，其心一也，故所遇皆盡善。」○楊氏曰：「君子所以施諸身，措之天下，各欲當其可而已。禹思天下之溺猶己溺之，稷思天下之飢猶己飢之，過門不入，弗子其子，至胼手胝足，不以爲病，君子不以爲過。顏淵在陋巷，飯蔬飲水，終日如愚人，然君子不謂之不及。蓋禹稷被髮纓冠而往救者也，顏淵閉户者也。故孟子曰『易地則皆然』。若顏淵、禹稷不當其可，則是楊墨而已。」○南軒曰：「禹稷、顏子之心一也。心之所爲一者，天理之所存，而無意必固我加乎其閒，當其可而已，此之謂時中。」又曰：「顏子未見施爲而遽比之禹稷，不亦過乎？」曰：「禹稷之事功，果何所自乎？德者本也，事功末也，本末一致也。故程子曰：『有顏子之德，則有禹稷之事功。』所謂事功，在聖賢夫何有哉？惟其時而已矣。然而孟子歷聘諸國，皇皇然以行道爲己任，有異乎顏子之爲，何哉？方是時，異端並作，人欲横流，世無孔子，孟子烏得不以行道自任？予亦曰：『顏子、孟子，易地則皆然。』」

公都子曰：「匡章，通國皆稱不孝焉。夫子與之遊，又從而禮貌之，敢問何也？」匡章，齊人。通國，盡一國之人也。禮貌，敬之也。孟子曰：「世俗所謂不孝者五：惰其四支，不顧父母之養，一不孝也；博弈好飲酒，不顧父母之養，二不孝也；好貨財，私妻子，不顧父母之養，三不孝也；從耳目之欲，以爲父母戮，四不孝也；好勇鬬很，以危父母，五不孝也。章子有一於是乎？好、養、從，皆去聲。很，胡懇反。○戮，羞辱也。很，忿戾也。夫章子，子父責善而不相遇也。夫，音扶。○遇，合也。相責以善而不相合，故爲父所逐也。責善，朋友之道也；父子責善，賊恩之大者。賊，害也。朋友當相責以善。父子行之，則害天性之恩也。○此章言父子不責善。子之諫父，已見前「幾諫」等章。父之不教子，獨見於此。然則子有未善，一付之師友，而反不問焉，可乎？曰：「父未嘗不教子也。鯉趨而過庭，孔子告之以學詩、學禮，此非教而何？特不深責以善耳。然君子之教，以身不以言。故公明儀學於曾子，三年不讀書。曾子曰：『儀而居參之門三年，不學何也？』公明儀曰：『安敢不學？儀見夫子居庭，親在，叱咤之聲未嘗至於犬馬，儀說之，學而未能；儀見夫子之應賓客，恭儉而不懈惰，儀說之，學而未能；儀見夫子之居朝廷嚴，儀說之，學而未能。儀安敢不學而居君子之門乎？』古之君子，其以身教也如此，豈必諄諄然命之而後謂之教邪？『夫子教我以正，而夫子未出於正』，此正以言教不以身教之罪也。說苑曰：『父母正則子孫孝慈。孔子家兒不識怒，曾子家兒不識罵。』爲人父者，其可不知此義邪？」**夫章子，豈不欲有夫妻子母之屬哉？爲得罪於父，不得近。出妻屏子，終身不養焉。其設心以爲不若是，是則罪之大者，是則章子已矣。」**「夫章」之「夫」，音扶。爲，去聲。屏，必井反。養，去聲。○言章子非不欲身有夫妻之配、子有子母之屬，但爲身不得近於父，故不敢受妻子之養，以自責罰。其心以爲不如此，則其罪益大也。○此章之旨，於衆所惡而必察焉，可以見聖賢至公至仁之心矣。楊氏曰：「章子之行，孟子非取之也，特哀其志而不與之絕耳。」○南軒曰：「常人之私情，樂聞人之過，責人惟恐不深，而不復察其理。君子恕以待人，油然公平，各以其分，而是非無不得矣。匡章之事，亦可謂處乎其不幸者也，衆人皆歸之以不孝之名，而孟子獨明其不然者，察於理故耳。蓋諫於其父而父不受，以至於怒而屏之，以君子之法論之，章特未知夫有隱而無犯與夫號泣而從者，其婉愉委曲爲如何，非致其深愛者不能也。章之諫也，毋乃不能察其親之意，而或過於辭色歟？是以爲責善而賊恩也。夫至於責善而賊恩，則非惟不能正救其事，而反以傷其父子之天性，其所處固不爲無過，然謂之不孝，則抑甚矣。蓋章本心亦庶幾欲其父之爲善耳，而處之或過，反以致其怒。而章子又以爲既得罪於父，則己亦不當安夫妻子之養，則從而黜屏其妻子，謂不若是，則己之罪益大也，其深自咎責之意可見矣。夫察章之事，既異乎世俗之所謂不孝，而原章之心，則又以得罪於父爲不遑安，則章亦庶幾其可進於善者，而豈當棄絶於君子之門哉？若章得罪於父而不知懼，則是以忿戾之氣行乎其閒，而可罪矣。然則君子之觀人也，豈苟云乎哉？夫齊國之士皆以仲子爲廉，通國皆稱匡章爲不孝，而孟子獨明其不然。世俗之毁譽，如無本之水，非君子孰能察之？」○案：孟子論人物，如伯夷、柳下惠、伊尹之類，已散見諸篇；若仲子事，合見出處篇；匡章事，亦合在父子篇。以其察世俗之毁譽而斷之以至公之理，深得論人之法，故備載焉。若荀揚以下，評論人物未必皆當，故略。

曾子居武城，有越寇。或曰：「寇至，盍去諸？」曰：「無寓人於我室，毁傷其薪木。」寇退，則曰：「脩我牆屋，我將反。」寇退，曾子反。左右曰：「待先生如此其忠且敬也，寇至則先去以爲民望，寇退則反，殆於不可。」沈猶行曰：「是非汝所知也。昔沈猶有負芻之禍，從先生者七十人，未有與焉。」與，去聲。○武城，魯邑名。盍，何不也。左右，曾子之門人也。忠敬，言武城之大夫事曾子忠誠恭敬也。爲民望，言使民望而效之。沈猶行，弟子姓名也。言曾子嘗舍於沈猶氏，時有負芻者作亂，來攻沈猶氏，曾子率其弟子去之，不與其難。言師賓不與臣同。**子思居於衛，有齊寇。或曰：「寇至，盍去諸？」子思曰：「如**

伋去，君誰與守？」言所以不去之意如此。孟子曰：「曾子、子思同道。曾子，師也，父兄也；子思，臣也，微也。曾子、子思易地則皆然。」微，猶賤也。尹氏曰：「或遠害，或死難，其事不同者，所處之地不同也。君子之心，不繫於利害，惟其是而已，故易地則皆能爲之。」○孔氏曰：「古之聖賢，言行不同，事業亦異，而其道未始不同也。學者知此，則因所遇而應之，若權衡之稱物，低昂屢變，而不害其爲同也。」

儲子曰：「王使人瞯夫子，果有以異於人乎？」孟子曰：「何以異於人哉？堯舜與人同耳。」瞯，古莧反。○儲子，齊人也。瞯，竊視也。聖人亦人耳，豈有異於人哉？

齊人有一妻一妾而處室者，其良人出，則必饜酒肉而後反。其妻問所與飲食者，則盡富貴也。其妻告其妾曰：「良人出，則必饜酒肉而後反，問其與飲食者，盡富貴也，而未嘗有顯者來，吾將瞯良人之所之也。」蚤起，施從良人之所之，徧國中無與立談者。卒之東郭墦閒，之祭者，乞其餘；不足，又顧而之他。此其爲饜足之道也。其妻歸，告其妾曰：「良人者，所仰望而終身也。今若此。」與其妾訕其良人，而相泣於中庭。而良人未之知也，施施從外來，驕其妻妾。施，音迤，又音易。墦，音燔。施施，如字。○章首當有「孟子曰」字，闕文也。良人，夫也。饜，飽也。顯者，富貴人也。施，邪施而行，不使良人知也。墦，冢也。顧，望也。訕，怨詈也。施施，喜悅自得之貌。由君子觀之，則人之所以求富貴利達者，其妻妾不羞也而不相泣者，幾希矣。孟子言自君子而觀，今之求富貴者，皆若此人耳，使其妻妾見之，不羞而泣者少矣，言可羞之甚也。〇趙氏曰：「言今之求富貴者，皆以枉曲之道，昏夜乞哀以求之，而以驕人於白日，與斯人何以異哉？」

孟子集編卷第八

孟子集編卷第九

萬章章句上 凡九章。

萬章問曰：「舜往于田，號泣于旻天，何爲其號泣也？」孟子曰：「怨慕也。」號，平聲。○舜往于田，耕歷山時也。仁覆閔下，謂之旻天。號泣于旻天，呼天而泣也。事見虞書大禹謨篇。怨慕，怨己之不得於親而思慕也。萬章曰：「父母愛之，喜而不忘；父母惡之，勞而不怨。然則舜怨乎？」曰：「長息問於公明高曰：『舜往于田，則吾既得聞命矣；號泣于旻天，于父母，則吾不知也。』公明高曰：『是非爾所知也。』夫公明高以孝子之心，爲不若是恝，我竭力耕田，共爲子職而已矣，父母之不我愛，於我何哉？惡，去聲。夫，音扶。恝，苦八反。共，平聲。○長息，公明高弟子。公明高，曾子弟子。于父母，亦書辭，言呼父母而泣也。恝，無愁之貌。於我何哉，自責不知己有何罪耳，非怨父母也。楊氏曰：「非孟子深知舜之心，不能爲此言。蓋舜惟恐不順於父母，未嘗自以爲孝也；若自以爲孝，則非孝矣。」帝使其子九男二女，百官牛羊倉廩備，以養舜於畎畝之中。天下之士多就之者，帝將胥天下而遷之焉。爲不順於父母，如窮人無所歸。爲，去聲。○帝，堯也。史記云：「二女妻之，以觀其内；九男事之，以觀其外。」又言：「一年所居成聚，二年成邑，三年成都。」是天下之士就之也。胥，相視也。遷之，移以與之也。如窮人之無所歸，言其怨慕迫切之甚也。天下之士悦之，人之所欲也，而不足以解憂；好色，人之所欲，妻帝之二女，而不足以解憂；富，人之所欲，富有天下，而不足以解憂；貴，人之所欲，貴爲天子，而不足以解憂。人悦之、好色、富貴，無足以解憂者，惟順於父母，可以解憂。孟子推舜之心如此，以解上文之意。極天下之欲，不足以解憂，而惟順於父母，可以解憂。孟子真知舜之心哉！人少，則慕父母；知好色，則慕少艾；有妻子，則慕妻子；仕則慕君，不得於君則熱中。大孝終身慕父母。五十而慕者，予於大舜見之矣。」少、好，皆去聲。○言常人之情，因物而遷，惟聖人爲能不失其本心也。艾，美好也，楚辭、戰國策所謂「幼艾」，義與此同。不得，失意也。熱中，躁急心熱也。言五十者，舜攝政時年五十也。五十而慕，則其終身慕可知矣。○此章言舜不以得衆人之所欲爲己樂，而以不順乎親之心爲己憂。非聖人之盡性，其孰能之？○孟子可謂知舜之心矣。蓋窮天下之可欲，皆外物也，聖人視之如浮雲然，得喪去來，不以介意。惟不順於父母，則以爲己之大罪，而不敢自恕。人知舜怨之爲怨，獨孟子知其怨乃所以爲慕。慕之爲言，愛之深、思之切也。五十始衰，禮所謂「不致毁」之時也。大舜於此猶慕焉，聖人純孝之心，不以老而衰也。揚雄亦

曰：「事父母自知不足者，其舜乎！」蓋舜雖已順其親，而其心常若不足，此其所以爲終身之慕。衍義

萬章問曰：「詩云：『娶妻如之何？必告父母。』信斯言也，宜莫如舜。舜之不告而娶，何也？」孟子曰：「告則不得娶。男女居室，人之大倫也。如告，則廢人之大倫，以懟父母，是以不告也。」懟，直類反。○詩，齊國風南山之篇也。信，誠也，誠如此詩之言也。懟，讎怨也。舜父頑母嚚，常欲害舜。告則不聽其娶，是廢人之大倫，以讎怨於父母也。

萬章曰：「舜之不告而娶，則吾既得聞命矣；帝之妻舜而不告，何也？」曰：「帝亦知告焉則不得妻也。」妻，去聲。○以女爲人妻曰妻。程子曰：「堯妻舜而不告者，以君治之而已，如今之官府治民之私者亦多。」

萬章曰：「父母使舜完廩，捐階，瞽瞍焚廩。使浚井，出，從而揜之。象曰：『謨蓋都君咸我績。牛羊父母，倉廩父母，干戈朕，琴朕，弤朕，二嫂使治朕棲。』象往入舜宮，舜在牀琴。象曰：『鬱陶思君爾。』忸怩。舜曰：『惟茲臣庶，汝其于予治。』不識舜不知象之將殺己與？」曰：「奚而不知也？象憂亦憂，象喜亦喜。」弤，都禮反。忸，女六反。怩，音尼。與，平聲。○完，治也。捐，去也。階，梯也。揜，蓋也。案史記曰：「使舜上塗廩，瞽瞍從下縱火焚廩，舜乃以兩笠自捍而下去，得不死。後又使舜穿井，舜穿井爲匿空旁出。舜既入深，瞽瞍與象共下土實井，舜從匿空出去。」即其事也。象，舜

異母弟也。謨，謀也。蓋，蓋井也。舜所居三年成都，故謂之都君。咸，皆也。績，功也。舜既入井，象不知舜已出，欲以殺舜爲己功也。干，盾也。戈，戟也。琴，舜所彈五弦琴也。弤，琱弓也。象欲以舜之牛羊倉廩與父母，而自取此物也。二嫂，堯二女也。棲，牀也，象欲使爲己妻也。象往舜宮，欲分取所有，見舜生在牀彈琴，蓋既出即潛歸其宮也。鬱陶，思之甚而氣不得伸也。象言己思君之甚，故來見爾。忸怩，慙色也。臣庶，謂其百官也。象素憎舜，不至其宮，故舜見其來而喜，使之治其臣庶也。孟子言舜非不知其將殺己，但見其憂則憂，見其喜則喜，兄弟之情，自有所不能已耳。萬章所言，其有無不可知，然舜之心，則孟子有以知之矣，他亦不足辨也。程子曰：「象憂亦憂，象喜亦喜，人情天理，於是爲至。」

曰：「然則舜僞喜者與？」曰：「否。昔者有饋生魚於鄭子產，子產使校人畜之池。校人烹之，反命曰：『始舍之，圉圉焉，少則洋洋焉，攸然而逝。』子產曰：『得其所哉！得其所哉！』校人出，曰：『孰謂子產智？予既烹而食之，曰：「得其所哉！得其所哉！」』故君子可欺以其方，難罔以非其道。彼以愛兄之道來，故誠信而喜之，奚僞焉？」與，平聲。校，音效，又音教。畜，許六反。○校人，主池沼小吏也。圉圉，因而未舒之貌。洋洋，則稍縱矣。攸然而逝者，自得而遠去也。方，亦道也。罔，蒙蔽也。欺以其方，謂誑之以理之所有；罔以非其道，謂昧之以理之所無。象以愛兄之道來，所謂欺之以其方也。舜本不知其僞，故實喜之，何僞之有？○此章又言舜遭人倫之變，而不失天理之常也。○象欲殺舜之迹甚明，在舜豈不知之？然見其憂則憂，見其喜則喜，略無一豪芥蔕於其中。後世骨肉之閒，小有疑隙，則猜防萬端，惟恐發之不蚤，除之不亟。至此然後知聖人之心與天同量也。世儒以帝堯在上，二女嬪虞，象無殺舜之理，故以孟子爲疑，不知孟子特論大舜之心，使其有是，處之不過如此，豈必真有是哉？衍義

萬章問曰：「象日以殺舜爲事。立爲天子，則放之，何也？」孟子曰：「封之也，或曰放焉。」放，猶置也，置之於此，使不得去也。萬章疑舜何不誅之，孟子言舜實封之，而或者誤以爲放也。萬章曰：「舜流共工于幽州，放驩兜于崇山，殺三苗于三危，殛鯀于羽山，四罪而天下咸服，誅不仁也。象至不仁，封之有庳。有庳之人奚罪焉？仁人固如是乎？在他人則誅之，在弟則封之。」曰：「仁人之於弟也，不藏怒焉，不宿怨焉，親愛之而已矣。親之欲其貴也，愛之欲其富也。封之有庳，富貴之也。身爲天子，弟爲匹夫，可謂親愛之乎？」庳，音鼻。○流，徙也。共工，官名。驩兜，人名。二人比周，相與爲黨。三苗，國名，負固不服。殺，殺其君也。殛，誅也。鯀，禹父名，方命圮族，治水無功。皆不仁之人也。幽州、崇山、三危、羽山、有庳，皆地名也。或曰今道州鼻亭，即有庳之地也，未知是否。萬章疑舜不當封象，使彼有庳之民無罪而遭象之虐，非仁人之心也。藏怒，謂藏匿其怒。宿怨，謂留蓄其怨。「敢問或曰放者，何謂也？」曰：「象不得有爲於其國，天子使吏治其國，

而納其貢稅焉，故謂之放。豈得暴彼民哉？雖然，欲常常而見之，故源源而來。『不及貢，以政接于有庳』，此之謂也。」孟子言象雖封爲有庳之君，然不得治其國，天子使吏代之治，而納其所收之貢稅於象。有似於放，故或者以爲放也。蓋象至不仁，處之如此，則既不失我親愛之心，而彼亦不得虐有庳之民也。源源，若水之相繼也。來，謂來朝覲也。『不及貢，以政接于有庳』，謂不待及諸侯朝貢之期，而以政事接見有庳之君。蓋古書之辭，而孟子引以證源源而來之意，見其親愛之無已如此也。○吳氏曰：「言聖人不以公義廢私恩，亦不以私恩害公義。舜之於象，仁之至，義之盡也。」○聖人不以公義廢私恩，故不以象之惡而不與之以富貴；亦不以私恩廢公義，故使之不得有爲於其國，以暴其民。舜之於象，仁之至，義之盡也。衍義

咸丘蒙問曰：「語云：『盛德之士，君不得而臣，父不得而子。』舜南面而立，堯帥諸侯北面而朝之，瞽瞍亦北面而朝之。舜見瞽瞍，其容有蹙。孔子曰：『於斯時也，天下殆哉，岌岌乎！』不識此語誠然乎哉？」孟子曰：「否。此非君子之言，齊東野人之語也。堯老而舜攝也。堯典曰：『二十有八載，放勳乃徂落，百姓如喪考妣。三年，四海遏密八音。』孔子曰：『天無二日，民無二王。』舜既爲天子矣，又帥天下諸侯以爲堯三年喪，是二天子矣。」朝，音潮。岌，魚及反。○咸丘蒙，孟子弟子。語者，古語也。蹙，顰蹙不自安也。岌岌，不安貌也。言人倫乖亂，天下將危也。齊東，齊國之東鄙也。孟子言堯但老不

治事，而舜攝天子之事耳。堯在時，舜未嘗即天子位，堯何由北面而朝乎？又引書及孔子之言以明之。堯典，虞書篇名。今此文乃見於舜典，蓋古書二篇，或合爲一耳。言舜攝位二十八年而堯死也。徂，升也。落，降也。人死則魂升而魄降，故古者謂死爲徂落。遏，止也。密，静也。八音，金石絲竹匏土革木，樂器之音也。

咸丘蒙曰：「舜之不臣堯，則吾既得聞命矣。詩云：『普天之下，莫非王土；率土之濱，莫非王臣。』而舜既爲天子矣，敢問瞽瞍之非臣，如何？」曰：「是詩也，非是之謂也；勞於王事，而不得養父母也。曰：『此莫非王事，我獨賢勞也。』故説詩者，不以文害辭，不以辭害志。以意逆志，是爲得之。如以辭而已矣，雲漢之詩曰『周餘黎民，靡有孑遺』，信斯言也，是周無遺民也。

不臣堯，不以堯爲臣，使北面而朝也。詩，小雅北山之篇也。普，徧也。率，循也。此詩今毛氏序云：「役使不均，己勞於王事而不得養其父母焉。」其詩下文亦云：「大夫不均，我從事獨賢。」乃作詩者自言天下皆王臣，何爲獨使我以賢才而勞苦乎？非謂天子可臣其父也。文，字也。辭，語也。逆，迎也。雲漢，大雅篇名也。孑，獨立之貌。遺，脱也。言説詩之法，不可以一字而害一句之義，不可以一句而害設辭之志，當以己意迎取作者之志，乃爲得之。若但以其辭而已，則如雲漢所言，是周之民真無遺種矣。惟以意逆之，則知作詩者之志在於憂旱，而非真無遺民也。

孝子之至，莫大乎尊親；尊親之至，莫大乎以天下養。爲天子父，尊之至也；以天下養，養之至也。詩曰：『永言孝

思，孝思維則。』此之謂也。養，去聲。○言瞽瞍既爲天子之父，則當享天下之養，此舜之所以爲尊親養親之至也。豈有使之北面而朝之理乎？詩，大雅下武之篇。言人能長言孝思而不忘，則可以爲天下法則也。書曰：『祗載見瞽瞍，夔夔齊栗，瞽瞍亦允若。』是爲父不得而子也。」見，音現。齊，側皆反。○書，大禹謨篇也。祗，敬也。載，事也。夔夔齊栗，敬謹恐懼之貌。允，信也。若，順也。言舜敬事瞽瞍，往而見之，敬謹如此，瞽瞍亦信而順之也。孟子引此而言瞽瞍不能以不善及其子，而反見化於其子，則是所謂父不得子者，而非如咸丘蒙之説也。

萬章曰：「堯以天下與舜，有諸？」孟子曰：「否。天子不能以天下與人。」天下者，天下之天下，非一人之私有故也。「然則舜有天下也，孰與之？」曰：「天與之。」萬章問而孟子答也。「天與之者，諄諄然命之乎？」諄，之淳反。○萬章問也。諄諄，詳語之貌。曰：「否。天不言，以行與事示之而已矣。」行，去聲，下同。○行之於身謂之行，措諸天下謂之事。言但因舜之行事，而示以與之之意耳。曰：「以行與事示之者如之何？」曰：「天子能薦人於天，不能使天與之天下；諸侯能薦人於天子，不能使天子與之諸侯；大夫能薦人於諸侯，不能使諸侯與之大夫。昔者堯薦舜於天而天受之，暴之於民而民受之，故曰：『天不言，以行與事示之而已矣。』」暴，步卜反，下同。○暴，顯也。言下能薦人於上，不能令上必用之。舜爲天人所受，是因舜之行與事，而示之以與之之意也。曰：「敢問薦之於天而天受之，暴之於民而民受之，如何？」曰：「使之主祭而百神享之，是天受之；使之主事而事治，百姓安之，是民受之也。天與之，人與之，故曰：『天子不能以天下與人。』治，去聲。舜相堯二十有八載，非人之所能爲也，天也。堯崩，三年之喪畢，舜避堯之子於南河之南。天下諸侯朝覲者，不之堯之子而之舜；訟獄者，不之堯之子而之舜；謳歌者，不謳歌堯之子而謳歌舜，故曰天也。夫然後之中國，踐天子位焉。而居堯之宫，逼堯之子，是篡也，非天與也。相，去聲。朝，音潮。夫，音扶。○南河，在冀州之南，其南即豫州也。訟獄，謂獄不決而訟之也。太誓曰：『天視自我民視，天聽自我民聽。』此之謂也。」自，從也。天無形，其視聽皆從於民之視聽。民之歸舜如此，則天與之可知矣。

萬章問曰：「人有言：『至於禹而德衰，不傳於賢而傳於子。』有諸？」孟子曰：「否，不然也。天與賢，則與賢；天與子，則與子。昔者舜薦禹於天，十有七年，舜崩。三年之喪畢，禹避舜之子於陽城。天下之民從之，若堯崩之後，不從堯之子而從舜也。禹薦益於天，七年，禹崩。三年之喪畢，益避禹之子於箕山之陰。朝覲訟獄者不之益而之啓，曰『吾君之子也』；謳歌者不謳歌益而謳歌啓，曰『吾君之子也』。朝，音潮。○陽城，箕山之陰，皆嵩山下深谷中可藏處也。啓，禹之子也。楊氏曰：「此語孟子必有所受，然不可攷矣。但云「天與賢，則與賢；天與子，則與子」，可以見堯、舜、禹之心，皆無一豪私意也。」丹朱之不肖，舜之子亦不肖。舜之相堯，禹之相舜也，歷年多，施澤於民久。啓賢，能敬承繼禹之道。益之相禹也，歷年少，施澤於民未久。舜、禹、益相去久遠，其子之賢不肖，皆天也，非人之所能爲也。莫之爲而爲者，天也；莫之致而至者，命也。「之相」之「相」，去聲。「相去」之「相」，如字。○堯、舜之子皆不肖，而舜、禹之爲相久，此堯、舜之子所以不有天下，而舜、禹有天下也。禹之子賢，而益相不久，此啓所以有天下，而益不有天下也。然此皆非人力所爲而自焉，非人力所致而自至者。蓋以理言之謂之天，自人言之謂之命，其實則一而已。匹夫而有天下者，德必若舜、禹，而又有天子薦之者，故仲尼不有天下。孟子因禹、益之事，歷舉此下兩條以推明之。言仲尼之德，雖無愧於舜、禹，而無天子薦之者，故不有天下。繼世以有天下，天之所廢，必若桀、紂者也，故益、伊尹、周公不有天下。繼世而有天下者，其先世皆有大功德於民，故必有大惡如桀、紂，則天乃廢之。如啓及太甲、成王，雖不及益、伊尹、周公之賢聖，但能嗣守先業，則天亦不廢之。故益、伊尹、周公，雖有舜、禹之德，而亦不有天下。伊尹相湯以王於天下。湯崩，太丁未立，外丙二年，仲壬四年。太甲顛覆湯之典刑，伊尹放之於桐。三年，太甲悔過，自怨自艾，於桐處仁遷義；三年，以聽伊尹之訓己也，復歸于亳。相、王，皆去聲。艾，音乂。○此承上文言伊尹不有天下之事。趙氏曰：「太丁，湯之太子，未立而死。外丙立二年，仲壬立四年，皆太丁弟也。太甲，太丁子也。」程氏曰：「古人謂歲爲年。湯崩時，外丙方二歲，仲壬方四歲，惟太甲差長，故立之也。」二說未知孰是。顛覆，壞亂也。典刑，常法也。桐，湯墓所在。艾，治也，說文云「芟草也」，蓋斬絶自新之意。亳，商所都也。**周公之不有天下，猶益之於夏，伊尹之於殷也。**此復言周公所以不有天下之意。**孔子曰：『唐、虞禪，夏后、殷、周繼，其義一也。』**」禪，音擅。○禪，授也。或禪或繼，皆天命也，聖人豈有私意於其間哉？○尹氏曰：「孔子曰：『唐、虞禪，夏后、殷、周繼，其義一也。』孟子曰：『天與賢，則與賢；天與子，則與子。』知前聖之心者，無如孔子，繼孔子者，孟子而已矣。」

萬章問曰：「人有言『伊尹以割烹要湯』，有諸？」要，平聲，下同。○要，求也。案史記，伊尹欲行道，以致君而無由，「乃爲有莘氏之媵臣，負鼎俎，以滋味說湯，致於王道」。蓋戰國時有爲此說者。**孟子曰：「否，不然。伊尹耕於有莘之野，而樂堯舜之道焉。非其義也，非其道也，祿之以天下，弗顧也；繫馬千駟，弗視也。非其義也，非其道也，一介不以與人，一介不以取諸人。**樂，音洛。○莘，國名。樂堯舜之道者，誦其詩，讀其書，而欣慕愛樂之也。駟，四匹也。介，與「草芥」之「芥」同。言其辭受取與，無大無細，一以道義而不苟也。**湯使人以幣聘之，囂囂然曰：『我何以湯之聘幣爲哉？我豈若處畎畝之中，由**

是以樂堯舜之道哉？』囂，五高反，又户驕反。○囂囂，無欲自得之貌。湯三使往聘之，既而幡然改曰：『與我處畎畝之中，由是以樂堯舜之道，吾豈若使是君爲堯舜之君哉？吾豈若使是民爲堯舜之民哉？吾豈若於吾身親見之哉？幡然，變動之貌。於吾身親見之，言於我之身親見其道之行，不徒誦説向慕之而已也。天之生此民也，使先知覺後知，使先覺覺後覺也。予，天民之先覺者也，予將以斯道覺斯民也。非予覺之而誰也？』此亦伊尹之言也。知，謂識其事之當然。覺，謂悟其理之所以然。覺後知後覺，如呼寐者而使之寤也。言天使者，天理當然，若使之也。程子曰：「予，天民之先覺，謂我乃天生此民中，盡得民道而先覺者也。既爲先覺之民，豈可不覺其未覺者？及彼之覺，亦非分我所有以予之也，皆彼自有此理，我但能覺之而已。」思天下之民匹夫匹婦有不被堯舜之澤者，若己推而内之溝中。其自任以天下之重如此，故就湯而説之以伐夏救民。推，吐回反。内，音納。説，音稅。○書曰：「昔先正保衡，作我先王，曰：『予弗克俾厥后爲堯舜，其心愧恥，若撻于市。』一夫不獲，則曰：『時予之辜。』」孟子之言蓋取諸此。是時夏桀無道，暴虐其民，故欲使湯伐夏以救之。徐氏曰：「伊尹樂堯舜之道。堯舜揖遜，而伊尹説湯以伐夏者，時之不同，義則一也。」吾未聞枉己而正人者也，況辱己以正天下者乎？聖人之行不同也，或遠或近，或去或不去，歸潔其身而已矣。行，去聲。○辱己甚於枉己，正天下難於正人。若伊尹以割烹要湯，辱己甚矣，何以正天下乎？遠，謂隱遁也。近，謂仕近君也。言聖人之行雖不必同，然其要歸，在潔其身而已。伊尹豈肯以割烹要湯哉？吾聞其以堯舜之道要湯，未聞以割烹也。」林氏曰：「以堯舜之道要湯者，非實以是要之也，道在此而湯之聘自來耳。猶子貢言夫子之求之，異乎人之求之也。」愚謂：此語亦猶前章所論「父不得而子」之意。○問：「集注中説曾點有樂此終身之語，如何？」曰：「觀舜居深山之中，伊尹耕於有莘之野，豈不是樂以終身？後來事業亦偶然耳。若先有一豪安排等待之心，便成病痛矣。」

伊訓曰：『天誅造攻自牧宫，朕載自亳。』伊訓，商書篇名。孟子引以證伐夏救民之事也。今書牧宫作鳴條。造、載，皆始也。伊尹言始攻桀無道，由我始其事於亳也。

萬章問曰：「或謂孔子於衛主癰疽，於齊主侍人瘠環，有諸乎？」孟子曰：「否，不然也。好事者爲之也。癰，於容反。疽，七余反。好，去聲。○主，謂舍於其家，以之爲主人也。癰疽，瘍醫也。侍人，奄人也。瘠，姓；環，名。皆時君所近狎之人也。好事，謂喜造言生事之人也。於衛主顔讎由。彌子之妻與子路之妻，兄弟也。彌子謂子路曰：『孔子主我，衛卿可得也。』子路以告。孔子曰：『有命。』孔子進以禮，退以義，得之不得曰『有命』。而主癰疽與侍人瘠環，是無義無命也。讎，如字，又音犨。○顔讎由，衛之賢大夫也，史記作顔濁鄒。彌子，衛靈公幸臣彌子瑕也。徐氏曰：「禮主於辭遜，故進以禮；義主於斷制，故退以義。難進而易退者也，在我者有禮義而已，得之不得則有命存焉。」孔子不悦於魯、衛，遭宋桓司馬將要而殺之，微服而過宋。是時孔子當阨，主司城貞子，爲陳侯周臣。要，平聲。○不悦，不樂居其國也。桓司馬，宋大夫向魋也。司城貞子，亦宋大夫之賢者也。陳侯，名周。案史記：「孔子爲魯司寇，齊人饋女樂以閒之，孔子遂行。適衛月餘，去衛適宋。司馬魋欲殺孔子，孔子去至陳，主於司城貞子。」孟子言孔子雖當阨難，然猶擇所主，況在齊衛無事之時，豈有主癰疽侍人之事乎？吾聞觀近臣，以其所爲主；觀遠臣，以其所主。若孔子主癰疽與侍人瘠環，何以爲孔子？」近臣，在朝之臣。遠臣，遠方來仕者。君子小人，各從其類，故觀其所爲主，與其所主者，而其人可知。○南軒曰：「孔子進以禮，退以義。非聖人擇禮義而爲進退，聖人進退無非禮義。禮義之所在，固命之所存也。」○君子小人，各從其類。故近臣而賢，必能舉遠臣之賢者；遠臣而賢，亦必有近臣之賢者以舉之。故觀其所舉之賢否，則近臣之爲人可知；觀舉者之賢否，則遠臣之爲人可知。衍義

萬章問曰：「或曰：『百里奚自鬻於秦養牲者，五羊之皮，食牛，以要秦穆公。』信乎？」孟子曰：「否，不然。好事者爲之也。食，音嗣。好，去聲，下同。○百里奚，虞之賢臣。人言其自賣於秦養牲者之家，得五羊之皮，而爲之食牛，因以干秦穆公也。百里奚，虞人也。晉人以垂棘之璧與屈産之乘，假道於虞以伐虢。宮之奇諫，百里奚不諫。屈，求勿反。乘，去聲。○虞、虢，皆國名。垂棘之璧，垂棘之地所出之璧也。屈産之乘，屈地所生之良馬

也。乘，四匹也。晉欲伐虢，道經於虞，故以此物借道，其實欲并取虞。宮之奇，亦虞之賢臣。諫虞公令勿許，虞公不用，遂爲晉所滅。百里奚知其不可諫，故不諫而去之。知虞公之不可諫而去，之秦，年已七十矣，曾不知以食牛干秦穆公之爲汙也，可謂智乎？不可諫而不諫，可謂不智乎？知虞公之將亡而先去之，不可謂不智也。時舉於秦，知穆公之可與有行也而相之，可謂不智乎？相秦，而顯其君於天下，可傳於後世，不賢而能之乎？自鬻以成其君，鄉黨自好者不爲，而謂賢者爲之乎？」相，去聲。○自好，自愛其身之人也。孟子言百里奚之智如此，必知食牛以干主之爲汙。其賢又如此，必不肯自鬻以成其君也。然此事當孟子時已無所據，孟子直以事理反覆推之，而知其必不然耳。○范氏曰：「古之聖賢未遇之時，鄙賤之事，不恥爲之。如百里奚爲人養牛，無足怪也。惟是人君不致敬盡禮，則不可得而見。豈有先自汙辱以要其君哉？莊周曰：『百里奚爵祿不入於心，故飯牛而牛肥，使穆公忘其賤而與之政。』亦可謂知百里奚矣。伊尹、百里奚之事，皆聖賢出處之大節，故孟子不得不辯。」尹氏曰：「當時好事者之論，大率類此，蓋以其不正之心度聖賢也。」

孟子集編卷第九

孟子集編卷第十

萬章章句下 凡九章。

孟子曰：「伯夷，目不視惡色，耳不聽惡聲。非其君不事，非其民不使。治則進，亂則退。橫政之所出，橫民之所止，不忍居也。思與鄉人處，如以朝衣朝冠坐於塗炭也。當紂之時，居北海之濱，以待天下之清也。故聞伯夷之風者，頑夫廉，懦夫有立志。治，去聲，下同。橫，去聲。朝，音潮。○橫，謂不循法度。頑者，無知覺。廉者，有分辨。懦，柔弱也。餘並見前篇。伊尹曰：『何事非君？何使非民？』治亦進，亂亦進。曰：『天之生斯民也，使先知覺後知，使先覺覺後覺。予，天民之先覺者也，予將以此道覺此民也。』思天下之民匹夫匹婦有不與被堯舜之澤者，若己推而內之溝中。其自任以天下之重也。與，音預。○何事非君，言所事即君。何使非民，言所使即民。無不可事之君，無不可使之民也。餘見前篇。柳下惠，不羞汙君，不辭小官。進不隱賢，必以其道。遺佚而不怨，阨窮而不憫。與鄉人處，由由然不忍去也。『爾爲爾，我爲我，雖袒裼裸裎於我側，爾焉能浼我哉？』故聞柳下惠之風者，鄙夫寬，薄夫敦。鄙，狹陋也。敦，厚也。餘見前篇。孔子之去齊，接淅而行；去魯，曰『遲遲吾行也』，去父母國之道也。可以速而速，可以久而久，可以處而處，可以仕而仕，孔子也。」淅，先歷反。○接，猶承也。淅，漬米水也。漬米將炊，而欲去之速，故以手承水取米而行，不及炊也。舉此一端，以見其久速仕止，各當其可也。或曰：「孔子去魯，不稅冕而行，豈得爲遲？」楊氏曰：「孔子欲去之意久矣，不欲苟去，故遲遲其行也。膰肉不至，則得以微罪行矣，故不稅冕而行，非速也。」孟子曰：「伯夷，聖之清者也；伊尹，聖之任者也；柳下惠，聖之和者也；孔子，聖之時者也。張子曰：「無所雜者清之極，無所異者和之極。勉而清，非聖人之清；勉而和，非聖人之和。所謂聖者，不勉不思而至焉者也。」孔氏曰：「任者，以天下爲己責也。」愚謂：孔子仕止久速，各當其可，蓋兼三子之所以聖者而時出之，非如三子之可以一德名也。或疑伊尹出處合乎孔子，而不得爲聖之時，何也？程子曰：「終是任底意思在。」孔子之謂集大成。集大成也者，金聲而玉振之也。金聲也者，始條理也；玉振之也者，終條理也。始條理者，智之事也；終條理者，聖之事也。此言孔子集三聖之事，而爲一大聖之事，猶作樂者，集衆音之小成，而爲一大成也。成者，樂之一終，書所謂「簫韶九成」是也。金，鍾屬。聲，宣也，如「聲罪致討」之「聲」。玉，磬也。振，收也，如「振河海而不洩」之「振」。始，始之也。終，終之也。條理，猶言脈絡，指衆音而言也。

智者，知之所及；聖者，德之所就也。蓋樂有八音，金石絲竹匏土革木。若獨奏一音，則其一音自爲始終，而爲一小成。猶三子之所知偏於一，而其所就亦偏於一也。八音之中，金石爲重，故特爲衆音之綱紀。又金始震而玉終詘然也，故並奏八音，則於其未作，而先擊鎛鍾以宣其聲；俟其既闋，而後擊特磬以收其韻。宣以始之，收以終之。二者之閒，脈絡貫通，無所不備，則合衆小成而爲一大成。猶孔子之知無不盡而德無不全也。金聲玉振，始終條理，疑古樂經之言。故倪寬云：「惟天子建中和之極，兼總條貫，金聲而玉振之。」亦此意也。**智，譬則巧也；聖，譬則力也。由射於百步之外也，其至，爾力也；其中，非爾力也。」**中，去聲。○此復以射之巧力，發明智聖二字之義。見孔子巧力俱全，而聖智兼備，三子則力有餘而巧不足，是以一節雖至於聖，而智不足以及乎時中也。○此章言三子之行，各極其一偏；孔子之道，兼全於衆理。所以偏者，由其蔽於始，是以缺於終；所以全者，由其知之至，是以行之盡。三子猶春夏秋冬之各一其時，孔子則太和元氣之流行於四時也。

北宮錡問曰：「周室班爵禄也，如之何？」錡，魚綺反。○北宮，姓；錡，名，衛人。班，列也。**孟子曰：「其詳不可得聞也。諸侯惡其害己也，而皆去其籍。然而軻也，嘗聞其略也。**惡，去聲。去，上聲。○當時諸侯兼并僭竊，故惡周制妨害己之所爲也。**天子一位，公一位，侯一位，伯一位，子、男同一位，凡五等也。君一位，卿一位，大夫一位，**

上士一位，中士一位，下士一位，凡六等。此班爵之制也。五等通於天下，六等施於國中。**天子之制，地方千里，公、侯皆方百里，伯七十里，子、男五十里，凡四等。不能五十里，不達於天子，附於諸侯，曰附庸。**此以下，班禄之制也。不能，猶不足也。小國之地不足五十里者，不能自達於天子，因大國以姓名通，謂之附庸，若春秋邾儀父之類是也。**天子之卿受地視侯，大夫受地視伯，元士受地視子、男。**視，比也。徐氏曰：「王畿之内，亦制都鄙受地也。」元士，上士也。**大國地方百里，君十卿禄，卿禄四大夫，大夫倍上士，上士倍中士，中士倍下士，下士與庶人在官者同禄，禄足以代其耕也。**十，十倍之也。四，四倍之也。倍，加一倍也。徐氏曰：「大國君田三萬二千畝，其入可食二千八百八十人。卿田三千二百畝，可食二百八十八人。大夫田八百畝，可食七十二人。上士田四百畝，可食三十六人。中士田二百畝，可食十八人。下士與庶人在官者田百畝，可食九人至五人。庶人在官，府史胥徒也。」愚案：君以下所食之禄，皆助法之公田，藉農夫之力以耕而收其租。士之無田與庶人在官者，則但受禄於官，如田之入而已。**次國地方七十里，君十卿禄，卿禄三大夫，大夫倍上士，上士倍中士，中士倍下士，下士與庶人在官者同禄，禄足以代其耕也。**三，謂三倍之也。徐氏曰：「次國君田二萬四千畝，可食二千一百六十人。卿田二千四百畝，可食二百十六人。」**小國地方五十里，君十卿禄，卿禄二大夫，大夫倍上士，上士倍中士，中士倍下士，下士與**

庶人在官者同禄，禄足以代其耕也。二，即倍也。徐氏曰：「小國君田一萬六千畝，可食千四百四十人。卿田一千六百畝，可食百四十四人。」耕者之所獲，一夫百畝。百畝之糞，上農夫食九人，上次食八人，中食七人，中次食六人，下食五人。庶人在官者，其禄以是爲差。」食，音嗣。○獲，得也。一夫一婦，佃田百畝。加之以糞，糞多而力勤者爲上農，其所收可供九人。其次用力不齊，故有此五等。庶人在官者，其受禄不同，亦有此五等也。○愚案：此章之説，與周禮、王制不同，蓋不可攷，闕之可也。程子曰：「孟子之時，去先王未遠，載籍未經秦火，然而班爵禄之制已不聞其詳。今之禮書，皆掇拾於煨燼之餘，而多出於漢儒一時之傳會，奈何欲盡信而句爲之解乎？然則其事故不可一一追復矣。」

萬章問曰：「敢問友。」孟子曰：「不挾長，不挾貴，不挾兄弟而友。友也者，友其德也，不可以有挾也。挾者，兼有而恃之之稱。孟獻子，百乘之家也，有友五人焉，樂正裘、牧仲，其三人則予忘之矣。獻子之與此五人者友也，無獻子之家者也。此五人者，亦有獻子之家，則不與之友矣。乘，去聲，下同。○孟獻子，魯之賢大夫仲孫蔑也。張子曰：「獻子忘其勢，五人者忘人之勢。不資其勢而利其有，然後能忘人之勢。若五人者有獻子之家，則反爲獻子之所賤矣。」非惟百乘之家爲然也，雖小國之君亦有之。費惠公曰：『吾於子思，則師之矣；吾於顔般，則友之矣；王順、長息，則事我者也。』費，音秘。般，音班。○

惠公，費邑之君也。師，所尊也。友，所敬也。事我者，所使也。**非惟小國之君爲然也，雖大國之君亦有之。晉平公之於亥唐也，入云則入，坐云則坐，食云則食。雖疏食菜羹，未嘗不飽，蓋不敢不飽也。然終於此而已矣。弗與共天位也，弗與治天職也，弗與食天禄也，士之尊賢者也，非王公之尊賢也。**「疏食」之「食」，音嗣。「平公」「王公」下，諸本多無「之」字，疑闕文也。○亥唐，晉賢人也。平公造之，唐言入，公乃入，言坐乃坐，言食乃食也。疏食，糲飯也。不敢不飽，敬賢者之命也。○范氏曰：「位曰天位，職曰天職，禄曰天禄。言天所以待賢人，使治天民，非人君所得專者也。」**舜尚見帝，帝館甥于貳室，亦饗舜，迭爲賓主，是天子而友匹夫也。**尚，上也。舜上而見於帝堯也。館，舍也。禮，妻父曰外舅。謂我舅者，吾謂之甥。堯以女妻舜，故謂之甥。貳室，副宮也。堯舍舜於副宮，而就饗其食。**用下敬上，謂之貴貴；用上敬下，謂之尊賢。貴貴、尊賢，其義一也。」**貴貴、尊賢，皆事之宜者。然當時但知貴貴，而不知尊賢，故孟子曰「其義一也」。○此言朋友，人倫之一，所以輔仁，故以天子友匹夫而不爲詘，以匹夫友天子而不爲僭。此堯舜所以爲人倫之至，而孟子言必稱之也。○孟子謂自天子至大夫，皆有友賢之義，然知友賢而未知用賢，則猶未也。蓋位者天位，所以處賢者也；職者天職，所以命賢者也；禄者天禄，所以養賢者也。三者皆天所以待賢人，使治天民者也。而晉平公之於亥唐，特虚尊之而已，未嘗處之以位，命之以職，食之以禄也，此豈王公尊賢之道哉？必如堯之於舜，然後爲盡友賢之道矣。夫貴貴、尊賢，其理本一，然戰國之世，人但知貴貴，而不復知尊賢，故孟子歷叙友賢之事，而終欲以堯舜爲法也。衍義

萬章問曰：「敢問交際何心也？」孟子曰：「恭也。」際，接也。交際，謂人以禮儀幣帛相交接也。曰：「卻之卻之爲不恭，何哉？」曰：「尊者賜之，曰『其所取之者，義乎，不義乎』，而後受之，以是爲不恭，故弗卻也。」卻，不受而還之也。再言之，未詳。萬章疑交際之間有所卻者，人便以爲不恭，何哉？孟子言尊者之賜，而心竊計其所以得此物者，未知合義與否，必其合義，然後可受，不然則卻之矣，所以卻之爲不恭也。曰：「請無以辭卻之，以心卻之，曰『其取諸民之不義也』，而以他辭無受，不可乎？」曰：「其交也以道，其接也以禮，斯孔子受之矣。」萬章以爲彼既得之不義，則其餽不可受。但無以言語閒而卻之，直以心度其不義，而託於他辭以卻之，如此可否邪？交以道，如餽賮、聞戒、周其飢餓之類。接以禮，謂辭命恭敬之節。孔子受之，如受陽貨蒸豚之類也。萬章曰：「今有禦人於國門之外者，其交也以道，其餽也以禮，斯可受禦與？」曰：「不可。康誥曰：『殺越人于貨，閔不畏死，凡民罔不譈。』是不待教而誅者也。殷受夏，周受殷，所不辭也。於今爲烈。如之何其受之？」與，平聲。譈，書作「憝」，徒對反。○禦，止也。止人而殺之，且奪其貨也。國門之外，無人之處也。萬章以爲苟不問其物之所從來，而但觀其交接之禮，則設有禦人者，用其禦得之

貨以禮餽我，則可受之乎？康誥，周書篇名。越，顛越也。今書「閔」作「愍」，無「凡民」二字。譈，怨也。言殺人而顛越之，因取其貨，閔然不知畏死，凡民無不怨之。孟子言此乃不待教戒而當即誅者也，如何而可受之乎？「殷受」至「爲烈」十四字，語意不倫。李氏以爲此必有斷簡或闕文者，近之，而愚意其直爲衍字耳。然不可考，姑闕之可也。曰：「今之諸侯取之於民也，猶禦也。苟善其禮際矣，斯君子受之，敢問何說也？」曰：「子以爲有王者作，將比今之諸侯而誅之乎？其教之不改而後誅之乎？夫謂非其有而取之者盜也，充類至義之盡也。孔子之仕於魯也，魯人獵較，孔子亦獵較。獵較猶可，而況受其賜乎？」比，去聲。夫，音扶。較，音角。○比，連也。言今諸侯之取於民，固多不義，然有王者起，必不連合而盡誅之。必教之不改而後誅之，則其與禦人之盜不待教而誅者不同矣。夫禦人於國門之外，與非其有而取之，二者固皆不義之類，然必禦人，乃爲真盜。其謂非有而取爲盜者，乃推其類，至於義之至精至密之處而極言之耳，非便以爲真盜也。然則今之諸侯，雖曰取非其有，而豈可遽以同於禦人之盜也哉？又引孔子之事，以明世俗所尚，猶或可從，況受其賜，何爲不可乎？獵較，未詳。趙氏以爲田獵相較，奪禽獸以祭。孔子不違，所以小同於俗也。張氏以爲獵而較所獲之多少也。二說未知孰是。曰：「然則孔子之仕也，非事道與？」曰：「事道也。」「事道奚獵較也？」曰：「孔子先簿正祭器，不以四方之食供簿正。」曰：「奚不去也？」曰：「爲之兆也。

兆足以行矣，而不行，而後去，是以未嘗有所終三年淹也。與，平聲。○此因孔子事而反覆辯論也。事道者，以行道爲事也。事道奚獵較也，萬章問也。先簿正祭器，未詳。徐氏曰：「先以簿書正其祭器，使有定數，不以四方難繼之物實之。夫器有常數，實有常品，則其本正矣，彼獵較者，將久而自廢矣。」未知是否也。兆，猶卜之兆，蓋事之端也。孔子所以不去者，亦欲小試行道之端，以示於人，使知吾道之果可行也。若其端既可行，而人不能遂行之，然後不得已而必去之。蓋其去雖不輕，而亦未嘗不決，是以未嘗三年留於一國也。**孔子有見行可之仕，有際可之仕，有公養之仕。於季桓子，見行可之仕也；於衛靈公，際可之仕也；於衛孝公，公養之仕也。」**見行可，見其道之可行也。際可，接遇以禮也。公養，國君養賢之禮也。季桓子，魯卿季孫斯也。衛靈公，衛侯元也。孝公，春秋、史記皆無之，疑出公輒也。因孔子仕魯，而言其仕有此三者。故於魯，則兆足以行矣，而不行，然後去。而於衛之事，則又受其交際問餽而不卻之一驗也。○尹氏曰：「不聞孟子之義，則自好者爲於陵仲子而已。聖賢辭受進退，惟義所在。」愚案：此章文義多不可曉，不必强爲之説。○南軒曰：「讀孟子此章，所以答萬章者反復曲折，可謂義之精矣。問交際何心，則曰恭，蓋交際之道主乎恭也。問卻之何以爲不恭，則以謂尊者有賜，若念其取之義與不義而後受，則非所以敬事乎其尊者也。吾知不虚其賜我之意而已，豈暇問其所自哉？若夫萬章之説，以心卻之，而以他辭無受，則是乃不恭之心，而辭何爲乎？然而其受也，必交以道而接以禮，使交之不以道，而接之不以禮，則固有所不受矣。於齊餽兼金百鎰而不受。是亦尊者之賜也，然未有辭，則是貨我而已。其交也固非道，其接也固非禮，此所爲不受也。蓋亦非爲其取之不義之故，初亦無害乎交際之恭也。萬章於此有疑焉，謂有人於此，禦人以兵而得貨，然交以道，餽以禮，則君子固亦受與？孟子謂禦人而奪貨者，此所謂大憝，有國者之所必禁，不待教令而誅者。三代之法同，不必設辭而可知者。居今之世，其法爲甚著，奈何而可受其餽乎？萬章謂既以爲不可，則今之諸侯以非道取民，與此何異？而君子以善其禮際而受之可乎？孟子謂事固有輕重，若以爲有王者作，將不待教而盡誅今之諸侯乎？抑亦教而不改而後誅之也？以理論之，則必待教而不改然後誅之明矣。然則其可與不待教而誅者同日而語乎？夫謂非其有而取之爲盜者，蓋充夫非其有而取之之類，以極義之所在，而比之爲盜則可，若便以爲與禦人奪貨之盜同罪，則豈可哉？大抵聖賢因汙隆而起變化，辭受取與，皆天下正理，過與不及，爲失其正理則均也。魯之習俗，必獵較而後以祭，孔子仕於魯，亦不違也，而況於受其賜乎？萬章聞是言，則又疑孔子之仕，所事者道，而何獵較爲也？孟子以爲孔子於宗廟之祭，先簿正其祭器，立之彝典，不以四方之食供簿正。蓋四方之食非簿正之常典也，然於獵較而供祭之事猶有所未廢，蓋由簿正之事而正之，其施設則有次第矣。而萬章以爲既不能遂盡正之，則曷爲不遂去？孟子謂爲之兆也。爲之兆者，正本開端，而爲可繼也。聖人之爲，如天地之化，不疾不徐，雖曰爲之兆，而化育之大體已具矣。在他人，緩則失時，速則反害，蓋非溥博淵泉而時出之，是以無序而不和也。兆足以行而不行者，蓋以其兆固可繼此以行，而有所不得行焉，則命也，夫然後去之，故亦未嘗有三年之淹焉。其先後遲速皆天理也。此所謂聖之時者歟！於是遂論孔子之仕有三焉：行可之仕，謂其兆可以行者也；際可之仕，謂遇聖人以禮者也；公養之仕，謂養聖人以道者也。遇以禮而養以道者，聖人亦豈得而絶之乎？讀是章者，涵泳而精思之，亦可以窺聖賢之用，而知辭受取與之方也。」

孟子曰：「仕非爲貧也，而有時乎爲貧；娶妻非爲養也，而有時乎爲養。爲、養，並去聲，下同。○仕本爲行道，而亦有家貧親老，或道與時違，而但爲禄仕者。如娶妻本爲繼嗣，而亦有爲不能親操井臼，而欲資其餽養者。**爲貧者，辭尊居卑，辭富居貧。**貧富，謂禄之厚薄。蓋仕不爲道，已非出處之正，故其所處但當如此。**辭尊居卑，辭富居貧，惡乎宜乎？抱關擊柝。**惡，平聲。柝，音託。○柝，行夜所擊木也。蓋爲貧者雖不主於行道，而亦不可以苟禄。故惟抱關擊柝之吏，位卑禄薄，其職易稱，爲所宜居也。李氏曰：「道不行矣，爲貧而仕者，此其律令也。若不能然，則是貪位慕禄而已矣。」**孔子嘗爲委吏矣，曰『會計當而已矣』；嘗爲乘田矣，曰『牛羊茁壯長而已矣』。**委，烏僞反。會，工外反。當，丁浪反。乘，去聲。茁，阻刮反。長，上聲。○此孔子之爲貧而仕者也。委吏，主委積之吏也。乘田，主苑囿芻牧之吏也。茁，肥貌。言以孔子大聖，而嘗爲賤官不以爲辱者，所以爲貧而仕，官卑禄薄，而職易稱也。**位卑而言高，罪也；立乎人之本朝，而道不行，恥也。」**朝，音潮。○以出位爲罪，則無行道之責；以廢道爲恥，則非竊禄之官，此爲貧者之所以必辭尊富而寧處貧賤也。○尹氏曰：「言爲貧者不可以居尊，居尊者必欲以行道。」○南軒曰：「此章言爲貧而仕之義。夫仕者豈爲貧乎哉？蓋將以行道也，而亦有爲貧而仕者焉。是猶娶妻本爲繼嗣，非爲養也，而亦有爲養而娶者焉。然則爲貧而仕與爲養而娶，是亦皆義也。雖然，既曰爲貧矣，則不當處夫尊與富，居於卑與貧者可也。若處其尊與富，則是名爲爲貧，而其實竊位也。處其尊與富，則當任其責，此豈爲貧之地哉？是則非義矣。故抱關擊柝，亦以爲宜者，本爲貧故也。孔子嘗爲委吏，嘗爲乘田矣。聖人篤誠，雖居下位，必敬其事，曰『會計當而已矣』，曰『牛羊茁壯長而已矣』，以其職在乎是而不越也。蓋位卑者，言責小加焉，言高則罪矣，故可以姑守其職，此爲貧而仕之法也。若夫立人之本朝，則當以行道爲任，道不行而竊其位，君子之所恥也。然則高位厚禄，非所以養貧也。後世不明此義，假爲貧之名，安享寵利而恬然曾不以爲愧，此可勝罪哉！必不得已，爲貧而仕，其以抱關擊柝之爲宜，則可矣。嗟夫！觀夫子爲委吏而曰『會計當而已矣』，爲乘田而曰『牛羊茁壯長而已矣』，則夫子得政於天下，其所當爲者如何哉？事有小大，而心則一也，亦曰止其所而已矣。」

萬章曰：「士之不託諸侯，何也？」孟子曰：「不敢也。諸侯失國，而後託於諸侯，禮也；士之託於諸侯，非禮也。」託，寄也，謂不仕而食其禄也。古者諸侯出奔他國，食其廩餼，謂之寄公。士無爵土，不得比諸侯。不仕而食禄，則非禮也。**萬章曰：「君餽之粟，則受之乎？」曰：「受之。」「受之何義也？」曰：「君之於氓也，固周之。」**周，救也。視其空乏，則周卹之，無常數，君待民之禮也。曰：「周之則受，賜之則不受，何也？」曰：「不敢也。」曰：「敢問其不敢何也？」曰：「抱關擊柝者，皆有常職以食於上。無常職而賜於上者，以爲不恭也。」賜，謂予之禄。有常數，君所以待臣之禮也。曰：「君餽之，則受之，不識可常繼乎？」曰：「繆公之於子思也，亟問，亟餽鼎肉。子思不悦。於卒也，摽使者出諸大門之外，北面稽首再拜而不受。曰：『今而後知君之犬馬畜伋。』蓋自是臺無餽也。悦賢不能舉，又不能養也，可謂悦賢乎？」亟，去聲，下同。摽，音杓。使，去聲。○亟，數也。鼎肉，熟肉也。卒，末也。摽，麾也。數以君命來餽，當拜受之，非養賢之禮，故不悦。而於其末後復來餽時，麾使者出，拜而辭之。犬馬畜伋，言不以人禮待己也。臺，賤官，主使令者。蓋繆公愧悟，不復令臺來致餽也。舉，用也。能養者未必能用，況又不能養乎？曰：「敢問國君欲養君子，如何斯可謂養矣？」曰：「以君命將之，再拜稽首而受。其後廪人繼粟，庖人繼肉，不以君命將之。子思以爲鼎肉使己僕僕爾亟拜也，非養君子之道也。初以君命來餽，則當拜受。其後有司各以其職繼續所無，不以君命來餽，不使賢者有亟拜之勞也。僕僕，煩猥貌。堯之於舜也，使其子九男事之，二女女焉，百官牛羊倉廪備，以養舜於畎畝之中，後舉而加諸上位。故曰：『王公之尊賢者也。』」女，下字去聲。○能養能舉，悦賢之至也，惟堯舜爲能盡之，而後世之所當法也。○南軒曰：「萬章所謂託於諸侯，蓋以爲士雖不得行其道，而託祿於諸侯以自養，宜若可也。而孟子以爲非禮，以其無是理故也，然周之則可以受。周之與賜所以異者，蓋居其國則爲其民，君以其飢餓而餽焉，受斯可也。若欲以自託而虛享其祿賜，則於義何居乎？名不正，則失其序而不和，故孔子論之，至於禮樂不興而民無所措手足。君子之於禮樂不斯須去身者，其動未嘗不當，名正而言順故也。曰不敢者，以其無常職而受賜，陷於不恭，故不敢也。雖然，此士之所以自處者當然也，在國君之待士，則有養賢之禮焉，故舉子思之事以告之。夫子思受繆公之餽者，周之而受之之義也。至於餽之之久而僕僕然亟拜，則是徒爲餽而已，徒爲餽則與養犬馬之道何異？烏有君子而受其犬馬之畜者乎？故及其久也，則再拜稽首而不受。蓋繆公雖有悅賢之名，不能舉而用，又不能以禮養之也，賢者其肯處乎？其以禮養者，繼肉是也，蓋不敢以是而數瀆之，故使繼之而已。雖然，此及乎養之之禮，而未及乎舉之之道也。若堯之於舜，則尊賢之極而養道之盡也。事之以九男，女之以二女，百官牛羊倉廩備，而養之於畎畝之中，惟恐不得當其意。一旦舉而加諸上位，如是而後可以謂之王公之尊賢也。孟子每以堯舜之事爲言者，語道者必稽諸聖人，所以示萬世之準的，蓋聖人人倫之至故也。嗟乎！爲士者，於辭受之際，可不思夫名正而言順者乎？爲君者之待士，又何可不深思所以養之之道乎？」

萬章曰：「敢問不見諸侯，何義也？」孟子曰：「在國曰市井之臣，在野曰草莽之臣，皆謂庶人。庶人不傳質爲臣，不敢見於諸侯，禮也。」質，與贄同。○傳，通也。質者，士執雉，庶人執鶩，相見以自通者也。國內莫非君臣，但未仕者與執贄在位之臣不同，故不敢見也。萬章曰：「庶人，召之役，則往役；君欲見之，召之，則不往見之，何也？」曰：「往役，義也；往見，不義也。往役者，庶人之職；不往見者，士之禮。且君之欲見之也，何爲也哉？」曰：「爲其多聞也，爲其賢也。」曰：「爲其多聞也，則天子不召師，而況諸侯乎？爲其賢也，則吾未聞欲見賢而召之也。爲，並去聲。繆公亟見於子思，曰：『古千乘之國以友士，何如？』子思不悦，曰：『古之人有言：「曰事之云乎，豈曰友之云乎？」』子思之不悦也，豈不曰：『以位，則子君也，我臣也，何敢與君友也？以德，則子事我者也，奚可以與我友？』千乘之君求與之友，而不可得也，而況可召與？亟、乘，皆去聲。「召與」之「與」，平聲。○孟子引子思之言而釋之，以明不可召之意。齊景公田，招虞人以旌，不至，將殺之。志士不忘在溝壑，勇士不忘喪其元。孔子奚取焉？取非其招不往也。」喪，息浪反。説見前篇。曰：「敢問招虞人何以？」曰：「以皮冠。庶人以旃，士以旂，大夫以旌。皮冠，田獵之冠也。事見春秋傳。然則皮冠者，虞人之所有事也，故以是招之。庶人，未仕之臣。通帛曰旃。士，謂已仕者。交龍爲旂。析羽而注於旂干之首曰旌。以大夫之招招虞人，虞人死不敢往。以士之招招庶人，庶人豈敢往哉？況乎以不賢人之招招賢人乎？欲見而召之，是不賢人之招也。以士之招招庶人，則不敢往；以不賢人之招招賢人，則不可往矣。欲見賢人而不以其道，猶欲其入而閉之門也。夫義，路也；禮，門也。惟君子能由是路，出入是門也。詩云：『周道如底，其直如矢。君子所履，小人所視。』」夫，音扶。底，詩作「砥」，之履反。○詩，小雅大東之篇。底，與「砥」同，礪石也，言其平也。矢，言其直也。視，視以爲法也。引此以證上文「能由是路」之義。○南軒曰：「禮義，人性之所有。譬之路與門，有足者皆可以由，可以出入也。而君子獨能之者，衆人迷於物欲，君子存其良心故也。」萬章曰：「孔子，君命召，不俟駕而行。然則孔子非與？」曰：「孔子當仕有官職，而以其官召之也。」與，平聲。○孔子方仕而任職，君以其官名召之，故不俟駕而行。徐氏曰：「孔子、孟子，易地則皆然。」○此章言不見諸侯之義，最爲詳悉，更合陳代、公孫丑所問者而觀之，其說乃盡。

孟子謂萬章曰：「一鄉之善士，斯友一鄉之善士；一國之善士，斯友一國之善士；天下之善士，斯友天下之善士。言己之善蓋於一鄉，然後能盡友一鄉之善士。推而至於一國、天下皆然，隨其高下以爲廣狹也。以友天下之善士爲未足，又尚論古之人。頌其詩，讀其書，不知其人，可乎？是以論其世也，是尚友也。」「尚」「上」同，言進而上也。「頌」「誦」通。論其世，論其當世行事之迹也。言既觀其言，則不可以不知其爲人之實，是以又攷其行也。夫能友天下之善士，其所友衆矣，猶以爲未足，又進而取於古人。是能進其取友之道，而非止爲一世之士矣。

齊宣王問卿。孟子曰：「王何卿之問也？」王曰：「卿不同乎？」曰：「不同。有貴戚之卿，有異姓之卿。」王曰：「請問貴戚之卿。」曰：「君有大過則諫，反覆之而不聽，則易位。」大過，謂足以亡其國者。易位，易君之位，更立親戚之賢者。蓋與君有親親之恩，無可去之義，以宗廟爲重，不忍坐視其亡，故不得已而至於此也。**王勃然變乎色。**勃然，變色貌。**曰：「王勿異也。王問臣，臣不敢不以正對。」**孟子言也。**王色定，然後請問異姓之卿。曰：「君有過則諫，反覆之而不聽，則去。」**君臣義合，不合則去。○此章言大臣之義，親疎不同，守經行權，各有其分。貴戚之卿，小過非不諫也，但必大過而不聽，乃可易位。異姓之卿，大過非不諫也，雖小過而不聽，已可去矣。然三仁貴戚，不能行之於紂；而霍光異姓，乃能行之於昌邑。此又委任權力之不同，不可以執一論也。○曰：「大過，謂足以亡其國者。易位，易君之位，更立親戚之賢者。蓋與君有親親之恩，無可去之義，以宗廟爲重，不忍坐視其亡，故不得已而至於此。若異姓，不合則可去，蓋君臣以義合故也。」○愚案：貴戚易位之説，非後世所得行。君有大過，惟當反覆極言，如屈平、劉向之爲爾。平諫懷王不聽，雖放流，睠顧楚國，繫心懷王，不忘欲反，冀幸君之一悟、俗之一改也。其存君興國而欲反覆之，一篇之中三致意焉，至亡可奈何而後已，可謂忠矣，然忿而沈淵，則過也。致堂胡氏嘗論之曰：「世謂屈原、劉向，皆同姓之臣，忠言著於當時，文采表於後世，未易以優劣判。以愚觀之，向蓋優於原也。向歷事三帝，前經恭顯擅朝，後值王鳳專政、殺戮忠諫之時，上則正言譏刺，懇懇納忠，下則官雖不遷，禍亦不及，豈非德信有孚，周身無闕故邪？原則褊介悻直，揭揭然衆邪之中，上忤君心，下取衆疾，昧於不可則止之道，怨刺强聒，無所容身，懷沙赴流，智斯下矣。」胡氏之論向甚當，然於平則貶之太過。必如朱子曰「原之爲人，其志行雖或過於中庸而不可以爲法，然皆出於忠君愛國之誠心」，然後爲當其實爾。又同姓之卿，雖無可去之義，若其君有大惡而不可諫，易位之事又不得行，宗社將危，豈容坐待？則微子去之，亦有明義存焉。其惡雖未如紂，然非可事之君，義不當食其禄，則魯之叔肸，可以爲法。春秋：「宣十有七年，公弟叔肸卒。」穀梁傳曰：「叔肸，賢之也。其賢之何也？宣弑而非之也。非之則胡爲不去也？曰：兄弟也，何去而之？與之財，則曰『我足矣』。織屨而食，終身不食宣公之食。」春秋貴之，因時制義，初無定在也。○又案：孟子「反覆」二字，最宜深體。前世人臣，固有見君之過失，姑一言以塞責者，曰：「吾亦嘗諫之云爾，諫而不從，非吾責也。」此其用心既欲苟全爵位，又欲厭塞公言，張華之所以見屈於張林，而不能自免也。必反覆而諫，諫而不從則去，此人臣之正法。孟子之言，胡可易哉？

孟子集編卷第十

孟子集編卷第十一

告子章句上 凡二十章。

告子曰：「性，猶杞柳也；義，猶桮棬也。以人性爲仁義，猶以杞柳爲桮棬。」桮，音杯。棬，丘園反。○性者，人生所稟之天理也。杞柳，柜柳。桮棬，屈木所爲，若卮匜之屬。告子言人性本無仁義，必待矯揉而後成，如荀子性惡之説也。**孟子曰：「子能順杞柳之性而以爲桮棬乎？將戕賊杞柳而後以爲桮棬也？如將戕賊杞柳而以爲桮棬，則亦將戕賊人以爲仁義與？率天下之人而禍仁義者，必子之言夫。」**戕，音牆。與，平聲。夫，音扶。○言如此，則天下之人皆以仁義爲害性而不肯爲，是因子之言而爲仁義之禍也。○南軒曰：「有太極則有兩儀，故立天之道曰陰與陽，立地之道曰柔與剛，立人之道曰仁與義。仁義者，性之所有，而萬善之宗也。人之有仁義，乃其性之本然，自親親而推之至於仁不可勝用，自長長而推之至於義不可勝用，皆順其所素有，而非外取之也。若逆乎仁義，則爲失其性矣。而告子乃以杞柳爲喻，其言曰『以人性爲仁義』，則失之甚矣。蓋仁義，性也，而曰『以人性爲仁義』，則性别爲一物，以人爲矯揉而爲仁義，其失豈不甚乎？」○或謂杞柳之可爲桮棬，亦性也。朱子曰：「杞柳之性固可以爲桮棬，然須斬伐裁截矯揉而後可成，故孟子曰戕賊杞柳而後可以爲桮棬。若杞柳可爲而梗楠不可爲，又是第一重義理，不當引以爲説。」○愚案：程子曰：「服牛乘馬，皆因其性而爲之。胡不乘牛而服馬？理不可也。」或人之説蓋本於此。然杞柳之爲桮棬，尚須人力，仁義之性本於自然，不待著力。此朱子所以不取之也。其義精矣。○衍義曰：「告子之説，蓋謂人性本無仁義，必用力而强爲，若杞柳本非桮棬，必矯揉而後就也。吁！何其昧於理之甚邪！夫仁義即性也。告子乃曰『以人性爲仁義』，如此則性自性，仁義自仁義也，其可乎？夫以杞柳爲桮棬，必斬伐之，屈折之，乃克有成。若人之爲仁義，乃其性之固有。孩提之童，皆知愛親，即所謂仁；及其長也，皆知敬兄，即所謂義，何勉强矯拂之有？使告子之言行，世之人必曰『仁義乃戕賊人之物』，將畏憚而不肯爲，是率天下而害仁義，其禍將不可勝計矣。」

告子曰：「性猶湍水也，決諸東方則東流，決諸西方則西流。人性之無分於善不善也，猶水之無分於東西也。」湍，他端反。○湍，波流瀠迴之貌也。告子因前説而小變之，近於揚子善惡混之説。孟子曰：「水信無分於東西，無分於上下乎？人性之善也，猶水之就下也。人無有不善，水無有不下。言水誠不分東西矣，然豈不分上下乎？性即天理，未有不善者也。今夫水，搏而躍之，可使過顙；激而行之，可使在山，是豈水之性哉？其勢則然

也。人之可使爲不善，其性亦猶是也。」夫，音扶。搏，補各反。○搏，擊也。躍，跳也。顙，額也。水之過額、在山，皆不就下也。然其本性未嘗不就下，但爲搏激所使而逆其性耳。○此章言性本善，故順之而無不善；本無惡，故反之而後爲惡，非本無定體而可以無所不爲也。○或問：「告子、揚子之説如何？」曰：「告子以爲性無善惡，揚子以爲性有善惡，其言雖同，而所以言則亦不無少異也。」○告子杞柳之喻既爲孟子所闢，則又小變其説而取喻於湍水。蓋前説專指人性爲惡，至是又謂可以爲善，可以爲惡，而借水以明之。不知水之性未嘗不就下，雖搏之過顙，激之在山，可暫違其本性，而終不能使不復其本性也。人之爲不善者固有之矣，然其所以然者，往往有物欲所誘，利害所移，而非其本然之性也。故雖甚愚無知之人，詈之以惡逆，斥之以盜賊，鮮不變色者。至於見赤子之入井，則莫不怵惕而救之。朱子以爲：「性本善，故順之而無不善；本無惡，故反之而後爲惡，非本無定體而可以無所不爲也。」斯言盡之矣。衍義

告子曰：「生之謂性。」生，指人物之所以知覺運動者而言。告子論性，前後四章，語雖不同，然其大指不外乎此，與近世佛氏所謂「作用是性」者略相似。**孟子曰：「生之謂性也，猶白之謂白與？」曰：「然」。「白羽之白也，猶白雪之白；白雪之白，猶白玉之白與？」曰：「然。」**與，平聲，下同。○白之謂白，猶言凡物之白者，同謂之白，更無差别也。「白羽」以下，孟子再問而告子曰然，則是謂凡有生者同是一性矣。**「然則犬之性猶牛之性，牛之性猶**

人之性與？」孟子又言，若果如此，則犬牛與人皆有知覺，皆能運動，其性皆無以異矣。於是告子自知其説之非而不能對也。○愚案：性者，人之所得於天之理也；生者，人之所得於天之氣也。性，形而上者也；氣，形而下者也。人物之生，莫不有是性，亦莫不有是氣。然以氣言之，則知覺運動，人與物若不異也；以理言之，則仁義禮智之稟，豈物之所得而全哉？此人之性所以無不善，而爲萬物之靈也。告子不知性之爲理，而以所謂氣者當之，是以有杞柳、湍水之喻。食色、無善無不善之説，縱横繆戾，紛紜舛錯，而此章之誤，乃其本根。所以然者，蓋徒知知覺運動之蠢然者，人與物同；而不知仁義禮智之粹然者，人與物異也。孟子以是折之，其義精矣。○人物之生，天賦之以此理，未嘗不同，但人物之稟受自有異爾。如一江水，杓取只得一杓，碗取只得一碗，至於一桶一缸，各隨器量不同，故理亦隨以異。○物亦具有五行，只是得五行之偏者耳。○論萬物之一原，則理同而氣異；觀萬物之異體，則氣猶相近，而理絶不同。氣相近，如知寒暖，識飢飽，好生惡死，趨利避害，人與物都一般。理不同，如蜂蟻之君臣，只是義上有一點子明；虎狼之父子，只是仁上有一點子明；其他更推不去。○問：「人物皆稟天地之理以爲性，皆受天地之氣以爲形。若人稟之不同，固是氣有昏明厚薄之異。若在物言之，不知是所稟之理便有不全邪？亦是緣氣稟之昏蔽故如此邪？」曰：「惟其所受之氣只有許多，故其理亦只有許多。如犬馬，形氣如此，故只會得如此事。」又問：「物物具一太極，則是理無不全也。」曰：「以理言之，則無不全；以氣言之，則不能無偏。」○性如日光，人物所受之不同，如隙竅之受光有大小也。○人與物都一般者，理也；所以不同者，心也。人心虚靈，包得許多道理過，故無不通，雖有氣質昏底，亦可克治使明；萬物之心，便包許多道理不過。以本論之，其理則一；纔稟於氣，便有不同。○問：「動物有知，植物無知，何也？」曰：「動物有血氣，故能知。植物雖不可言知，然一般生意亦可見。若戕賊之，便枯瘁不悦懌，亦似有知者。」○問：「理是人物同得於天者。如物之無情者，亦有理否？」曰：「固是有理，如舟只可行之於水，車只可行之於陸。」○孟子言「人之所以異於禽獸者幾希，庶民去之，君子存之」，不知人何故與禽獸異？又言「犬之性猶牛之性，牛之性猶人之性與」，不知人何故與牛犬異？此兩處似欠一轉語。須著説是形氣不同，故性亦少異，始得。恐孟子見得人性同處，直是分曉直截，却於此似未甚察。○問：「氣有清濁，而理則同，如何？」曰：「理如寶珠，在聖賢則如置在清水中，其光輝自然發見；在愚不肖則如置在濁水中，須是澄去泥沙，則光輝方可見。至如萬物，亦有此理，只爲氣昏塞，如置寶珠於濁泥中，不復可見。」○生之謂氣，生之理謂性。○孟子以理言性，告子以氣言性。○問告子云云。曰：「合下便是錯了。他只是説生來精神魂魄，凡動用處是性，正如禪家説作用是性，只説得箇形而下者，故孟子闢之。」○釋氏曰：「作用是性。在目曰見，在耳曰聞，在鼻齅香，在口談論，在手執捉，在足運奔。」即告子「生之謂性」之説也。且如手執捉，若執刀妄亂殺人，亦可謂性乎？龜山舉龐居士云「神通妙用，運水搬柴」，以比「徐行後長」[二]。不知

[二] 比，原作「此」，各本同，據宋福州學官刻元修本西山讀書記甲集一改。

「徐行後長」方謂之弟，「疾行先長」則爲不弟。如曰運水搬柴即是妙用，則徐行、疾行皆可謂之弟邪？○告子説「生之謂性」，二程都説他説得是，只下面接得不是。若如此説，却如釋氏言「作用是性」，乃是説氣質之性，非性善之性。○案程子曰：「告子云『生之謂性』，凡天地所生之物，須是謂性。皆謂之性則可，於中却分别牛之性、馬之性。是他便只道一般，如釋氏説蠢動含靈，皆有佛性，如此則不可。」蓋不以生之謂性爲非，故朱子云云，其義益精矣。

告子曰：「食色，性也。仁，内也，非外也；義，外也，非内也。」告子以人之知覺運動者爲性，故言人之甘食悦色者即其性。故仁愛之心生於内，而事物之宜由乎外。學者但當用力於仁，而不必求合於義也。孟子曰：「何以謂仁内義外也？」曰：「彼長而我長之，非有長於我也；猶彼白而我白之，從其白於外也，故謂之外也。」長，上聲，下同。○我長之，我以彼爲長也；我白之，我以彼爲白也。曰：「異於白馬之白也，無以異於白人之白也；不識長馬之長也，無以異於長人之長與？且謂長者義乎？長之者義乎？」與，平聲，下同。○張氏曰：「上『異於』二字宜衍。」李氏曰：「或有闕文焉。」愚案：白馬、白人，所謂彼白而我白之也；長馬、長人，所謂彼長而我長之也。白馬、白人不異，而長馬、長人不同，是乃所謂義也。義不在彼之長，而在我長之之心，則義之非外明矣。曰：「吾弟則愛之，秦人之弟則不愛也，是以我爲悦者也，故謂之内；長楚人之長，亦長吾之長，是以長爲悦者也，故謂之外

也。」言愛主於我，故仁在內；敬主於長，故義在外。**曰：「耆秦人之炙，無以異於耆吾炙，夫物則亦有然者也，然則耆炙亦有外與？」**耆，與「嗜」同。夫，音扶。○言長之、耆之，皆出於心也。林氏曰：「告子以食色爲性，故因其所明者而通之。」○自篇首至此四章，告子之辯屢屈，而屢變其説以求勝，卒不聞其能自反而有所疑也。此正其所謂「不得於言勿求於心」者，所以卒於鹵莽而不得其正也。○飲食男女，固出於性。然告子以生爲性，則以性爲止於是矣，因此又生仁内義外之説。正與佛者之言以作用爲性、義理爲障者相類。然孟子不攻其食色之云者，使誠知義之非外，則性之不止於食色，其有以察之矣。○告子不知理之爲性，乃即人之身而指其能知覺運動者以當之，所謂生者是也。始而見其但能知覺運動，非教不成，故有杞柳之譬。既屈於孟子之言，而病其説之偏於惡也，則又繼而爲湍水之喻，以見其但能知覺運動，而非有善惡之分。又以孟子爲未喻己之意也，則又於「生之謂性」章極其立論之本意而索言之，至於孟子折之，則其説又窮，而終莫悟其非也。其以食色爲言，蓋猶生之云爾。而公都子之所引，又湍水之餘論也。以是考之，凡告子之論性，其不外乎「生」之一字明矣。但前此未有深究其弊者，往往隨其所向，各爲一説以與之辯，而不察其所以失之端獨在於此，是以其説雖多，而迄無一定之論也。○告子只知有人心，不知有道心，故有食色性也及義外之問。○南軒曰：「食色固出於性，然莫不有則焉。今告子乃舉物而遺其則，是固出於性無分於善不善之論也。其説行，則天理不明，而人欲莫之遏矣。至於仁内義外之説，其失又甚焉。彼以爲長之在人，如白之在彼，曾不知白之爲色，一定而不變；而長之所宜，則隨事而不同也。若一概而論，則馬之長，將亦無以異於人之長，而可乎？長雖在彼，而長之者在我。蓋長之之理素具於此，非因彼而有也。有是性則具是理，其輕重、親踈、小大、遠近之宜，固森然於秉彝之中而不可亂。事物至於前者雖萬有不同，而有物必有則，泛應曲酬，各得其當，皆吾素有之義，而非外取之，此天所命也。惟夫昧於天命，而以天下之公理爲有我之得私，而始有義外之説。孟子告之曰：『且謂長者義乎？長之者義乎？』使知夫長之之爲義，則知義之非外矣。而告子猶惑焉，謂愛吾弟而不愛秦人之弟，是以我爲悦，故曰仁内也；長吾長而亦長楚人之長，是以長爲悦，故曰義外也。曾不知所以長之者，非在我而何出哉？故孟子復以耆炙喻之。同爲炙也，而所以耆之則在我，然則以其在彼之同，而謂耆炙之爲外可乎？雖然，長我之長，義也，長楚人之長，亦義也。長則同，而待吾兄與待楚人，固有閒矣。其分之殊，豈人之所能爲哉？觀告子義外之説，固爲不知義矣。則其所謂仁内者，亦烏知仁之所以爲仁者哉？彼徒以愛爲仁，而不知愛之施有差等，固義之所存也。徒以長爲義，而不知所以長之者固仁之體也。不知仁義而以論性，宜乎莫適其指歸也。」

孟季子問公都子曰：「何以謂義内也？」孟季子，疑孟仲子之弟也。蓋聞孟子之言而未達，故私論之。**曰：「行吾敬，故謂之内也。」**所敬之人雖在外，然其知當敬而行吾心之敬以敬之，則不在外也。**「鄉人長於伯兄一歲，則誰敬？」曰：「敬兄。」「酌則誰先？」曰：「先酌鄉人。」「所敬在此，所長在彼，果在外，非由内也。」**長，上聲。○伯，長也。酌，酌酒也。此皆季子問、公都子答。而季子又言，如此則敬長之心，果不由中出也。公都子不能答，以告孟子。孟子曰：「『敬叔父乎？敬弟乎？』彼將曰：『敬叔父。』曰：『弟爲尸，則誰敬？』彼將曰：『敬弟。』子曰：『惡在其敬叔父也？』彼將曰：『在位故也。』子亦曰：『在位故也。庸敬在兄，斯須之敬在鄉人。』」惡，平聲。○尸，祭祀所主以象神，雖子弟爲之，然敬之當如祖考也。在位，弟在尸位，鄉人在賓客之位也。庸，常也。斯須，暫時也。言因時制宜，皆由中出也。季子聞之，曰：「敬叔父則敬，敬弟則敬，果在外，非由內也。」公都子曰：「冬日則飲湯，夏日則飲水，然則飲食亦在外也？」此亦上章耆炙之意。○范氏曰：「二章問答，大指略同，皆反覆譬喻以曉當世，使明仁義之在內，則知人之性善，而皆可以爲堯舜矣。」○南軒曰：「季子不知性，故於義內之說有疑焉。公都子答以行吾敬，故謂之內，亦未爲失也。蓋敬之所施，各有攸當，是乃義也。然公都子未能本於性而論，故聞季子先酌鄉人之論，則無以對之。蓋庸敬於兄，義也；以鄉人之長，酌而先之，亦義也。可敬雖在彼，而敬之者在我，故孟子以弟爲尸爲比。夫兄之當敬，鄉人之酌當先，與夫爲尸者之當敬，皆其理之素定而不易者也，然則其爲在內也明矣。而季子猶惑焉，蓋以叔父與弟爲在外，而不知其義之存於內，內外之本一也。公都子蓋有發於孟子之言，故以冬日飲湯、夏日飲水譬之。蓋冬之飲必湯，夏之飲必水，是乃義也，而豈外乎哉？」

公都子曰：「告子曰：『性無善無不善也。』此亦「生之謂性」「食色性也」之意，近世蘇氏、胡氏之説蓋如此。或曰：『性可以爲善，可以爲不善。是故文武興，則民好善；幽厲興，則民好暴。』好，去聲。○此即湍水之説也。或曰：『有性善，有性不善。是故以堯爲君而有象；以瞽瞍爲父而有舜；以紂爲兄之子且以爲君，而有微子啓、王子比干。』韓子性有三品之説蓋始此。案此文，則微子、比干皆紂之叔父，而書稱微子爲商王元子，疑此或有誤字。今曰『性善』，然則彼皆非與？」與，平聲。孟子曰：「乃若其情，則可以爲善矣，乃所謂善也。乃若，發語辭。情者，性之動也。人之情，本但可以爲善而不可以爲惡，則性之本善可知矣。若夫爲不善，非才之罪也。夫，音扶。○才，猶材質，人之能也。人有是性則有是才，性既善則才亦善。人之爲不善，乃物欲陷溺而然，非其才之罪也。惻隱之心，人皆有之；羞惡之心，人皆有之；恭敬之心，人皆有之；是非之心，人皆有之。惻隱之心，仁也；羞惡之心，義也；恭敬之心，禮也；是非之心，智也。仁義禮智，非由外鑠我也，我固有之也，弗思耳矣。故曰：『求則得之，舍則失之。』或相倍蓰而無算者，不能盡其才者也。惡，去聲。舍，上聲。蓰，音師。○恭者，敬之發於外者也；敬者，恭之主於中者也。鑠，以火銷金之名，自外以至內也。算，數也。言四者之心人所固有，但人自不思而求之耳，所以善惡相去之遠，由不思不求而不能擴充以盡其才也。前篇言是四者爲仁義禮智之端，而此不言端者，彼欲其擴而充之，此直因用以著其本體，故言有不同耳。**詩曰：『天生蒸民，有物有則。民之秉夷，好是懿德。』孔子曰：『爲此詩者，其知道乎！故有物必有則，民之秉夷也，故好是懿德。』」**好，去聲。○詩，大雅蒸民之篇。蒸，詩作「烝」，衆也。物，事也。則，法也。夷，詩作「彝」，常也。懿，美也。有物必有法，如有耳目則有聰明之德，有父子則有慈孝之心，是民所秉執之常性也，故人之情無不好此懿德者。以此觀之，則人性之善可見，而公都子所問之三說，皆不辯而自明矣。○程子曰：「性即理也，理則堯舜至於塗人一也。才稟於氣，氣有清濁，稟有清者爲賢，稟有濁者爲愚。學而知之，則氣無清濁，皆可至於善而復性之本，湯武身之是也。孔子所言下愚不移者，則自暴自棄之人也。」又曰：「論性不論氣，不備；論氣不論性，不明；二之則不是。」張子曰：「形而後有氣質之性，善反之，則天地之性存焉。故氣質之性，君子有弗性者焉。」愚案：程子此說「才」字，與孟子本文小異。蓋孟子專指其發於性者言之，故以爲才無不善；程子兼指其稟於氣者言之，則人之才固有昏明强弱之不同矣，張子所謂氣質之性是也。二說雖殊，各有所當，然以事理考之，程子爲密。蓋氣質所稟雖有不善，而不害性之本善；性雖本善，而不可以無省察矯揉之功，學者所當深玩也。○告子曰性無善無不善，非惟無不善，并善亦無之。謂性中無惡，則可謂無善，則性果何物？○性既善，才亦可爲善，今乃至於爲不善，非是才如是，乃是我使才如此，故曰「非才之罪」。○問：「孟子言情才皆善，如何？」曰：「情本自善，其發也，未有染汙，何嘗不善？才只是資質，亦無不善，譬物之白者，未染時，只是白也。」○人皆有許多才，聖人卻做許多事，我不能做得些子出，故孟子謂「或倍蓰而無算者，不能盡其才者也」。○不能盡其才，謂發得略好，便自阻隔了，不順他道理做去。○論情可謂善，因曰：「李翺論復性則是，滅情以復性則非。情如何可滅？此乃釋氏之説，陷於其中不自知。」○理醇而氣雜。理精一，故醇；氣粗，故雜。○胡氏説：「性不可以善言。本然之性，其尊無對，纔説善時，便與惡對，非本然之性矣。孟子道性善，非是説性之善，只是贊歎之辭。」某嘗辨之：「本然之性，固渾然至善，無惡可對，此天之賦予然也。然行之在人，則有善有惡，行得善者，即本然之性，豈可謂善者非本然之性乎？若如其言，有本然之性，又有善惡相對之性，則是有兩性矣。其得於天者，此性也；行得善者，亦此性也。只是纔有箇行得善底，便有箇不善底，所以善惡須著對説。不是元有箇惡在裏與之爲對，只是行得錯底，便流入於惡爾。然文定之説，又得於龜山，龜山得之東林摠老。摠極聰明，龜山嘗問：『孟子道性善，是否？』摠曰：『是。』又問：『性豈可以善惡言？』摠曰：『本然之性，不與惡對。』摠之言，本未有病，蓋本然之性是本無惡。及至文定父子，遂分成兩截，説善底不是性。若善底非本然之性，却那處得這善來？既以善爲贊歎之辭，便是性本善矣。若非性善，何贊歎之有？二蘇論性亦是如此，嘗言：『孟子道性善，猶云火之能熟物也；荀卿言性惡，猶云火之能焚物也。』蘇氏論龜山反其説而辨之，曰：『火之所以能熟物者，以其能焚故耳。若火不能焚，物何能熟？』蘇氏論性：『自堯舜至孔子，不得已而命之且繼之曰中、曰一，未嘗分善惡言也。自孟子道性善，而一與中始支矣。』更不看道理，只認説得行底便是。諸胡之説亦然。知言之論性曰：『不可以善惡辨，不可以是非分。』既無善惡，又無是非，則是告子湍水之説爾。」○問：「知言『萬事萬物，性之質也』，如何？」曰：「此未有害。最是『好惡，性也』，大錯。」○五峯言：「天命不囿於善，不可以人欲對。」天理固無對，然有人欲，則天理便不得不與人欲相爲消長；善亦本無對，然既有惡，則善便不得不與惡相爲盛衰。且謂天命不囿於物可也，謂其不囿於善，則不知天之所以爲天矣；謂惡不足以言性可也，謂善不足以言性，則不知善之所從來矣。○「好善而惡惡，人之性也。爲有善惡，故有好惡。君子順其性，小人拂其性。五峯言：『好惡，性也。君子好惡以道，小人好惡以欲。』是『好人之所惡，惡人之所好』亦是性也，而可乎？」或問：「『天理人欲，同體異用，同行異情』之説，如何？」先生曰：「『當然之理，人合恁地底便是體，故仁義禮智爲體。如五峯之説，則仁與不仁，義與不義，禮與無禮，智與無智，皆是性。非小失也。性中只有天理，無人欲，謂之同體可乎？若如此，則是性可以爲善，亦可以爲惡矣。同行異情，蓋亦有之。如口之於味，目之於色，耳之於聲，鼻之於臭，四肢之於安佚，聖人與常人皆如此，是同行也。然聖人之情，不溺於此，所以與常人異耳。」○龜山云：「天命之謂性，人欲非性也。」胡氏不取其説，是以人欲爲性矣。此其甚差者也。○又白雲郭氏言：「性善之善，非善惡之善。」先生謂：「極本窮源之善，與善惡末流之善，非有二也，但以其發與未發言之，有不同耳。蓋未發之前，只有此善，而其發爲善惡之善者，亦此善也。既發之後，乃有不善以雜焉，而其所謂善者，即極本窮源之發耳。」○南軒張氏曰：「善者，性也；能爲善者，才也。」○公都子，學於告子者也，故以性善爲非，而設三者之説以闢孟子。

孟子不與之辯，猶以性之發見者言之。蓋所謂性者，仁義禮智而已。然未發之前，無眹兆之可見，惟感物而動，爲惻隱、爲羞惡、爲恭敬、爲是非，然後性之本可識。蓋四者情也，而其本則性也。由其性之善，故發而爲情亦善；因情之善，而性之善可知矣。夫善者，性也；而能爲善者，才也。性以體言，才以用言，才本可以爲善，而不可以爲惡。今乃至於爲不善者，是豈才之罪哉？陷溺使然也。夫四者之心，所以人人皆有者，由其具仁義禮智之性故也。鑠者，以火銷金之名，火之銷金，由外以至内也。性則我所固有，非自外來，獨患夫人之弗思弗求耳。衍義

孟子曰：「富歲，子弟多賴；凶歲，子弟多暴。非天之降才爾殊也，其所以陷溺其心者然也。富歲，豐年也。賴，藉也。豐年衣食饒足，故有所賴藉而爲善；凶年衣食不足，故有以陷溺其心而爲暴。今夫麰麥，播種而耰之，其地同，樹之時又同，浡然而生，至於日至之時，皆熟矣。雖有不同，則地有肥磽，雨露之養，人事之不齊也。夫，音扶。麰，音牟。耰，音憂。磽，苦交反。○麰，大麥也。耰，覆種也。日至之時，謂當成熟之期也。磽，瘠薄也。故凡同類者，舉相似也，何獨至於人而疑之？聖人與我同類者。聖人亦人耳，其性之善，無不同也。故龍子曰：『不知足而爲屨，我知其不爲蕢也。』屨之相似，天下之足同也。蕢，音匱。○蕢，草器也。不知人足之大小而爲之屨，雖未必適中，然必似足形，不至成蕢也。口之於味，有同耆也，易牙先得我口之所耆者也。如使口之於味也，其性與人殊，

若犬馬之與我不同類也，則天下何耆皆從易牙之於味也？至於味，天下期於易牙，是天下之口相似也。耆，與「嗜」同，下同。○易牙，古之知味者。言易牙所調之味，則天下皆以爲美也。惟耳亦然。至於聲，天下期於師曠，是天下之耳相似也。師曠，能審音者也。言師曠所和之音，則天下皆以爲美也。惟目亦然。至於子都，天下莫不知其姣也。不知子都之姣者，無目者也。姣，古卯反。○子都，古之美人也。姣，好也。故曰：『口之於味也，有同耆焉；耳之於聲也，有同聽焉；目之於色也，有同美焉。至於心，獨無所同然乎？心之所同然者何也？謂理也，義也。聖人先得我心之所同然耳。故理義之悦我心，猶芻豢之悦我口。』」然，猶可也。草食曰芻，牛羊是也；穀食曰豢，犬豕是也。程子曰：「在物爲理，處物爲義，體用之謂也。孟子言人心無不悦理義者，但聖人則先知先覺乎此耳，非有以異於人也。」程子又曰：「『理義之悦我心，猶芻豢之悦我口。』此語親切有味。須實體察得禮義之悦心，真猶芻豢之悦口，始得。」○集義吕氏曰：「我心同然，即天理天德。孟子言同然者，恐人有私意蔽之，苟無私意，我心即天心。」○謝氏曰：「嘗問伊川先生：『養心莫善於寡欲，此一句如何？』先生曰：『此一句淺，不如「理義之悦心，猶芻豢之悦口」，最親切有滋味。云云。』」見前。○又云：「理只是事物當然底道理，義是事之合宜處。」

孟子曰：「牛山之木嘗美矣，以其郊於大國也，斧斤伐之，可以爲美乎？是其日夜

之所息，雨露之所潤，非無萌蘖之生焉，牛羊又從而牧之，是以若彼濯濯也。人見其濯濯也，以爲未嘗有材焉，此豈山之性也哉？蘖，五割反。○牛山，齊之東南山也。邑外謂之郊。言牛山之木，前此固嘗美矣，今爲大國之郊，伐之者衆，故失其美耳。息，生長也。日夜之所息，謂氣化流行未嘗間斷，故日夜之間，凡物皆有所生長也。萌，芽也。蘖，芽之旁出者也。濯濯，光潔之貌。材，材木也。言山木雖伐，猶有萌蘖，而牛羊又從而害之，是以至於光潔而無草木也。**雖存乎人者，豈無仁義之心哉？其所以放其良心者，亦猶斧斤之於木也，旦旦而伐之，可以爲美乎？其日夜之所息，平旦之氣，其好惡與人相近也者幾希，則其旦晝之所爲，有梏亡之矣。梏之反覆，則其夜氣不足以存；夜氣不足以存，則其違禽獸不遠矣。人見其禽獸也，而以爲未嘗有才焉者，是豈人之情也哉？**好、惡，並去聲。○良心者，本然之善心，即所謂仁義之心也。平旦之氣，謂未與物接之時，清明之氣也。好惡與人相近，言得人心之所同然也。幾希，不多也。梏，械也。反覆，展轉也。言人之良心雖已放失，然其日夜之間，亦必有所生長。故平旦未與物接，其氣清明之際，良心猶必有發見者。但其發見至微，而旦晝所爲之不善，又已隨而梏亡之，如山木既伐，猶有萌蘖，而牛羊又牧之也。晝之所爲，既有以害其夜之所息；夜之所息，又不能勝其晝之所爲，是以展轉相害。至於夜氣之生，日以寖薄，而不足以存其仁義之良心，則平旦之氣亦不能清，而所好惡遂與人遠矣。**故苟得其養，無物不長；苟失其**

養，無物不消。長，上聲。○山木、人心，其理一也。**孔子曰：『操則存，舍則亡；出入無時，莫知其鄉。』惟心之謂與？」**舍，音捨。與，平聲。○孔子言心，操之則在此，舍之則失去，其出入無定時，亦無定處如此。孟子引之，以明心之神明不測，得失之易，而保守之難，不可頃刻失其養。學者當無時而不用其力，使神清氣定，常如平旦之時，則此心常存，無適而非仁義也。程子曰：「心豈有出入？亦以操舍而言耳。操之之道，敬以直內而已。」○愚聞之師曰：「人，理義之心未嘗無，惟持守之即在爾。若於旦晝之閒不至梏亡，則夜氣愈清。夜氣清，則平旦未與物接之時，湛然虛明氣象自可見矣。」孟子發此夜氣之說，於學者極有力，宜熟玩而深省之也。○問：「旦晝不梏亡，則是養得這夜氣清明？」曰[二]：「不是靠氣爲主，蓋要此氣養仁義之心。如水之養魚，水多則魚鮮，水涸則魚病。養得這氣盛，則仁義之心亦完；氣少，則仁義之心亦微矣。」○孟子此段，首尾正爲良心設。人多將夜氣便做良心説，非也。蓋言夜氣至清，足以存得此良心耳。平旦之氣亦清，亦以存吾良心，故其好惡之公猶與人相近，但此心存得不多時。至「旦晝所爲，則梏亡之矣」，所謂梏者，人多謂梏亡其夜氣，亦非也。謂旦晝之爲，能梏亡其良心也。○問「平旦之氣」。先生云：「氣清則能存固有之良心。如旦晝之所爲，有以汩亂其氣，則良心爲之不存矣；然暮夜止

[二] 曰，原作「白」，乾隆本、同治本同，據薈要本、四庫本改。

息，稍不紛擾，則良心又復生長。譬如一井水，終日擾動，便渾了；至夜稍息，則便有清水出。所謂『夜氣不足以存』者，便是攪動得太甚，則雖有止息時，亦不能清矣。」○氣與理本相依。旦晝所爲不害於理，則夜氣之所養益厚。夜之所息既有助於理，則旦晝之所爲益無不當矣。日間梏亡者寡，則夜氣自然清明虛静，至平旦亦然。旦晝應事接物，亦莫不然。○梏如被他禁械在那裏，更不容他動。○心一放時，便是斧斤之戕，牛羊之牧；一收斂在此，便是日夜之息，雨露之潤。○問「夜氣」。曰：「前輩皆無明說，某因將孟子反覆熟讀，方看得出。後看程子却說『夜氣之所存者，良知良能也』，與臆見合，以此知觀書不可苟，熟讀深思，道理自見。」○惟其神明不測，所以有出入；惟其能出入，所以神明不測。○「范純夫之女謂：『心豈有出入？』程先生聞之，曰：『此女雖不識孟子，却能識心。』是否？」曰：「此一段說，正要人看。孟子舉孔子之言曰『出入無時，莫知其鄉』，此别有説。伊川言純夫女『却能識心』，心却易識，只是不識孟子之意。」問「操則存」。曰：「心不是死物，須把做活看。不爾，則是釋氏入定坐禪。操存者，只是於應事接物之時，事事中理，便是存。若處事不是當，便心不在。只是兀然守在這裏，忽有事至吾前，操底便散了，却是『舍則亡』也。」問：「未應接時如何？」曰：「只是戒謹恐懼而已。」又曰：「只要提他醒，便是操。」○求放操存，皆兼動静而言，非塊然默守之謂。○「存亡出入」一章，乃是正說心之體以其妙不測。如此，非獨能安静純一，亦能周流變化。學者須是著力照管，豈專爲其已放者而言邪？今專指其安静純一者爲良心，則於其體用有不周矣。○又曰：「自寂然不動以至感而遂通天下之故，無非此心之妙。」○南軒曰：「日夜之所息者，蓋人雖終日汩汩於物慾，然亦有休息之時也。程子曰：『息有二義，訓休息，亦訓生息。』息，所以生也。心非有出入，因操舍而言也，操則在此，舍則不存焉矣。以其在此，則謂之入，可也；以其不存焉，則謂之出，可也。」○又曰：「涪川譙定從伊川學，以其所見，作牧牛圖。如非禮勿視，則牛眼白；非禮勿聽，則牛耳白；非禮勿言，則口白；非禮勿動，然後身白。藉溪得其圖，以寄猶子大原，張於書室。一日，母翁夫人見之，指心曰：『只這裏轉了，後那得許多事。』」○案：此可與范太史女論心一段參觀。○孟子之言，以旦晝爲主。而朱子推衍其義，謂當無時而不用力，則旦也、晝也、夜也，皆兢業自持之時，其功益精密矣。愚嘗推衍朱子之説，爲夜氣之箴，有曰：「盍觀夫冬之爲氣乎？木歸其根，蟄坯其封，凝然寂然，不見兆朕，而造化發育之妙，實胚胎乎其中。蓋闔者闢之基，正者元之本，而艮所以爲物之始終。夫一晝一夜者，三百六旬之積，故冬爲四時之夜，而夜乃一日之冬。天壤之間，羣物俱閴窈乎如未判之鴻濛。維人之身，嚮晦宴息，亦當以造物而爲宗，必齋其心，必肅其躬，不敢弛然自放於牀第之上，使慢易非僻得以賊吾之衷。雖終日乾乾，靡容一息之間斷，而昏冥易忽之際，尤當致戒謹之功。蓋安其身，所以爲朝聽晝訪之地，而夜氣深厚，則仁義之心，亦浩乎其不窮。本既立矣，而又致察於事物，周旋之頃，敬義夾持，動靜交養，則人欲無隙之可入，天理皦乎其昭融。」愚謂：物欲之害，夜爲最甚，故其説以夜爲本，若異於孟子、朱子者，然亦未嘗不互相發也。衍義

孟子曰：「無或乎王之不智也。或，與惑同，疑怪也。王，疑指齊王。**雖有天下易生之**

物也，一日暴之，十日寒之，未有能生者也。吾見亦罕矣，吾退而寒之者至矣，吾如有萌焉何哉？易，去聲。暴，步卜反。見，音現。○暴，温之也。我見王之時少，猶一日暴之也；我退則諂諛雜進之日多，是十日寒之也。雖有萌蘖之生，我亦安能如之何哉？今夫弈之爲數，小數也；不專心致志，則不得也。弈秋，通國之善弈者也。使弈秋誨二人弈，其一人專心致志，惟弈秋之爲聽；一人雖聽之，一心以爲有鴻鵠將至，思援弓繳而射之，雖與之俱學，弗若之矣。爲是其智弗若與？曰非然也。」夫，音扶。繳，音灼。射，食亦反。「爲是」之「爲」，去聲。「若與」之「與」，平聲。○弈，圍棋也。數，技也。致，極也。弈秋，善弈者，名秋也。繳，以繩繫矢而射也。○程子爲講官，言於上曰：「人主一日之間，接賢士大夫之時多，親宦官宮妾之時少，則可以涵養氣質，而薰陶德性。」時不能用，識者恨之。范氏曰：「人君之心，惟在所養。君子養之以善則智，小人養之以惡則愚。然賢人易疏，小人易親，是以寡不能勝衆，正不能勝邪。自古國家治日常少，而亂日常多，蓋以此也。」

孟子曰：「魚，我所欲也；熊掌，亦我所欲也。二者不可得兼，舍魚而取熊掌者也。生，亦我所欲也；義，亦我所欲也。二者不可得兼，舍生而取義者也。舍，上聲。○魚與熊掌皆美味，而熊掌尤美也。生亦我所欲，所欲有甚於生者，故不爲苟得也；死亦我所惡，所惡有甚於死者，故患有所不辟也。惡、辟，皆去聲，下同。○釋所以舍生取義之意。得，得生也。欲生惡死者，雖衆人利害之常情，而欲惡有甚於生死者，乃秉彝義理之良心，是以欲生而不爲苟得，惡死而有所不避也。**如使人之所欲莫甚於生，則凡可以得生者，何不用也？使人之所惡莫甚於死者，則凡可以辟患者，何不爲也？**設使人無秉彝之良心，而但有利害之私情，則凡可以偷生免死者，皆將不顧禮義而爲之矣。**由是則生而有不用也，由是則可以辟患而有不爲也。**由其必有秉彝之良心，是以其能舍生取義如此。**是故所欲有甚於生者，所惡有甚於死者，非獨賢者有是心也，人皆有之，賢者能勿喪耳。**喪，去聲。○羞惡之心，人皆有之，但衆人汩於利欲而忘之，惟賢者能存之而不喪耳。**一簞食，一豆羹，得之則生，弗得則死。嘑爾而與之，行道之人弗受；蹴爾而與之，乞人不屑也。**食，音嗣。嘑，呼故反。蹴，子六反。○豆，木器也。嘑，咄啐之貌。行道之人，路中凡人也。蹴，踐踏也。乞人，丐乞之人也。不屑，不以爲潔也。言雖欲食之急而猶惡無禮，有寧死而不食者。是其羞惡之本心，欲惡有甚於生死者，人皆有之也。**萬鍾則不辨禮義而受之，萬鍾於我何加焉？爲宫室之美、妻妾之奉、所識窮乏者得我與？**爲，去聲。與，平聲。○萬鍾於我何加，言於我身無所增益也。所識窮乏者得我，謂所知識之窮乏者感我之惠也。上言人皆有羞惡之心，此言衆人所以喪之，由此三者。蓋理義之心雖曰固有，而物欲之蔽，亦人所易昏也。**鄉爲身死而不受，今爲宫室之美爲之；鄉爲身死而不受，今爲妻妾之奉爲之；鄉爲身死而不受，今爲所識窮乏者得**

我而爲之，是亦不可以已乎？此之謂失其本心。」鄉、爲，並去聲。「爲之」之「爲」，並如字。○言三者身外之物，其得失比生死爲甚輕。鄉爲身死猶不肯受嘑蹴之食，今乃爲此三者而受無禮義之萬鍾，是豈不可以止乎？本心，謂羞惡之心。○此章言羞惡之心，人所固有。或能決死生於危迫之際，而不免計豐約於宴安之時，是以君子不可頃刻而不省察於斯焉。○南軒曰：「二者不可得兼，言權其輕重而取舍之也。夫樂生而惡死，人之常情，賢者亦豈與人異哉？而有至於舍生而取義者，非真知義之重於生，其能然乎？其舍生取義，猶飢之食、渴之飲，亦爲其所當然而已。故曰『所欲有甚於生者』『所惡有甚於死者』。所欲，謂禮義；所惡，謂非禮義也。所惡如是，乃爲得性情之正，若但知樂生惡死而已，則凡可以求生、可以辟患者，無所不爲，天理滅而流於人欲之歸矣。」又曰：「嘑爾而不受，蹴爾而不屑，此其羞惡之心也。人之困窮，其欲未肆，故其端尚在。至於爲萬鍾所動，則有不復顧者矣。曰『萬鍾於我何加焉』，人能深味斯言而得其旨，則亦可見外物之無足慕矣。」○又曰：「學者須是求仁。所謂求仁者，不放此心。聖人只教人求仁，蓋仁義禮智四者，仁足以包之，若存得仁，自然頭頭做著，不用逐事安排，故曰『苟志於仁矣，無惡也』。看大學，亦要識此意，所謂顧天命，無他，求其放心而已。」又曰：「仁是無形迹事。孟子恐人理會不得，便說道只人心便是。却不是把仁來形容人心，乃是把人心來指示仁。所謂放其心而不知求，蓋存得此心，便是仁，若此心放了，又理會甚仁？今人之心，靜時昏，動時擾，皆是放了。」又曰：「仁是本心之德。存得此心，便無不仁。如說克己復禮，亦只是要得私欲去後，本心常存耳。」

孟子曰：「仁，人心也；義，人路也。仁者心之德，程子所謂心如穀種，仁則其生之性是也。然但謂之仁，則人不知其切於己，故反而名之曰人心，則可以見其爲此身酬酢萬變之主，而不可須臾失矣。義者行事之宜，謂之人路，則可以見其爲出入往來必由之道，而不可須臾舍矣。**舍其路而弗由，放其心而不知求，哀哉！**舍，上聲。○「哀哉」二字，最宜詳味，令人惕然有深省處。**人有雞犬放，則知求之；有放心，而不知求。**程子曰：「心至重，雞犬至輕。雞犬放則知求之，心放則不知求，豈愛其至輕而忘其至重哉？弗思而已矣。」○愚謂：上兼言仁義，而此下專論求放心者，能求放心，則不違於仁，而義在其中矣。**學問之道無他，求其放心而已矣。」**學問之事，固非一端，然其道則在於求其放心而已。蓋能如是，則志氣清明，義理昭著，而可以上達。不然，則昏昧放逸，雖曰從事於學，而終不能有所發明矣。故程子曰：「聖賢千言萬語，只是欲人將已放之心約之，使反復入身來，自能尋向上去，下學而上達也。」此乃孟子開示要切之言，程子又發明之，曲盡其指，學者宜服膺而勿失也。○仁者，心之德也。而孟子直以爲人心者，蓋有此心，即有此仁，心而不仁，則非人矣。孔門之言仁多矣，皆指其用功處言，此則徑舉全體，使人知心即仁，仁即心，而不可以二視之也。義者，人所當行之路。跬步而不由乎此，則陷於邪僻之徑矣。世之人乃有舍其路而弗由，放其心而不知求者，正猶病風喪心之人，猖狂妄行而不知反也，豈不可哀也哉？雞犬至輕也，放則知求之；人心至重也，放而不知求。借至輕而喻至重，所以使人知警也。然則人心之放何也？欲汩之則放，利誘之則放。心既放，則其行必差，故孟子始以人心人路並言，而終獨諄諄於放心之知求。能求放心，則中有主而行不失矣，故曰：「學問之道無他，求其放心而已矣。」衍義

孟子曰：「今有無名之指，屈而不信，非疾痛害事也，如有能信之者，則不遠秦楚之路，爲指之不若人也。信，與「伸」同。爲，去聲。○無名指，手之第四指也。**指不若人，則知惡之；心不若人，則不知惡，此之謂不知類也。」**惡，去聲。○不知類，言其不知輕重之等也。○愚案：程子曰：「人於外物奉身者，事事要好，只有自家一箇身與心，却不要好。苟得外物好時，却不知道自家身與心却已先不好了也。」又永嘉鄭氏曰：「覽鏡而面目有汙，則必滌之；振衣而領袖有垢，則必濯之；居室而几案牕壁有塵，則必拂之，不如是則不能安焉。至於方寸之中，神明之舍，汙穢垢塵日積焉而不知滌濯振拂之，察小而遺大，察外而遺內，其爲不能充其類，不亦甚乎？」程子、鄭氏之言，皆足以警學者，故附見焉。

孟子曰：「拱把之桐梓，人苟欲生之，皆知所以養之者。至於身，而不知所以養之者，豈愛身不若桐梓哉？弗思甚也。」拱，兩手所圍也。把，一手所握也。桐、梓，二木名。○南軒曰：「愛其身，必思所以養之，然所以養之者，則有道矣。古之人，理義以養其心，以至於動作、起居、聲氣、容貌之間，莫不有養之之法焉。所以尊德性而道問學，以成其身也。於桐梓而

知所以養，則自拱把至於合抱，可以馴致。於身而知所以養，則爲賢爲聖，亦循循可進耳。曰『弗思甚也』，蓋思之則知身之爲貴，而不可以失其養，弗思則待其身曾一草一木之不若矣。」

孟子曰：「人之於身也，兼所愛。兼所愛，則兼所養也。無尺寸之膚不愛焉，則無尺寸之膚不養也。所以考其善不善者，豈有他哉？於己取之而已矣。人於一身，固當兼養，然欲考其所養之善否者，惟在反之於身，以審其輕重而已矣。**體有貴賤，有小大。無以小害大，無以賤害貴。養其小者爲小人，養其大者爲大人。**賤而小者，口腹也；貴而大者，心志也。**今有場師，舍其梧檟，養其樲棘，則爲賤場師焉。**舍，上聲。檟，音賈。樲，音貳。○場師，治場圃者。梧，桐也；檟，梓也，皆美材也。樲棘，小棗，非美材也。**養其一指而失其肩背，而不知也，則爲狼疾人也。**狼善顧，疾則不能，故以爲失肩背之喻。**飲食之人，則人賤之矣，爲其養小以失大也。**爲，去聲。○飲食之人，專養口腹者也。**飲食之人無有失也，則口腹豈適爲尺寸之膚哉？」**此言若使專養口腹，而能不失其大體，則口腹之養，軀命所關，不但爲尺寸之膚而已。但養小之人，無不失其大者，故口腹雖所當養，而終不可以小害大、賤害貴也。○飢渴飲食，是亦理也。人所爲賤之者，爲其但知口腹之養，而失其大者耳。如使飲食之人而不失其大者，則口腹豈但爲養其尺寸之膚，固亦理義之所存也。故失其大者，則役於血氣而爲人欲。先立乎其大者，則本諸天命而皆至理。人欲流，則口腹之須何有窮極，此人之所以違禽獸不遠也。天理明，則一飲一食之閒亦莫不有則焉，此人之所以成身而通乎天地也。

公都子問曰：「鈞是人也，或爲大人，或爲小人，何也？」孟子曰：「從其大體爲大人，從其小體爲小人。」鈞，同也。從，隨也。大體，心也。小體，耳目之類也。**曰：「鈞是人也，或從其大體，或從其小體，何也？」曰：「耳目之官不思，而蔽於物，物交物，則引之而已矣。心之官則思，思則得之，不思則不得也。此天之所與我者，先立乎其大者，則其小者弗能奪也。此爲大人而已矣。」**官之爲言，司也。耳司聽，目司視，各有所職而不能思，是以蔽於外物。既不能思而蔽於外物，則亦一物而已。又以外物交於此物，其引之而去不難矣。心則能思，而以思爲職。凡事物之來，心得其職，則得其理，而物不能蔽；失其職，則不得其理，而物來蔽之。此三者，皆天之所以與我者，而心爲大。若能有以立之，則事無不思，而耳目之欲不能奪之矣，此所以爲大人也。然「此天」之「此」，舊本多作「比」，而趙注亦以「比方」釋之。今本既多作「此」，而注亦作「此」，乃未詳孰是。但作比方，於義爲短，故且從今本云。○范浚心箴曰：「茫茫堪輿，俯仰無垠。人於其閒，眇然有身。是身之微，太倉稊米。參爲三才，曰惟心耳。往古來今，孰無此心？心爲形役，乃獸乃禽。惟口耳目，手足動靜。投閒抵隙，爲厥心病。一心之微，衆欲攻之。其與存者，嗚呼幾希。君子存誠，克念克敬。天君泰然，百體從令。」

孟子曰：「有天爵者，有人爵者。仁義忠信，樂善不倦，此天爵也；公卿大夫，此人爵也。樂，音洛。○天爵者，德義可尊，自然之貴也。古之人脩其天爵，而人爵從之。脩其天爵，以爲吾分之所當然者耳。人爵從之，蓋不待求之而自至也。今之人脩其天爵，以要人爵；既得人爵，而棄其天爵，則惑之甚者也，終亦必亡而已矣。」要，音邀。○要，求也。脩天爵以要人爵，其心固已惑矣；得人爵而棄天爵，則其惑又甚焉，終必并其所得之人爵而亡之也。○南軒曰：「古之人脩其天爵而已，非有所爲而爲之，人爵從之者，言其理則然也。今之人脩其天爵以要人爵，夫有一豪要人爵之心，則有害於天爵。其脩之也，亦慕其名而已。」

孟子曰：「欲貴者，人之同心也。人人有貴於己者，弗思耳。貴於己者，謂天爵也。人之所貴者，非良貴也。趙孟之所貴，趙孟能賤之。人之所貴，謂人以爵位加己而後貴也。良者，本然之善也。趙孟，晉卿也。能以爵祿與人而使之貴，則亦能奪之而使之賤矣。若良貴，則人安得而賤之哉？詩云：『既醉以酒，既飽以德。』言飽乎仁義也，所以不願人之膏粱之味也；令聞廣譽施於身，所以不願人之文繡也。」聞，去聲。○詩，大雅既醉之篇。飽，充足也。願，欲也。膏，肥肉。粱，美穀。令，善也。聞，亦譽也。文繡，衣之美者也。仁義充足而聞譽彰著，皆所謂良貴也。○尹氏曰：「言在我者重，則外物輕。」

孟子曰：「仁之勝不仁也，猶水勝火。今之爲仁者，猶以一杯水，救一車薪之火

也；不熄，則謂之水不勝火，此又與於不仁之甚者也。與，猶助也。仁之能勝不仁，必然之理也。但爲之不力，則無以勝不仁，而人遂以爲真不能勝，是我之所爲有以深助於不仁者也。○以正勝邪，須做得十分工夫，方勝得他。正如人身正氣稍不足，邪便得以干之矣。**終亦必亡而已矣。」**言此人之心，亦且自怠於爲仁，終必并與其所爲而亡之。○趙氏曰：「言爲仁不至，而不反諸己也。」○南軒曰：「此爲有志於仁而未力者言也。仁與不仁，特係乎操舍之間，而天理人欲分焉。天理存則人欲消，固不兩立也，故以水勝火喻之。然用力於仁，貴於久而勿舍，若一暴而十寒，倏得而復失，則暫存之天理，豈能勝無窮之人欲哉？學者觀於此，其可斯須而不存是心乎？天理寖明，則人欲寖消矣；及其至也，純是天理。以水勝火，不其然乎？」

孟子曰：「五穀者，種之美者也；苟爲不熟，不如荑稗。夫仁亦在乎熟之而已矣。」荑，音蹄。稗，蒲賣反。夫，音扶。○荑稗，草之似穀者，其實亦可食，然不能如五穀之美也。但五穀不熟，則反不如荑稗之熟；猶爲仁而不熟，則反不如爲他道之有成。是以爲仁必貴乎熟，而不可徒恃其種之美，又不可以仁之難熟，而甘爲他道之有成也。○尹氏曰：「日新而不已則熟。」○南軒曰：「此勉學者爲仁貴乎有成也。仁者，人之所以爲人也。然爲之而不至，則未可謂成人，況於乍明乍暗，若存若亡，無篤實悠久之功，則終亦必亡而已矣。云云。未至於顏子之地，皆未可語夫熟。」

孟子曰：「羿之教人射，必志於彀；學者亦必志於彀。彀，古候反。○羿，善射者也。志，猶期也。彀，弓滿也。滿而後發，射之法也。學，謂學射。**大匠誨人，必以規矩；學者亦必以規矩。」**大匠，工師也。規矩，匠之法也。○此章言事必有法，然後可成。師舍是則無以教，弟子舍是則無以學。曲藝且然，况聖人之道乎？○南軒曰：「彀者，弩張向的處也。射者，期於中鵠也。然羿之教人，使志於彀，鵠在彼，而彀在此，心存乎此，雖不中，不遠矣。學者，學爲聖賢也，聖賢曷爲而可至哉？求之吾身而已，求之吾身，其則蓋不遠。心之所同然者，人所固有也，學者亦存此而已，存乎此，則聖賢之門牆可漸而入也。規矩所以爲方員也，大匠誨人，使之用規矩而已，至於巧，則非大匠之所能誨，存乎其人焉。然巧固不外乎規矩也，學者之於道，其爲有漸，其進有序，自洒埽應對至於禮儀之三百、威儀之三千，猶木之有規矩也，亦循乎此而已。至於形而上者之事，則在其人所得何如。形而上者固不外乎洒埽應對之閒也，舍是以求道，是猶舍規矩以求巧也。此章所舉二端，教人者與受教於人者，皆不可以不知。」

孟子集編卷第十一

孟子集編卷第十二

告子章句下 凡十六章。

任人有問屋廬子曰：「禮與食孰重？」曰：「禮重。」任，平聲。○任，國名。屋廬子，名連，孟子弟子也。「色與禮孰重？」任人復問也。曰：「禮重。」曰：「以禮食，則飢而死；不以禮食，則得食，必以禮乎？親迎，則不得妻；不親迎，則得妻，必親迎乎？」迎，去聲。屋廬子不能對，明日之鄒以告孟子。孟子曰：「於答是也何有？於，如字。○何有，不難也。不揣其本而齊其末，方寸之木可使高於岑樓。揣，初委反。○本，謂下。末，謂上。方寸之木至卑，喻食色。岑樓，樓之高鋭似山者，至高，喻禮。若不取其下之平，而升寸木於岑樓之上，則寸木反高，岑樓反卑矣。金重於羽者，豈謂一鉤金與一輿羽之謂哉？鉤，帶鉤也。金本重，而帶鉤小，故輕，喻禮有輕於食色者；羽本輕，而一輿多，故重，喻食色有重於禮者。取食之重者與禮之輕者而比之，奚翅食重？取色之重者與禮之輕者而比之，奚翅色重？翅，與啻同，古字通用，施智反。○禮食、親迎，禮之輕者也。飢而死以滅其性、不得妻而廢人倫，食色之重者也。奚翅，猶言何但。言其相去懸絶，不但有輕重之差而已。往應之曰：『紾兄之臂而奪之食，則得食；不紾，則不得食，則將紾之乎？踰東家牆而摟其處子，則得妻；不摟，則不得妻，則將摟之乎？』」紾，音軫。摟，音婁。○紾，戾也。摟，牽也。處子，處女也。此二者，禮與食色皆其重者，而以之相較，則禮爲尤重也。○此章言義理事物，其輕重固有大分，然於其中又各自有輕重之别。聖賢於此，錯綜斟酌，豪髪不差，固不肯枉尺而直尋，亦未嘗膠柱而調瑟，所以斷之一視於理之當然而已矣。

曹交問曰：「人皆可以爲堯舜，有諸？」孟子曰：「然。」趙氏曰：「曹交，曹君之弟也。」人皆可以爲堯舜，疑古語，或孟子所嘗言也。「交聞文王十尺，湯九尺，今交九尺四寸以長，句。食粟而已，如何則可？」曹交問也。食粟而已，言無他材能也。曰：「奚有於是？亦爲之而已矣。有人於此，力不能勝一匹雛，則爲無力人矣；今曰舉百鈞，則爲有力人矣。然則舉烏獲之任，是亦爲烏獲而已矣。夫人豈以不勝爲患哉？弗爲耳。勝，平聲。○匹，字本作「鴫」，鴨也，從省作「匹」，禮記説「匹爲鶩」是也。烏獲，古之有力人也，能舉移千鈞。徐行後長者謂之弟，疾行先長者謂之不弟。夫徐行者，豈人所不能哉？所不爲也。堯舜之道，孝弟而已矣。後，去聲。長，上聲。先，去聲。夫，音扶。○陳氏曰：「孝弟者，人之良知良能，自然之性也。堯舜，人倫之至，亦率是性而已。豈能加豪末於是哉？」

楊氏曰：「堯舜之道大矣，而所以爲之，乃在夫行止疾徐之閒，非有甚高難行之事也，百姓蓋日用而不知耳。」**子服堯之服，誦堯之言，行堯之行，是堯而已矣；子服桀之服，誦桀之言，行桀之行，是桀而已矣。」**之、行，並去聲。○言爲善爲惡，皆在我而已。詳曹交之問，淺陋麤率，必其進見之時，禮貌衣冠言動之閒，多不循禮，故孟子告之如此兩節云。**曰：「交得見於鄒君，可以假館，願留而受業於門。」**見，音現。○假館而後受業，又可見其求道之不篤。**曰：「夫道，若大路然，豈難知哉？人病不求耳。子歸而求之，有餘師。」**夫，音扶。○言道不難知，若歸而求之事親敬長之閒，則性分之內，萬理皆備，隨處發見，無不可師，不必留此而受業也。○曹交事長之禮既不至，求道之心又不篤，故孟子教之以孝弟，而不容其受業。蓋孔子餘力學文之意，亦不屑之教誨也。○問云云。曰：「楊氏之說有曰：『佛者龐蘊有「神通并妙用，運水及搬柴」，此乃自得之言，最爲達理。但其言周遮，便更通徹，亦須把來做一件事。若孟子之言，則無適不然矣。』愚竊惑之。夫釋氏之言，偶與聖賢相似者多矣，但其本不同，則雖相似而實相反也。蓋如此章孟子之言，均是行也，而一疾一徐，其閒便有堯、桀之異。是乃物則民彝，自然之實理，而豈人之所能爲哉？若釋氏之言，則但能運水搬柴，則雖倒行逆施，亦無適而不可矣，何必徐行而後可以爲堯哉？蓋其學以空爲真，以理爲障，而以縱橫作用爲奇特，故與吾儒之論正相南北，至於如此。今不察焉，而以達理自得稱之，至語其病，則以爲特在於周遮著意而已。如此，則是凡爲佛者去此二病，而遂與吾學不殊也。程子有言：『以吾觀於釋氏，句句同，事事合。然以其本之不正，是以卒無一事之同。』正謂此爾。或問於胡文定曰：『禪者以拈槌豎拂爲妙用，如何？』公曰：『以此爲用，用而不妙。須是動容周旋中禮，始是妙用處。』求之楊氏之言，其得失可見矣。」

公孫丑問曰：「高子曰：『小弁，小人之詩也。』」孟子曰：「何以言之？」曰：「怨。」弁，音盤。○高子，齊人也。小弁，小雅篇名。周幽王娶申后，生太子宜臼。又得褒姒，生伯服，而黜申后、廢宜臼。於是宜臼之傅爲作此詩，以叙其哀痛迫切之情也。曰：「固哉，高叟之爲詩也！有人於此，越人關弓而射之，則己談笑而道之，無他，疏之也；其兄關弓而射之，則己垂涕泣而道之，無他，戚之也。小弁之怨，親親也。親親，仁也。固矣夫，高叟之爲詩也！」關，與「彎」同。射，食亦反。夫，音扶。○固，謂執滯不通也。爲，猶治也。越，蠻夷國名。道，語也。親親之心，仁之發也。曰：「凱風何以不怨？」凱風，邶風篇名。衛有七子之母，不能安其室，七子作詩以自責也。曰：「凱風，親之過小者也；小弁，親之過大者也。親之過大而不怨，是愈疏也；親之過小而怨，是不可磯也。愈疏，不孝也；不可磯，亦不孝也。磯，音機。○磯，水激石也。不可磯，言微激之而遽怒也。孔子曰：『舜其至孝矣，五十而慕。』」言舜猶怨慕，小弁之怨，不爲不孝也。○趙氏曰：「生之膝下，一體而分。喘息呼吸，氣通於親。當親而疏，怨慕號天。是以小弁之怨，未足爲愆也。」○或問：

「五十而慕，何必舜？」武夷胡氏曰：「所謂慕者，不變其初心也。初心者，赤子之心也。爲舜父母日欲殺舜，與他人父母不同，故獨言舜耳。此一節，又當與前章參玩云。」○又晉獻公將廢太子申生，里克諫，不聽。太子曰：「吾其廢乎？」里克曰：「子懼不孝，不懼不得立。修己而不責人，則免於難。」君子曰：「善處父子之閒。」季武子立其愛子悼子，而以長子公鉏爲馬正。公鉏愠而不出。閔子馬見之，曰：「子無然。禍福無門，惟人所召。爲人子者，患不孝，不患無所。敬共父命，何常之有？若能孝敬，富倍季氏可也；姦回不軌，禍倍下民可也。」公鉏然之。敬共朝夕，恪居官次。季孫果喜而厚之。爲人子者，不幸而處愛憎興廢之閒，則於里克、閔子馬之言，可不念之哉？

宋牼將之楚，孟子遇於石丘。牼，口莖反。○宋，姓；牼，名。石丘，地名。**曰：「先生將何之？」**趙氏曰：「學士年長者，故謂之先生。」**曰：「吾聞秦楚構兵，我將見楚王説而罷之。楚王不悦，我將見秦王説而罷之。二王我將有所遇焉。」**説，音稅。○時宋牼方欲見楚王，恐其不悦，則將見秦王也。遇，合也。案莊子書：「有宋鈃者，禁攻寢兵，救世之戰。上説下教，强聒不舍。」疏云：「齊宣王時人。」以事考之，疑即此人也。**曰：「軻也請無問其詳，願聞其指。説之將何如？」曰：「我將言其不利也。」曰：「先生之志則大矣，先生之號則不可。**徐氏曰：「能於戰國擾攘之中，而以罷兵息民爲説，其志可謂大矣，然以利爲名，則不可也。」**先生以利説秦楚之王，秦楚之王悦於利以罷三軍之師，是三軍之士樂罷而悦於利也。**

爲人臣者懷利以事其君，爲人子者懷利以事其父，爲人弟者懷利以事其兄，是君臣、父子、兄弟終去仁義，懷利以相接，然而不亡者，未之有也。樂，音洛，下同。先生以仁義説秦楚之王，秦楚之王悦於仁義而罷三軍之師，是三軍之士樂罷而悦於仁義也。爲人臣者懷仁義以事其君，爲人子者懷仁義以事其父，爲人弟者懷仁義以事其兄，是君臣、父子、兄弟去利懷仁義以相接也，然而不王者，未之有也。何必曰利？」王，去聲。○此章言休兵息民，爲事則一，然其心有義利之殊，而其效有興亡之異，學者所當深察而明辨之也。○南軒曰：「事一也，而情有異，則所感與其所應皆不同。是以古之謀國者，以義理不以利害，此天理人欲之所以分，而治忽之所由係，蓋不可不謹於其源也。夫説二君而使之罷兵，非不善也，然由宋牼之説而説之以利，使其能從，亦利心耳。罷兵雖息一時之事，而徇利實傷萬世之彝。自衆人論之，惟欲其説之行，而不睹其害於後；在君子則寧説之不行，不忍失正理而啓禍源也。故使二君悦於利而聽從，則三軍之士樂罷而悦於利，以至於觀聽之閒亦莫不動焉，上下憧憧，徒知利之爲利，則凡私己而自便者無不爲也。人欲肆行，君臣、父子、兄弟之大倫亦且不暇恤矣，則豈非危亡之道乎？由孟子之説而説以仁義，使二君幸而聽，則是其心復於正道，三軍之士樂罷而悦於仁義，則皆知仁義至重，將於君臣、父子、兄弟之際，無非以是心相與，人心正而治道興矣。三代之所以王者，用此道也。然則其説則同，所以説者異，豪釐之差，霄壤之分，可不謹哉？學者有見於此，則知五伯之在春秋，爲功之首而罪之魁也；又知曾西之所以卑管晏而尊子路者也，則庶乎知入德之門矣。」○戰國交兵之禍烈矣，宋牼一言而罷之，豈非生民之福而仁人之所甚願者哉？顧利端一開，君臣、父子、兄弟將惟利是趨，春秋弑君三十六，大抵皆見利而動，其禍又有甚於交兵者。是以聖賢不得不嚴其防也。衍義

孟子居鄒，季任爲任處守，以幣交，受之而不報。處於平陸，儲子爲相，以幣交，受之而不報。任，平聲。相，去聲，下同。○趙氏曰：「季任，任君之弟。任君朝會於鄰國，季任爲之居守其國也。儲子，齊相也。不報者，來見則當報之，但以幣交，則不必報也。**他日由鄒之任，見季子；由平陸之齊，不見儲子。屋廬子喜曰：「連得間矣。」**屋廬子知孟子之處此必有義理，故喜得其間隙而問之。**問曰：「夫子之任見季子，之齊不見儲子，爲其爲相與？」**「爲其」之「爲」，去聲，下同。與，平聲。○言儲子但爲齊相，不若季子攝守君位，故輕之邪？**曰：「非也。書曰：『享多儀，儀不及物曰不享，惟不役志于享。』**書，周書洛誥之篇。享，奉上也。儀，禮也。物，幣也。役，用也。言雖享而禮意不及其幣，則是不享矣，以其不用志于享故也。**爲其不成享也。」**孟子釋書意如此。**屋廬子悅。或問之，屋廬子曰：「季子不得之鄒，儲子得之平陸。」**徐氏曰：「季子爲君居守，不得往他國以見孟子，則以幣交而禮意已備。儲子爲齊相，可以至齊之境内而不來見，則雖以幣交，而禮意不及其物也。」

淳于髡曰：「先名實者，爲人也；後名實者，自爲也。夫子在三卿之中，名實未加於上下而去之，仁者固如此乎？」先、後、爲，皆去聲。○名，聲譽也。實，事功也。言以名實爲先而爲之者，是有志於救民也；以名實爲後而不爲者，是欲獨善其身者也。名實未加於上下，言上未能正其君，下未能濟其民也。孟子曰：「居下位，不以賢事不肖者，伯夷也；五就湯，五就桀者，伊尹也；不惡汙君，不辭小官者，柳下惠也。三子者不同道，其趨一也。一者，何也？曰仁也。君子亦仁而已矣，何必同？」惡、趨，並去聲。○仁者，無私心而合天理之謂。楊氏曰：「伊尹之就湯，以三聘之勤也。其就桀也，湯進之也。湯豈有伐桀之意哉？其進伊尹以事之也，欲其悔過遷善而已。伊尹既就湯，則以湯之心爲心矣，及其終也，人歸之，天命之，不得已而伐之耳。若湯初求伊尹，即有伐桀之心，而伊尹遂相之以伐桀，是以取天下爲心也。以取天下爲心，豈聖人之心哉？」○南軒曰：「淳于髡以孟子爲卿於齊，未久而遽去，疑其爲自爲，而非仁者之所爲。蓋髡徒知以爲人爲仁，而不知仁之理存乎性者也。故伯夷之不以賢事不肖，伊尹之五就，柳下惠之不惡不辭，而皆爲趨於仁，以其皆本於天理之正故爾。若徇夫爲人之名，以爲仁而咈其性之理，則所謂愛之本先亡，而其所以爲愛者特其情之流耳，豈不反害於仁乎？」曰：「魯繆公之時，公儀子爲政，子柳、子思爲臣，魯之削也滋甚。若是乎賢者之無益於國也。」公儀子，名休，爲魯相。子柳，泄柳也。削，地見侵奪也。髡譏孟子雖不去，亦未必能有爲也。曰：「虞不用百里奚而亡，秦穆公用之而霸。不用賢則亡，削何可得與？」與，平聲。○百里奚，事見前篇。曰：「昔者王豹處於淇，而河西善謳；緜駒處於高唐，而齊右善歌；華周、杞梁之妻善哭其夫，而變國俗。有諸内必形諸外。爲其事而無其功者，髡未嘗睹之也。是故無賢者也，有則髡必識之。」華，去聲。○王豹，衛人，善謳。淇，水名。緜駒，齊人，善歌。高唐，齊西邑。華周、杞梁，二人皆齊臣，戰死於莒。其妻哭之哀，國俗化之皆善哭。髡以此譏孟子仕齊無功，未足爲賢也。曰：「孔子爲魯司寇，不用，從而祭，燔肉不至，不税冕而行。不知者以爲爲肉也，其知者以爲爲無禮也。乃孔子則欲以微罪行，不欲爲苟去。君子之所爲，衆人固不識也。」税，音脱。「爲肉」「爲無」之「爲」，去聲。○案史記：「孔子爲魯司寇，攝行相事。齊人聞而懼，於是以女樂遺魯君。季桓子與魯君往觀之，怠於政事。子路曰：『夫子可以行矣。』孔子曰：『魯今且郊，如致膰于大夫，則吾猶可以止。』桓子卒受齊女樂，郊又不致膰俎于大夫，孔子遂行。」孟子言以爲爲肉者，固不足道；以爲爲無禮，則亦未爲深知孔子者。蓋聖人於父母之國，不欲顯其君相之失，又不欲爲無故而苟去，故不以女樂去，而以膰肉行。其見幾明決，而用意忠厚，固非衆人所能識也。然則孟子之所爲，豈髡之所能識哉？○尹氏曰：「淳于髡未嘗知仁，而未嘗識賢也，宜乎其言若是。」

孟子曰：「五霸者，三王之罪人也；今之諸侯，五霸之罪人也；今之大夫，今之諸侯之罪人也。趙氏曰：「五霸，齊桓、晉文、秦穆、宋襄、楚莊也。三王，夏禹、商湯、周文武也。」丁氏曰：「夏昆吾，商大彭、豕韋，周齊桓、晉文，謂之五霸。」天子適諸侯曰巡狩，諸侯朝於天子曰述職。春省耕而補不足，秋省斂而助不給。入其疆，土地辟，田野治，養老尊賢，俊傑在位，則有慶，慶以地。入其疆，土地荒蕪，遺老失賢，掊克在位，則有讓。一不朝，則貶其爵；再不朝，則削其地；三不朝，則六師移之。是故天子討而不伐，諸侯伐而不討。五霸者，摟諸侯以伐諸侯者也，故曰：『五霸者，三王之罪人也。』朝，音潮。辟，與「闢」同。治，平聲。○慶，賞也，益其地以賞之也。掊克，聚斂也。讓，責也。移之者，誅其罪而變置之也。討者，出命以討其罪，而使方伯連帥帥諸侯以伐之也。伐者，奉天子之命，聲其罪而伐之也。摟，牽也。五霸牽諸侯以伐諸侯，不用天子之命也。自「入其疆」至「則有讓」，言巡狩之事。自「一不朝」至「六師移之」，言述職之事。五霸，桓公爲盛。葵丘之會諸侯，束牲載書而不歃血。初命曰：『誅不孝，無易樹子，無以妾爲妻。』再命曰：『尊賢育才，以彰有德。』三命曰：『敬老慈幼，無忘賓旅。』四命曰：『士無世官，官事無攝，取士必得，無專殺大夫。』五命曰：『無曲防，無遏糴，無有封而不告。』曰：『凡我同盟之人，既盟之後，言歸于好。』今之諸侯，皆犯此五禁，故曰：『今之諸侯，五霸之罪人也。』歃，所洽反。糴，音狄。好，去聲。○案春秋傳：「僖公九年，葵丘之會，陳牲而不殺，讀書加於牲上，壹明天子之禁。」樹，立也。已立世子，不得擅易。初命三事，所以修身正家之要也。賓，賓客也。旅，行旅也。皆當有以待之，不可忽忘也。士世祿而不世官，恐其未必賢也。官事無攝，當廣求賢才以充之，不可以闕人廢事也。取士必得，必得其人也。無專殺大夫，有罪則請命於天子而後殺之也。無曲防，不得曲爲隄防，壅泉激水，以專小利，病鄰國也。無遏糴，鄰國凶荒，不得閉糴也。無有封而不告者，不得專封國邑而不告天子也。**長君之惡其罪小，逢君之惡其罪大。今之大夫，皆逢君之惡，故曰：『今之大夫，今之諸侯之罪人也。』」**長，上聲。○君有過不能諫，又順之者，長君之惡也。君之過未萌，而先意導之者，逢君之惡也。○林氏曰：「邵子有言：『治春秋者，不先治五霸之功罪，則事無統理，而不得聖人之心。春秋之閒，有功者未有大於五霸，有過者亦未有大於五霸。故五霸者，功之首、罪之魁也。』孟子此章之義，其亦若此也與？然五霸得罪於三王，今之諸侯得罪於五霸，皆出於異世，故得以逃其罪。至於今之大夫，其得罪於今之諸侯，則同時矣。而諸侯非惟莫之罪也，乃反以爲良臣而厚禮之，不以爲罪而反以爲功，何其謬哉！」

魯欲使慎子爲將軍。慎子，魯臣。**孟子曰：「不教民而用之，謂之殃民。殃民者，不容於堯舜之世。**教民者，教之禮義，使知入事父兄，出事長上也。用之，使之戰也。**一戰勝齊，遂有南陽，然且不可。」**是時魯蓋欲使慎子伐齊，取南陽也。故孟子言就使慎子善戰有功如此，且猶不可。慎子勃然不悦，曰：「此則滑釐所不識也。」滑，音骨。○滑釐，慎子名。曰：「吾明告子。天子之地方千里，不千里，不足以待諸侯。諸侯之地方百里，不百里，不足以守宗廟之典籍。待諸侯，謂待其朝覲聘問之禮。宗廟典籍，祭祀會同之常制也。周公之封於魯，爲方百里也，地非不足，而儉於百里。太公之封於齊也，亦爲方百里也，地非不足也，而儉於百里。二公有大勳勞於天下，而其封國不過百里。儉，止而不過之意也。今魯方百里者五，子以爲有王者作，則魯在所損乎？在所益乎？魯地之大，皆并吞小國而得之。有王者作，則必在所損矣。徒取諸彼以與此，然且仁者不爲，況於殺人以求之乎？徒，空也，言不殺人而取之也。君子之事君也，務引其君以當道，志於仁而已。」當道，謂事合於理。志仁，謂心在於仁。○南軒曰：「孟子下章云云，大抵於此章意同。戰國之臣所以事君者，徒以富國强兵爲急，其君亦固以此爲臣之忠於我。而孟子以爲民賊，何哉？蓋君不鄉道，不志於仁，而但爲之爲富强之計，則君益驕肆，民益憔悴，是上成君之惡，而下絶民之命也。當時諸侯以民賊爲良臣，豈不痛哉？孟子之言曰：『由今之道，無變今之俗，雖與之天下，不能一朝居。』此聖賢拔本塞源之意。今之道，功利之道也；今之俗，功利之俗也。由是道不變其俗，本源既差，縱使其閒節目之善，亦終無以相遠也。故必以不由其道爲先，不由其道，則由仁義之道矣。由仁義之道，變而爲仁義之俗，然後名正言順，而事可成也。所謂『不能一朝居』者，功利既勝，人紀隳喪，雖得天下，何以維持主守之乎？故功愈就而害愈深，利愈大而禍愈速。富國强兵之説，至於秦可謂獲其利矣。然自始皇初并天下，固已在絶滅之中，人心内離，豈復爲秦之臣哉？孟子謂『雖與天下，不能一朝居』者，寧不信乎？知此義，而後可以謀人之國矣。」

孟子曰：「今之事君者曰：『我能爲君辟土地，充府庫。』今之所謂良臣，古之所謂民賊也。君不鄉道，不志於仁，而求富之，是富桀也。爲，去聲。辟，與「闢」同。鄉，與「向」同，下皆同。○辟，開墾也。**『我能爲君約與國，戰必克。』今之所謂良臣，古之所謂民賊也。君不鄉道，不志於仁，而求爲之强戰，是輔桀也。**約，要結也。與國，和好相與之國也。**由今之道，無變今之俗，雖與之天下，不能一朝居也。」**言必争奪而至於危亡也。

白圭曰：「吾欲二十而取一，何如？」白圭，名丹，周人也。欲更税法，二十分而取其一分。林氏曰：「案史記，白圭能薄飲食，忍耆欲，與童僕同苦樂。樂觀時變，人棄我取，人取我與，以此居積致富。其爲此論，蓋欲以其術施之國家也。」**孟子曰：「子之道，貉道也。**貉，音陌。○貉，北方夷狄之國名也。**萬室之國，一人陶，則可乎？」曰：「不可，器不足用也。」**孟子設喻以詰圭，而圭亦知其不可也。**曰：「夫貉，五穀不生，惟黍生之。無城郭、宫室、宗廟、祭祀之禮，無諸侯幣帛饔飧，無百官有司，故二十取一而足也。**夫，音扶。○北方地寒，不生五穀，黍蚤熟，故生之。饔飧，以飲食饋客之禮也。**今居中國，去人倫，無君子，如**

之何其可也？無君臣、祭祀、交際之禮，是去人倫。無百官有司，是無君子。陶以寡，且不可以爲國，況無君子乎？因其辭以折之。欲輕之於堯舜之道者，大貉小貉也；欲重之於堯舜之道者，大桀小桀也。」什一而稅，堯舜之道也。多則桀，寡則貉。今欲輕重之，則是小貉小桀而已。

白圭曰：「丹之治水也愈於禹。」趙氏曰：「當時諸侯有小水，白圭爲之築隄，壅而注之他國。」孟子曰：「子過矣。禹之治水，水之道也。順水之性也。是故禹以四海爲壑，今吾子以鄰國爲壑。壑，受水處也。水逆行，謂之洚水。洚水者，洪水也，仁人之所惡也。吾子過矣。」惡，去聲。○水逆行者，下流壅塞，故水逆流。今乃壅水以害人，則與洪水之災無異矣。

孟子曰：「君子不亮，惡乎執？」惡，平聲。○亮，信也，與「諒」同。惡乎執，言凡事苟且，無所執持也。

魯欲使樂正子爲政。孟子曰：「吾聞之，喜而不寐。」喜其道之得行。公孫丑曰：「樂正子强乎？」曰：「否。」「有知慮乎？」曰：「否。」「多聞識乎？」曰：「否。」知，去聲。○此三者，皆當世之所尚，而樂正子之所短，故丑疑而歷問之。「然則奚爲喜而不寐？」丑問也。曰：「其爲人也好善。」好，去聲，下同。「好善足乎？」丑問也。曰：「好善優於天下，而況魯國乎？優，有餘裕也。言雖治天下，尚有餘力也。夫苟好善，則四海之內皆將輕千里而來告之以善。夫，音扶，下同。○輕，易也。言不以千里爲難也。夫苟不好善，則人將曰：『訑訑，予既已知之矣。』訑訑之聲音顔色，距人於千里之外。士止於千里之外，則讒諂面諛之人至矣。與讒諂面諛之人居，國欲治，可得乎？」訑，音移。治，去聲。○訑訑，自足其智，不嗜善言之貌。君子小人，迭爲消長。直諒多聞之士遠，則讒諂面諛之人至，理勢然也。○此章言爲政，不在於用一己之長，而貴於有以來天下之善。

陳子曰：「古之君子何如則仕？」孟子曰：「所就三，所去三。其目在下。迎之致敬以有禮，言將行其言也，則就之；禮貌未衰，言弗行也，則去之。所謂見行可之仕，若孔子於季桓子是也。受女樂而不朝，則去之矣。其次，雖未行其言也，迎之致敬以有禮，則就之；禮貌衰，則去之。所謂際可之仕，若孔子於衛靈公是也。故與公遊於囿，公仰視蜚鴈，而後去之。其下，朝不食，夕不食，飢餓不能出門户。君聞之，曰：『吾大者不能行其道，又不能從其言也，使飢餓於我土地，吾恥之。』周之，亦可受也，免死而已矣。」所謂公養之仕也。君之於民，固有周之之義，況此又有悔過之言，所以可受。然未至於飢餓不能出門户，則猶不受也。其曰免死而已，則其所受亦有節矣。○南軒曰：「此三者，足以盡君子去就之分。舍是三者，則皆爲以利動，而非義之所存矣。」

孟子曰：「舜發於畎畝之中，傅説舉於版築之閒，膠鬲舉於魚鹽之中，管夷吾舉於士，孫叔敖舉於海，百里奚舉於市。説，音悦。○舜耕歷山，三十登庸。説築傅巖，武丁舉之。膠鬲遭亂，鬻販魚鹽，文王舉之。管仲囚於士官，桓公舉以相國。孫叔敖隱處海濱，楚莊王舉之爲令尹。百里奚事，見前篇。**故天將降大任於是人也，必先苦其心志，勞其筋骨，餓其體膚，空乏其身，行拂亂其所爲，所以動心忍性，曾益其所不能。**曾，與「增」同。○降大任，使之任大事也，若舜以下是也。空，窮也。乏，絶也。拂，戾也。言使之所爲不遂，多背戾也。動心忍性，謂竦動其心，堅忍其性也。然所謂性，亦指氣稟食色而言耳。程子曰：「若要熟，也須從這裏過。」**人恒過，然後能改。困於心，衡於慮，而後作；徵於色，發於聲，而後喻。**衡，與「横」同。○恒，常也，猶言大率也。横，不順也。作，奮起也。徵，驗也。喻，曉也。此又言中人之性，常必有過，然後能改。蓋不能謹於平日，故必事勢窮蹙，以至困於心，横於慮，然後能奮發而興起；不能燭於幾微，故必事理暴著，以至驗於人之色，發於人之聲，然後能警悟而通曉也。**入則無法家拂士，出則無敵國外患者，國恒亡。**拂，與「弼」同。○此言國亦然也。法家，法度之世臣也。拂士，輔拂之賢士也。**然後知生於憂患而死於安樂也。」**樂，音洛。○以上文觀之，則知人之生全出於憂患，而死亡由於安樂矣。○尹氏曰：「言困窮拂鬱，能堅人之志，而熟人之仁，以安樂失之者多矣。」○南軒曰：「天將以大任降於後，而憂患先之，以成其德。此豈人之所爲哉?所謂莫之爲而爲者，天也。其所遭若彼，而所成就若是，乃天也。此六人者，雖有聖賢淺深之異，然始焉經履之艱，而卒焉能勝其任，則一也。以舜之生知，非有待於處憂患以成其德也。舉舜之起於畎畝，以見聖人亦由側微而興耳。若在他人，因憂患以成德，則如下所云是已。夫苦其心志，勞其筋骨，餓其體膚，空乏其身，行拂亂其所欲爲，是使之動心忍性而已。動心，言其心有所感動也；忍性，言忍其性之偏也。動心，則善端日萌，而良心可存；忍性，則氣稟日化，而天性可復。此所謂增益其所不能也。人恒過，然後能改，言凡人常見其有過，而後能改過。使其漠然不察其有過，則過將日深，何改之有?知用力，則懼吾過之多而改之，惟恐不暇矣。困於心，謂有所攖拂於心；衡於慮，謂有所鬱塞於慮，必如是而後有作。作者，油然有所興起於中也。徵於色，發於聲，謂憂患憤悱發見於聲色，必如是而後喻。喻者，言盎然默識其理之所在也。作也，喻也，身親乃能知之，非言語所可盡也。則又推而言之，以謂爲國者亦然。入則無法家拂士，出則無敵國外患者，國恒亡。蓋泰然自以爲是，自以爲莫予毒，則驕怠日長，至於滅亡而不悟矣。大抵治亂興亡，常分於敬肆之間。使在内而每聞逆耳之規，在外而每有窺窬之患，則戒懼之心存，是心存，則國可爲也，然後知生於憂患而死於安樂。生言生之道也，在身而身泰，施之於天下國家，無往而不爲福也；死言死之道，天命絶于其躬，而敗于其家，凶于乃國者也。然繼體之君、公侯之裔，生而處安樂之地，無憂患之可歷，則將如之何?必也念安樂之可畏，思天命之無常，戒謹恐懼，不敢有其安樂，是乃困心衡慮之方，生之道也。然則所謂死於安樂者，非安樂之能死之也，以其溺於安樂而自絶焉耳。故在君子，則雖處安樂，而生理未嘗不遂；在小人，則雖處憂患，而亦未嘗不死於憂患，所謂『小人窮斯濫矣』是也。」

孟子曰：「教亦多術矣。予不屑之教誨也者，是亦教誨之而已矣。」多術，言非一端。屑，潔也。不以其人爲潔而拒絶之，所謂不屑之教誨也。其人若能感此，退自修省，則是亦我教誨之也。○尹氏曰：「言或抑或揚，或與或不與，各因其才而篤之，無非教也。」○南軒曰：「『屑』與『不屑就』『不屑去』之『屑』，同訓輕[一]。教人之道，不一而足。聖賢之教人，固不倦也，然有時而不輕其教誨者，非拒之也，是亦所以教誨之也。然就不屑誨之中，亦有數端焉：或引而不發，而使之自喻；或懼其躐等，而告之有序，聖賢之書，若是者多矣；又有以其信之未篤，則不留於門，使自求之，如孟子之於曹交；以其行之未善，則拒之不見，而使之知之，如孔子之於孺悲。凡此亦皆爲不輕其教誨，而乃所以教誨之也。蓋聖賢言動，無非教也，在學者領略之何如耳。天之於物亦然，傳曰：『天有四時，雨露雷風，無非教也。』」

孟子集編卷第十二

[一] 輕，原作分隔符「〇」，各本同，據宋福州學官刻元修本西山讀書記甲集二十改。

孟子集編卷第十三

盡心章句上 凡四十六章。

孟子曰：「**盡其心者，知其性也。知其性，則知天矣。**心者，人之神明，所以具衆理而應萬事者也。性則心之所具之理，而天又理之所從以出者也。人有是心，莫非全體，然不窮理，則有所蔽而無以盡乎此心之量。故能極其心之全體而無不盡者，必其能窮夫理而無不知者也。既知其理，則其所從出，亦不外是矣。以大學之序言之，知性則物格之謂，盡心則知至之謂也。**存其心，養其性，所以事天也。**存，謂操而不舍。養，謂順而不害。事，則奉承而不違也。**殀壽不貳，脩身以俟之，所以立命也。**」殀壽，命之短長也。貳，疑也。不貳者，知天之至，脩身以俟死，則事天以終身也。立命，謂全其天之所付，不以人爲害之。○程子曰：「心也、性也、天也，一理也。自理而言謂之天，自禀受而言謂之性，自存諸人而言謂之心。」張子曰：「由太虛，有天之名；由氣化，有道之名；合虛與氣，有性之名；合性與知覺，有心之名。」愚謂：盡心知性而知天，所以造其理也；存心養性以事天，所以履其事也。不知其理，固不能履其事；然徒造其理而不履其事，則亦無以有諸己矣。知天而不以殀壽貳其心，智之盡也；事天而能脩身以俟死，仁之至也。智有不盡，固不知所以爲仁；然智而不仁，則亦將流蕩不法，而不足以爲智矣。○問「盡其心者，知其性也」。曰：「此句文勢，與『得其民者，得其心也』相似。」○此心本來無有些子不備，無有些子不該，須是盡識得許多道理，無些子窒礙，方是盡心。○此心本來虚靈，萬理具備，事事物物皆所當知。今人多是氣質偏了，又爲物欲所蔽，故昏而不能盡知，此聖賢所以貴乎窮理。○萬理雖具於吾心，須使教他知，始得。○伊川云「盡心然後知性」，此不然。盡字大，知字零星。若未能知性，便欲盡心，何處下手？○或以私意脱落無有渣滓爲盡心者。先生曰：「若如所論，即不知却如何説存心兩字？兼既未知性，即是於理有所未明，如何便到得這田地邪？此處一差，便入釋氏見解矣。況知者有漸之辭，盡者無餘之義，其意象規模，自應有先後也。」○性者，吾心之實理，若不知得，却盡箇甚底？○問「知其性，則知天矣」。曰：「性以賦於我之分而言，天以公共道理而言，天便是箇大底人，人便是箇小底天。吾之仁義禮智，即天之元亨利貞。凡吾之所有者，皆自彼而來也，故知吾性，則自然知天矣。」○問「存心養性以事天」。曰：「存之養之便是事，心性便是天。」○心性皆天之所以予我者，不能存養而梏亡之，則非所以事天也。夫心主乎性者，敬以存之，則性得其養而無所害矣。○又問云云。曰：「天教爾父子有親，便用真箇有親；天教爾君臣有義，便須真箇有義，不然便是違天。」○嘉定史官陳武作楊文靖公傳，論曰：「龜山發明孟子盡心知性之説，曰：『此心明白、洞達、廣大、静一，惟能體會至於了然，斯可以言盡。盡其心，自然知性。』大抵學者必先知仁，知仁則知心，知心則知性。橫渠西銘蓋欲學者之知仁也。先生没後二三十年，諸儒之明道，蓋有爲世之所尊者矣。其閒講之不精者，顧以能知性則能盡心，彼其不達洪範之言思，大學之言知，中庸之論明，而舛逆心性之説，故從之者，俱無自得之學。」著作佐郎李道傳辨之曰：「史官所斥『能知性則能盡心』爲講之不精者，朱先生集注説也。孟子曰：『盡其心者，知其性也。知性則知天矣。』舊説謂盡心則知性，知性則知天。前輩皆從之，而先生異焉。蓋先生説經，獨得聖賢本心，故舊説雖善，而考之文義有所未協，則弗從，以爲非聖賢當日立言之本意故也。孟子此章，信如舊説，當云『盡其心則知其性矣，知其性則知天矣』，而後文義相協。今乃不然，故先生別案本文，更定今説，文義既協，理致自明。史官顧以爲講之不精，何也？且心、性、天三言者，何謂也？程子曰：『自理言之謂之天，自稟受言之謂之性，自存諸人者言之謂之心。』三者蓋所從言之異耳，要之，性即理也，理則一而已矣。故凡能盡此心者，必其知此性者也，苟不知之，若之何其盡之？既知之矣，則所謂天者，豈外此而他求哉？世之學者，每有心小性大之蔽，意謂必先盡其心，而後可以馴致其極以知天、性。殊不知性與心初無閒，而知與盡則有序。性與心無閒，則謂知性故能盡心者，於義爲得；知與盡有序，則謂盡之爲先而知之爲後者，是失其先後之倫也。集注云云，於心、性、天三者之説可謂條理別白，指趣分明，讀者可以曉然無疑矣。而史官顧謂其舛逆心性之説，何哉？洪範言思，與此不類；若大學之言知，中庸之言明，大抵皆以知爲先。集注所謂必能知而後能盡者，正與之合。史官顧謂其不達於此，何哉？」○又案：孟子此章，心、性二字純指道心德性而言，至云動心忍性，則心固道心，性即指氣稟食色之性矣。○張思叔詬罵僕夫，程子曰：「何不動心忍性？」

孟子曰：「**莫非命也，順受其正**。人物之生，吉凶禍福，皆天所命。然惟莫之致而至者，乃爲正命，故君子修身以俟之，所以順受乎此也。**是故知命者，不立乎巖牆之下**。命，謂正命。巖牆，牆之將覆者。知正命，則不處危地以取覆壓之禍。**盡其道而死者，正命也**。盡其道，則所值之吉凶，皆莫之致而至者矣。**桎梏死者，非正命也**。」桎梏，所以拘罪人者。言犯罪而死，與立巖牆之下者同，皆人所取，非天所爲也。○此章與上章蓋一時之言，所以發其末句未盡之意。

孟子曰：「**求則得之，舍則失之，是求有益於得也，求在我者也**。舍，上聲。○在我者，謂仁義禮智，凡性之所有者。**求之有道，得之有命，是求無益於得也，求在外者也**。」有道，言不可妄求。有命，則不可必得。在外者，謂富貴利達，凡外物皆是。○南軒曰：「富貴利達，衆人謂己有求之之道，然不知其有命焉。固有求而得之者矣，是亦有命，而非求之能有益也。蓋亦有巧求而不得者多矣，以此可見其無益於得也，然則亦可以已矣。」○趙氏曰：「言爲仁由己，富貴在天，如不可求，從吾所好。」

孟子曰：「**萬物皆備於我矣**。此言理之本然也。大則君臣父子，小則事物細微，其當然之理，無一不具於性分之内也。**反身而誠，樂莫大焉。**樂，音洛。○誠，實也。言反諸身，而所備之理，皆如惡惡臭、好好色之實然，則其行之不待勉强而無不利矣，其爲樂孰大於是？**强恕而行，求仁莫近焉。」**强，上聲。○强，勉强也。恕，推己以及人也。反身而誠則仁矣，其有未誠，則是猶有私意之隔，而理未純也。故當凡事勉强，推己及人，庶幾心公理得而仁不遠也。○此章言萬物之理具於吾身，體之而實，則道在我而樂有餘；行之以恕，則私不容而仁可得。○反身而誠，蓋知之已至而自然循理，所以樂。强恕而行，是知之未至，且恁地把捉，勉强做去，少間到純熟處，便是仁。○問：「反身而誠，是大賢以上事；强恕求仁，是學者身分上事否？」曰：「然。」○又曰：「反身而誠，只是箇真知。真實知得，則滔滔行將去，見得萬理與我爲一，自然其樂無涯。所以伊川云：『異日見卓爾有立於前，然後不知手之舞、足之蹈。』正此意也。」○萬物，不是萬物之迹，只是萬物之理。○横渠曰：「『萬物皆備於我矣』，言萬物皆素定於我也。行有不慊於心，則餒矣。故反身而誠，樂莫大焉。若不是實做工夫到這裏，如何見得恁地？」○誠是有此理，檢校自家身分，是無欠闕。事君真箇忠，事親真箇孝，是仰不愧於天，俯不怍於人，其樂孰大於此？○反身而誠，孟子之意主於「誠」字，言反身而實有此理也。爲父而實有慈，爲子而實有孝，豈不快活？若反身不誠，是無此理，但有恐懼而已，豈得樂哉？○未至於反身而誠處，且逐事要推己及人，庶幾心公理得，更好仔細看這般處。○不可將恕事低看了，求仁莫近於恕，「恕」字甚緊。

孟子曰：「行之而不著焉，習矣而不察焉，終身由之而不知其道者，衆也。」著者，知之明。察者，識之精。言方行之而不能明其所當然，既習矣而猶不識其所以然，所以終身由之而不知其道者多也。

孟子曰：「人不可以無恥。無恥之恥，無恥矣。」趙氏曰：「人能恥己之無所恥，是能改行從善之人，終身無復有恥辱之累矣。」

孟子曰：「恥之於人大矣。恥者，吾所固有羞惡之心也。存之則進於聖賢，失之則入於禽獸，故所繫爲甚大。爲機變之巧者，無所用恥焉。爲機械變詐之巧者，所爲之事皆人所深恥，而彼方且自以爲得計，故無所用其愧恥之心也。不恥不若人，何若人有？」但無恥一事不如人，則事事不如人矣。或曰：「不恥其不如人，則何能有如人之事？」其義亦通。○或問：「人有恥不能之心，如何？」程子曰：「恥其不能而爲之，可也。恥其不能而掩藏之，不可也。」

孟子曰：「古之賢王好善而忘勢，古之賢士何獨不然？樂其道而忘人之勢，故王公不致敬盡禮，則不得亟見之。見且猶不得亟，而況得而臣之乎？」好，去聲。樂，音洛。亟，去吏反。○言君當屈己以下賢，士不枉道而求利。二者勢若相反，而實則相成，蓋亦各盡其道而已。

孟子謂宋句踐曰：「子好遊乎？吾語子遊。句，音鈎。好、語，皆去聲。○宋，姓；句踐，名。遊，遊説也。人知之，亦囂囂；人不知，亦囂囂。」趙氏曰：「囂囂，自得無欲之貌。」曰：「何如斯可以囂囂矣？」曰：「尊德樂義，則可以囂囂矣。樂，音洛。○德，謂所得之善。尊之，則有以自重，而不慕乎人爵之榮。義，謂所守之正。樂之，則有以自安，而不徇乎外物之誘也。故士窮不失義，達不離道。離，力智反。○言不以貧賤而移，不以富貴而淫，此尊德樂義見於行事之實也。窮不失義，故士得己焉；達不離道，故民不失望焉。得己，言不失己也。民不失望，言人素望其興道致治，而今果如所望也。古之人，得志，澤加於民；不得志，脩身見於世。窮則獨善其身，達則兼善天下。」見，音現。○見，謂名實之顯著也。此又言士得己、民不失望之實。○此章言內重而外輕，則無往而不善。○南軒曰：「宋句踐之好遊，謂遊於世，如歷聘之類，意句踐之爲人，徇名而外求者，孟子語之以遊，使求之於吾身而已。」云云。道言體，義言用，互相明耳。云云。其曰修身見於世者，言修其身，而其德名自不可掩，非君子之修身欲以自見於世。」

孟子曰：「待文王而後興者，凡民也。若夫豪傑之士，雖無文王猶興。」夫，音扶。○興者，感動奮發之意。凡民，庸常之人也。豪傑，有過人之才智者也。蓋降衷秉彝，人所同得，唯上智之材無物欲之蔽，爲能無待於教，而自能感發以有爲也。

孟子曰：「附之以韓魏之家，如其自視欿然，則過人遠矣。」欿，音坎。○附，益也。韓、魏，晉卿富家也。欿然，不自滿之意。尹氏曰：「言有過人之識，則不以富貴爲事。」

孟子曰：「以佚道使民，雖勞不怨；以生道殺民，雖死不怨殺者。」 程子曰：「以佚道使民，謂本欲佚之也，播穀乘屋之類是也。以生道殺民，謂本欲生之也，除害去惡之類是也。蓋不得已而爲其所當爲，則雖咈民之欲而民不怨，其不然者反是。」

孟子曰：「霸者之民，驩虞如也；王者之民，皞皞如也。 皞，胡老反。○驩虞，與「歡娛」同。皞皞，廣大自得之貌。程子曰：「驩虞，有所造爲而然，豈能久也？耕田鑿井，帝力何有於我？如天之自然，乃王者之政。」楊氏曰：「所以致人驩虞，必有違道干譽之事；若王者則如天，亦不令人喜，亦不令人怒。」**殺之而不怨，利之而不庸，民日遷善而不知爲之者。** 此所謂皞皞如也。庸，功也。豐氏曰：「因民之所惡而去之，非有心於殺之也，何怨之有？因民之所利而利之，非有心於利之也，何庸之有？輔其性之自然，使自得之，故民日遷善而不知誰之所爲也。」**夫君子所過者化，所存者神，上下與天地同流，豈曰小補之哉？」** 夫，音扶。○君子，聖人之通稱也。所過者化，身所經歷之處，即人無不化，如舜之耕歷山而田者遜畔，陶河濱而器不苦窳也。所存者神，心所存主處便神妙不測，如孔子之「立斯立，道斯行，綏斯來，動斯和」，莫知其所以然而然也。是其德業之盛，乃與天地之化同運並行，舉一世而甄陶之。非如霸者，但小小補塞其罅漏而已。此則王道之所以爲大，而學者所當盡心也。

孟子曰：「仁言，不如仁聲之入人深也。 程子曰：「仁言，謂以仁厚之言加於民。仁聲，謂仁聞，謂有仁之實而爲衆所稱道者也。此尤見仁德之昭著，故其感人尤深也。」**善政，不如善教之得民也。**政，謂法度禁令，所以制其外也。教，謂道德齊禮，所以格其心也。**善政民畏之，善教民愛之；善政得民財，善教得民心。」**得民財者，百姓足而君無不足也。得民心者，不遺其親，不後其君也。

孟子曰：**「人之所不學而能者，其良能也；所不慮而知者，其良知也。**良者，本然之善也。程子曰：「良知良能，皆無所由，乃出於天，不係於人。」**孩提之童，無不知愛其親也；及其長也，無不知敬其兄也。**長，上聲，下同。○孩提，二三歲之閒，知孩笑、可提抱者也。愛親敬長，所謂良知良能者也。**親親，仁也；敬長，義也。無他，達之天下也。」**言親親敬長，雖一人之私，然達之天下無不同者，所以爲仁義也。○南軒曰：「良云者，有本然之義，有善之義。蓋其本然者無非善也，不學而能，不慮而知，則無一豪人爲加乎其閒，天之所爲而性之所有也。孩提知愛其親，及長知敬其兄，此其知豈待於慮乎？其能豈待於學乎？此所謂良知良能也。然下文獨言知者，蓋知常在先也。愛敬者，良心之大端，蓋親親爲仁，敬長爲義，人道不越是而已。能存是心而達之，則仁義之道不可勝窮矣。雖然，人之良能良知，如飢而食、如渴而飲、手執而足履，亦何莫非是乎？何孟子獨以愛親敬長爲言也？蓋飢食渴飲、手持足履之類，固莫非性之自然形乎氣體者也。形乎氣體，則有天理，有人欲；循其自然，固莫非天理。豪釐之差，則人欲亂之矣。

若愛敬之所發，乃仁義之淵源，故孟子之所以啓告之者，專指夫此，揭天理之粹以示人也。若異端舉物而遺則，天理人欲混淆而莫識其源，爲弊有不可勝言者矣。」○愚案：達之天下，二先生之說少異，當詳之。

孟子曰：「舜之居深山之中，與木石居，與鹿豕遊，其所以異於深山之野人者幾希。及其聞一善言，見一善行，若決江河，沛然莫之能禦也。」行，去聲。○居深山，謂耕歷山時也。蓋聖人之心，至虛至明，渾然之中，萬理畢具。一有感觸，則其應甚速，而無所不通。非孟子造道之深，不能形容至此也。

孟子曰：「無爲其所不爲，無欲其所不欲，如此而已矣。」李氏曰：「有所不爲不欲，人皆有是心也。至於私意一萌，而不能以禮義制之，則爲所不爲、欲所不欲者多矣。能反是心，則所謂擴充其羞惡之心者，而義不可勝用矣，故曰如此而已矣。」

孟子曰：「人之有德慧術知者，恒存乎疢疾。知，去聲。疢，丑刃反。○德慧者，德之慧。術知者，術之知。疢疾，猶災患也。言人必有疢疾，則能動心忍性，增益其所不能也。**獨孤臣孽子，其操心也危，其慮患也深，故達。」**孤臣，遠臣；孽子，庶子，皆不得於君親，而常有疢疾者也。達，謂達於事理，即所謂德慧術知也。○南軒曰：「疢疾，謂憂患也。蓋人平居無事之時，漠然不省者多矣。惟夫疢疾加焉，則動心忍性，有以感發，故德慧術知由此而生。以孤臣孽子觀之可見。孤臣孽子，操心危，慮患深。危，故專一而不敢肆；深，故精審而不敢忽。專精之極，故於事理能有所通達也。然所謂德慧術知，蓋有小大；所謂達者，亦有淺深。要之由憂患而有所發，則一也。然則處安樂之地者，誦斯言，可不思夫逸豫之溺人而深求所以戒懼乎？當憂患之際者，誦斯言，可不念其爲進德修業之要而自勉勵乎？」

孟子曰：「**有事君人者，事是君則爲容悅者也。**阿徇以爲容，逢迎以爲悅，此鄙夫之事、妾婦之道也。**有安社稷臣者，以安社稷爲悅者也。**言大臣之計安社稷，如小人之務悅其君，眷眷於此而不忘也。**有天民者，達可行於天下而後行之者也。**民者，無位之稱。以其全盡天理，乃天之民，故謂之天民。必其道可行於天下，然後行之；不然，則寧没世不見知而不悔，不肯小用其道以徇於人也。張子曰：「必功覆斯民然後出，如伊呂之徒。」**有大人者，正己而物正者也。**」大人，德盛而上下化之，所謂「見龍在田，天下文明」者。○此章言人品不同，略有四等。容悅佞臣不足言；安社稷則忠矣，然猶一國之士也；天民則非一國之士矣，然猶有意也；無意無必，唯其所在而物無不化，惟聖者能之。○南軒曰：「以事是君爲容悅者，慕爵禄而從君者也。以安社稷爲悅者，則志存乎功業者也，與爲容悅者固有閒矣，然未及乎道義也。蓋志存乎功業，則苟可就其功業而遂其志，則亦所屑爲矣。古之人惟守道明義而已，故雖有蓋世之功業在前可爲，而在我者有一豪之未安，則不敢徇也。蓋功業一時之事，而良心萬世之彝故也。所謂天民者，必明見夫達而其道可行於天下而後行之，蓋其所主在道，而非必於行也。謂之天民者，言能全夫天生此民之理也。天之生民也，其理無不具，而人之虧欠者多矣。故程子謂天民爲能踐形者也，以其在下而未達，故謂之民。大人者，即天民之得時得位者也，若伊尹之在莘野則爲天民，出而佐商則爲大人也。正己而物正者，己正而物自正也。秦漢而下，其閒號爲賢臣者，極於以安社稷爲悦而已。語夫天民之事業，則鮮矣。」

孟子曰：「君子有三樂，而王天下不與存焉。樂，音洛。王、與，皆去聲，下並同。**父母俱存，兄弟無故，一樂也。**此人所深願而不可必得者，今既得之，其樂可知。**仰不愧於天，俯不怍於人，二樂也。**程子曰：「人能克己，則仰不愧，俯不怍，心廣體胖，其樂可知。有息則餒矣。」**得天下英才而教育之，三樂也。**盡得一世明睿之才，而以所樂乎己者教而養之，則斯道之傳得之者衆，而天下後世將無不被其澤矣。聖人之心所願欲者，莫大於此，今既得之，其樂爲如何哉！**君子有三樂，而王天下不與存焉。」**林氏曰：「此三樂者，一係於天，一係於人。其可以自致者，惟不愧不怍而已，學者可不勉哉？」

孟子曰：「廣土衆民，君子欲之，所樂不存焉。樂，音洛，下同。○地闢民聚，澤可遠施，故君子欲之，然未足以爲樂也。**中天下而立，定四海之民，君子樂之，所性不存焉。**其道大行，無一夫不被其澤，故君子樂之，然其所得於天者則不在是也。**君子所性，雖大行不加**

焉，雖窮居不損焉，分定故也。分，去聲。○分者，所得於天之全體，故不以窮達而有異。**君子所性，仁義禮智根於心。其生色也，睟然見於面，盎於背，施於四體，四體不言而喻。」**睟，音粹。見，音現。盎，烏浪反。○上言所性之分，與所欲所樂不同，此乃言其蘊也。仁義禮智，性之四德也。根，本也。生，發見也。睟然，清和潤澤之貌。盎，豐厚盈溢之意。施於四體，謂見於動作威儀之閒也。喻，曉也。四體不言而喻，言四體不待吾言，而自能曉吾意也。蓋氣稟清明，無物欲之累，則性之四德根本於心，其積之盛，則發而著見於外者，不待言而無不順也。程子曰：「睟面盎背，皆積盛致然。四體不言而喻，惟有德者能之。」○又曰：「言四者本於心而生色也。孟子非自及此，焉能道到此？」○又曰：「人必有仁義之心，然後仁義之氣睟然達於外，故曰『不得於心，勿求於氣』可也。」○此章言君子固欲其道之大行，然其所得於天者，則不以是而有所加損也。○行道固君子之所樂，但其用其舍，於我性分本不相關。進而大行，退而窮居，於我性分之內，初無加損。○問「君子所性」。曰：「此是說生來承受之性。仁義禮智根於心，便見得四端著在心上，相離不得。纔有些子私意，便剗斷了，那根便無生意。其色睟然，都從那根上發出來。『性』字從『心』，見得先有這心，便有許多道理在裏。」○四體不言而喻，若曰不待安排而自然中節耳。○南軒曰：「四者具於性而根於心，猶木之著本，水之發源，由是而生生不息焉。仁義禮智根於心，而生色於外，充盛著見，自不可揜，故其睟然之和見於面，盎於背，施於四體，四體不言而喻。涵養擴充，積久而熟，天理融會，動容周旋，無非此理，而內外一也。不言而喻，言其自然由於此而無待防檢耳。」

孟子曰：「伯夷辟紂，居北海之濱，聞文王作興，曰：『盍歸乎來？吾聞西伯善養老者。』大公辟紂，居東海之濱，聞文王作興，曰：『盍歸乎來？吾聞西伯善養老者。』天下有善養老，則仁人以爲己歸矣。辟，去聲，下同。大，他蓋反。○己歸，謂己之所歸。餘見前篇。五畝之宅，樹牆下以桑，匹婦蠶之，則老者足以衣帛矣。五母雞，二母彘，無失其時，老者足以無失肉矣。百畝之田，匹夫耕之，八口之家足以無飢矣。衣，去聲。○此文王之政也。一家養母雞五、母彘二也。餘見前篇。所謂西伯善養老者，制其田里，教之樹畜，導其妻子，使養其老。五十非帛不煖，七十非肉不飽。不煖不飽，謂之凍餒。文王之民，無凍餒之老者，此之謂也。」田，謂百畝之田。里，謂五畝之宅。樹，謂耕桑。畜，謂雞彘也。趙氏曰：「善養老者，教導之使可以養其老耳，非家賜而人益之也。」

孟子曰：「易其田疇，薄其稅斂，民可使富也。易、斂，皆去聲。○易，治也。疇，耕治之田也。食之以時，用之以禮，財不可勝用也。勝，音升。○教民節儉，則財用足也。民非水火不生活，昏暮叩人之門户，求水火，無弗與者，至足矣。聖人治天下，使有菽粟如水火。菽粟如水火，而民焉有不仁者乎？」焉，於虔反。○水火，民之所急，宜自愛之。而反不愛者，多故也。尹氏曰：「言禮義生於富足，民無常産，則無常心矣。」

孟子曰：「孔子登東山而小魯，登太山而小天下。故觀於海者難爲水，遊於聖人之門者難爲言。此言聖人之道大也。東山蓋魯城東之高山，而太山則又高矣。此言所處益高，則其視下益小；所見既大，則其小者不足觀也。難爲水、難爲言，猶仁不可爲衆之意。觀水有術，必觀其瀾；日月有明，容光必照焉。此言道之有本也。瀾，水之湍急處也。明者，光之體；光者，明之用也。觀水之瀾，則知其源之有本矣；觀日月於容光之隙無不照，則知其明之有本矣。○程子曰：「日月之明有本，故容光必照；君子之道有本，故無不及也。」流水之爲物也，不盈科不行；君子之志於道也，不成章不達。」言學當以漸，乃能至也。成章，所積者厚而文章外見也。達者，足於此而通於彼也。○此章言聖人之道大而有本，學之者必以其漸乃能至也。

孟子曰：「雞鳴而起，孳孳爲善者，舜之徒也。孳孳，勤勉之意。言雖未至於聖人，亦是聖人之徒也。雞鳴而起，孳孳爲利者，蹠之徒也。蹠，盜蹠也。欲知舜與蹠之分，無他，利與善之閒也。」程子曰：「言閒者，謂相去不遠，所爭豪末耳。善與利，公私而已矣。纔出於善，便以利言也。」○楊氏曰：「舜蹠之相去遠矣，而其分，乃在利善之閒而已，是豈可以不謹？然講之不熟，見之不明，未有不以利爲義者，又學者所當深察也。」或問：「雞鳴而起，若未接物，如何爲善？」程子曰：「只主於敬，便是爲善。」

孟子曰：「楊子取爲我，拔一毛而利天下，不爲也。「爲我」之「爲」，去聲。○楊子，名朱。取者，僅足之意。取爲我者，僅足於爲我而已，不及爲人也。列子稱其言，曰「伯成子高不以一豪利物」是也。**墨子兼愛，摩頂放踵利天下，爲之。**放，上聲。○墨子，名翟。兼愛，無所不愛也。摩頂，摩突其頂也。放，至也。**子莫執中，執中爲近之。執中無權，猶執一也。**子莫，魯之賢人也。知楊墨之失中也，故度於二者之中而執其中。近，近道也。權，稱錘也，所以稱物之輕重而取中也。執中而無權，則膠於一定之中而不知變，是亦執一而已矣。程子曰：「『中』字最難識，須是默識心通。且試言：一廳，則中央爲中；一家，則廳非中而堂爲中；一國，則堂非中而國之中爲中，推此類可見矣。」又曰：「中不可執也，識得則事事物物皆有自然之中，不待安排，安排著則不中矣。」**所惡執一者，爲其賊道也，舉一而廢百也。」**惡、爲，皆去聲。○賊，害也。爲我害仁，兼愛害義，執中者害於時中，皆舉一而廢百者也。○此章言道之所貴者中，中之所貴者權。楊氏曰：「禹稷三過其門而不入，苟不當其可，則與墨子無異。顏子在陋巷，不改其樂，苟不當其可，則與楊氏無異。子莫執爲我、兼愛之中而無權，鄉鄰有鬬而不知閉户，同室有鬬而不知救之，是亦猶執一耳，故孟子以爲賊道。禹稷、顏回，易地則皆然，以其有權也，不然，則是亦楊墨而已矣。」○又曰：「三聖相授『允執厥中』，與孟子所論『子莫執中』者，文同而意異。蓋精一於道心之微，則無適而非中者，曰『允執』，則非徒然而執之矣。子莫之執中，則其爲我不敢爲楊朱之深，兼愛不敢爲墨翟之過，而於二者之閒執其一節以爲中耳。故由三聖以爲中，則其中活；由子莫以爲中，則其中死。中之活者，不待權而無不中；中之死者，則非學乎聖人之學，不能有以權之而常適於中也。權，言權衡之權，言其可以稱物之輕重而游移前却以適於平，蓋所以節量仁義之輕重而時措之，非如近世所謂將以濟乎仁義之窮也。」○案：孟子曰：「執中無權，猶執一也。」程子亦曰：「欲知中庸，無如權。」今以經傳言權之義附於此。○子曰：「可與共學，未可與適道，未可與立，未可與權。」○朱子曰：「可與者，言其可與共爲此事也。」○程子曰：「可與共學，知所以求之也；可與適道，知所往也；可與立者，篤志固執而不變也。權，稱錘也，所以稱物而知輕重者也。可與權，謂能權輕重使合義也。」○楊氏曰：「知爲己，則可與學矣。學足以明善，然後可以適道；信篤，然後可與立；知時措之宜，然後可與權。」洪氏曰：「易九卦，終於巽以行權。權，聖人之大用。未能立而言權，猶人未能立而欲行，鮮不仆矣。」程子曰：「漢儒以反經合道爲權，故有權變、權術之論，皆非也。權只是經也。自漢以下，無人識『權』字。」愚案：先儒誤以此章連下文「偏其反而」爲一章，故有反經合道之説，程子非之，是矣。然以孟子「嫂溺援之以手」之義推之，則權與經亦當有辨。○黄氏曰：「程子言『權只是經』，或問云『權經亦當有辨』，何也？」曰：「是各有所發明也。經，常也；權，變也。常者，一定之理；變者，隨時之宜。遇事之常，則但當守一定之理；遇事之變，則不得不小有移易以就夫權。權與經，不可無辨，或問之説然也。然天下之理，惟其當然而已，當經而經，當然也；當權而權，亦當然也。則權雖異於經，而以其當然，則亦只是經，此程子之説然也。有或問之説，則經權之義始明；有程子之説，則經權之義始正。先儒明道之力，至是而始備矣。」○南軒曰：「事事物物莫不有中。中者，天理當然，不可過而不可不及者也。豪釐之差，則失之矣。何以取中而不失乎？所以貴於能權也。權者，權其輕重而適乎此之謂，君子所以貴於時中也。或者不知權之所以爲中，乃以爲反經合道。夫經者，道之所謂常也；權者，所以權其變而求合乎經也。既反經矣，尚何道之合乎？」○愚案：公羊傳桓十一年：「夏五月，癸未，鄭伯寤生卒。九月，宋人執鄭祭仲。祭仲者何？鄭相也。何以不名？賢也。何賢乎祭仲？以爲知權也。其爲知權奈何？祭仲往省于留，塗出于宋，宋人執之，謂之曰：『爲我出忽而立突。』祭仲不從其言，則君必死，國必亡。從其言，則君可以生易死，國可以存易亡，少遼緩之。則突可故出，而忽可故反[二]。古人之有權者，祭仲是也。權者何？權者，反於經然後有善者也。」反經之説始此。祭仲身爲人臣，而廢君立君，若舉碁然，謂之有善，可乎？公羊此言，蓋聖經之稂莠，人心之蟊賊，學者不可不察。然則董仲舒所謂「守經事而不知其權，遭變事而不知其宜」者，何如也？曰：此爲不知春秋而言也。蓋春秋，王道之權衡，處常則用經，遭變則用權，其用權也，乃所以求合乎經也。漢儒之論經權，惟此爲最粹。大抵爲學必先知經，知經而後可以語權。不知經而遽語權，未有不流於變詐者也。故張子以學未至而語變爲操術之不正，信以夫！

孟子曰：「飢者甘食，渴者甘飲，是未得飲食之正也，飢渴害之也。豈惟口腹有飢

[二] 此兩「故」字，原作「放」，乾隆本、同治本同，據薈要本、四庫本改。

渴之害？人心亦皆有害。口腹爲貧賤所害，故於飲食不暇擇，而失其正味；人心爲貧賤所害，故於富貴不暇擇，而失其正理。○「人心亦皆有害」，趙氏謂「人心爲利欲所害」，此説甚長。愚謂：飢渴害其知味之性，則飲食雖不甘，亦以爲甘；利欲害其仁義之性，則所爲雖不可，亦以爲可。**人能無以飢渴之害爲心害，則不及人不爲憂矣。」**人能不以貧賤之故而動其心，則過人遠矣。○南軒曰：「人心虚明知覺，萬理森然，其好惡是非本何適而非正？惟夫動於私欲，則有所忿懥，有所恐懼，有所好樂，有所憂患，而其正理始昧矣。人能正其心，不使外物害之，如飢渴之害於口腹，則無適而非天理之所存矣。」

孟子曰：「柳下惠不以三公易其介。」介，有分辨之意。柳下惠進不隱賢，必以其道，遺佚不怨，阨窮不憫，直道事人，至於三黜，是其介也。○此章言柳下惠和而不流，與孔子論夷齊不念舊惡，意正相類，皆聖賢微顯闡幽之論也。

孟子曰：「有爲者辟若掘井，掘井九軔而不及泉，猶爲棄井也。」辟，讀作譬。軔，音刃，與「仞」同。○八尺曰仞。言鑿井雖深，然未及泉而止，猶爲自棄其井也。○吕侍講曰：「仁不如堯，孝不如舜，學不如孔子，終未入於聖人之域，終未至於天道，未免爲半塗而廢、自棄前功也。」○南軒曰：「天下之事，爲之貴乎有成。云云。今夫士之爲仁義，固當循循不已，以極其至。若用力雖勞，未有所臻而畫焉，則亦不得爲成人而已。」

孟子曰：「堯舜，性之也；湯武，身之也；五霸，假之也。堯舜天性渾全，不假修習。湯武修身體道，以復其性。五霸則假借仁義之名，以求濟其貪欲之私耳。久假而不歸，惡知其非有也？」惡，平聲。○歸，還也。有，實有也。言竊其名以終身，而不自知其非真有。或曰「蓋歎世人莫覺其僞者」，亦通。舊説久假不歸即爲真有，則誤矣。○尹氏曰：「性之者，與道一也；身之者，履之也，及其成功則一也。五霸則假之而已，是以功烈如彼其卑也。」

公孫丑曰：「伊尹曰：『予不狎于不順。』放太甲于桐，民大悦。太甲賢，又反之，民大悦。「予不狎于不順」，太甲篇文。狎，習見也。不順，言太甲所爲不順義理也。餘見前篇。賢者之爲人臣也，其君不賢，則固可放與？」與，平聲。孟子曰：「有伊尹之志，則可；無伊尹之志，則篡也。」伊尹之志，公天下以爲心而無一豪之私者也。

公孫丑曰：「詩曰『不素餐兮』，君子之不耕而食，何也？」孟子曰：「君子居是國也，其君用之，則安富尊榮；其子弟從之，則孝弟忠信。『不素餐兮』，孰大於是？」餐，七丹反。○詩，魏國風伐檀之篇。素，空也。無功而食禄，謂之素餐。此與告陳相、彭更之意同。

王子墊問曰：「士何事？」墊，丁念反。○墊，齊王之子也。上則公卿大夫，下則農工商賈，皆有所事；而士居其閒，獨無所事，故王子問之也。孟子曰：「尚志。」尚，高尚也。志者，心之所之也。士既未得行公卿大夫之道，又不當爲農工商賈之業，則高尚其志而已。**曰：「何爲尚志？」曰：「仁義而已矣。殺一無罪，非仁也；非其有而取之，非義也。居惡在？仁是也。路惡在？義是也。居仁由義，大人之事備矣。」**惡，平聲。○非仁非義之事，雖小不爲。而所居所由，無不在於仁義，此士所以尚其志也。大人，謂公卿大夫。言士雖未得大人之位，而其志如此，則大人之事體用已全。若小人之事，則固非所當爲也。○又曰：「『志』字與『父在觀其志』之『志』同，蓋未見於所行而方見於所存也。」○南軒曰：「尚志者，以立志爲先也。主乎仁義，所謂志也；不主乎仁義，則倀倀然何所據乎？謂之志不立可也。『殺一無罪』『非其有而取之』，舉二事欲其推類，而知仁義之所存也。夫殺一無罪而非仁，由是而體之，則仁之所以能愛者可得而推矣；非其有而取之爲非義，由是而體之，則義之所以爲宜者亦可得而推矣。居仁由義，居則不違，由則不他也。居仁則體立，由義則用行，大人之事不越此而已矣。學者可不以尚志爲先乎？」○黄氏曰：「論語一書，未嘗以仁義對言，而孟子言仁義者，不一而足。蓋夫子教人，無非仁義之道，使人油然入於仁義而不自知也。孟子憫斯世之迷惑，故開關啓鑰，直指人心而明告之也。五常百行皆性所有，而獨言仁義者，何也？仁義蓋其總名，而五常百行其支派也。」○王子墊者，必當時國君之子。天子、諸侯之子，其未命者，皆曰士。觀其所問，與孟子所告，則其人必有志者也。殺一無罪則非仁，非其有而取之則非義。方是時，天下之戰國七，争地以戰，殺人盈野，争城以戰，殺人盈城，其戮及無罪者衆矣，此不仁之甚也；侵人土疆，奪人寶貨，非其有取之者衆矣，此不義之甚也。然當時之君忍於爲此，未必知其爲不仁、不義也。故孟子斥而言之，使以不仁爲戒，而所居常在乎仁；以不義爲戒，而所由常在乎義，如此則大人之事備矣。衍義

孟子曰：「仲子，不義與之齊國而弗受，人皆信之，是舍簞食豆羹之義也。人莫大焉亡親戚、君臣、上下。以其小者信其大者，奚可哉？」舍，音捨。食，音嗣。○仲子，陳仲子也。言仲子設若非義而與之齊國，必不肯受。齊人皆信其賢，然此但小廉耳。其辟兄離母，不食君禄，無人道之大倫，罪莫大焉。豈可以小廉信其大節，而遂以爲賢哉？○南軒曰：「簞食豆羹，得之則生，弗得則死，嘑爾而與之則不受。謂斯人也，一旦而遇萬鍾之禄，苟惟不義，則必不受也，可乎？蓋人之難知也，以其小者，信其大者，固不可也。於陵仲子，以兄之禄爲不義，辟兄離母，處於於陵，齊人高之，以謂若斯人者，不義而與之齊國，亦將必不受也。孟子以爲是舍簞食豆羹之義也，蓋孟子以人倫之際察之，而知其不可信也。人之所以爲人者，莫大於人倫，所謂親戚、君臣、上下是也。今仲子廢親戚、君臣、上下而欲以潔其身，飾小廉而妨大德，其不知義固已甚矣，又烏能不受不義之齊國乎？古之善觀人者，必於人倫之際察之，而其人之得失淺深可概見矣。四岳之舉舜，則曰『克諧以孝』而已；堯之降舜以二女，觀其嬪于虞而已，此舜之所以聖也；冀缺與其妻相待如賓，而臼季知其能治民；茅容殺牲先奉其母，而郭林宗知其可以成德，是亦善觀人者也。若仲子，廢天倫而徇私意，以其小廉信其大節，烏乎可哉？」

桃應問曰：「舜爲天子，皋陶爲士，瞽瞍殺人，則如之何？」桃應，孟子弟子也。其

意以爲舜雖愛父，而不可以私害公；皋陶雖執法，而不可以刑天子之父。故設此問，以觀聖賢用心之所極，非以爲真有此事也。**孟子曰：「執之而已矣。」**言皋陶之心，知有法而已，不知有天子之父也。**「然則舜不禁與？」**與，平聲。○桃應問也。**曰：「夫舜惡得而禁之？夫有所受之也。」**夫，音扶。惡，平聲。○言皋陶之法，有所傳受，非所敢私，雖天子之命亦不得而廢之也。**「然則舜如之何？」**桃應問也。**曰：「舜視棄天下猶棄敝蹝也。竊負而逃，遵海濱而處，終身訢然，樂而忘天下。」**蹝，音徙。訢，與「欣」同。樂，音洛。○蹝，草履也。遵，循也。言舜之心，知有父而已，不知有天下也。孟子嘗言舜視天下猶草芥，而惟順於父母可以解憂，與此意互相發。○此章言爲士者，但知有法，而不知天子父之爲尊；爲子者，但知有父，而不知天下之爲大。蓋其所以爲心者，莫非天理之極、人倫之至。學者察此而有得焉，則不待較計論量，而天下無難處之事矣。○南軒曰：「善發明舜之心者，其惟孟子乎！若以後世利害之見論之，則謂天下方歸戴於舜而賴其治，舜乃舍而去之，得無廢已成之業而孤天下之望乎？此不知天理之言也。聖人所以爲治者，循天理而已，若汩於利害而失天理之所存，則雖舜何以治天下哉？或者以舜竊負爲狂，是未之思也。又以爲皋陶既執瞽瞍，舜烏得而竊之，是又未之思也。皋陶執瞽瞍於前，使舜得以申竊負之義於後，乃是天理時中，能全夫君臣、父子之義者也。微孟子，孰能推之？」○案：程子以應接事物而處其當否爲格物致知之一事。然處事之方，不過本之以義理，而參之以時與勢而已。湯之以義制事、易之「義以方外」、中庸之「時中」是也，各已散見諸篇。獨此一章，其事乃天下之至難，而聖賢處之，曲盡其道，此即處事之大法也。又朱子嘗謂，正其誼不謀其利，明其道不計其功，乃處事之要。學者誠能每事以義爲的，而權其輕重可否之宜，不雜以世俗利害之私，則庶乎應酬事物有餘裕矣。

孟子自范之齊，望見齊王之子，喟然歎曰：「居移氣，養移體，大哉居乎！夫非盡人之子與？」夫，音扶。與，平聲。○范，齊邑。居，謂所處之位。養，奉養也。言人之居處，所係甚大，王子亦人子耳，特以所居不同，故所養不同，而其氣體有異也。孟子曰：張、鄒皆云羨文也。「王子宮室、車馬、衣服多與人同，而王子若彼者，其居使之然也。況居天下之廣居者乎？廣居，見前篇。尹氏曰：「睟然見於面，盎於背，居天下之廣居者然也。」魯君之宋，呼於垤澤之門。守者曰：『此非吾君也，何其聲之似吾君也？』此無他，居相似也。」呼，去聲。○垤澤，宋城門名也。孟子又引此事爲證。

孟子曰：「食而弗愛，豕交之也；愛而不敬，獸畜之也。食，音嗣。畜，許六反。○交，接也。畜，養也。獸，謂犬馬之屬。恭敬者，幣之未將者也。將，猶奉也。詩曰：「承筐是將。」程子曰：「恭敬雖因威儀幣帛而後發見，然幣之未將時，已有此恭敬之心，非因幣帛而後有也。」恭敬而無實，君子不可虛拘。」此言當時諸侯之待賢者，特以幣帛爲恭敬，而無其實也。

拘，留也。○南軒曰：「此章言交際之道。若徒食之而愛心不加焉，徒愛之而敬心不加焉，則與豕交獸畜無以異。蓋人道之相與，以敬爲主，夫必有是恭敬，而後幣帛以將之，蓋恭敬者先存於幣帛未行之前者也。若無是恭敬，則幣帛何所施乎？雖然，幣帛者所以將其恭敬者也，恭敬存於中，而儀物實於外，此君子之道所以爲内外之宜、文質之中也。若恭敬之心雖存，而無以實之於外，君子亦惡夫虚拘也。昔夫子解驂以賻舊館人之喪，曰吾惡夫涕之無從，蓋是意也。夫古人於交際之道，豈偶然哉？故有燕饗之禮焉，有摯獻之禮焉，有問遺之禮焉，此皆其恭敬之所生焉。恭敬爲之主，而其節文品式森然備具，而又有貴賤貧富之不同，小大多寡之或異，是皆天之所爲也。若昧乎此，不陷於豕交獸畜，則或失之虚拘，皆非君子之道也。」○二先生釋「恭敬無實」之語不同，正當參考。

孟子曰：「形色，天性也。惟聖人，然後可以踐形。」人之有形有色，無不各有自然之理，所謂天性也。踐，如「踐言」之「踐」。蓋衆人有是形，而不能盡其理，故無以踐其形；惟聖人有是形，而又能盡其理，然後可以踐其形而無歉也。○程子曰：「此言聖人盡得人道而能充其形也。蓋人得天地之正氣而生，與萬物不同。既爲人，須盡得人理，然後稱其名。衆人有之而不知，賢人踐之而未盡，能充其形，惟聖人也。」楊氏曰：「天生烝民，有物有則。物者，形色也。則者，性也。各盡其則則可以踐形矣。」○南軒曰：「有是形者，皆可以踐形。其曰『可以』者，猶言『事親若曾子者可也』，言至於聖人而始得爲能踐其形也。然則有是形者，皆可以爲聖人；其不爲聖人者，以其不能踐之故耳。」

齊宣王欲短喪。公孫丑曰：「爲朞之喪，猶愈於已乎？」已，猶止也。**孟子曰：「是猶或紾其兄之臂，子謂之姑徐徐云爾。亦教之孝弟而已矣。」**紾，之忍反。○紾，戾也。教之以孝弟之道，則彼當自知兄之不可戾，而喪之不可短矣。孔子曰：「子生三年，然後免於父母之懷，予也有三年之愛於其父母乎？」所謂教之以孝弟者如此。蓋示之以至情之不能已者，非强之也。**王子有其母死者，其傅爲之請數月之喪。公孫丑曰：「若此者，何如也？」**爲，去聲。○陳氏曰：「王子所生之母死，厭於嫡母而不敢終喪。其傅爲請於王，欲使得行數月之喪也。時又適有此事，丑問如此者是非何如？」案儀禮：「公子爲其母練冠、麻衣、縓緣，既葬除之。」疑當時此禮已廢，或既葬而未忍即除，故請之也。**曰：「是欲終之而不可得也，雖加一日愈於已，謂夫莫之禁而弗爲者也。」**夫，音扶。○言王子欲終喪而不可得，其傅爲請，雖止得加一日，猶勝不加。我前所譏，乃謂夫莫之禁而自不爲者耳。○此章言三年通喪，天經地義，不容私意有所短長。示之至情，則不肖者有以企而及之矣。

孟子曰：「君子之所以教者五：下文五者，蓋因人品高下，或相去遠近先後之不同。**有如時雨化之者，**時雨，及時之雨也。草木之生，播種封殖，人力已至而未能自化，所少者，雨露之滋耳。及此時而雨之，則其化速矣。教人之妙，亦由是也，若孔子之於顏曾是已。**有成德者，有**

達財者，財，與「材」同。此各因其所長而教之者也。成德，如孔子之於冉閔；達財，如孔子之於由賜。**有答問者，**就所問而答之，若孔、孟之於樊遲、萬章也。**有私淑艾者。**艾，音乂。○私，竊也。淑，善也。艾，治也。人或不能及門受業，但聞君子之道於人，而竊以善治其身，是亦君子教誨之所及，若孔、孟之於陳亢、夷之是也。孟子亦曰：「予未得爲孔子徒也，予私淑諸人也。」**此五者，君子之所以教也。」**聖賢施教，各因其材，小以成小，大以成大，無棄人也。○南軒曰：「記曰：『當其可之謂時。』所謂『有如時雨化之者』也，言如時雨之造化萬物也。今夫物之萌者欲發，甲者欲坼，於是時也，而雨及之，則皆得以遂矣。蓋不先不後，當其可而適與之會，無待於彼之求也。君子之教，其察之精矣，於其告之得之者，如物之被時雨焉，其於欲達未達之閒，所賴者深矣。龜山楊氏以爲，如告曾子以『吾道一以貫之』是也。蓋曾子未嘗問，而夫子呼以告之，當其可也。成德者，因其有德而成之，如顏、閔、仲弓之徒。其德之所存，雖存乎其人，而成之者，聖人也。達財者，因其材而達之，如賜之達、由之果、求之藝，雖其天資所稟，而達之使盡其材，則教之功也。夫成德達材，答問固在其中，而又有所謂答問者，此則專爲凡答其問者也。雖鄙夫之空空，所以答之者，亦無非竭兩端之教也。又有所謂私淑艾者焉，蓋不在於言辭之閒，躬行於身，而觀者化焉。凡動容周旋之閒，無非教也，君子之善治其身，非爲教人也，身修而教在其中，成己成物之道也。其所以教，不越是五者，然私淑艾者，又其本也。」

公孫丑曰：「道則高矣，美矣，宜若登天然，似不可及也。何不使彼爲可幾及而日孶孶也？」幾，音機。**孟子曰：「大匠不爲拙工改廢繩墨，羿不爲拙射變其彀率。**爲，去聲。彀，古候反。率，音律。○彀率，彎弓之限也。言教人者，皆有不可易之法，不容自貶以徇學者之不能也。**君子引而不發，躍如也。中道而立，能者從之。」**引，引弓也。發，發矢也。躍如，如踴躍而出也。因上文彀率，而言君子教人，但授以學之之法，而不告以得之之妙，如射者之引弓而不發矢，然其所不告者，已如踴躍而見於前矣。中者，無過不及之謂。中道而立，言其非難非易。能者從之，言學者當自勉也。○此章言道有定體，教有成法；卑不可抗，高不可貶；語不能顯，默不能藏。○引而不發，謂漸啓其端而不竟其説。躍如，謂義理昭著，如有物躍然於心目之間。○南軒曰：「公孫丑之意，以爲孟子之道高大，學者有難進之患，欲少抑而就之，庶其可以幾及而爲之孶孶也。夫聖人之道，天下之正理，不可過也，不可不及也。自卑者視之，以爲甚高，而不知其高之爲中也；自隘者視之，以爲甚大，而不知其大之爲常也。徇彼而遷就，則非所以爲道矣。故孟子以大匠之繩墨、羿之彀率爲譬。夫繩墨而可改，則非所以爲繩墨矣；彀率而可變，則非所以爲彀率矣。君子之教人，引而不發，引之使向方，而發則係於彼也。躍如者，言其自得之，如有所興起於中也。蓋理義素存乎其心，向也陷溺，而今焉興起耳。道以中爲至，中道而立，其能者固從之，其不能者亦莫如之何也已。亦猶大匠設繩墨，羿爲彀率以示人，其能與不能，則存乎其人耳。中道而立，能者從之，此正大之體而天地之情也。雖然，學者於聖人之言，當以身體之，以心驗之，循其所謂繩墨彀率者而勿舍焉，及其久也，將自有得。不然而先起求躍之意，則是蕲獲助長，爲害祇甚矣。」

孟子曰：「天下有道，以道殉身；天下無道，以身殉道。殉，如「殉葬」之「殉」，以死隨物之名也。身出則道在必行，道屈則身在必退，以死相從而不離也。**未聞以道殉乎人者也。」**以道從人，妾婦之道。

公都子曰：「滕更之在門也，若在所禮，而不答，何也？」更，平聲。○趙氏曰：「滕更，滕君之弟，來學者也。」**孟子曰：「挾貴而問，挾賢而問，挾長而問，挾有勳勞而問，挾故而問，皆所不答也。滕更有二焉。」**長，上聲。○趙氏曰：「二，謂挾貴、挾賢也。」尹氏曰：「有所挾，則受道之心不專，所以不答也。」○此言君子雖誨人不倦，又惡夫意之不誠者。○南軒曰：「受道者以虛心爲本。虛則受，挾則私意先横於胷中，而可告語乎？故空空之鄙夫，聖人未嘗不竭兩端之教，而滕更之在門，若在所禮，而不答也，使滕更思其所以不答之故，於其所挾，致力以消弭之，其庶幾乎。然則孟子之不答，是亦誨之而已矣。」

孟子曰：「於不可已而已者，無所不已；於所厚者薄，無所不薄也。已，止也。不可止，謂所不得不爲者也。所厚，所當厚者也。此言不及者之弊。**其進鋭者，其退速。」**進鋭者，用心太過，其氣易衰，故退速。○三者之弊，理勢必然，雖過不及之不同，然卒同歸於廢弛。

孟子曰：「君子之於物也，愛之而弗仁；於民也，仁之而弗親。親親而仁民，仁民而愛物。」物，謂禽獸草木。愛，謂取之有時，用之有節。程子曰：「仁，推己及人，如老吾老以及人之老，於民則可，於物則不可。統而言之則皆仁，分而言之則有序。」楊氏曰：「其分不同，故所施不能無差等，所謂理一而分殊者也。」尹氏曰：「何以有是差等？一本故也，無僞也。」○南軒曰：「理一而分殊者，聖人之道也。蓋究其所本，則固原於一；而循其所推，則不得不殊。明乎此，則知仁義之未嘗不相須矣。」○天下之理一，而分則殊。凡生於天壤之間者，莫非天地之子，而吾之同氣者也，是之謂理一。然親者，吾之同體；民者，吾之同類；而物則異類矣，是之謂分殊。以其理一，故仁愛之仁無不偏；以其分殊，故仁愛之施則有差。若以親親之道施於民，則親疏無以異矣，是乃薄其親；以仁民之道施於物，則貴賤無以異矣，是乃薄其民。故於親則親之，於民則仁之，而於物則愛之。合而言之則皆仁，分而言之則有序，此二帝三王之道所以異於楊墨也。衍義

孟子曰：「知者無不知也，當務之爲急；仁者無不愛也，急親賢之爲務。堯舜之知而不偏物，急先務也；堯舜之仁不偏愛人，急親賢也。「知者」之「知」，並去聲。○知者固無不知，然常以所當務者爲急，則事無不治，而其爲知也大矣；仁者固無不愛，然常急於親賢，則恩無不洽，而其爲仁也博矣。**不能三年之喪，而緦小功之察；放飯流歠，而問無齒決，是之謂不知務。」**飯，扶晚反。歠，昌悅反。○三年之喪，服之重者也。緦麻三月，小功五月，

服之輕者也。察，致詳也。放飯，大飯。流歠，長歠，不敬之大者也。齒決，齧斷乾肉，不敬之小者也。問，講求之意。○此章言君子之於道，識其全體，則心不狹；知所先後，則事有序。豐氏曰：「智不急於先務，雖徧知人之所知、徧能人之所能，徒弊精神，而無益於天下之治矣。仁不急於親賢，雖有仁民愛物之心，小人在位，無由下達，聰明日蔽於上，而惡政日加於下，此孟子所謂不知務也。」○先生因是推言學者亦有當務，如孟子論今樂古樂，則與民同樂乃樂之本，學者所當知也。若欲明其聲音節奏，特樂之一事耳。學者須要窮其原本，放得大水下來，則如海潮之至，大船小船莫不浮動。如講學，既能其大者，則小小文義，自是該通，若只於淺處用功，則必不免沈滯之患矣。○南軒曰：「自身以至天下，皆有當務。蓋天下之事，未有無先後者。傳曰：『知所先後，則近道矣。』此所以貴乎格物也。雖然，孟子之所喻，特言舍大而徇小者爲不知務耳，非謂能三年之喪，則緦、小功有不足察；無放飯流歠，則齒決有不必問也。先後具舉，本末畢貫，此爲學者又不可以不知也。」

孟子集編卷第十三

孟子集編卷第十四

盡心章句下 凡三十八章。

孟子曰：「不仁哉，梁惠王也！仁者以其所愛及其所不愛，不仁者以其所不愛及其所愛。」親親而仁民，仁民而愛物，所謂以其所愛及其所不愛也。公孫丑曰：「何謂也？」「梁惠王以土地之故，糜爛其民而戰之，大敗，將復之，恐不能勝，故驅其所愛子弟以殉之，是之謂以其所不愛及其所愛也。」「梁惠王」以下，孟子答辭也。糜爛其民，使之戰鬭，糜爛其血肉也。復之，復戰也。子弟，謂太子申也。以土地之故及其民，以民之故及其子，皆以其所不愛及其所愛也。○此章言仁人之恩，自内及外；不仁之禍，由疏逮親。○南軒曰：「此愛者，仁之道也，而有所不愛者，是爲私意所隔而愛之理蔽於内也。善推其所爲，則自親以及疏，雖各有等差，而愛無不加焉。至於不仁者，則不能推矣。不能推，故日以陷溺，不惟無以及於人，且將併與其親愛者亦不之恤，此豈仁之道哉？」○人之情，孰不愛其所親？而梁惠王乃倒置若是者，以貪得之心勝，故天理熄滅，人欲横流，而至於斯極也。朱子謂仁人之恩自内及外，不仁之禍由疏及親，

斯言盡之矣。嗚呼！梁惠王以土地之故，驅子弟以殉之，故孟子譏其不仁也。衍義

孟子曰：「春秋無義戰。彼善於此，則有之矣。春秋每書諸侯戰伐之事，必加譏貶，以著其擅興之罪，無有以爲合於義而許之者。但就中彼善於此者則有之，如召陵之師之類是也。**征者上伐下也，敵國不相征也。」**征，所以正人也。諸侯有罪，則天子討而正之，此春秋所以無義戰也。

孟子曰：「盡信書，則不如無書。程子曰：「載事之辭，容有重稱而過其實者，學者當識其義而已；苟執於辭，則時或有害於義，不如無書之愈也。」**吾於武成，取二三策而已矣。**武成，周書篇名，武王伐紂歸而記事之書也。策，竹簡也。取其二三策之言，其餘不可盡信也。程子曰：「取其奉天伐暴之意、反政施仁之法而已。」**仁人無敵於天下。以至仁伐至不仁，而何其血之流杵也？」**杵，春杵也，或作「鹵」，楯也。武成言武王伐紂，紂之「前徒倒戈，攻于後以北，血流漂杵」。孟子言此則其不可信者。然書本意，乃謂商人自相殺，非謂武王殺之也。孟子之設是言，懼後世之惑，且長不仁之心耳。

孟子曰：「有人曰：『我善爲陳，我善爲戰。』大罪也。陳，去聲。○制行伍曰陳，交兵曰戰。**國君好仁，天下無敵焉。**好，去聲。**南面而征，北狄怨；東面而征，西夷怨，曰：『奚爲後我？』**此引湯之事以明之，解見前篇。**武王之伐殷也，革車三百兩，虎賁三千

人。兩，去聲。賁，音奔。○又以武王之事明之也。兩，車數，一車兩輪也。千，書序作「百」。王曰：『無畏！寧爾也，非敵百姓也。』若崩厥角稽首。書泰誓文與此小異。孟子之意當云：王謂商人曰：「無畏我也。我來伐紂，本爲安寧汝，非敵商之百姓也。」於是商人稽首至地，如角之崩也。征之爲言，正也，各欲正己也，焉用戰？」焉，於虔反。○民爲暴君所虐，皆欲仁者來正己之國也。○南軒曰：「征之爲言，正也，人望其來正己也，而何戰之有哉？若不志於仁，而徒欲以巧力取勝，則天下孰非吾敵？勝與負，均爲殘民而逆天。雖然戰陳君子之所不取，而大司馬有教戰之法，何也？先王之制兵，亦仁政之大者，所以禁暴止亂而救民之生也。有兵斯有用兵之法，非若後世詭譎之爲也。蓋明其節制，一其號令，使之服習，而其本則出於仁義，是以無敵於天下。若弛兵徹禁以召外侮，而曰吾好仁而已，是烏所謂仁者哉？」

孟子曰：「梓匠輪輿能與人規矩，不能使人巧。」尹氏曰：「規矩，法度可告者也。巧則在其人，雖大匠亦末如之何也已。蓋下學可以言傳，上達必由心悟，莊周所論斲輪之意蓋如此。」○案莊子：「輪扁曰：『斲輪，徐則甘而不固，疾則苦而不入。不徐不疾，得之於手而應之於心，口不能言，有數存焉。臣不能以喻臣之子，臣之子不能得之於臣，是以行年七十而老於斲輪。』」

孟子曰：「舜之飯糗茹草也，若將終身焉。及其爲天子也，被袗衣，鼓琴，二女果，若固有之。」飯，上聲。糗，去久反。茹，音汝。袗，之忍反。果，說文作「婐」，烏果反。

○飯，食也。糗，乾糒也。茹，亦食也。袗，畫衣也。二女，堯二女也。果，女侍也。言聖人之心，不以貧賤而有慕於外，不以富貴而有動於中，隨遇而安，無預於己，所性分定故也。○南軒曰：「舜於窮通之際，果何有哉？所欲不存，樂天而安命，窮而在下，初無一豪之虧；達而在上，亦無一豪之加，故無適而不自得也。」

孟子曰：「吾今而後知殺人親之重也。殺人之父，人亦殺其父；殺人之兄，人亦殺其兄。然則非自殺之也，一閒耳。」閒，去聲。○言吾今然後知者，必有所爲而感發也。一閒者，我往彼來，閒一人耳，其實與自害其親無異也。范氏曰：「知此則愛敬人之親，人亦愛敬其親矣。」

孟子曰：「古之爲關也，將以禦暴；譏察非常。**今之爲關也，將以爲暴。」**征税出入。○范氏曰：「古之耕者什一，後世或收大半之税，此以賦斂爲暴也。文王之囿，與民同之；齊宣王之囿，爲阱國中，此以園囿爲暴也。後世爲暴，不止於關。若使孟子用於諸侯，必行文王之政，凡此之類，皆不終日而改也。」

孟子曰：「身不行道，不行於妻子；使人不以道，不能行於妻子。」身不行道者，以行言之。不行者，道不行也。使人不以道者，以事言之。不能行者，令不行也。

孟子曰：「周于利者，凶年不能殺；周于德者，邪世不能亂。」周，足也，言積之厚則用有餘。

孟子曰：「好名之人，能讓千乘之國；苟非其人，簞食豆羹見於色。」好、乘、食，皆去聲。見，音現。○好名之人，矯情干譽，是以能讓千乘之國；然若本非能輕富貴之人，則於得失之小者，反不覺其真情之發見矣。蓋觀人不於其所勉，而於其所忽，然後可以見其所安之實也。○東坡所謂「人能碎千金之璧，而不能不失聲於破釜」，正此意。「苟非其人」，其人指真能讓國者，非指好名之人也。○問：「曾會得東坡之説否？」曰：「如此，則『能讓千乘之國』只是好名，至『簞食豆羹見於色』却是實情也。」曰：「然。某把此一段對『鄉爲身死而不受』一段，蓋此段是好名之心勝，大處打得過，小處漏綻也。動於萬鍾者，是小處遮掩得過，大處發露也。」○南軒曰：「孟子此章，言人之度量相越有如是其遠者。夫均是人也，而有讓千乘之國者，有與人簞食豆羹而德見於色者，何其不侔也？蓋其所存有厚薄，而所見有廣狹之故耳。夫能讓千乘之國，亦可謂高矣，而孟子謂之好名之人者，何哉？蓋未能循天理之實然者，則亦未免爲徇其名而已，如季札之徒是也。季子之父兄所以眷眷於季子之立者，爲其賢也，此公理而非私意也，而季子三辭焉，是未究夫當立之義非爲季子之私也。就隘俗論之，可謂超然獨出矣，而揆之以道，蓋亦好名而蔽其實故也。好名之人雖能讓國，未免限於名。若夫大賢以上，循乎天理，雖以舜禹受天下，受其所當受而不爲泰；以泰伯之讓、夷齊之讓，讓其所當讓而不爲好名。故孔子稱舜禹，則曰『有天下而不與焉』；稱泰伯，則曰『民無得而稱焉』；稱夷齊，曰『求仁而得仁』。聖人之意，蓋可見矣。」○愚案：泰伯、夷齊之讓，與子臧、季札之讓，其讓則一，而所以讓則不同。學者所當究見其義。○或問曰：「何以言三讓之爲固讓也？」曰：「古人辭讓，以三爲節，一辭爲禮辭，再辭爲固辭，三辭爲終辭。故古注至是，但言三讓，而不解其目也，今必求其事以實之，則亦無所據矣。」曰：「何以言其讓於隱微之中也？」曰：「泰伯之讓，無揖遜授受之迹，人但見其逃去不反而已，不知其讓也。知其讓者，見其讓國而已，而不知所以使文武有天下者實由於此，則是以天下讓也。」曰：「其爲至德，何也？」曰：「讓之爲德既美矣，至於三，則其讓誠矣；以天下讓，則其所讓大矣；而又能隱晦其跡，使民無得而稱焉，則其讓也，非有爲名之累矣，此其德所以爲至極，而不可以有加也。」曰：「太王有廢長立少之意，非禮也。泰伯又探其邪志而成之，至於父死不赴、傷毀髮膚，皆非賢者之事。就使必於讓國而爲之，則亦過而不合於中庸之德矣。其爲至德，何也？」曰：「大王之欲立賢子孫，爲其道足以濟天下，而非有愛憎之間、利欲之私也。是以泰伯去之而不以爲狷，王季受之而不以爲貪，父死不赴、傷毀髮膚而不爲不孝。蓋處君臣、父子之變，而不失乎中庸，此所以爲至德也。與魯隱公、吳季子之事，蓋不同矣。」曰：「逃去可矣，何必斷髮文身哉？」曰：「先儒議論之多矣。蘇氏以爲讓國，盛德之事矣，然存其實而取其名者，亂之所由起，故泰伯爲此，所以使名實俱亡而亂不作也。此以利害言之，固不足以得聖賢之心。而其弟黃門又曰：『子貢言泰伯端委以治吳，則固未嘗斷髮文身也。且漢東海王以天下授顯宗，唐宋王成器以天下授玄宗，皆兄弟終身無間言，何必斷髮文身哉？』此引子貢之言，則其事固有不可考者，然以漢唐二事例之，則亦未足以盡聖賢之心也。蓋使王季之心，但如顯宗、玄宗則可，若有叔齊之義，則亦不能以一朝居矣。使泰伯而不有以深自絕焉，則亦何必致國於王季而安其位哉？然顯宗、玄宗之心，其厚薄又自不同也。」○南軒曰：「三讓，程子曰：『不立一也，逃之二也，文身三也。』夫泰伯之讓，誠難知也。以君之元子而棄宗國以逃身，本中夏而從夷狄之爲，不亦冒先王之大禁歟？而泰伯安然行之，非聖人孰能明其爲至德也。至德，謂德之至也。泰伯知文王有聖德，天之所命，當使天下被其澤，故致國於王季，爲文王也。故曰以天下讓，言其至公之心，爲天下而讓也。變而止乎中，非達權樂天者其孰能與於此乎？惟其事情深遠，故民無得而稱，而聖人獨知其爲至德也。或曰：『泰伯之心，知文王得國則周必有天下乎？』非然也。以是存心，則是利夫天下者也。泰伯知文王得國，則天下必被其澤也，至於周之有天下，則泰伯豈加豪末於此哉？此又不可不知也。」

孟子曰：「不信仁賢，則國空虛；空虛，言若無人然。**無禮義，則上下亂；**禮義，所以辨上下，定民志。**無政事，則財用不足。」**生之無道，取之無度，用之無節故也。○尹氏曰：「三者以仁賢爲本。無仁賢，則禮義、政事，處之皆不以其道矣。」

孟子曰：「不仁而得國者，有之矣；不仁而得天下，未之有也。」言不仁之人，騁其私智，可以盜千乘之國，而不可以得丘民之心。鄒氏曰：「自秦以來，不仁而得天下者有矣；然皆一再傳而失之，猶不得也。所謂得天下者，必如三代而後可。」○南軒曰：「不仁而得國，亦得其土地而已，顧豈得其民人之心哉？然則是終可保乎？孟子之言，所當深味，而不可執辭以害意也。」

孟子曰：「民爲貴，社稷次之，君爲輕。社，土神。稷，穀神。建國則立壇壝以祀之。蓋國以民爲本，社稷亦爲民而立，而君之尊又係於二者之存亡，故其輕重如此。○君者，神人之主。不君爲貴，社稷次之，而民又次之，乃其常也，而孟子顧反言之，何哉？戰國之時，視民如草芥，不知興廢存亡皆由此出，故其言若此。使知民之貴甚於社稷，其敢以君之貴而慢其民乎？衍義是故得乎丘民而爲天子，得乎天子爲諸侯，得乎諸侯爲大夫。丘民，田野之民，至微賤也，然得其心，則天下歸之。天子至尊貴也，而得其心者，不過爲諸侯耳，是民爲重也。諸侯危社稷，則變置。諸侯無道，將使社稷爲人所滅，則當更立賢君，是君輕於社稷也。犧牲既成，粢盛既潔，祭祀以時，然而旱乾水溢，則變置社稷。」盛，音成。○祭祀不失禮，而土穀之神不能爲民禦災捍患，則毁其壇壝而更置之。亦「年不順成，八蜡不通」之意，是社稷雖重於君而輕於民也。

孟子曰：「聖人，百世之師也，伯夷、柳下惠是也。故聞伯夷之風者，頑夫廉，懦夫有立志；聞柳下惠之風者，薄夫敦，鄙夫寬。奮乎百世之上。句。百世之下，聞者莫不興起也。非聖人而能若是乎？而況於親炙之者乎？」興起，感動奮發也。親炙，親近而熏炙之也。餘見前篇。

孟子曰：「仁也者，人也。合而言之，道也。」仁者，人之所以爲人之理也。然仁，理也；人，物也。以仁之理合於人之身而言之，乃所謂道者也。程子曰：「中庸所謂『率性之謂道』是也。」○或曰外國本「人也」之下，有「義也者宜也，禮也者履也，智也者知也，信也者實也」，凡二十字。今案：如此則理極分明，然未詳其是否也。○仁者，人也，人之所以爲人者，以其有此而已。○人之所以得名，以其仁也。言仁而不言人，則不見理之所寓；言人而不言仁，則人止不過是一塊血肉耳。必合而言之，方見得道理出來。○此「仁」字不是別物，即是這人底道理。將這仁與人合，便是道。程子謂此猶「率性之謂道」也。如中庸，「仁者，人也」是對「義者，宜也」，意又不同。「人」字是以人身言之，人自有生意，是言仁之生道也。中庸說「仁」字又密。上言「修身以道，修道以仁」，便說「仁者，人也」，是切己言之。孟子是統而言之。○南軒曰：「仁者，人也。仁謂人之理，人謂人之身。『仁』字本自人身上得名。合而言之，則人而仁矣，是乃人之道也。故伊川曰：『仁固是道，道却是總名。』蓋人之生，其愛之理具於性，是乃所以爲人之道者。惟其私意日以蔽隔，故其理雖存，而人不能合之，則仁道亦幾乎息矣。惟君子以克己爲務，己私既克，無所蔽隔，而天理粹然，則人與仁合，而爲人之道得矣。」

孟子曰：「孔子之去魯，曰『遲遲吾行也』，去父母國之道也；去齊，接淅而行，去他國之道也。」 重出。

孟子曰：「君子之戹於陳蔡之閒，無上下之交也。」 君子，孔子也。戹，與「厄」同。君臣皆惡，無所與交也。

貉稽曰：「稽大不理於口。」貉，音陌。○趙氏曰：「貉，姓；稽，名。爲衆口所訕。」理，賴也。今案漢書「無俚」，方言亦訓「賴」。孟子曰：「無傷也。士憎茲多口。趙氏曰：「爲士者，益多爲衆口所訕。」案此，則「憎」當從「土」，今本皆從「心」，蓋傳寫之誤。詩云：『憂心悄悄，慍于羣小。』孔子也。『肆不殄厥慍，亦不隕厥問。』文王也。」詩，邶風柏舟及大雅緜之篇也。悄悄，憂貌。慍，怒也。本言衛之仁人見怒於羣小，孟子以爲孔子之事可以當之。肆，發語辭。隕，墜也。問，聲問也。本言太王事昆夷，雖不能殄絕其慍怒，亦不自墜其聲問之美，孟子以爲文王之事可以當之。○尹氏曰：「言人顧自處如何，盡其在我者而已。」

孟子曰：「賢者以其昭昭，使人昭昭；今以其昏昏，使人昭昭。」昭昭，明也。昏昏，闇也。尹氏曰：「大學之道，在自昭明德，而施於天下國家，其有不順者寡矣。」

孟子謂高子曰：「山徑之蹊閒，句。介然用之而成路。句。爲閒不用，則茅塞之矣。今茅塞子之心矣。」介，音戛。○徑，小路也。蹊，人行處也。介然，倏然之頃也。用，由也。路，大路也。爲閒，少頃也。茅塞，茅草生而塞之也。言理義之心，不可少有閒斷也。○南軒曰：「此言學者初聞善道，其心不無欣慕而開明，猶山徑之有蹊閒也，由是而體認充廣，朝夕於斯，則德進而業廣矣，猶用之而成路也。苟惟若有若亡而不用其力，則內爲氣習所蔽，外爲物欲所誘，向之開明者，幾何不復窒塞邪？然則山徑之蹊閒，在夫用與不用；士之於學，亦係於思與不思而已。

思則通，不思則塞矣。」

高子曰：「禹之聲，尚文王之聲。」尚，加尚也。豐氏曰：「言禹之樂，過於文王之樂。」**孟子曰：「何以言之？」曰：「以追蠡。」**追，音堆。蠡，音禮。○豐氏曰：「追，鍾鈕也。周禮所謂旋蟲是也。蠡者，齧木蟲也。言禹時鍾在者，鍾鈕如蟲齧而欲絶，蓋用之者多，而文王之鍾不然，是以知禹之樂過於文王之樂。」**曰：「是奚足哉？城門之軌，兩馬之力與？」**與，平聲。○豐氏曰：「奚足，言此何足以知之也。軌，車轍跡也。兩馬，一車所駕也。城中之涂容九軌，車可散行，故其轍跡淺；城門惟容一車，車皆由之，故其轍跡深。蓋日久車多所致，非一車兩馬之力能使之然也。言禹在文王前千餘年，故鍾久而紐絶；文王之鍾，則未久而紐全，不可以此而論優劣也。」○此章文義本不可曉，舊説相承如此，而豐氏差明白，故今存之，亦未知其是否也。

齊饑。陳臻曰：「國人皆以夫子將復爲發棠，殆不可復。」復，扶又反。○先時齊國嘗饑，孟子勸王發棠邑之倉，以賑貧窮。至此又饑，陳臻問言齊人望孟子復勸王發棠，而又自言恐其不可也。**孟子曰：「是爲馮婦也。晉人有馮婦者，善搏虎，卒爲善士。則之野，有衆逐虎，虎負嵎，莫之敢攖。望見馮婦，趨而迎之，馮婦攘臂下車。衆皆悦之，其爲士者笑之。」**手執曰搏。卒爲善士，後能改行從善也。之，適也。負，依也。山曲曰嵎。攖，觸也。笑之，笑其不知止也。疑此時齊王已不能用孟子，而孟子亦將去矣，故其言如此。

孟子曰：「口之於味也，目之於色也，耳之於聲也，鼻之於臭也，四肢之於安佚也，性也，有命焉，君子不謂性也。程子曰：「五者之欲，性也。然有分，不能皆如其願，則是命也。不可謂我性之所有，而求必得之也。」愚案：不能皆如其願，不止爲貧賤。蓋雖富貴之極，亦有品節限制，則是亦有命也。**仁之於父子也，義之於君臣也，禮之於賓主也，智之於賢者也，聖人之於天道也，命也，有性焉，君子不謂命也。」**程子曰：「仁、義、禮、智、天道，在人則賦於命者，所稟有厚薄清濁，然而性善可學而盡，故不謂之命也。」張氏曰：「晏嬰智矣，而不知仲尼，是非命邪？」愚案：所稟者厚而清，則其仁之於父子也至，義之於君臣也盡，禮之於賓主也恭，智之於賢否也哲，聖人之於天道也，無不脗合而純亦不已焉。薄而濁，則反是，是皆所謂命也。或曰「者」當作「否」，「人」衍字，更詳之。○愚聞之師曰：「此二條者，皆性之所有而命於天者也。然世之人，以前五者爲性，雖有不得，而必欲求之；以後五者爲命，一有不至，則不復致力，故孟子各就其重處言之，以伸此而抑彼也。張子所謂『養則付命於天，道則責成於己』，其言約而盡矣。」○問「君子不謂性」。曰：「這『性』字不全是就理上說。口之欲食，目之欲色，以至耳鼻四肢之欲，固是天理之自然。然理附於氣，這許多都從血氣軀殼上發出來，故君子不當以此爲主，而以天命之理爲主。」○「君子不謂命」，「命」字有兩說：一以所稟言之，一以所值言之。集注是以所稟言。○「性也，有命焉」，此「性」字兼氣稟而言；「命也，有性焉」，此

「性」字專言其理。○兩「性」字、兩「命」字都不同。上面「性」字是人心，下面「性」字是道心。上面「命」字是氣，論貧富貴賤；下面「命」字是理，論智愚賢不肖。○問「君子不謂性、命」。曰：「此不難解，只將自家身看便見。且如嗜芻豢而厭藜藿，是性如此，然芻豢分無可得，只得且食藜藿。如父子有親，然有相愛者，有不相愛者，有相愛深者，有相愛淺者，此便是命。然在我有薄處，便當勉强以致其厚，在彼有薄處，我當致厚以感他，如舜於瞽瞍是也。」○問「有命焉」之「命」。曰：「此『命』字却合理與氣而言。蓋五者之欲，固是人性，然有命分。既不可謂我性之所有而必求得之，又不可謂我分可以得而必極其欲。如貧賤不能如願，此固分也。富貴之極，可以無所不爲，然亦有限節裁制，又當安之於理。如紂酒池肉林，却是富貴之極而不知限節之意。若以其分言之，固無不可爲，但道理却恁地不得。今人只説得一邊，不知合而言之，未嘗不同也。『命也，有性焉』，此『性』字却指理而言。如舜遇瞽瞍，固是氣數，然舜惟盡事親之道，期於底豫，此所謂盡性。大凡清濁厚薄之稟，皆命也。所造之有淺有深，所遇之有應有不應，皆清濁厚薄之分不同。且如聖人之於天道，如堯舜則是性之，湯武則是身之，禹則入聖域而不優，此是合下所稟有異。但其命雖如此，又有性焉，但當盡性而已，故不謂命。」○孟子此章，只要遏人欲，存天理，故於人説性處便曰「有命」，人説命處却曰「有性」。

浩生不害問曰：「樂正子，何人也？」孟子曰：「善人也，信人也。」趙氏曰：「浩生，姓；不害，名。齊人也。」**「何謂善？何謂信？」**不害問也。**曰：「可欲之謂善，**天下之理，其善者必可欲，其惡者必可惡。其爲人也，可欲而不可惡，則可謂善人矣。**有諸己之謂信。**凡所謂善，皆實有之，如惡惡臭，如好好色，是則可謂信人矣。○張子曰：「志仁無惡之謂善，誠善於身之謂信。」**充實之謂美，**力行其善，至於充滿而積實，則美在其中而無待於外矣。**充實而有光輝之謂大，**和順積中，而英華發外，美在其中，而暢於四支，發於事業，則德業至盛而不可加矣。**大而化之之謂聖，**大而能化，使其大者泯然無復可見之迹，則不思不勉，從容中道，而非人力之所能爲矣。張子曰：「大可爲也，化不可爲也，在熟之而已矣。」**聖而不可知之之謂神。**程子曰：「聖不可知，謂聖之至妙，人所不能測。非聖人之上，又有一等神人也。」**樂正子，二之中，四之下也。」**蓋在善、信之閒，觀其從於子敖，則其有諸己者或未實也。張子曰：「顏淵、樂正子皆知好仁矣。樂正子志仁無惡而不致於學，所以但爲善人、信人而已；顏子好學不倦，合仁與智，具體聖人，獨未至聖人而止耳。」○程子曰：「士之所難者，在有諸己而已。能有諸己，則居之安，資之深，而美且大可以馴致矣。徒知可欲之善，而若存若亡而已，則能不受變於俗者鮮矣。」尹氏曰：「自可欲之善，至於聖而不可知之神，上下一理。擴充之至於神，則不可得而名矣。善人只是一箇渾然好人，都是可欲，更無些子可嫌處。」○問「可欲之善」。曰：「爲君仁、爲臣敬、爲父慈、爲子孝是也。」○「有諸己之謂信」，謂真箇有此善，若不有諸己，則不可謂之信。○「有諸己」，韓文公所謂「足乎己無待於外之謂德」是也。有待於外底，如伊川所謂「富人多寶，貧子借看」之喻是也。○程子曰：「乾，聖人之分也，可欲之善屬焉；坤，賢人之分，有諸己之信屬焉。」一是自然，一是做工夫積習而至。又曰：「善、信、美、大、聖、神，是六等人。『可欲之謂善』，是說資稟好。『欲』，是別人以爲可欲。『有諸己之謂信』，是說學。」○南軒曰：「云云。人雖本有是善，而爲氣習所蔽，莫之能有；惟其存之久，而後能實有之。未有之，如他人之物；有諸己，而後爲己物也。自是而不自已焉，則進乎充實之地。充實者，充盛篤實也。美者，美在其中也。美之所積者厚，則光輝之所發者充塞而不可掩矣，故謂之大。然猶有大之可名，至於大而化，則大不足以名之。程子謂未化者如操尺度以量物，用之尚未免於有差；至於化，則己即是尺度，尺度即己，蓋成乎天者也。若夫神，則是聖人之妙，人不可得而測者，不疾而速，不行而至是也。非聖之外復有所謂神也。」○問：「『大而化之之謂聖』，橫渠謂『大可爲也，化不可爲也，在熟之而已矣』，此則與易之『擬議以成其變化』同。或說大猶有迹，化謂使充實光輝者泯然無形迹之可見。竊疑與釋氏銷礙入空之說相似，不知如何？」先生答曰：「孟子說『化』字，與易之『變化』不同，後說得之。然非銷礙入空之謂，更分別之，自可見矣。」

孟子曰：「逃墨必歸於楊，逃楊必歸於儒。歸，斯受之而已矣。墨氏務外而不情，楊氏太簡而近實，故其反正之漸，大略如此。歸斯受之者，閔其陷溺之久，而取其悔悟之新也。**今之與楊墨辯者，如追放豚，既入其苙，又從而招之。」**放豚，放逸之豕豚也。苙，闌也。招，罥也，羈其足也。言彼既來歸，而又追咎其既往之失也。○此章見聖賢之於異端，距之甚嚴，而於其來歸，待之甚恕。距之嚴，故人知彼説之爲邪；待之恕，故人知此道之可反[二]。仁之至，義之盡也。○問「逃墨歸楊」云云。曰：「楊墨皆是邪説，無大輕重，但墨氏之説尤出於矯僞不近人情而難行，故孟子之言如此，非以楊氏爲可取也。」○程子曰：「儒者潛心正道，不容有差，其始甚微，其終則不可救。如『師也過，商也不及』，於聖人中道，師只是過於厚些，商只是不及些。然而厚則漸至於兼愛，不及則便至於爲我，其過不及同出於儒者，其末遂至楊墨。至如楊墨，亦未至於無父無君，孟子推之，便至於此，蓋其差必至於是也。」○呂氏大事記曰：「齊宣王喜文學游説之士，鄒衍之徒七十六人皆賜列第爲上大夫，不治而議論，是以齊稷下學士盛者數百千人。是時諸子並起，秦漢以後所謂六家九流，特其略耳。」孟子荀卿列傳曰：「騶衍作怪迂之變，終始、大聖之篇稱引天地剖判以來，五德轉移，治各有宜，其語閎大不經。王公大人初見其術，俱然顧化。淳于髡，齊人，博聞强記，學無所主。慎到，趙人。田駢、接子，齊人。環淵，楚人。皆學黄老之術。騶奭者，齊諸騶子，亦頗采騶衍之術，文具難施。公孫龍爲堅白同異之辯。魏有李悝盡地力之教。楚有尸子、長盧。阿之吁子焉。自騶衍與齊之稷下先生，淳于髡、慎到、環淵、接子、田駢之徒，各著書言治亂之事，以干世主，豈可勝道哉？」莊子天下篇曰：「古之人其備乎！配神明，醇天地，育

[二] 反，原作「及」，乾隆本、同治本、四庫本同，據薈要本改。

萬物，和天下，澤及百姓，明於本數，係於末度，六通四闢，小大精粗，其運無乎不在。其明而在度數者，舊法世傳之史尚多有之。其在詩書禮樂者，鄒魯之士、縉紳先生多能明之。詩以導志，書以導事，禮以導行，樂以導和，易以導陰陽，春秋以導名分。其數散於天下而設於中國者，百家之學或稱而道之。天下大亂，道德不一，天下多得一察焉以自好。譬如耳目鼻口，皆有所明，不能相通。天下之人各爲其所欲焉以自爲方。悲夫！百家往而不反，必不合矣！後世學者，不見天地之純，古人之大體，道術將爲天下裂。」司馬子長與莊生所談，皆當深味也。愚案：莊生所述諸子，墨翟、禽滑釐，其一也；宋鈃、尹文，其二也；彭蒙、田駢、慎到，其三也；關尹、老聃，其四也；莊周，其五也；惠施，其六也。異端之盛，莫甚於此時，而孟子獨深辯楊墨者，或曰：「楊墨之禍仁義固也，必若何而後爲仁義也？」曰：「孟子嘗言之矣，曰君子『親親而仁民，仁民而愛物』是也。蓋自親親而推之於民物，是其理之一也，明乎理之一，則心無不溥，而非楊氏之爲我矣。親親與仁民不同，仁民與愛物不同，是其分之殊也，明乎分之殊，則其施有序，而非墨氏之兼愛矣。聖賢正大之學，異端私邪之見，真霄壤也。學者徒知孟子之闢楊墨，而不知此章乃闢楊墨之本所由見焉。」

孟子曰：「有布縷之征、粟米之征、力役之征。君子用其一，緩其二。用其二而民有殍，用其三而父子離。」征賦之法，歲有常數，然布縷取之於夏，粟米取之於秋，力役取之於冬，當各以其時，若并取之，則民力有所不堪矣。今兩税三限之法，亦此意也。尹氏曰：「言民爲邦本，取之無度，則其國危矣。」

孟子曰：「諸侯之寶三：土地、人民、政事。寶珠玉者，殃必及身。」尹氏曰：「言寶得其寶者安，寶失其寶者危。」

盆成括仕於齊。孟子曰：「死矣盆成括。」盆成括見殺。門人問曰：「夫子何以知其將見殺？」曰：「其爲人也小有才，未聞君子之大道也，則足以殺其軀而已矣。」盆成，姓；括，名也。恃才妄作，所以取禍。徐氏曰：「君子道其常而已。括有死之道焉，設使幸而獲免，孟子之言猶信也。」○南軒曰：「才如辨給敏捷之類。小有才而未聞大道，則必求所以用其才，謂聰明智力之可以有爲，而不知理義之顧。若是者，極其才而不知所止，不至於顛覆則不已。故盆成括仕於齊，而孟子知其必見殺也。蓋不聞道，則爲才所役，聞道則有以爲用矣。所謂道者，非他也，理義之存乎人心者也。於此有聞，則其進退語默之際皆有所據，則才有所不敢恃矣。故夫人之有才，本不足以爲人害，惟其無所本而徒用其才，於是才始足以病己，甚至於有取死之道，反不若魯鈍無才之爲愈也。夫小有才而未聞道者，身且不能保，而爲國者乃信而用之，亡國敗家，其何日之有？」○愚案：此「才」與「有才而驕吝」之「才」同。若所謂「天之降才」與「不善非才之罪也」「不能盡其才」，則指其根於性者而言，如「才子」「才難」之「才」矣。

孟子之滕，館於上宫。有業屨於牖上，館人求之弗得。館，舍也。上宫，别宫名。業屨，織之有次業而未成者。蓋館人所作，置之牖上而失之也。或問之曰：「若是乎從者之廋

也？」曰：「子以是爲竊屨來與？」曰：「殆非也。夫子之設科也，往者不追，來者不拒。苟以是心至，斯受之而已矣。」從、爲，去聲。與，平聲。夫子，如字，舊讀爲扶余者非。○或問之者，問於孟子也。廋，匿也。言子之從者，乃匿人之物如此乎？孟子答之，而或人自悟其失，因言此從者固不爲竊屨而來，但夫子設置科條以待學者，苟以向道之心而來，則受之耳，雖夫子亦不能保其往也。門人取其言，有合於聖賢之指，故記之。

孟子曰：「人皆有所不忍，達之於其所忍，仁也；人皆有所不爲，達之於其所爲，義也。惻隱羞惡之心，人皆有之，故莫不有所不忍不爲，此仁義之端也。然以氣質之偏、物欲之蔽，則於他事或有不能者。但推所能，達之於所不能，則無非仁義矣。○南軒曰：「人皆有所不忍，皆有所不爲，此其秉彝之不可殄滅也。然有所不忍矣，而於他則忍之；有所不爲矣，而於他則爲之。此豈有異心哉？爲私欲所蔽而生道息故也。若以其所不忍而達之於其所忍，豈非仁之方乎？以其所不爲而達之於所爲，豈非義之方乎？達，謂達於用；充，謂充其所有者也。此章始言仁義，而末獨言義，何也？蓋仁義，體用相須者也，人之不仁，以非義害之也；不爲非義，而後仁可得而存。故反復再三，推而言之，使人知所用力也。」○孟子此章，教人以善推其所爲也。夫有所不忍、有所不爲者，此心之正也。能即是心而推之，雖所忍者亦不忍，即仁也；雖所爲者亦不爲，即義也。如無欲害人，此所謂不忍也，私欲一動，則不忍者有時而忍矣；無欲穿窬，此所謂不爲也，私欲一動，則不爲者有時而爲矣。惟能即是心而充之，害人之事固所不欲，其未至於害人者，亦皆不欲，仁其可勝用乎？穿窬之事固所不爲，其未至於穿窬者，亦皆不爲，義其可勝用乎？爾汝，人所輕賤之稱，知恥者之所不肯受，此所謂羞惡之心也。能自此充之，則無所往而非義也。大抵人之本心無不善者，由其以利欲汩之而失其本心，故侵尋蹉跌，遂流於不善。如百里之走則恥之，而五十里則不以爲恥，曷若併歲攘而不爲乎？知此而後知孟子充之之說。衍義 **人能充無欲害人之心，而仁不可勝用也；人能充無穿踰之心，而義不可勝用也。**勝，平聲。○充，滿也。穿，穿穴；踰，踰牆，皆爲盜之事也。能推所不忍，以達於所忍，則能滿其無欲害人之心，而無不仁矣；能推其所不爲，以達於所爲，則能滿其無穿踰之心，而無不義矣。**人能充無受爾汝之實，無所往而不爲義也。**此申說上文充無穿踰之心之意也。蓋爾汝，人所輕賤之稱，人雖或有所貪昧隱忍而甘受之者，然其中心必有慚忿而不肯受之之實。人能即此而推之，使其充滿無所虧缺，則無適而非義矣。**士未可以言而言，是以言餂之也；可以言而不言，是以不言餂之也，是皆穿踰之類也。」**餂，音忝。○餂，探取之也。今人以舌取物曰餂，即此意也。便佞隱默，皆有意探取於人，是亦穿踰之類。然其事隱微，人所易忽，故特舉以見例。明必推無穿踰之心，以達於此而悉去之，然後爲能充其無穿踰之心也。

孟子曰：「言近而指遠者，善言也；守約而施博者，善道也。君子之言也，不下帶

而道存焉。施，去聲。○古人視不下於帶，則帶之上乃目前常見至近之處也。舉目前之近事，而至理存焉，所以爲言近而指遠也。**君子之守，脩其身而天下平。**此所謂守約而施博也。**人病舍其田而芸人之田，所求於人者重，而所以自任者輕。」**舍，音捨。○此言不守約而務博施之病。

孟子曰：「堯舜，性者也；湯武，反之也。性者，得全於天，無所汙壞，不假修爲，聖之至也。反之者，修爲以復其性，而至於聖人也。程子曰：「性之、反之，古未有此語，蓋自孟子發之。」呂氏曰：「無意而安行，性也；有意利行而至於無意，復性者也。堯舜不失其性，湯武善反其性，及其成功則一也。」**動容周旋中禮者，盛德之至也；哭死而哀，非爲生者也；經德不回，非以干祿也；言語必信，非以正行也。**中、爲、行，並去聲。○細微曲折，無不中禮，乃其盛德之至。自然而中，而非有意於中也。經，常也。回，曲也。三者亦皆自然而然，非有意而爲之也，皆聖人之事，性之之德也。**君子行法以俟命而已矣。」**法者，天理之當然者也。君子行之，而吉凶禍福有所不計，蓋雖未至於自然，而已非有所爲而爲矣，此反之之事。董子所謂「正其義不謀其利，明其道不計其功」，正此意也。○程子曰：「動容周旋中禮者，盛德之至。行法以俟命者，『朝聞道，夕死可矣』之意也。」呂氏曰：「法由此立，命由此出，聖人也；行法以俟命，君子也。聖人性之，君子所以復其性也。」

孟子曰：「說大人，則藐之，勿視其巍巍然。說，音稅。藐，音眇。○趙氏曰：「大人，當時尊貴者也。藐，輕之也。巍巍，富貴高顯之貌。藐焉而不畏之，則志意舒展，言語得盡也。」**堂高數仞，榱題數尺，我得志，弗爲也；食前方丈，侍妾數百人，我得志，弗爲也；般樂飲酒，驅騁田獵，後車千乘，我得志，弗爲也。在彼者，皆我所不爲也；在我者，皆古之制也，吾何畏彼哉？」**榱，楚危反。般，音盤。樂，音洛。乘，去聲。○榱，桷也。題，頭也。食前方丈，饌食列於前者，方一丈也。此皆其所謂巍巍然者，我雖得志，有所不爲。而所守者皆古聖賢之法，則彼之巍巍者，何足道哉？○楊氏曰：「孟子此章，以己之長，方人之短，猶有此等氣象，在孔子則無此矣。」

孟子曰：「養心莫善於寡欲。其爲人也寡欲，雖有不存焉者，寡矣；其爲人也多欲，雖有存焉者，寡矣。」欲，如口鼻耳目四支之欲。雖人之所不能無，然多而不節，未有不失其本心者，學者所當深戒也。程子曰：「所欲不必沈溺，只有所向便是欲。」○集義程子曰：「孟子言『養心莫害於寡欲』，欲寡則心自誠。荀子言『養心莫善於誠』，既誠矣，又何用養？此已不識誠，又不知所以養。」○致知在所養，養知莫過於寡欲。○呂氏曰：「欲者，感動於物也。治心之道莫善於少欲，少欲則耳目之官不蔽於物，而心常寧矣。心常寧，則定而不亂、明而不暗，道之所由生，德之所自成也。不存者，梏亡之謂也。寡欲之人，則無梏亡之患矣。其爲人也多欲，則好動而無節，妄作而失常，善端所由喪而天理虧焉，故雖有存焉寡矣。是故心者，性之用也，可以成性，可以失性。得其養，則道進而德長，所以成性；失其養，則反道敗德，所以失性。云云。」又曰：「天下之難持者，莫如心；天下之易染者，莫如欲。」○南軒曰：「有所向則爲欲，多欲則百慮紛紜，其心外馳，尚何所存乎？寡欲則思慮澹，血氣平，其心虛寧，而不存者寡矣。雖然，天資寡欲之人，其不存焉者固寡，然不知存其存，則亦莫之能充也。若學者以寡欲爲要，則當存養擴充，由寡欲以至無欲，則其清明高遠者爲無窮矣。」

曾晳嗜羊棗，而曾子不忍食羊棗。羊棗，實小，黑而圓，又謂之羊矢棗。曾子以父嗜之，父没之後，食必思親，故不忍食也。**公孫丑問曰：「膾炙與羊棗，孰美？」孟子曰：「膾炙哉。」公孫丑曰：「然則曾子何爲食膾炙而不食羊棗？」曰：「膾炙所同也，羊棗所獨也。諱名不諱姓，姓所同也，名所獨也。」**肉聶而切之爲膾。炙，炙肉也。

萬章問曰：「孔子在陳，曰：『盍歸乎來！吾黨之士狂簡，進取，不忘其初。』孔子在陳，何思魯之狂士？」盍，何不也。狂簡，謂志大而略於事。進取，謂求望高遠。不忘其初，謂不能改其舊也。此語與論語小異。**孟子曰：「孔子『不得中道而與之，必也狂獧乎！狂者進取，獧者有所不爲也』。孔子豈不欲中道哉？不可必得，故思其次也。」**獧，音絹。○「不得中道」至「有所不爲」，據論語，亦孔子之言。然則「孔子」字下當有「曰」字。論語「道」作「行」，「獧」作「狷」。有所不爲者，知恥自好，不爲不善之人也。「孔子豈不欲中道」以下，孟子言也。「敢問何如斯可謂狂矣？」萬章問。曰：「如琴張、曾晳、牧皮者，孔子之所謂狂矣。」琴張，名牢，字子張。子桑户死，琴張臨其喪而歌，事見莊子。雖未必盡然，要必有近似者。曾晳見前篇。季武子死，曾晳倚其門而歌，事見檀弓。又言志異乎三子者之撰，事見論語。牧皮，未詳。「何以謂之狂也？」萬章問。曰：「其志嘐嘐然，曰『古之人，古之人』。夷考其行而不掩焉者也。嘐，火交反。行，去聲。○嘐嘐，志大言大也。重言「古之人」，見其動輒稱之，不一稱而已也。夷，平也。掩，覆也。言平考其行，則不能覆其言也。程子曰：「曾晳言志，而夫子與之。蓋與聖人之志同，便是堯舜氣象也，特行有不掩焉耳，此所謂狂也。」狂者又不可得，欲得不屑不潔之士而與之，是獧也，是又其次也。」此因上文所引，遂解所以思得獧者之意。狂，有志者也；獧，有守者也。有志者能進於道，有守者不失其身。屑，潔也。「孔子曰：『過我門而不入我室，我不憾焉者，其惟鄉原乎！鄉原，德之賊也。』曰何如斯可謂之鄉原矣？」鄉原，非有識者。原，與「愿」同。荀子「原慤」，字皆讀作愿，謂謹愿之人也。故鄉里所謂愿人，謂之鄉原。孔子以其似德而非德，故以爲德之賊。過門不入而不恨之，以其不見親就爲幸，深惡而痛絶之也。萬章又引孔子之言而問也。曰：「『何以是嘐嘐也？言不顧行，行不顧言，則曰「古之人，古之人」。行何爲踽踽涼涼？生斯世也，爲斯世也，善斯可矣。』閹然媚於世也者，是鄉原也。」行，去聲。踽，其禹反。閹，音奄。

○踽踽，獨行不進之貌。涼涼，薄也，不見親厚於人也。鄉原譏狂者曰：「何用如此嘐嘐然？行不掩其言，而徒每事必稱古人邪？」又譏獧者曰：「何必如此踽踽涼涼，無所親厚哉？人既生於此世，則當但爲此世之人，使當世之人皆以爲善則可矣。」此鄉原之志也。閹，如「奄人」之「奄」，閉藏之意也。媚，求悦於人也。孟子言此深自閉藏，以求親媚於世，是鄉原之行也。**萬章曰：「一鄉皆稱原人焉，無所往而不爲原人，孔子以爲德之賊，何哉？」**原，亦謹厚之稱，而孔子以爲德之賊，故萬章疑之。**曰：「非之無舉也，刺之無刺也；同乎流俗，合乎汙世；居之似忠信，行之似廉潔；衆皆悦之，自以爲是，而不可與入堯舜之道，故曰德之賊也。**呂侍講曰：「言此等之人，欲非之則無可舉，欲刺之則無可刺也。」流俗者，風俗頹靡，如水之下流，衆莫不然也。汙，濁也。非忠信而似忠信，非廉潔而似廉潔。**孔子曰：『惡似而非者：惡莠，恐其亂苗也；惡佞，恐其亂義也；惡利口，恐其亂信也；惡鄭聲，恐其亂樂也；惡紫，恐其亂朱也；惡鄉原，恐其亂德也。』**惡，去聲。莠，音有。○孟子又引孔子之言以明之。莠，似苗之草也。佞，才智之稱，其言似義而非義也。利口，多言而不實者也。鄭聲，淫樂也。樂，正樂也。紫，閒色。朱，正色也。鄉原不狂不獧，人皆以爲善，有似乎中道而實非也，故恐其亂德。**君子反經而已矣。經正，則庶民興；庶民興，斯無邪慝矣。」**反，復也。經，常也，萬世不易之常道也。興，興起於善也。邪慝，如鄉原之屬是也。世衰道微，大經不正，故人人得爲異説以濟其私，而邪慝並起，不可勝正，君子於此，亦復其常道而已。常道既復，則民興於善，而是非明白，無所回互，雖有邪慝，不足以惑之矣。○尹氏曰：「君子取夫狂獧者，蓋以狂者志大而可與進道，獧者有所不爲而可與有爲也。所惡於鄉原而欲痛絶之者，爲其似是而非，惑人之深也。絶之之術無他焉，亦曰反經而已矣。」

孟子曰：「由堯、舜至於湯，五百有餘歲，若禹、皋陶則見而知之；若湯，則聞而知之。趙氏曰：「五百歲而聖人出，天道之常，然亦有遲速，不能正五百年，故言有餘也。」尹氏曰：「知，謂知其道。」**由湯至於文王，五百有餘歲，若伊尹、萊朱則見而知之；若文王，則聞而知之。**趙氏曰：「萊朱，湯賢臣。或曰即仲虺也，爲湯左相。」**由文王至於孔子，五百有餘歲，若太公望、散宜生，則見而知之；若孔子，則聞而知之。**散，素亶反。○散，氏；宜生，名，文王賢臣也。子貢曰：「文武之道，未墜於地，在人。賢者識其大者，不賢者識其小者，莫不有文武之道焉。夫子焉不學？」此所謂聞而知之也。**由孔子而來至於今，百有餘歲，去聖人之世，若此其未遠也；近聖人之居，若此其甚也，然而無有乎爾，則亦無有乎爾。」**林氏曰：「孟子言孔子至今時未遠，鄒魯相去又近，然而已無有見而知之者矣；則五百餘歲之後，又豈復有聞而知之者乎？」愚案：此言雖若不敢自謂已得其傳，而憂後世遂失其傳，然乃所以自見其有不得辭者，而又以見夫天理民彝不可泯滅，百世之下，必將有神會而心得之者耳。

故於篇終，歷序羣聖之統，而終之以此，所以明其傳之有在，而又以俟後聖於無窮也，其指深哉！○有宋元豐八年，河南程顥伯淳卒。潞公文彦博題其墓曰：「明道先生。」而其弟頤正叔序之曰：「周公没，聖人之道不行；孟軻死，聖人之學不傳。道不行，百世無善治；學不傳，千載無真儒。無善治，士猶得以明夫善治之道，以淑諸人，以傳諸後；無真儒，則天下貿貿焉莫知所之，人欲肆而天理滅矣。先生生乎千四百年之後，得不傳之學於遺經，以興起斯文爲己任。辨異端，闢邪説，使聖人之道焕然復明於世。蓋自孟子之後，一人而已。然學者於道不知所向，則孰知斯人之爲功？不知所至，則孰知斯名之稱情也哉？」○南軒曰：「道不爲古今而有加損，聖人先得我心之所同然者耳。苟得其所同然，則雖越宇宙，與親見之何以異哉？」○愚案：臯陶、伊尹、萊朱、太公望、散宜生皆與斯道之傳。今考之臯陶謨、伊訓、太甲、咸有一德諸篇，則二人之學，至精至粹，其得與羣聖之列也宜哉！萊朱若誠仲虺，則固伊尹之亞也。太公望於書無所見，惟大戴禮踐阼篇，武王問道於太公望，公奉丹書以入，所陳者敬義仁之道。其所以爲文武之師者，亦豈苟哉？後世特以爲兵家之祖，蓋未然也。散宜生之名一見於書，而傳道之事則無所考。至於獨言文王而不及武王、周公，則以父子同道，舉文王則餘在其中故爾。或者遂謂孟子有不取武王之意，豈其然邪？

孟子集編卷第十四

集編後序

朱夫子四書布發天下，而闕里之舊録無存，豈荆人不貴玉、鮫人不貴珠邪？意其得之於家傳面命之餘，視此爲筌蹄。僕贅真璜宇[二]，聞之而訝且懼，敬尋舊籍而求再刊之，乃得真西山先生點校手澤於夏獻之遺，喜其熊魚得兼，可爲今世一部韶樂。亟命工刻之於郡庠，以爲未得魚兔者設，亦俾來者知其象脈之所自出歟。時咸淳壬申正月人日後學迪功郎特差充建寧府學教授謝侯善書。

[二]「璜」「宇」二字之間有一字墨釘，通志堂經解各本凡載謝侯善序都有這一墨釘。

附録一：四庫全書總目四書集編提要*

四書集編二十六卷 兩江總督採進本

宋真德秀撰。德秀字希元，浦城人。慶元五年進士，中詞科。紹定中拜參知政事，進資政殿直學士，提舉萬壽觀。卒謚文忠。事蹟具宋史儒林傳。此書惟大學一卷、中庸一卷爲德秀所手定。大學章句序後有題記一行，稱「寶慶三年八月丁卯後學真德秀編於學易齋」者，其成書年月也。其子志道序亦惟稱大學、中庸，而云論語孟子集註雖已點校，集編則未成。咸淳九年案原本作「咸寧九年」，宋無此年號，今改正。劉才之序始稱：「西山所編中庸、大學，惟論、孟二書闕焉，扣之庭聞，則云已經點校，但未編輯。是論、孟固未嘗無成書。一旦論諸堂上，學正劉樸谿承謂讀書記中所載論、孟處，與今所刊中庸、大學凡例同，其他如文集、衍義等書，亦有可採摭者，因勉其彙集成

* 據中華書局影浙本四庫全書總目整理。

書，凡五閲月而帙就，又五閲月而刊成云云。」是論語十卷，孟子十四卷，皆劉承以德秀遺書補輯成之者也。朱子以大學、中庸、論語、孟子合爲四書，其章句多出新意，其集註雖參取舊文，而亦多與諸儒異。其所以去取之意，散見或問、語類、文集中，不能一一載也。而或問、語類、文集又多一時未定之説與門人記録失真之處，故先後異同，重複顛舛，讀者往往病焉。是編博採朱子之説以相發明，復間附己見，以折衷譌異。志道序述德秀之言，自稱有銓擇刊潤之功，殆非虚語。趙順孫四書纂疏備列德秀所著諸書，而不載其目，蓋至宋末始刊，其出最晚，順孫未之見也。自是以後，踵而作者汗牛充棟，然其學皆不及德秀，故其書亦終不及焉。

附録二：通志堂經解四書集編提要*

四書集編二十六卷宋真德秀撰 有自序[二]、真志道序、劉才之序各一首。

【提要】謹案：宋真德秀四書集編二十六卷，蓋推衍朱子之學也。然德秀親所纂者，惟學、庸二書，而論語、孟子，則有劉承者，本德秀遺書補輯以成。前有劉之才序，述其原委甚詳，略謂：「西山所編學、庸，本之朱子集注，附以諸儒問辯，間又斷以己意，薈萃既詳，采擇亦精，已鋟之梓，爲衍其傳。惟論、孟二書闕然，扣之庭聞，則云已經點校，但未編集。學正劉承謂，讀書記中所載論、孟處，與今所刊學、庸凡例同，他如文集、衍義等書，亦有可采摭者。因勉其彙集成書。凡五月而帙就，又五月而刊畢。至是西山所編之四書爲大全。」然論、孟雖出自他人，而内容皆本德秀之

* 據民國二十三年瀋陽關氏嗣守齋鉛印本通志堂經解提要整理。

[二] 通志堂經解本四書集編無真德秀自序。

書，與德秀自纂固無以異也。夫朱子一生精力，萃於四書，宋元儒者推衍其説而爲之疏證者，亦何可勝數？惟德秀爲一代醇儒，其所纂輯，實多闇合晦翁之意。黄百家謂：「從來西山、鶴山並稱，如鳥之雙翼、車之雙輪，不獨舉也。然而二家學術雖同出於考亭，而鶴山識力横絶，所謂卓犖觀羣書者；西山則依門傍户，不敢自出一頭地，蓋墨守而已。」惟能墨守，故是編無少旁雜，但不知旁引衆説以益之，故其得在此，而其失亦在此也。

【真德秀小傳】真德秀，字景元，後更希元，建之浦城人。慶元五年進士，繼中博學鴻詞科，由起居舍人官至翰林學士，拜參知政事。卒謚文忠。學者稱西山先生。德秀立朝不滿十年，奏疏亡慮數十萬言，直聲震朝廷，四方文士誦其文，想見其風采。著有西山甲乙藁、對越甲乙集、經筵講義等書。以上本宋元學案。